本书论点摘录

绩效管理是政府管理的基石，旨在促进政府树立成本意识，降低政府的行政成本，提高政府的行政效率。

政府绩效管理走向精细化和定量化，政府管理才能实现科学化和民主化。

绩效评估与绩效管理存在很大差异，不能将绩效评估或评价等同于绩效管理。绩效评估只是绩效管理的一部分。

只有评估主体多元化，评估的结果才更真实、公正、可靠，评估的结果才能更好地满足不同相关利益群体的需求，特别是弱势群体的需求。

绩效计划作为政府绩效管理过程的首要环节,对绩效管理的成败起着关键的作用,良好的绩效计划是实施绩效管理成功的先决条件。

政府绩效审计是一种特殊形式的政府绩效评估活动，是政府绩效管理的重要组成部分。

绩效预算不仅是一种预算方法的改变，而且是整个政府管理理念的一次革命。

中国政府绩效管理立法必须遵循的基本原则包括：政府责任原则、人民满意原则、民主原则、透明原则和科学原则。

作者简介

范柏乃，博士，浙江大学教授，博士生导师。

研究方向：地方政府管理、创业投资管理、自主创新管理、人力资源管理。

主持承担了"我国经济社会协调发展的动态监测与政策支撑体系研究"（国家社科重大项目）、"鼓励自主创新的财税政策研究"（国家社科重点项目）、"地方政府信用与地方政府绩效互动及互动机理研究"（国家自科基金项目）、"地方政府信用评价体系与管理机制研究"（国家自科基金项目）等课题研究工作。出版《西部大开发政策绩效评估与调整策略研究》、《地方政府绩效与信用》、《面向自主创新的财税激励政策研究》等学术专著10部；发表学术论文150余篇。

MPA（公共管理硕士）系列

政府绩效管理

范柏乃 著

复旦大學 出版社

内容提要

　　本书以政府绩效管理为主线，以政府绩效评估为核心，在深入讨论了绩效、政府绩效、政府绩效评估和政府绩效管理等概念的基础上，对美国、英国、加拿大、澳大利亚、韩国和中国等国家的政府绩效管理的实践进行了深入细致的考察，围绕政府绩效管理系统的若干核心问题，即绩效计划、绩效管理方法、绩效评估主体、绩效评估指标、绩效评估的定量分析、绩效审计、绩效预算、绩效沟通与反馈等分别进行了深入的理论探索和实证分析，最后系统地探讨了绩效管理的法制化问题。

　　全书层次结构分明，技术路径清晰，逻辑严密，内容丰富，资料翔实，既有系统的理论分析，又有深入的实证研究；既介绍了国内外政府绩效管理的研究动态和发展趋势，又反映了作者在该研究领域所取得的最新成果。

　　本书可作为MPA课程的基本教材，也可作为高校公共（行政）管理专业本科生、研究生的专业教材，以及各级行政学院和公务员培训机构的教材和参考用书。

目　录

第一章 绪 论

政府绩效成为公共管理关注的焦点源于20世纪70年代,西方发达国家为解决经济停滞、管理危机、财政危机和公众对政府的满意度下降等问题,掀起了重塑政府(reinventing government)的改革运动。在这种"以企业家精神改革政府"的运动中,绩效评估与管理这个普遍应用于企业管理中的理念被引入政府管理,并作为一个重要的改革工具开始在政府部门广泛应用,要求政府注重绩效,提高政府工作人员的服务意识、服务能力和服务质量,重塑政府和社会的关系。政府绩效管理在这场政府改革运动中受到了广泛的关注。因此,能否建立一套科学合理的政府绩效评估体系与管理机制,并在政府改革中得到有效利用一直是公共管理领域的重要研究课题。

第一节 绩 效 的 内 涵

绩效(performance)最早用于投资项目管理方面,后来在企业管理,尤其是人力资源管理方面得到广泛应用。对绩效内涵的理解与界定是考察与研究绩效评估体系与管理机制的逻辑起点。

绩效在不同时期、不同类型的组织中有不同的含义。就像 Bates 和 Holton (1995)指出的那样:"绩效是一个多维建构,观察和测量的角度不同,其结果也会不同。"但总而言之,绩效可以划分为个人绩效、组织绩效两个层面。从个人层面来讲,对于绩效内涵的理解学术界曾存在着两种基本观点:一是"绩效为结果"的观点;二是"绩效为行为"的观点(如表1-1所示)。

英国学者柏拉丁(Bernardin,1995)等人将绩效定义为"在特定的时间内,由特定的工作职能或活动产生的产出记录,工作绩效的总和相当于关键和必要工作职能中绩效的总和(或平均值)"。美国学者卡恩(Kane,1996)指出,绩效是"一个人留下的东西,这种东西与目的相对独立存在"。这种定义将绩效

表 1 - 1　关于绩效内涵的两种基本观点描述

观　点	相　关　描　述
绩效为 结　果	（1）责任；（2）关键成果领域；（3）职责任务和活动；（4）目的；（5）目标；（6）产出；（7）指标；（8）成功关键要素；（9）能力和标准
绩效为 行　为	（1）具体工作任务熟练程度；（2）非具体工作任务熟练程度；（3）书面和口头交流任务的能力；（4）所表现出的努力；（5）维护个人纪律；（6）促进他人和团队绩效；（7）监督管理/领导；（8）管理/行政管理

资料来源　张泰峰等：《公共部门绩效管理》，郑州：郑州大学出版社，2004 年，第2 页。

同任务完成情况、产出和结果等同起来。在他们的研究中，表示绩效结果的相关概念有：职责（accountabilities），关键结果领域（key result areas），结果（results），责任、任务及事务（duties, tasks and activities），目的（objectives），目标（goals or targets），生产量（outputs），关键成功因素（critical success factors）等。不同的绩效结果界定，可用来表示不同类型或水平的工作的要求，在设计绩效目标时应注意区分。显然这种观点是"绩效为结果"的典型代表。

将绩效定义为结果存在着诸多缺陷：首先，将注意力集中在结果上会忽视一些对组织非常重要的过程因素和情境因素，而这些因素却可以催化任务活动，提高工作效率。其次，结果往往受到许多非个人所能控制的因素的影响，结果并不一定是由员工行为导致的，会有许多其他因素起作用。另外，绩效定义所产生的信号传递作用是不可忽视的，将绩效定义为结果会使员工为得到预期结果而不择手段，忽视工作过程和人际关系的重要作用。

现在，人们对绩效是工作成绩、目标实现、结果、生产量的观点提出了挑战，普遍接受绩效的行为观点，即"绩效是行为"。一些美国学者就对此提出了自己的观点。墨菲（Murphy）给绩效下的定义是："绩效是与一个人在其中工作的组织或组织单元的目标有关的一组行为。"坎贝尔（Campbell）等人的绩效理论认为，绩效不是活动的结果，而是活动本身，是人们实际做的、与组织目标有关的，并且可以观察到的行动或行为，而且这些行为完全能由个体自身控制。博尔曼（Borman）和莫托威得罗（Motowidlo，1996）也认同这种观点，他们认为绩效是具有可评价要素的行为，是人们工作时的所作所为,这些行为对个人或组织效率具有积极或者消极作用。

依据绩效为行为的观点,凯思(Katz)和卡恩提出绩效的三维分类法,他们把绩效分为三个方面:(1)加入组织并留在组织中;(2)达到或超过组织对员工所规定的绩效标准;(3)自发进行组织对员工规定外的活动,如与其他成员合作等。其中,第二种行为是组织所要求的且对组织很重要的行为,第三种行为对组织同样重要,但却是自发的。在大量实证研究的基础上,奥根(Organ)等人提出了组织公民行为的概念,随后布里夫(Brief)等又提出了一个与组织公民行为相似的概念,即亲社会组织行为,而博尔曼等人则在研究士兵绩效时发现了组织奉献精神的存在。这三个概念都是用于描述自发行为的,尽管有所差异,但都强调组织中的合作和助人行为,并认为这种行为将影响或决定着绩效。

1990年,美国学者坎贝尔、麦科罗伊(Mccloy)、欧普勒(Oppler)和扎格尔(Sager)提出了工作绩效理论,他们将工作绩效定义为:员工所控制的与组织目标有关的行为。该定义包含三个层面的意义:第一,绩效是一个多维度的概念,即不存在单一的绩效变量,在大多数情境中,与组织有关的工作行为是多种多样的;第二,绩效是行为,而不一定是结果;第三,这种行为是员工所能控制的。该理论认为,绩效概念包含以下几个方面:(1)特定工作任务的熟练行为(job-specific task proficiency behavior,在工作的核心技术或任务上的行为表现);(2)非特定工作任务的熟练行为(non job-specific task proficiency,在组织中的行为表现);(3)书面与口头沟通能力(written and oral communication);(4)展示努力程度(demonstrating effort,为了完成组织交办的任务而发挥较高的努力水平,并持续不断地付出);(5)保持个人自律(maintaining personal discipline,如按时上班,遵守公司章程);(6)促进同事与团队的绩效表现(facilitating peer and team performance,与奥根于1988年所提出的组织公民行为较接近,包括帮助同事解决与工作有关的问题和个人问题,给同事树立一个榜样以及增进同事对组织活动的参与程度);(7)监督与领导(supervision and leadership,影响下属的行为);(8)行政管理(management/administrative,在不与下属直接接触的情况下帮助管理、报告或定义组织目标的任务,如决策、计划、信息加工等心理活动)等八个维度组成,每一维度又包括许多更为具体的特征。在这八个维度中,因特定任务而产生组织成效的绩效行为与因其他方式而产生组织成效的绩效行为被区分开来。

1993年,博尔曼和莫托威得罗用演绎的方式对以往绩效研究成果进行研究,提出了任务绩效(task performance)和关系绩效(contextual performance)的概念。他们把任务绩效看做是组织所规定的行为,与特定任务活动有关,能直接提高组织效率;关系绩效则是自发的行为,与特定任务无关,但是它对组织效率也非常重要,可以为特定任务活动提供广泛的组织的、社会的和心理的环境。关系绩效的提出使绩效是多维结构观点得到了更加广泛的支持。

1994年,莫托威得罗和另一位美国学者范斯科特(Van Scotter)以美国空军人员为样本进行了研究,发现任务绩效和关系绩效独立地对整体绩效起作用,从而实证地区分了任务绩效和关系绩效。1996年,他们进一步对关系绩效进行了研究,将关系绩效分为职务奉献和人际促进两个方面,对非管理者进行了测试。结果发现,任务绩效和人际促进对整体绩效的影响很大,可以通过对整体绩效的不同贡献将它们区分开;职务奉献也影响整体绩效,但它的作用被任务绩效和人际促进所掩盖。

1999年,美国学者康韦(Conway,1999)采用文献研究方法,对博尔曼和莫托威得罗等人的研究成果进行综合分析,试图将任务绩效和关系绩效的研究延伸到管理的实际工作当中。康韦把管理者的任务绩效分成两个部分:技术-行政管理和领导能力。研究发现,关系绩效中的职务奉献独立地对管理职务的整体绩效起作用,而关系绩效中的人际促进与任务绩效中的领导能力对总绩效的贡献是重叠的,无法区分。这一点与范斯科特和莫托威得罗1996年的研究结果不符。两项研究结论的区别在于,对非管理职务来说,任务绩效中包含有职务奉献的成分,人际促进可以与任务绩效完全区分开;而对管理职务来说,任务绩效中包含有人际促进的成分,职务奉献可以与任务绩效完全区分开。莫托威得罗(1996)和康韦(1999)的研究表明,任务绩效和关系绩效不是完全独立的,而且这两种绩效的独立程度在不同职务类型和关系绩效的不同维度上有所差异。

中国学者杨杰、方俐洛、凌文铨在《关于绩效评价若干基本问题的思考》一文中,对众多字典中关于绩效的解释进行比较分析后,列出了"绩效"一词的英汉解释对照表(如表1-2所示)。他们认为,"performance"是一个多义概念,对它的解释是因具体情境而异的。然而,表中的6种基本解释对于人们了解经济、社会、组织背景中个体或组织的行为并不是必需的。

杨杰、方俐洛、凌文铨认为,无论是组织还是个人,都必须以系统和发展的眼光来认识和理解绩效。如果只从单一的层面去静止地理解和评判绩效,就有可能会犯一叶障目的错误。鉴于此,在对组织和个人的"performance"加以界定时,应综合考虑时间、方式和结果三方面的因素。换句话说,绩效可以简

表 1-2 "performance"——绩效一词的英汉解释对照

英 文 解 释	中 文 解 释
1. Something accomplished：deed feat	已完成的事：成就、成绩
2. The ability to perform：efficiency	完成的能力：效率
3A. The manner in which a mechanism performs 3B. The way in which someone or something functions 3C. The manner of reacting to stimuli 3D. Behavior in which an organism engages in response to a task or activity which lead to results, especially to a result which modifies the environment in some way	机制起作用的方式 某人或某事起作用的方式 对刺激的反应方式 集体组织对能以某种方式改变环境的任务或活动进行反应时的行为
4A. The act of performing, or the state of being performed 4B. The fulfillment of a claim, promise or request：implementation 4C. The execution of an action 4D. Activity	进行或实行某事的行为或过程 要求、允诺或请示的满足和履行 行动的完成过程 活动
5. Linguistic behavior, contrasted with competence	语言表现度，为与胜任的对比
6A. The action of representiong a character in a play 6B. A public presentation or exhibition 6C. The act or style of performing a work or role before an audience	在戏剧中扮演角色的表演 公开的演出或展出 在公众面前完成某项任务或扮演某个角色的行为或风格

资料来源 杨杰、方俐洛、凌文铨："关于绩效评价若干基本问题的思考"，《自然辩证法通讯》，2001 年第 2 期。

单定义为"某个个体或组织在某个时间范围以某种方式实现的某种结果"。

这三方面构成了一个三维的立体空间（如图 1-1）。而从三维空间的角度来看待绩效的最大好处在于：不仅可使组织和个人在不同历史时期的绩效水平以点、线、图的方式直观地呈现出来，便于个体和组织水平的比较，而且可简洁、形象地表示出"时间"、"方式"和"结果"三者之间的关系。

我们认为，在绩效评估与管理的具体实践中，

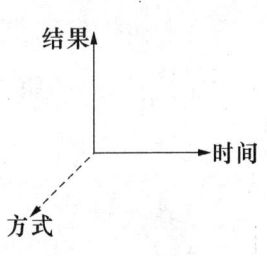

图 1-1 绩效内涵三维剖析图

应采用较为宽泛的绩效概念,即包括行为和结果两个方面,行为是达到绩效结果的条件之一。这一观点在英国学者布伦布拉赫(Brumbrach,1988)给绩效下的定义中得到了很好的体现,即"绩效指行为和结果。行为由从事工作的人表现出来,将工作任务付诸实施。(行为)不仅仅是结果的工具,行为本身也是结果,是为完成工作任务所付出的脑力和体力的结果,并且能与结果分开进行判断"。这一定义告诉我们,当对绩效进行评估与管理时,既要考虑投入(行为),也要考虑产出(结果),它是行为与结果的组合体。绩效包括应该做什么和如何做两个方面。但是无论对"绩效"这一概念如何界定,绩效都应该是可以理解、衡量并进行控制的。只有满足这一条件,我们才可以进行绩效评估和管理。通过对各种绩效定义的进一步分析,可以归纳出绩效具有如下几个特征:

- 绩效是人们行为的后果,是目标的完成程度,是客观存在的,而不是观念中的东西;
- 绩效必须具有实际的效果,无效劳动的结果不能称之为绩效;
- 绩效是一定的主体作用于一定的客体所表现出来的效用,即它是在工作过程中产生的;
- 绩效应当体现投入与产出的对比关系。比如,每天生产100件产品的工人和生产90件的工人,如果前者废品率为10%,而后者废品率为零,那么,即使数量上前者高于后者,其绩效却是低于后者的;
- 绩效应当有一定的可度量性。对于实际成果的度量,需要经过必要的转换方可取得,具有一定的难度,这正是评估过程必须解决的问题。

另外要更好地理解绩效的概念,还要注意与"效果"和"效率"两个概念的区分,效果是指目标的达到程度;效率是指投入与产出之间的关系,效率是一种对资源成本最小化的追求;而绩效是对组织目标的贡献,与效果相比更具行为特征和主观能动性。

第二节 绩效评估与绩效管理

一、绩效评估

绩效评估(performance appraisal)的研究已有近百年的历史,目前已有十分丰富的研究成果。尤其是近十多年来,绩效评估一直是人力资源管理研究的重要领域,发表和出版了大量的研究论著。绩效评估(又称绩效评价或绩效考核)是人力资源管理中技术性最强的环节,也是众多人力资源管理者最为关注的内容。但是,要给绩效评估下一个准确而完整的定义,并非一件容易的事情。因为绩效评估是人力资源管理领域中最为棘手的任务之一,它的设计和实施是一个系统工程。另外,学者们由于研究视角、研究对象和研究出发点不同,对绩效评估的理解和定义也各不相同。正如绩效界定一样,到目前为止,对什么是绩效评估尚未形成一致的定义。其中有代表性的定义主要有:

美国学者朗格斯纳(Longesner)认为:"绩效评估是基于事实,有组织地、客观地评估组织内每个人的特征、资格、习惯和态度的相对价值,确定其能力、业务状态和工作适应性的过程。"

另一位美国学者费利波(E. B. Flippo)认为:"绩效评估是指对员工在目前任务中的表现情况以及担任更高一级职务的潜力进行有组织的、定期的,并且是尽可能客观的评价。"

英国学者罗斯勒(A. Longsner)认为:"绩效评估是为了明确员工的能力、工作状况和工作适应性,以及对组织的相对价值进行有组织的、实事求是的评价,绩效评估的概念包括评价的程序、规范和方法的总和。"

美国学者 R·韦恩·蒙迪(R. Wayne Mondy)和罗伯特·M·诺埃(Robert·M·Noe)等学者认为:"绩效评估是指组织定期对个人或群体小组的工作行为及业绩进行考核、评估和测度的一种正式制度。"

日本学者松田二则认为:"绩效评估是人力资源管理系统的组成部分,由评估者对被评估者的日常职务行为进行观察、记录,并在事实的基础上按照一定的目的进行评价,以达到培养、开发和利用组织成员能力的目的。"

凯恩(Kane)和美国学者劳勒(Lawler)认为:"绩效评估是评估者对被评估者一段时间的表现加以综合而得出的判断。由于被评估者在此时间范围内的表现并不一定是其真实表现的代表性样本,因此,如果绩效评估忽略了对绩效表现起伏变化的波动性特征的考虑,将会使绩效评估丧失很多宝贵的信息。"

有学者将绩效评估定义为:一种衡量、评价、影响员工工作表现的正式系统,以此来揭示员工工作的有效性及其未来工作的潜能,从而使员工本身、组织乃至社会都受益。对大部分企业来说,如果能有效考核员工绩效,则不仅要掌握个别员工对公司的贡献或不足,更可在整体上为人力资源的管理提供决定性的评估资料。这些学者主张,要建立良好的绩效评估系统,组织必须做到:

● 确立组织的事业目标及其对人力资源管理的要求。

- 进行工作分析,确定各项工作的职责和责任,以此为基础发展相应的绩效评估标准。
- 选择恰当有效的绩效评估方法来评价员工的工作表现和工作成果。
- 在评估之前对员工传达对其工作成果的期望。
- 建立与工作绩效相关的反馈机制。

上述众多关于绩效的定义,意味着对绩效评估认识的演进过程。

随着个体和组织活动的日益复杂化和影响的深远化,绩效评估也呈现出多样化的特点。从不同角度,可以将绩效评估分为不同的类型(如表1-3所示)。

表1-3 绩效评估的分类

分 类 标 准	绩效评估的类别
评估对象	个体绩效评估和组织绩效评估
评估组织活动形式	正式评估和非正式评估
评估机构的地位	内部评估和外部评估
评估目的	评估性评估和发展性评估
被评估组织的性质	企业绩效评估和公共组织绩效评估

从评估对象来看,可以分为个体绩效评估和组织绩效评估。个体绩效评估是指基于事实,有组织地、客观地对组织雇员的特性、资格、能力、业务态度、工作适应性及对组织的贡献所作出的评估。个体绩效评估不但有利于管理层与雇员沟通组织的目标和目的,还能激发雇员的工作潜力、责任感和紧迫感。组织绩效评估是指运用科学的方法、标准和程序,对组织的经济、效率和效益(包括质量和顾客满意度)作出尽可能准确的评价。由于组织行为较之个体行为具有复杂、多面与难以界定等特点,因而组织绩效评估相对难度较大,其在科学化、规范化、制度化方面还有待进一步发展。

传统的绩效评估大多以个体层面的绩效评估为核心,然而,随着各行各业竞争日趋激烈,组织团队管理、团队合作在私营部门中被广泛采用,近10年来,组织绩效及组织绩效评估日益得到了重视。

从评估的组织活动形式上看,可分为正式评估和非正式评估。正式评估是指事先制定完整的评估方案,严格按规定的程序和内容执行,并由确定的评估者进行评估。非正式评估是指评估者、评估形式、评估内容没有严格的规定,对评估的最后结论也不做严格的要求,人们根据自己掌握的情况对被评估对象的绩效进行评估。

从评估机构的地位来看,可以分为内部评估和外部评估。内部评估是由被评估对象内部人员对其绩效进行的评估。外部评估是由评估对象以外的评估者所完成的评估。它可以是由被评估对象委托营利性和非营利性的研究机构、学术团体、专业性的咨询公司、大专院校的专家学者进行的,也可以是由立法机构组织的或报纸、电视、民间团体等其他各种外部评估者组织的。

从评估目的来看,可以分为评估性评估和发展性评估。英国学者尤金·麦克纳(Eugene Mckenna)与尼克·比奇(Nic Beech)在《人力资源管理》一书中指出:评估性评估是将着眼点放在对被评估者作出判断上。它先对被评估对象一段时间的绩效表现进行历史性的回顾与分析,而后通过将之与某些预先确定的目标或职位说明书上所罗列的操作性条款进行比较后再作出判断。这种类型的评估往往与外部奖酬的分配,如薪水的发放联系在一起。而发展性评估在系统分析确定被评估者的发展需要后,将着眼点放在被评估者将来的绩效表现上。因而,它试图去确定被评估对象可以改进的知识和技能,从而达到开发其潜能的目的。这种类型的评估往往与职业生涯的规划和管理的连续性联系在一起。

从被评估组织的性质来看,又可划分为企业绩效评估和公共组织绩效评估。企业绩效评估是指运用科学、规范的评价方法,对一定经营期间的资产运营、财务效益等,进行定量及定性对比分析,作出真实、客观、公正的综合性评判。在企业运作过程中,实体为企业绩效评价报告。企业绩效评价报告的内容一般包括以下内容:企业财务效益状况、企业资产营运状况、企业偿债能力状况、企业发展能力状况。公共组织绩效评估是指对广义的政府组织、非营利组织以及公共企业等特定的社会组织在履行公共责任过程中,在讲求内部管理与外部效应、数量与质量、时间与效益、经济因素与伦理政治因素的基础上所获得的公共产出进行评估。

我们认为,对绩效评估不能从单一层面来理解,一般来说,理解绩效评估可以从两个层面进行:(1)个体层面,绩效评估是对个人工作业绩、贡献的认定;(2)组织层面,是对企业、政府、公共部门等绩效的测评,这方面的内容极其复杂。所以,可将绩效评估定义为:运用科学的标准、方法和程序,对个体或组织的业绩、成就和实际作为作尽可能准确的评价。绩效评估是绩效管理的核心,通过评估提供被评估对象绩效方面的信息,并鼓励和促进个体与个体、部门与部门、组织与组织之间的竞争,有助于公众监督,还可以诊断和发现被评估对象的问题并提出针对性的改进措施,从而推动工作效率和服务质量的提高。

二、绩效管理

历史上,人们对绩效管理(performance management)的理解和定义主要持有两种基本观点:一是绩效管理是管理个体(员工)绩效的系统;二是绩效管理是管理组织绩效的系统。

观点一是将绩效理解为单纯的个体绩效,强调以员工为核心的绩效管理概念。美国学者雷蒙德·A·诺依(Raymond A. Noy)等(1999)将绩效管理定义为管理者为确保雇员的工作活动以及工作产出能够与组织的目标保持一致的这样一个过程。他提出了如图1-2所示的绩效管理过程模型。

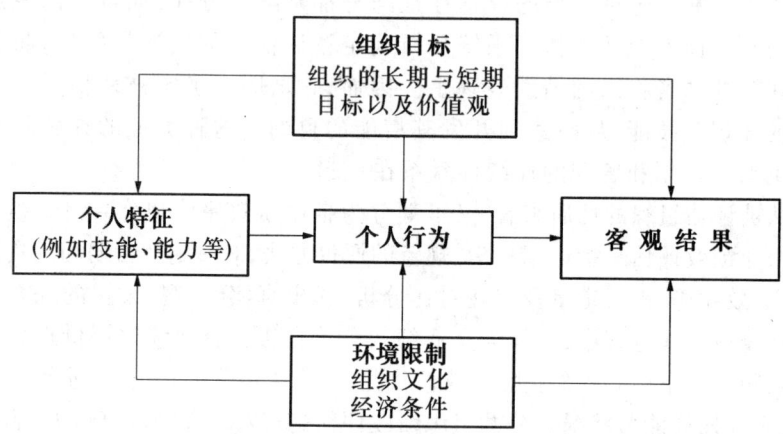

图1-2 雷蒙德·A·诺依的绩效管理过程模型

他认为,在绩效管理过程中,组织内员工的个人特征,如技能、能力等要素是组织绩效的原材料和基础,组织成员依靠个人的技能和能力等基本要素,通过一系列有目的的个人行为,最后达到客观的组织绩效结果。在这个绩效管理组织系统模型中,非常重要的一个组成部分是组织目标。组织目标通过影响个人特征、个人行为和客观结果,确立其在绩效管理中的核心地位,这种核心地位要求绩效管理系统确保组织内的所有活动都支持组织战略目标的实现。环境限制在绩效管理过程中也发挥重要作用,企业本身的文化、企业内部的资源和外部的机会、威胁等环境约束都对个人特征、个人行为产生影响,从而影响组织的绩效水平。根据绩效管理过程模型可以得出,有效的绩效管理系统必须在环境约束条件下,根据组织战略目标,对组织内员工的个人行为进行科学的组织和有效的引导。

观点二是将绩效理解为组织绩效,强调绩效管理的目标是不断改善组织氛围,优化作业环境,持续激励员工,提高组织效率。有效的绩效管理系统应该能够针对下面五个方面的内容对组织进行有效的管理:组织的远景目标;组织的战略、规划、过程和活动;组织绩效指标和水平;组织的激励制度以及保证组织学习的绩效控制机制。绩效管理系统着眼点和最终目的是组织的远景目标。组织的远景目标不仅仅局限于财务目标,还包括所有利益相关者所关注的、对组织未来的整体成功至关重要的所有目标。绩效管理系统应该阐明组织为了实现远景目标所采取的战略和规划。这些战略和规划的实现必须依赖于特定的过程和活动,组织对这些过程和活动的测量和评价是绩效管理系统的重要内容。在绩效管理中,有了特定的战略和规划以及采取了相应的过程和活动,组织必须为这些过程和活动设定科学合理的绩效指标和应该达到的绩效目标,这是对组织进行控制的基准。

为了完整地理解绩效管理的概念,有必要深入分析绩效管理系统的构成要素。英国学者布雷德拉普(Bredrup,1995)认为组织绩效管理是由三个过程组成的:计划、改进和考察,并提出了组织绩效管理模型(如图1-3所示)。在该模型中,绩效计划所分析的主要是制定组织的愿景和战略以及对绩效进行定义等活动。对绩效改进则从过程的角度分析,也就是说绩效改进包括商业过程再造、持续性过程改进、标准化和全面质量管理等活动。绩效考察包括对绩效的衡量和评估。该模型的核心在于通过组织结构、技术、经营体系和程

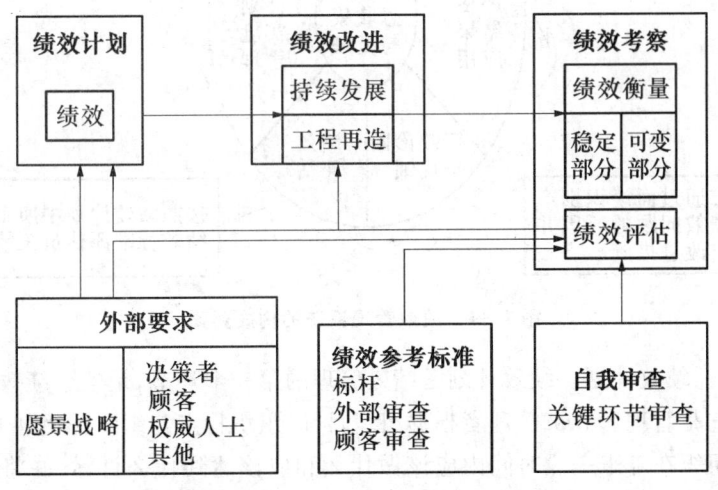

图1-3 布雷德拉普的组织绩效管理模型

序等手段确定组织战略并加以实施(即在很大程度上认为组织绩效管理是组织战略的实施工具)。尽管员工会受到技术、结构和作业系统等变革的影响,但他们并不是该模型的中心。

绩效管理系统究竟包括哪些构成要素,不同的学者有不同的看法。综合相关研究文献,我们可以将绩效管理定义为:利用绩效信息设定统一的绩效目标,进行资源配置与优先顺序的安排,以帮助管理者维持或改变既定目标计划,并且报告其结果与目标的符合程度的管理系统。绩效管理系统一般包括五个构成要素:绩效计划、绩效实施、绩效评估、绩效反馈和绩效评估结果的运用。这五个要素并非相互独立,而是相互交织、相互促进的。各个要素都有其相应的管理机构、管理程序、管理文化与管理指标相互协同履行绩效管理职责。其中管理机构是绩效管理赖以运行的实体依托,管理程序是约束绩效管理运行的正式规则与制度,管理文化是引导绩效管理运行的潜规则,管理指标则是绩效管理赖以塑造员工合理行为的绩效标准(如图1-4)。

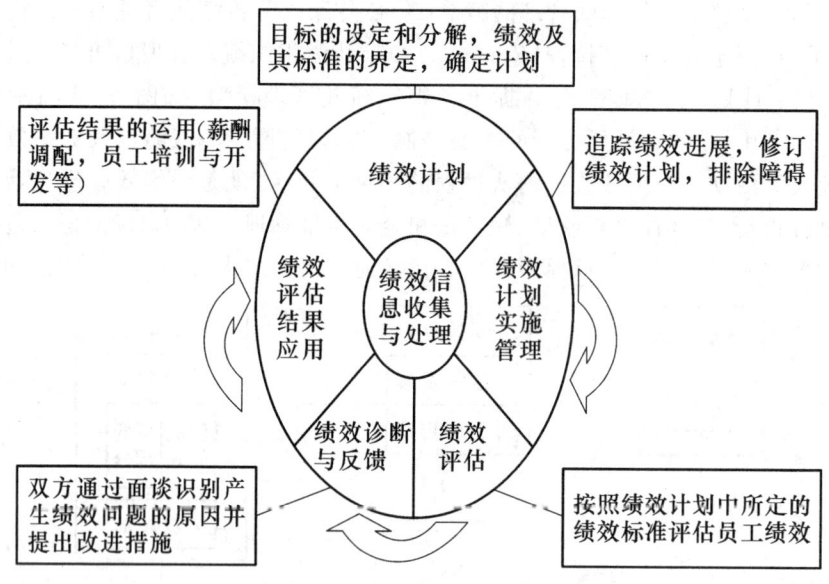

图1-4 绩效管理系统的构成要素

第一,绩效计划。绩效计划是绩效管理的第一个环节,是整个绩效管理的起点。它是管理者和被管理者根据组织目标、组织特点与组织环境共同讨论,以确定组织在未来一段时间内应该做什么和应该达到什么目标,并将通过指标和目标值层层分解的方式将组织目标层层传递给组织成员的动态过程。绩效计划应对组织如何运作绩效管理作出深入细致的规划,保证每个环节都有人负责,确保绩效管理系统每个部分都是可以监督和考核的。在绩效计划阶段,需要管理者和被管理者双方进行持续的双向沟通,对绩效指标和检验标准达成共识,并以书面的形式固定下来。为了使绩效管理取得更好的效果,管理层必须花大量时间做好绩效计划工作。

第二,绩效计划的实施。绩效计划实施在整个绩效管理过程中处于中间环节,也是绩效管理循环中耗时最长和最为关键的一个环节,直接影响着绩效管理的成败。理想的做法是,管理者和被管理者要形成伙伴关系,管理者要及时对被管理者进行指导和监督,对发生的问题及时给予解决,并根据实际情况变化对绩效计划进行调整。但是在实际工作中,管理者很少对被管理者进行有计划的指导,双方之间经常缺乏有效的沟通。

第三,绩效评估。评估主体依据绩效计划阶段所确定的标准和实施阶段收集的数据,对被评估者在一定时期内的绩效进行评价。对于大多数组织来说,由于绩效管理方法的不完善,很少能够系统性地收集到较为全面的数据,通常只能根据最终的几项绩效结果进行评估。由于绩效既包含工作结果,也包括工作行为,单纯从结果评估整个绩效,经常会出现以偏概全的现象,导致绩效评估的不公正。绩效评估是绩效管理系统的核心和持续运行的基石。

第四,绩效反馈。绩效反馈机构将测评机构传递的绩效信息,根据绩效反馈相关制度流程,在绩效反馈文化引导下,具有选择性地反馈给被评估对象的过程。绩效反馈的目的主要有两个:一是使被评估对象明确自身能力与不足,从而明确努力方向;二是通过反馈过程提升被评估对象对绩效结果的感知,强化对绩效管理系统的认可程度。绩效反馈系统是绩效管理系统有序运行的协调者。

第五,绩效评估结果的运用。绩效评估结果主要有以下四种用途:薪酬的调整与分配;员工的培训与开发,即通过绩效管理过程,员工在绩效评估结果中知道并认可自己的成功之处和不足之处,然后在主管人员的帮助下制定出个人发展计划;员工职位的变动;为其他过程提供反馈信息,这些过程包括人力资源规划、工作分析、薪酬管理等。通过长期的绩效管理实践,实施绩效管理的人们逐渐认识到,绩效管理的成败与否,很关键一点在于绩效评估结果如何运用。考虑到绩效评估结果应用的复杂性,可以把绩效评估结果的应用作为一个重要的过程,是整个绩效管理系统一个周期运行的终点。在绩效评估结果的应用过程之后,又开始下一轮由绩效计划开始的循环。

三、绩效评估与绩效管理的区别

实践中,人们往往孤立地看待绩效评估这一行为,这是绩效管理观念和定位上的误区。绩效评估与绩效管理之间是存在很大差异的,不能将绩效评估或评价等同于绩效管理。绩效评估只是绩效管理的一部分。如果一个组织只做绩效评估而忽略了绩效管理的其他环节,那么绩效评估工作就很难取得预期的成绩。

美国学者米歇尔·J·勒贝斯(Michel J. Lebas,1995)认为,绩效评估是绩效管理的一个中心环节,绩效评估的结果表明了组织选择的战略或者行动的结果是什么,它是一种管理手段。而绩效管理是一种由绩效评估手段支持的管理理念,它为绩效评估提供了评估内容和对象,并在绩效评估的基础上进行决策和改进,绩效管理先于绩效评估并且紧随绩效评估之后。因此,在一个重复进行的循环中,绩效管理和绩效评估是不可分割的,它们互为先行或者互为后续。绩效评估和绩效管理的这种关系要求组织的目标能够被分解成可测量和评估的战略和活动内容(战略和活动与组织的目标有内在联系),在对这些战略和活动实施有效的绩效管理的基础上,实现组织的目标。绩效评估与绩效管理的主要区别如表1-4所示。

表1-4 绩效评估与绩效管理的主要区别

绩 效 管 理	绩 效 评 估
• 一个完整的管理过程	• 管理过程中的局部环节和手段
• 侧重于信息沟通与绩效提高	• 侧重于判断和评估
• 伴随管理活动的全过程	• 只出现在特定的时期
• 事先的沟通与承诺	• 事后的评估

第三节 政府绩效评估与管理

学术界研究政府绩效评估与管理始于第二次世界大战期间,其标志是美国学者克莱伦斯·雷德(Clarence Leder)和赫伯特·西蒙的(Harbert Simen)

《市政工作衡量：行政管理评估标准的调查》一书。大规模的公共部门绩效评估始于 20 世纪 70 年代初期,1973 年,尼克松政府颁布了"联邦政府生产率测定方案"(The Federal Government Productivity Measurement),力图使政府绩效评估与管理系统化、规范化、经常化。

一、政府绩效评估的界定

政府绩效,国外又称"公共生产力"、"国家生产力"、"公共组织绩效"、"政府业绩"、"政府作为"等。国外学者通常认为,政府绩效是指政府在社会管理中的业绩、效果、效益及其管理工作效率和效能,是政府在行使其职能、实施其意志的过程中体现出的管理能力。国内有学者将政府绩效分为政治绩效、经济绩效、文化绩效和社会绩效等方面。政治绩效主要指政治生产力以及政治产品,即政策的形成与贯彻;经济绩效主要是指经济增长与稳定中政府的导向作用,其中通货膨胀、失业、收入分配等是重要的参数;社会绩效主要指社会的稳定与发展,其中安全与犯罪、公平与正义、福利与贫困、稳定与动乱等指标是重要的参数;文化绩效则主要是指精英文化与大众文化的互补与渗透,以及文化的繁荣与整合。

(一) 国外学者对政府绩效评估的论争

美国"国家绩效管理小组"在《美国公共服务：绩效评估的最佳实践》中指出,绩效评估是"测量达到既定目标的情况——包括将资源转化为公共物品及服务(产出)的效率、产出的质量(他们向顾客提供服务的质量和顾客的满意度)、结果(行为的实际效果与其预期目标相比较),及其在达成计划目标的过程中政府运作的效率的一个过程"。这里,包含着三层意思:

1. 从绩效评估的目的来讲,实施政府绩效评估的目的在于提供一套适用于政府范围的以产出和结果为基础的责任机制、绩效和结果评估法规、战略规划和绩效指标要求的评价与管理系统。

2. 从技术层面来讲,绩效评估可以看成一种手段,是"利用绩效管理、绩效标准、奖励和惩罚来激励公共组织。奖惩可以是经济性的,也可以是准经济性的,或者还可以是纯粹心理上的"。

3. 从过程来讲,"包括了目标设定、目标达成以及结果评估的系统过程,代表了一个组织(政府)整合各种资源以接近目标的行为和程度"。概括地说,政府绩效评估就是根据管理的效率、结果、效益、公共责任和社会公众满意程度等方面的判断,对政府公共部门管理过程中的投入、产出、中期成果和最终成果所反映的绩效进行评定和划分等级。

1993 年,美国《国家绩效评论》把政府绩效评估界定为政府官员对结果负责,而不仅仅是对过程负责;其目的在于充分发挥公务员的积极性和主动性,以便他们对结果负责,而不再仅仅是对规则负责。

1993 年美国颁布的《政府绩效与结果法案》指出,进行政府绩效评估和颁布该"法案"的目的就是为了在提高政府效率和管理能力的同时,提高公共服务的质量,建立和发展公共责任机制,提高社会公众的满意程度,改善社会公众对政府公共部门的信任。政府绩效评估是社会公众表达意志的一种方式,其所含内容以任务为导向、以结果为导向、以顾客为导向、以社会为导向和以市场为导向,就是要将顾客的需求作为政府公共部门存在发展的前提和政府部门改革、组织设计方案应遵循的目标。

1997 年,美国公共生产力研究中心出版的《地方政府绩效评估简要指南》一书中,概括性地提出了政府绩效评估的生产力、效果、质量和及时性等四大主题标准。

美国审计总署发布的《政府审计准则》中,将政府绩效审计(或评估)定义为:"客观、系统地检查证据,以实现对政府组织、项目、活动和功能进行独立评估的目标,从而增强公共责任心,为实施监督和采取纠正措施的有关各方决策提供信息。政府绩效审计包括经济性和效率性审计以及项目评估。"

1983 年公布的《英国国家审计法》将政府绩效审计(或评估)定义为:"检查某一组织为履行其职能而使用所掌握资源的经济性、效率性和效果(三 E)情况。"具体来说,英国绩效审计是检查公共资金使用情况的方式与效果,其中对经济性的审计主要是关注在保证质量的前提下降低资源消耗量,将政府支出降到最低水平;对效率的审计,主要是对比产出或服务与资源投入的关系,以一定的投入实现最大的产出或实现一定的产出应使用最少的必要投入,保证资金支出的合理性;而对效益状况的审计,则主要是通过对比资金支出后所实现的实际效果和预期效果之间的关系,保证资金支出达到理想效果。

加拿大审计署将政府绩效审计(评估)定义为:"对政府活动进行有组织、有目的、系统的检查,并对上述政府活动进行评估,将评价结果报告议会,以促进加拿大政府活动的透明性,提高公共服务的质量。政府绩效审计的内容包括政府活动的经济性、效率、效果、成本效益、对环境的影响、对公共财产的保护,以及政府活动的合规合法性等。"

澳大利亚审计署则认为:"政府绩效审计是通过检查和评估资源使用、信息系统、风险管理、提供产品和服务、遵守法规和职业道德、监督控制和报告系统以及运营考核,来衡量公共部门管理的经济性、效率性和效果性。"

一些美国学者也对此提出了自己的论点。肯尼斯·普尼维特(Kenneth Prewitt,1980)认为:政府绩效评估是指根据管理的效率、能力、服务质量、公共责任和社会公众满意程度等方面的判断,对政府公共部门管理过程中投入、产出、中期成果和最终成果所反映的绩效进行评定和划分等级。保罗·D·埃普斯得恩(Paul D. Epps)则认为:绩效评估是政府决定是否以某一合理的成本提供一定质量产品的方式。詹姆斯·Q·威尔逊(James Q. Wilson)认为,政府绩效评估意味着这样一种制度设计:在该制度框架下以取得的结果而不是以投入要素作为判断政府公共部门的标准。奥斯本(David Osborne)与盖布勒(Ted Gabler)认为,政府绩效评估就是改变照章办事的政府组织,谋求有使命感的政府;就是改变以过程为导向的控制机制,谋求以结果为导向的控制机制。因此,对政府公共部门内部管理的改革与完善来说,绩效评估所体现的公共责任机制为:既要放松具体的规制,又要谋求结果的实现;既要提高公务员的自主性,又要保证公务员对公众负责、对结果负责;既要提高政府行政的效率与管理能力,又要切实保证政府管理的质量。

哈利·P·哈特瑞(Harry P. Hatry,1999)认为政府绩效评估就是基于服务或者项目的结果和效率的常规评估。它至少有三个方面的目的:(1)为每个计划的绩效指标提供基准价值以及提供必要的行动;(2)为指标提供历史数据,使得每一个需要测量的选项有所比较;(3)为工作进展是否符合战略计划目标提供主要结果指标的数据。

政府绩效评估所蕴含的管理理念通过政府绩效评估的性质、特征和价值体现出来。菲利普·J·库珀(Phillip J. Cooper)认为,政府绩效评估是一种市场责任机制。他把这种机制的含义概括为:一是"经济学的效率假设";二是"采取成本-收益的分析方式";三是"按投入和产出的模式来确定绩效标准,注重对产出的评估";四是"以顾客满意为基础来定义市场责任机制"。这种定义方法是把公民视为消费者。因此,政府绩效评估这种市场责任机制就是消费者对公共服务的直接控制和选择,政府公共部门对消费者负责。

克罗伊哥·弗汀(Craig Foltin,1999)认为:政府绩效评估是确定纳税人资源是否有效地用于服务和行政管理项目的过程。这包括了数据的收集和分析,标杆和谨慎的预算设定。其中,标杆是十分必要的,因为它为政府测量或者判断绩效提供标准和参考,而预算管理、计划和沟通,也同分配和使用政府资源一样重要。

查尔斯·K·库克(Charies K. Coc)认为,政府绩效评估具有使政府职能进一步具体化、使制度转化为现实秩序的性质。每一个绩效评估都是指向某一级政府或某一个政府部门所具有的特殊职能。因此,任何一种绩效评估都会有自己的评估指标体系、评估项目划分与绩效等级划分标准。这个指标体系所包含的量的规定性,即政府在其职能范围内做了多少(是不是职能范围内应做的事都做了)和质的规定性,即政府是如何提供公共服务的、提供公共服务的结果如何(是否符合职能的规定性,符合公众的要求),两方面内容都是政府职能的具体化或具体体现。政府职能是一种制度的规定性,绩效评估就是使制度转化为具体的管理行为、管理秩序和社会生活秩序过程中的一种评判、控制和监督。

(二)国内学者对政府绩效评估的论争

在"关于政府机关工作效率标准的研究报告"一文中,中国行政管理学会联合课题组将政府绩效评估定义为:"运用科学的方法、标准和程序,对政府机关的业绩、成就和实际工作作出尽可能准确的评价,在此基础上对政府绩效进行改善和提高。"

在"对当前的政府绩效评估的价值取向分析"一文中,中共中央党校政法部的李静芳指出,政府绩效评估就是对政府及其行政人员"政绩"的评估。它是用一定的目标尺度,考核、判断该政府及行政人员所取得的成绩。

在"关于建立中国政府绩效评估体系的思考"一文中,重庆行政学院的颜如春将政府绩效定义为:"政府在社会管理活动中的结果、效益及其管理工作效率、效能,是政府在行使其功能、实现其意志过程中体现出的管理能力。"他认为,政府绩效评估是指以一定的时段为界限,对政府绩效进行测量和评价以期改善政府行为绩效和增强控制的活动。政府行为是一项高投入、高产出的社会管理活动。政府运行要投入包括制度、人力、物力、财力等在内的大量的资源,而消耗资源所产出的效果以及这种生产过程,人们并没有给予足够的关注。政府绩效评估的目的正是对其产出所进行的监测和促进。

在"论中国政府绩效评估的实践途径"一文中,长安大学人文学院的王慰认为,所谓政府绩效评估就是运用科学的方法、标准和程序对政府机关的业绩、成就和实际工作作出尽可能客观的评价。相对于工业时代的科学管理所提倡的理性、效率等刚性原则,信息时代更倾向于公共管理思维,即广泛运用政治、法律、经济等手段,发展一种有机的、整体的、生态的管理方式。因而绩效评估代表着政府全方位的管理工作,它包括各方面责任目标的落实;民众的期望;政策的产出;个人、局部和全局的绩效互动;等等,其关键作用在于政府运作和管理上引入市场机制,加入了成本-效益的考虑,改变了政府的浪费,使社会资源更有效配置,同时更能赢得公众的支持和理解,有助于改善政府形象、提高政府声誉。

在"政府绩效的复合概念与评估机制"一文中,南通大学公共管理学院的臧乃康认为,政府绩效是评判政府治理水平和运作效率的重要依据。政府绩效意指扣除政府成本后的盈余,一般用于衡量政府工作业绩。政府绩效不单纯是一个政绩层面的概念,还包括政府成本、政府效率、政治稳定、社会进步、发展预期的含义在内。从框架上而言,政府绩效主要包括经济绩效、社会绩效、政治绩效:

第一,经济绩效。经济绩效主要表现在经济持续发展上,国民经济不仅仅在量上扩张,而且在结构合理的前提下有质的提升。考察经济绩效要以经济增长率、通货膨胀率、就业率、利率和汇率为重要衡量指标。良好的经济绩效还包括经济可持续发展程度较高、政府能提出推进经济与社会协调发展的宏观经济政策。

第二,社会绩效。社会绩效是在经济发展基础上的社会全面进步。社会全面进步内涵丰富,包括人们的生活水平和生活质量的普遍改善和提高;社会公共产品供应及时到位,社会治安状况良好,人们安居乐业;社会和谐有序,社会群体、民族之间和谐协调,没有明显的对抗和尖锐的冲突。

第三,政治绩效。政治绩效是政府绩效的集中表现,在市场经济条件下,政治绩效最经常的表现为制度安排和制度创新。市场经济的游戏规则或社会秩序的维持是一种政府制度安排,这是政府核心能力之一。政府制度安排的能力越强,政治绩效就越容易突现。在政党政治的条件下,执政党的思想一般通过国家意志来表达和体现。廉洁高效并代表人民的利益是执政党在政治绩效上的表现;依法行政则是政治绩效对政府的要求。

政府绩效体系中,经济绩效是政府绩效的主要内涵和外在表现,在整个体系中发挥着基础作用。没有经济绩效,社会绩效和政治绩效就会缺乏物质基础和物质支撑,社会绩效和政治绩效也不会长久持续。社会绩效是政府绩效体系中的价值目标,没有社会绩效,经济绩效就没有实现的意义和价值,政治绩效会失去社会基础;社会全面进步是社会绩效的主要内容。政治绩效是整个政府绩效的中枢和核心,实现经济绩效和社会绩效需要政治绩效作为法律和制度的保证和保障;政治绩效也是政府决策、政府行政的直接结果。

经济绩效、社会绩效、政治绩效仅仅是政府绩效的基本框架,而非政府绩效的全部。政府绩效体现在政府行政管理的每一个层面和领域。这种绩效既不是政府短期投入的回报,也不是政府终端产品的累积,而应该是较长时期经济发展、社会进步、政治文明的总成果。

在"试论社会转型期政府绩效的价值选择"一文中,暨南大学的林琼、凌文铨指出,政府绩效,也就是政府行政管理活动中所取得的业绩、成就和实际效果,其价值选择是指以一定的价值观念去衡量、评价政府体制的优劣,政府组织和政府行为的效率高低、效果好坏等,是改造政府、重塑政府的主要动力和基本内容之一。

政府绩效的价值选择中必然包含着政府行政主体绩效的价值追求,政府绩效的价值追求在本质上就是行政主体服务于国家和社会公共事务管理的愿望、意志和行为的总和,具体表现为主动地履行行政职能和提高行政管理的社会效应。政府绩效的价值追求是政府行政价值观念转化为政府行政实践的趋向和动力,表现出了政府行政主体回应和实现行政客体的价值期望的主观努力的结果。

在"试论政府绩效评估的价值取向"一文中,国家行政学院的马宝成认为,所谓政府绩效评估就是对政府的实际政治行为进行全面的衡量和评估,这种政治评估应当将主要的注意力集中于政治行为所产生的各种各样的政治产品。由于政府行为的结果包罗万象,多种多样,要面面俱到地对每一项结果进行评估是难以胜任的。政府绩效评估主要以增长与公平、民主与秩序这两对变量为价值取向,在增长与公平的关系上,应当在坚持增长这个价值标准的前提下,以公平作为内在的必要约束;在民主与秩序的关系问题上,应当在坚持民主这个价值标准的前提下,以秩序作为民主的内在的必要的约束。

在"政府绩效评估的理念与方法分析"一文中,中山大学行政管理研究中心的蔡立辉认为,政府绩效评估就是根据管理的效率、能力、服务质量、公共责任和社会公众满意程度等方面的判断,对政府公共部门管理过程中投入、产出、中期成果和最终成果所反映的绩效进行评定和划分等级。政府绩效评估以绩效为本,谋求现代信息技术在政府公共部门之间、政府公共部门与社会公众之间进行沟通与交流的广泛运用,谋求顾客通过公共责任机制对政府公共部门的直接控制,谋求政府管理对立法机构负责和对顾客负责的统一;它以服务质量和社会公众需求的满足为第一评价标准,蕴含了公共责任和顾客至上的管理理念;它以加强与改善公共责任机制,使政府在管理公共事务、传递公共服务和改善生活质量等方面具有竞争力为评估目的。政府绩效评估是由收集资料、确定评估目标、划分评估项目、绩效测定及其评估结果使用等组成的行为体系。

综合有关政府绩效评估的上述定义,我们认为,所谓政府绩效评估,是根据统一评估指标和标准,按照一定的程序,通过定量定性对比分析,对某评估对象(政府或政府部门)一定时期间的业绩作出客观、公正和准确的综合评判的过程。

二、政府绩效管理的界定

政府绩效管理是指政府在履行公共责任的过程中,对内部制度与外部效应、数量与质量、经济因素与伦理因素、刚性规范与柔性机制等方面,以公共产出的最大化和公共服务最优化为目标,实施的一种全面的、系统的管理。政府绩效管理强调以绩效为本,以服务质量和社会公众需求的满足为政府的基本价值取向,运用绩效目标、绩效信息、绩效激励、绩效合同、绩效成本、绩效程序、绩效规制、绩效申诉和绩效评估等管理手段和管理机制,提高政府能力,优化政府形象,蕴含了公共责任和顾客至上的管理理念,是政府管理制度、管理机制和管理方法的创新。

政府绩效管理与传统的行政管理效率原理相比,不仅管理主体、管理范围大大扩大了,而且突出了政府全面、协调、可持续发展的管理理念;与以往行政管理体制改革相比,绩效管理不局限在体制上,而是扩大到机制和方法上的创新。政府绩效管理具有以下四个基本特点:

第一,强调绩效评估。重视管理的价值取向和社会效应,关注管理过程的环境因素和心理因素,力求在政府绩效评估中把定量分析与定性分析结合起来。政府绩效管理理论认为,重视绩效评估能够激发管理者的使命感和责任感,能够促进测评的公正性和客观性,能够获得更多的社会支持。政府绩效本身具有多元的特征,计划绩效与政策绩效之间、直接绩效与间接绩效之间、有形绩效与无形绩效之间,很难作一个简单的评判。因此,政府绩效评估是一件十分复杂的工作。

第二,强调服务和顾客至上的理念。政府绩效管理作为改善公共部门与公众关系,加强公众对政府信任的措施,凸显了服务和顾客至上的管理理念,强调政府是公共服务供给者,政府管理工作必须以顾客为中心,以顾客的需要为导向,倾听顾客的声音,按照顾客的要求提供服务,真正做到想顾客之所想,急顾客之所急,办顾客之所需,做顾客忠实、优质的服务者。

第三,强调多元服务主体。传统的行政管理要求政府担任社会公共事务单一的服务主体,政府既是公共产品的组织者,又是生产者。政府绩效管理理论则认为,政府当然是社会公共产品的组织者,但不一定都是直接生产者,对于那些技术性、具体性的社会事务,应尽可能地交给社会组织承担。社会公共事务的承担主体,可以是政府,也可以是社会中介组织、非盈利组织、公私合作组织,甚至是私人盈利组织。传统的行政管理定位于服务主体,而服务主体多元化突破了这种管理理念,公共管理以服务内容为对象,通过政府与社会关系的调适,侧重研究如何为社会提供优质高效的公共服务,而不讲求提供服务的主体属性。

第四,政府绩效管理重视管理方法与技术。传统的行政管理方法往往孤立地研究和运用行政手段、法律手段、经济手段和思想教育手段。绩效管理讲求方法与目标的统一,积极寻求和开发可操作性的管理方法,提高管理绩效。作为一种目标结果,绩效是对公共管理过程是否运用管理方法、运用的管理方法是否有效的验证,管理的有效性和管理方法的有效性是一致的。从某种角度看,绩效本身又可以作为一种导向性的管理方法,回应实践的要求,依此形成绩效评估、绩效合同、绩效激励等一整套管理方法体系。绩效评估是根据预定的管理目标,运用一套力求全面、客观、公平的评估指标,对特定时期公共组织和人员的管理状况进行测评的过程,绩效评估不仅可以反映管理信息,而且,通过公共组织和人员之间管理结果的纵横比较,可以形成压力,产生激励,提高管理绩效。有许多管理内容和管理项目,公共组织与相应的部门都可以签订管理契约,明确双方的权力与义务。绩效合同可以约束和规范公共组织行为,减少主观随意性,促进管理绩效。激励是传统的管理方法,公共管理又赋予激励新的内容。

可见,政府绩效管理概念的外延要大于政府绩效评估。政府绩效评估是政府绩效管理的重要内容;政府绩效评估是改善和提高政府绩效管理的重要手段。

第四节　政府绩效管理的功能

提高政府绩效,是公共管理始终追求的重要目标之一。一百多年前,美国学者威尔逊开创行政学研究这片新领域时,就宣称他关心的是政府如何能以最高的效率和最低的成本做好恰当的事情。100年以后,伴随着全球化、信息化、市场化以及知识经济时代的来临,英国和美国等西方发达国家相继掀起了以提高政府绩效为核心的政府改革浪潮。在这场改革中,他们引入市场竞争机制,改善公共管理,优化行政绩效,增强服务意识,提高服务质量,用企业家精神"重塑政府"。由此不难看到,发达国家之所以把追求高效政府作为他们不变的重要目标,是因为政府绩效直接关乎国家的经济和社会发展。具体而言,政府绩效管理的功能集中体现在以下几个方面。

一、适应了民主政治发展的要求,有助于建设民主政府

《中华人民共和国宪法》规定:"中华人民共和国的一切权力属于人民。发展社会主义民主政治,建设社会主义政治文明,是社会主义现代化建设的重要目标。人民民主是社会主义的本质要求和内在属性。社会主义是人民当家作主,没有民主就没有社会主义。人民当家作主,要求加强社会主义法制建设。"

权力与制衡是现代民主国家政治制度的基本要素,也是确立国家政治制度的重要原则,政府绩效管理符合这一现代民主社会的法治原则。政府绩效管理制度是国家政治制度的重要组成部分,其本质就是促进政府行为的规范,促进政府行政监控体系的完善和政府透明度的提高,进而促进政府行政效率的提高。随着中国社会主义民主化进程的加快,行政体制改革的深入和政府职能的重大调整,开展政府绩效管理已成为中国民主政治建设的必然要求。

第一,实践证明,社会主义国家的公职人员失去人民的有效监督,就可能独断专行,甚至腐化堕落。因此,建立结构合理、配置科学、程序严密、制约有效的政府绩效管理机制,加强对政府权力的监督,保证把人民赋予的权力真正用来为人民谋利益,是社会主义民主政治的基本要求。

第二,加强对政府绩效的评估与管理是民主政治的基本要求。政府作为公众的代表人和公务的执行者,必须注重对公共意志的尊重和公共利益的满足。美国、英国兴起的顾客导向(customer orientation)和公民宪章(通过服务承诺方式来提高服务质量的运动)充分显示了政府绩效管理不同于私营部门的公共性质,它并非以投入-产出的分析法为其一般标准,而是以满足公众(顾客)需要的质量指标作为衡量公共部门绩效的重要手段。开展政府绩效管理,即对政府的投入/产出、政府行为的效率、效果进行评价,是对公众意志

23

的尊重,能更好地满足人民群众监督的需要。

第三,开展绩效评估与管理,有助于政府管理目标的分化和资源的合理配置,促进政府部门形成浓厚的绩效意识,从而把提高绩效的努力贯穿于行政管理活动的各个环节,这将从根本上促进政府行政效率的提高,有效实现政府绩效管理的目标。同时,开展政府绩效管理有利于提高政府信誉,有助于广大群众了解、监督和参与政府的工作,有助于提高政府透明度,进而推进了社会主义民主政治的建设。

第四,政府绩效管理是民主政治的产物,伴随民主政治而来并随着民主化水平的提高而提高。政府绩效管理的价值意义与民主政治的发展水平呈正比例关系。民主化程度越高,人民对政府运行情况的了解越多,政治制度对公民参与的容量越大,对政府绩效管理的愿望越迫切,评价的效果也就越好,社会公众对政府行为的约束就越到位。

二、强化了政府的责任意识,有助于建设责任政府

民主政府必然是责任政府,政府只有真正履行其责任时才是合法的。责任政府既是现代民主政治的基本理念,又是一种对政府公共管理进行民主控制的制度安排。作为民主政治时代的一种基本价值理念,责任政府理念要求政府必须回应社会和民众的要求并加以满足,必须积极地履行其社会义务和职责。作为一种制度安排,责任政府意味着保证政府责任实现的责任控制机制,意味着强化对行政权力的监督和制约,如立法监督、司法监督和绩效评估监督等。

政府行使权力无可厚非,但承担责任是第一要义。政府的每一项权力背后都连带着一份责任,拒绝应该行使的权力是渎职,拒绝应该承担的责任是失职,这就必须为此承担道义责任、法律责任、民主责任、政治责任和行政责任等。其中:(1)道义责任是指政府机关及其工作人员的生活与行为必须符合人民与社会所要求的道德标准与规范,否则就会受到社会道德的谴责;(2)法律责任意味着官员一旦有渎职、贪污等违法犯罪行为,就需要接受检察官的指控,并接受法院的审判;(3)民主责任意味着选任的政府官员,需要向人民代表大会承担政治责任,一旦代表不满意,就可以启动罢免程序,罢免选任官员;(4)政治责任是指行政行为与政府决策必须符合、保护、促进人民的利益与福利,如果政府决策失误或行为有损国家和人民利益,虽不受法律追究,但要承担政治责任;(5)行政责任是指非选举任命而

由聘任和委任等行政性程序任命的官员需要承担的责任。

随着中国社会主义民主政治的发展，责任政府建设取得了显著成绩。政府人员特别是领导干部的责任意识有所提高，"问责制"出现并逐渐被接受和推进。然而，政府工作中还存在着很多不尽如人意、责任意识淡化的方面，如政府职责"错位"、"缺位"的问题仍不同程度地存在；一些地方有法不依、执法不严、违法不究的现象比较严重，违法或者不当的行政行为得不到及时制止和纠正；对行政权力的监督和制约机制还不够健全，等等。解决这些问题，打造责任政府，是推进中国行政改革的重要任务。

在市场化条件下，根据社会的发展要求和公众的需要提供公共服务成为政府最重要、最广泛的职能和最根本的任务；政府是公共利益的代表者、判断者、维护者和促进者，也是公共服务的供给者。对政府职能范围内政府工作的绩效进行评估，也就是要确定政府公共服务供给的质量和价格标准，抓好绩效管理，把好市场准入关，以保证供给者无法利用提供公共服务的机会谋取不正当的利益，对保障社会公平、提高公共服务质量、增加顾客选择的机会和更好地满足顾客需要等活动的绩效进行综合评估。政府绩效管理作为改善政府与公众的关系、加强公众对政府信任的措施，体现了服务和顾客至上的管理理念。因此，通过绩效评估有助于强化政府行使公共权力主要是为了实现公共利益、有效提供公共服务和主动为公众谋福利的责任意识，有助于推进中国责任政府的建设。

三、加强政府工作的透明度，有助于建设透明政府

政府工作不透明是高行政成本的根源之一。提高行政透明度，可以保证资源向最能发挥效用的部门转移配置，可以减少行政中间环节，杜绝扯皮，限制滥用职权，便于监督，减少或遏制腐败，从而降低行政成本。提高透明度，就是把原本属于大众的权力还给大众，还民众以知情权，这是中国人民政府的性质和宗旨。

知情权有多个层次的内容。按照一般的理解，包括知政权、公众知情权和民事知情权。其中知政权，就是对政府的"知"的权利。政府在做什么，怎么做，做的效果怎样，人民群众都有权利知道。按照这样的要求，政府应当将自己做什么、怎样做、做得怎样，都如实地告诉人民。没有这样做，就是没有尽到义务，就是没有尊重和保障人民群众的知情权。

人民群众对政府有"知"的权利，那么，按照法律关系的基本要求，人民

群众是知情权的主体,是其权利人;而作为这一权利的义务主体,就是政府。政府有义务满足人民群众的知情权。如果政府没有满足人民的知情权,那就是对人民群众知情权的不尊重,未尽告知义务,就是违反法律,就应当承担责任。

2008年5月1日起正式施行的《政府信息公开条例》规定,行政机关对符合下列基本要求之一的政府信息应当主动公开:涉及公民、法人或者其他组织切身利益的;需要社会公众广泛知晓或者参与的;反映本行政机关机构设置、职能、办事程序等情况的;其他依照法律、法规和国家有关规定应当主动公开的。对于县级以上各级人民政府及其部门,条例还规定了应该重点公开的内容:财政预算、决算报告;行政事业性收费的项目、依据、标准;突发公共事件的应急预案、预警信息及应对情况;环境保护、公共卫生、安全生产、食品药品和产品质量的监督检查情况……这些事关百姓切身利益的事项,只要按照《条例》的相关程序规定,公众都可以进行查询和了解,防止了政府机构以各种借口和理由不履行公开政府信息义务。但是,在经过三年多的施行之后,中国政府工作的透明度较低,人民对自己政府运作知之甚少,具体体现在以下三个方面:一是公开透明的深度不够。一些地方政府对重大决策、政策规定、办事意图等公开宣传不够深入,只有中层以上领导干部清楚,许多基层群众不了解、不知情,给政府推进工作造成不必要的麻烦。二是公开透明的广度不够。目前,不少地方政府政务公开的内容单一,有许多应该公开的内容没有向社会公开到位,公开的多数只是一些工作结果,而工作制度、程序、责任、时限等还没有完全公开。三是公开透明的渠道不畅。当前,基层群众要想了解自己想知道的事情很不方便,造成这一后果的一个重要原因就是政府政务公开的渠道不畅、方式不活。不少地区政务公开形式呆板,局限于设置公告栏、定期向人大报告工作等。四是随意增加不当的申请条件。中国社会科学院法学研究所法治国情调研组发布的《中国政府透明度年度报告(2010)——以政府网站信息公开为视角》中披露,一些政府网站为公众获取信息增加了难度和成本。

政府绩效管理蕴含的服务和顾客至上的管理理念,强调政府管理活动必须以公众为中心,以公众的需要为导向,以公众的满意为目标,强调评估结果及时反馈和运用。这能够有效地增大对政府行为的监督力度,使行政向着开放式、阳光型的模式转变,使政府官员和公务员时时处于严密的监督之下。因此,政府绩效管理提高了政府工作的透明度,有利于实现建设"透明政府"的目标。

四、提高了政府的效率,有助于建设高效政府

效率是判断一个公共管理体系是否优良的基本标准,同时也是判断政府是否有能力承担公共服务职能的主要标准。市场经济条件下,政府作为一种资源配置机制,通过提供公共物品、管理公共事务,消除或减少市场失灵,解决外部效应,提高资源配置效率,促进社会公平和经济的可持续发展。政府能否有效发挥资源配置作用取决于政府运行效率的高低。在国际竞争日益激烈的形势下。只有高效率的政府才能提供完善的法律体系、科学的决策、优质的服务、到位的管理、发达的教育,以促进企业发展和经济增长。政府效率与企业效率、民族振兴休戚相关,政府效率是国家竞争力的重要因素。

由于政府所处的特殊地位,政府运行长期存在效率低下难题。一方面,由于政府活动是非市场性的,无法以市场价格来衡量。因此,人们就难以量化、比较政府活动成果,难以对政府行为直接进行成本收益分析,这就使政府行为往往缺乏成本约束,容易造成资源浪费。另一方面,由于政府的垄断地位,不存在竞争压力,缺乏提高服务质量和自身效率的动力,于是就会出现"帕金森定律"所述情景:无论政府工作增加与否,或根本没有任何工作,政府机构人员数目总是按同一速度增加。政府机构扩张不仅使政府运行成本增加;而且庞大的机构本身更容易造成低效率,所以政府机制先天就存在效率症结。

政府绩效管理确立了"为顾客服务,对顾客负责"的管理理念,强调打破政府对公共服务的垄断,引入竞争性的公共选择机制,注重建立顾客信息系统。政府绩效管理作为有效的管理工具,就是根据管理的效率、能力、服务质量、公共责任和社会公众满意程度等方面的判断,对政府公共部门管理过程中投入、产出、中期成果和最终成果所反映的绩效进行评定和划分等级,这样可以强化政府服务动力机制和竞争机制,增强政府组织履行职能和完成任务时的成本观念与效益观念;政府绩效管理作为一种有效的管理工具,为管理者提供有关雇员、服务项目的效率、效果的信息,以便更好地理解其运作过程,了解有关公共部门的最佳实践经验和顾客的需要,鉴别绩效评估的效果,分配有限资源,作出明智的决策;通过政府绩效管理,把评估结果反馈给被评估的政府机构及其雇员,使政府机构了解工作成就及所存在的主要缺陷,并依据评估建议相应地调整和改进政

府的工作。因此,政府绩效管理,有助于提高政府效率,有利于建设高效政府。

五、提高了政府的信用,有助于建设信用政府

信用是人类社会一切道德的基础和根本,是做人成事及经济生活中的一个基本道德规范。一个信用缺失、道德沦丧的国度,必然不会有和谐的人际关系、良好的社会秩序,经济社会的持续、健康、快速发展也就得不到有力支持和保障。

美国学者弗兰西斯·福山(Fuknyama Francis)在《信任》一书中曾预言,21世纪是信誉的世纪,哪个国家的信誉度最高,哪个国家就会赢得更广阔的市场。政府信用是国家信用的关键,它是国家信用环境创建的前提。中国加入WTO以后,对政府信用行为提出了更高的要求和挑战。在中国政府签署的160多条入世协议条款中,仅有20余条与企业有关,其余全部是与政府相关的条款。根据国际法原则,地方政府的行为一律被视为一国政府的行为,履行WTO义务和中国政府的承诺,是中央政府和地方政府的共同责任。

实施政府绩效管理,能够在较为民主和科学的条件下制定政府的工作目标,明确工作的方向、程序和资源状况,避免主观色彩浓厚的个人意志决断,促进政府行为的规范化和法治化;政府绩效管理将社会公正纳入衡量体系,有利于更广泛地代表各阶层的利益,维护社会的安定,有效地利用政府的再次分配手段来防止贫富差距的拉大;社会公众参与政府绩效管理,真正使人民切切实实地感受到了主人翁的主体地位,增强了他们的参政意识,有利于建立良好的互动型关系;政府绩效管理是政府向公众展示工作成就和赢得公众对政府信任和支持的机会,同时展示政府绩效状况,也能增进公众对政府的监督;政府绩效管理意味着各种信息在政府、绩效评估者和社会公众之间的交流与沟通,有利于克服公众对政府的偏见,增进相互的认识、了解和理解,建立和巩固相互信任合作机制。因此,在中国社会信用危机日益严重的情况下,开展科学合理的政府绩效管理,有利于提高政府的形象和公信力,有利于建设信用政府。

本书以政府绩效评估为核心,以政府绩效管理为主线,在深入讨论了绩效、政府绩效、政府绩效评估和政府绩效管理等概念的基础上,对美国、英国、加拿大、澳大利亚、韩国和中国等国家的政府绩效管理的实践活动进行

深入细致的考察,围绕政府绩效管理系统的若干核心问题,即绩效计划、绩效评估与管理方法、绩效评估主体、绩效评估指标、绩效评估的定量分析、绩效审计、绩效预算、绩效沟通与反馈等分别进行深入的理论探索和实证分析,最后系统地探讨绩效管理的法制化问题。本书的结构安排如图1-5所示。

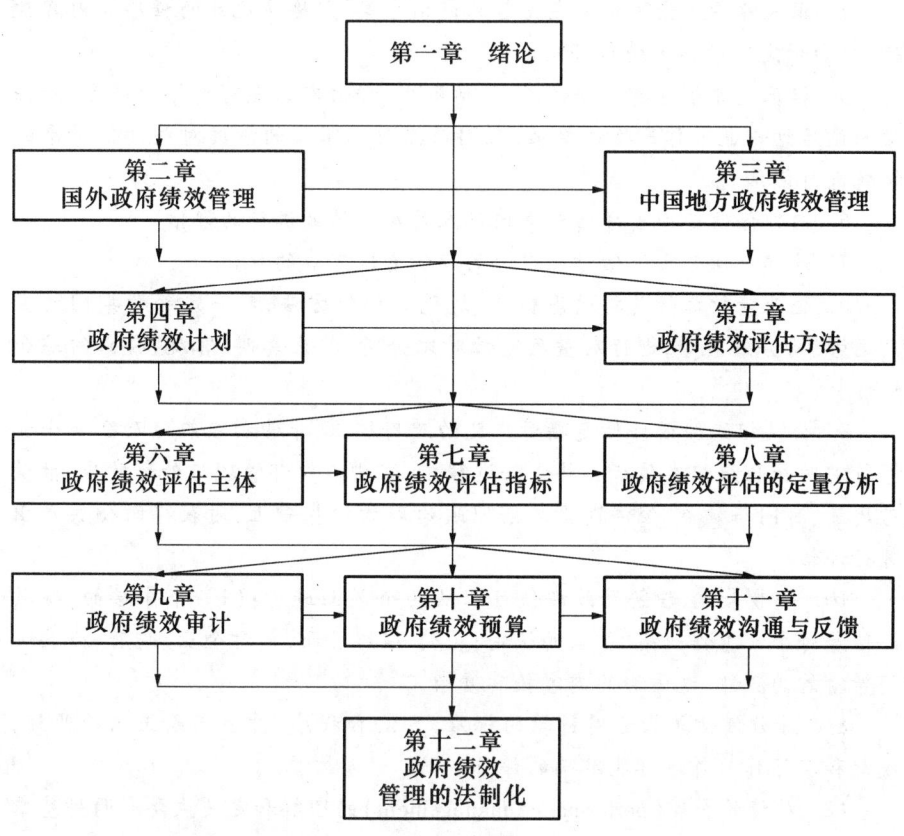

图1-5　全书的框架设计

本章小结

本章主要针对绩效、绩效评估、绩效管理、政府绩效评估与管理的相关理论问题作了阐述,并论述了政府绩效管理的功能。

1. 绩效可以划分为个人绩效、组织绩效两个层面。从个人层面来讲,对于绩效内涵的理解,学术界曾存在着两种基本观点:一是"绩效为结果"的观点;二是"绩效为行为"的观点。

2. 个体绩效评估是指基于事实,有组织地、客观地对组织雇员的特性、资格、能力、业务态度、工作适应性及对组织的贡献所作出的评估。

3. 组织绩效评估是指运用科学的方法、标准和程序,对组织的经济、效率和效益(包括质量和顾客满意度)作出尽可能准确的评价。

4. 正式评估是指事先制定完整的评估方案,严格按规定的程序和内容执行,并由确定的评估者进行评估。

5. 非正式评估是指对评估者、评估形式、评估内容没有严格的规定,对评估的最后结论也不作严格的要求,人们根据自己掌握的情况对被评估对象的绩效进行评估。

6. 内部评估是由被评估对象内部人员对其绩效进行的评估。

7. 外部评估是由评估对象以外的评估者所完成的评估。

8. 企业绩效评估是指运用科学、规范的评价方法,对一定经营期间的资产运营、财务效益等,进行定量及定性对比分析,作出真实、客观、公正的综合性评判。

9. 公共组织绩效评估是指对广义的政府组织、非营利组织以及公共企业等特定的社会组织在履行公共责任过程中,在讲求内部管理与外部效应、数量与质量、时间与效益、经济因素与伦理政治因素的基础上,对获得的公共产出进行评估。

10. 一般来说,理解绩效评估可以从两个层面进行:(1)个体层面,绩效评估是对个人工作业绩、贡献的认定;(2)组织层面,是对企业、政府、公共部门等绩效的测评,这方面的内容极其复杂。

11. 绩效评估是指运用科学的标准、方法和程序,对个体或组织的业绩、成就和实际作为作尽可能准确的评价。

12. 对绩效管理(performance management)的理解和定义主要有两种基本观点:一是绩效管理是管理个体(员工)绩效的系统;一是绩效管理是管理组织绩效的系统。绩效管理就是利用绩效信息设定统一的绩效目标,进行资源配置与优先顺序的安排,以帮助管理者维持或改变既定目标计划,并且报告其结果与目标的符合程度的管理系统。

13. 绩效管理系统一般包括五个构成要素:绩效计划、绩效实施、绩效评估、绩效反馈和绩效评估结果的运用。

14. 政府绩效,国外又称"公共生产力"、"国家生产力"、"公共组织绩效"、"政府业绩"、"政府作为"等。国外学者通常认为,政府绩效是指政府在社会管理中的业绩、效果、效益及其管理工作效率和效能,是政府在行使其职能、实施其意志的过程中体现出的管理能力。国内有学者将政府绩效分为政治绩效、经济绩效、文化绩效和社会绩效等方面。

15. 政府绩效评估,指根据统一的评估指标和标准,按照一定的程序,通过定量定性对比分析,对某评估对象(政府或政府部门)一定时期间的业绩作出客观、公正和准确的综合评判的过程。

16. 政府绩效管理是指政府在履行公共责任的过程中,对内部制度与外部效应、数量与质量、经济因素与伦理因素、刚性规范与柔性机制等方面,以公共产出的最大化和公共服务最优化为目标,实施的一种全面的、系统的管理。

17. 政府绩效管理强调以绩效为本,以服务质量和社会公众需求的满足为政府的基本价值取向,运用绩效目标、绩效信息、绩效激励、绩效合同、绩效成本、绩效程序、绩效规制、绩效申诉和绩效评估等管理手段和管理机制,提高政府能力,优化政府形象,蕴涵了公共责任和顾客至上的管理理念,是政府管理制度、管理机制和管理方法的创新。

18. 政府绩效管理具有以下四个基本特点:强调绩效评估,强调服务和顾客至上的理念,强调多元服务主体,重视管理方法与技术。

19. 政府绩效评估与管理的功能集中体现在以下几个方面:适应了民主政治发展的要求,有助于建设民主政府;强化了政府的责任意识,有助于建设责任政府;加强了政府工作的透明度,有助于建设透明政府;提高了政府的效率,有助于建设高效政府;提高了政府的信用,有助于建设信用政府。

本章基本术语

绩效　任务绩效　关系绩效　绩效评估　个体绩效评估　组织绩效评估　正式评估　非正式评估　内部评估　外部评估　企业绩效评估　公共组织绩效评估　绩效管理　绩效管理系统　政府绩效　政府绩效评估　政府绩效管理

复习思考题

1. 关于绩效的内涵有哪两种基本观点,它们有什么区别与联系?

2. 绩效有哪些基本特点?

3. 绩效与效果、效率有什么区别?

4. 你是如何理解绩效内涵的?

5．什么是任务绩效和关系绩效？

6．绩效评估有哪几种类型？

7．简述绩效评估与绩效管理的区别与联系。

8．试说明绩效管理的流程和构成要素。

9．什么是政府绩效评估？

10．什么是政府绩效管理？

11．试分析说明政府绩效管理的作用。

第二章　国外政府绩效管理

随着政府改革的不断深入,政府绩效管理作为一项提高政府工作效率和改善政府公共服务质量的重要工具,在国外政府管理中受到了广泛关注。美国、英国、加拿大、澳大利亚、日本、新加坡、荷兰、新西兰、德国、法国等国家都将加强绩效管理作为政府改革的一个重要组成部分,以此提高政府效率和服务质量,以至于西方学者惊呼"评估国家"正在出现。本章重点讲述美国、英国、加拿大、澳大利亚和韩国等国家的政府绩效管理实践。

第一节　美国政府绩效管理

美国各届政府的行政改革历来都十分重视政府绩效管理。在美国人的眼里,如果政府缺乏一个有效的政府绩效评价和管理的工具,那么对政府和国家的发展无疑都是十分有害的。20世纪以来,科学化管理观念不仅深入人心,而且形成了以追求绩效为核心的美国行政改革总的指导思想。美国联邦政府为了回应公众与立法机构对其改革进而提高行政管理水平的要求,几乎每位总统在其任期内都出台了相应的改革措施。尽管有些改革并没有取得预期的效果,但各届政府追求政府绩效的坚定信心始终没有停止过,而且伴随着公共行政改革的发展而不断向前推进。

一、美国政府绩效管理的演进

美国政府绩效管理发端于1906年纽约市政研究院(New York Bureau of Municipal Research)的绩效评估实践,至今已有百年历史。不同学者对美国绩效管理的历史进程划分有较大的差别,其中影响较大的是美国行政学家尼古拉斯·亨利(Nicholas Henry)的五阶段论。他在《公共行政与公共事务》(*Public Administration and Public Affairs*)一书中把美国政府绩效管理的历史划分为效率时期、预算时期、管理时期、民营化时期和政府再造时期五个阶段。

第一阶段(1900—1940)为效率阶段,以好政府为目标。20世纪初,美国政府改革关注的主要是效率。政府改革的目的在于创立一个好政府,好政府就是更有效率的政府,而更有效率的政府意味着更加廉洁的政府。1906年,纽约市成立了市政研究局,探讨如何提高政府效率。1912年联邦政府成立了经济和效率委员会。1928年成立的全国市政标准委员会(Natiollal Committee on Municipal Standards)是美国公共部门绩效评估的发起者。当时,美国"政府机构寻求制度工作准则和业绩作为衡量标准的初步技术已在几个机构中运用。……各种专业协会开发了评级制度以评价行政工作的业绩以及公共服务的需求。这些原始的、不科学的方法为较复杂的客观技术伴起了前奏"。

第二阶段(1940—1970)为预算阶段,以控制开支为目标。二战前后,凯恩斯主义的兴起和罗斯福新政的实施更使政府职能的扩张达到了高潮。机构的增设造成政府雇员迅速增加,政府财政负担沉重,行政效率却未见提高,甚至因人员与管辖权的冲突使联邦政府的工作多次出现混乱、重复和浪费。因此,在这一阶段,政府开支过大已引起社会的高度关注,控制政府开支已成为推动政府改革的主要动力。人们普遍认为,政府的开支浪费是政府最大的腐败,并主张通过组织设计能够查禁和减少腐败。人们相信,只要将行政原则加以利用,建立起精心设计的组织结构和程序,政府行政过程中的可乘之机就可以逐渐消除。

第三阶段(1970—1980)为管理阶段,以效率和效益为目标。20世纪70年代是美国进行测量、评价以及提高生产力的重要10年,公共部门绩效评估重新得到了重视。1973年,布雷顿森林体系崩溃,美元的国际地位急剧下降,对外贸易开始从顺差变为逆差。这个过程的改革,美国政府更加关注效率和效益的管理问题。解决效益的问题是革除政府中的欺诈、权力滥用和浪费等行为;效益的提高通过效率来解决。1973年,尼克松政府颁布了"联邦政府生产力测定方案"(The Federal Government Productivity Measurement Program),制定了3 000多个绩效指标,力图促使公共组织绩效评估系统化和规范化。1974年,福特总统要求成立一个专门机构,对所有公共机构的主要工作进行成本-效益分析。

第四阶段(1980—1992)为私有化阶段,以精简政府为目标。里根上台之际,美国经济正处于严重衰退中,他把症结归于联邦政府过度膨胀,税负沉重,对私有企业控制过多,因而阻碍了经济发展。在"经济复兴计划"中,里根政府主要是通过更多地由私营企业提供特定政府服务的方式,提高生产率。进行私有化的目的是阻止联邦赤字的增长、降低税收及节约政府开支。更深远的意义则在于缩减联邦政府自身的规模和职责。里根政府曾任命彼得·格瑞斯(Pete Grace)领导了著名的格瑞斯委员会对私营部门的成本控制进行调查,以吸取经验使政府内部的浪费和滥用现象最小化,并审查政府如何最佳履行职能以提高公共物品和服务供给的有效性。这一时期联邦政府的规章条例的增长率降低了25%以上,政府规定的文牍工作时间每年减少3亿小时以上。里根政府的改革计划总体上取得了成功,并为克林顿政府提供了有益的借鉴。

第五阶段(1992—　)为重塑政府阶段。20世纪90年代初,由于受国内外各种因素影响,美国公民对政府的信任度下降,出现"信任赤字"。因此,政府面临着改革的巨大压力。这个时期的行政改革寻求从企业界获得借鉴,倡导建立一个顾客至上和追求实际效果的"企业型政府",以适应迅速变化的社会环境。首先提出"重塑政府"主张的是《重塑政府》的作者——美国学者戴维·奥斯本(David Osbore)。克林顿总统在这项政府重塑运动中共签了90个相关法案和50个总统行政命令,各政府部门制定了几千条顾客服务准则。通过"重塑运动"和绩效评估,联邦政府在工作中更加注重成果和绩效导向,政府机构的服务质量与私营企业之间的差距大大缩小,有80%的政府服务项目获得了公众的肯定,有相当比例的政府部门的服务水平达到了国际标准的满意程度。

表2-1　美国政府绩效管理的演进历程

特　征	效　率	预　算	管　理	私有化	重塑政府
动　因	好政府就是高效廉洁的政府	控制支出	效率与效益	减少赤字,降低税收,节约政府开支,精简机构	节约政府开支,提高效率、效益和责任心,向公共行政官员授权
主要的政府层次	地方政府及20世纪30年代的联邦政府	所有层次的政府,低水平的参与	联邦、州和地方政府	联邦、州和地方政府	先是地方政府,然后是联邦政府

特　征	效　率	预　算	管　理	私有化	重塑政府
生产率运动的倡导者	公民、商人、学者和专家	以预算为导向的公共行政官员，运营/管理专家	民选官员，公共行政人员和学者	公民、商人、大学和保守智囊团	公共行政官员，而后是民选官员
方案评估技术的倡导者	时间、运动研究、市政府研究局，新政，全国市政府标准委员	"伟大社会"行政官员，组织发展的先驱	城市研究所，大学	工商界，大学，保守主义思想库	公共行政官，大学
政治环境/研究假设	政治与管理分离，效率等于好政府，好政府等于消除腐败	全面生产率并未成为一个明确的目标，而是被纳入预算改革之中	公私部门对生产给予高度重视	私有化能够提高公共方案的生产率	得到授权的公共行政官员能建立更有效益和更负责任的政府
腐败的文化批判	腐败是政党滥用政权的产物，已遍布于政府上下	腐败现象仅存于少数不诚实的个人和小团体中，他们利用可乘之机向政府欺诈	腐败是包括浪费、欺诈和权力滥用在内的罪行，严重侵害了纳税人和公民的利益		
控制腐败的方法	把政治与行政分开，使公共行政逐步职业化	在公共机构的结构和程序设计上运用行政原则	加强执法，对公共行政官员和民选官员实施更加严格的制约，程序和调查		得到授权的公共行政官员和新信息系统可以控制腐败

资料来源　〔美〕尼古拉斯·亨利：《公共行政与公共事务》(第 8 版)，张昕译，北京：中国人民大学出版社，2002 年。

　　从美国行政改革的历程来看，对政府绩效的追求始终是各级政府改革的指南，而且对政府绩效的追求重点随着行政改革的发展而不断发生变化。总体来看,美国行政改革和政府绩效评估的动机趋向更为广泛的目标,即从单纯的"追求效率"和"控制成本"逐步转变为"效率与效益"的有机整合,最终深化为"减少政府开支"、"提高公共责任、效率、效益以及回应性"等多目标的综合体系。

二、美国政府绩效管理的基本模式

在政府绩效管理的演进中,美国政府绩效管理的理念与模式也发生了相应的变化。张强等在"美国政府绩效评估的基本途径"一文中将美国政府绩效管理分为效率导向型、结果导向型和管理导向型三种基本的模式。

(一)效率导向型政府绩效管理

19世纪末至20世纪70年代初,美国政府绩效管理的主要模式是效率导向型,它是从经济意义上对政府提供公共产品或服务的成本和收益进行评估,其评估重心是政府活动的投入和产出。

效率导向型评估主要有四种标准:

一是投入-产出标准,这里的产出是指工作量,如收集垃圾的吨数和逮捕罪犯的数量等;投入是指资金或工作时数。这样,产出-投入比率就可以表述为"工作量/工作时数或单位资金"。

二是产出的"有效性"标准。该方法的假设是政府活动的"真正产品"比"直接产出"更重要。如使用"每个警察逮捕罪犯的数量/每个工作时数或美元"来评估警察部门的产出,就容易忽视逮捕的质量问题;因为逮捕罪犯并不意味着能够通过司法审判并予以定罪,没有充分证据的逮捕是不能进入司法程序的。而如果不考虑逮捕质量而片面追求逮捕数量就会纵容警察的错误逮捕和不负责任的行为。所以,使用"每个警察逮捕并进入司法程序的罪犯数量/每个工作时数或美元"就比"每个警察逮捕罪犯的数量/每个工作时数或美元"更加科学,前一标准就是把"有效性"作为警察工作的产出。

三是设备和雇员的使用率,通常被表述为"实际使用的资源量/可使用的资源量"。一般来说,政府设备的闲置时间越长或政府雇员工作时间的闲置越多,这些资源(政府设备和雇员)的使用效率就越低。

四是生产力指数(productivity indices)。生产力和效率是同一层次的概念,可以用产出和投入来区分二者的异同。效率是指单位产出的成本即效率=投入/产出,生产力是指单位投入的产出量即生产力=产出/投入。生产力指数是用来测量不同年度之间生产力变化的百分比,是用来评估相对效率而非绝对效率。

效率导向型评估是美国最传统的绩效评估模式,它关注的焦点是经济意义上的投入和产出,这实际上是一种组织内部绩效的评估(如图 2-1 所示)。这种评估模式忽视了政府活动的结果和社会影响,违背了政府的"公共性"价值。

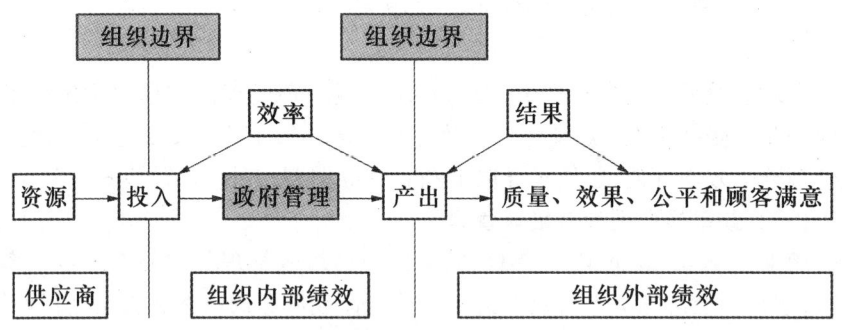

图 2-1　美国政府绩效评估的三种基本模式

(二)结果导向型政府绩效管理

20 世纪 70 年代以来,由于受到新公共行政的影响,美国政府绩效管理模式逐渐从效率导向型转向结果导向型。结果导向型评估与管理是指以政府提供公共产品或服务的质量、效果、公平性和公众满意度等为重心所进行的评估。英国学者哈特瑞(Hartzell)在《评估城市政府基本服务的有效性:最初的报告》一书中进一步提出了结果评估的三个标准即有效性、效率和工作量,其中有效性主要包括五个评估指标:(1)公共服务之预期目标的实现程度;(2)非预期的、负面影响的出现;(3)所提供公共服务的质量与社区需要、期望和付费意愿的吻合程度;(4)回应公民需求的态度和行动;(5)公众对公共服务的满意度。在哈特瑞看来,效率和工作量只是结果评估的一个要素,它为预算决策提供依据,但不应该是强调的重点;然而这并不意味着政府的投入和产出就不重要,尤其是在政府预算紧缩的情况下,为了追求公共产品或服务的有效性而忽视其成本也是不现实的。

90 年代之后,随着"新公共管理"和"政府再造"运动在美国的兴起,结果导向型评估得以强化,主要体现在两个方面:一是政府绩效评估作为一种技术工具,体现出明显的管理主义倾向,是一种结果本位的管理控制机制;二是政府绩效评估以服务质量和顾客满意为首要评估标准,体现了服务和顾客至上的管理理念,这是新公共管理运动"以顾客为导向"理念的延伸。美国联邦责任总署的调查结果显示,截止 2003 年,联邦管理者使用效果标准、质量标准和顾客服务标准等结果评估标准的比率已经明显高于产出标准和效率标准的使用比率(见表 2－2)。

表 2－2　美国联邦政府绩效评估标准的使用情况　　　　（%）

年　份 绩效标准		1997	2000	2003
结果标准	效果	32	44	55
	质量	31	39	46
	顾客服务	32	39	47
效率标准	产出	38	50	54
	投入/产出之比	26	35	43

资料来源　张强、韩莹莹:"美国政府绩效评估的基本途径",《中国行政管理》,2005年第 12 期。

(三) 管理导向型政府绩效管理

管理导向型评估与管理是指以政府管理为重心的评估模式,其主要内容是对政府管理能力进行评估,即把投入(公共资源)转变成产出和结果的管理能力。管理导向型评估的前提假设是当代美国著名绩效评估专家、锡拉丘兹大学的英格拉姆(Patricia W. Ingraham)教授提出的"管理黑箱"理论,其主要观点是:在传统政府体制下,政府绩效不高的原因是"管理黑箱"的存在,它使得投入与产出或结果之间缺乏联系,人们并不知道产出和结果是如何实现的,公共资源和投入被神秘地转化为政策结果。图 2－2 清楚地表明,投入是通过"政府管理黑箱"才转换成产出和结果的,因此政府管理在绩效形成过程中发挥着至关重要的作用,政府管理过程和管理能力直接决定着政府绩效水平的高低。

在美国,英格拉姆首开管理导向型政府绩效评估的先河。她从 1996 年起启动了长达六年的"政府绩效工程"(Government Performance Project)项目,对美国 15 个联邦政府部门、50 个州、40 个最大的县政府和 35 个最大的城市政府进行了规模庞大的绩效评估。政府绩效工程并不是直接评估政府绩效,而是评估政府的管理能力。英格拉姆教授设计了一个管理和绩效的理论模型,突出了政府管理能力的重要性,深入分析了不同的管理分系统如何使用资源并取得相应的产出和结果,论证了政府管理能力和政府绩效之间的正相关关系。

英格拉姆教授将政府能力界定为：能否在适当的时间把适当的资源运用到适当的地方；同时，政府能力还有赖于高水平的领导和管理制度。政府能力主要由四个纬度组成：政府管理制度、领导能力、管理制度之间的协调程度和结果管理的水平。政府绩效工程主要从财政管理、人力资源管理、信息技术管理、资本管理和结果管理等五个维度来评估政府管理能力（如图2－2所示）。

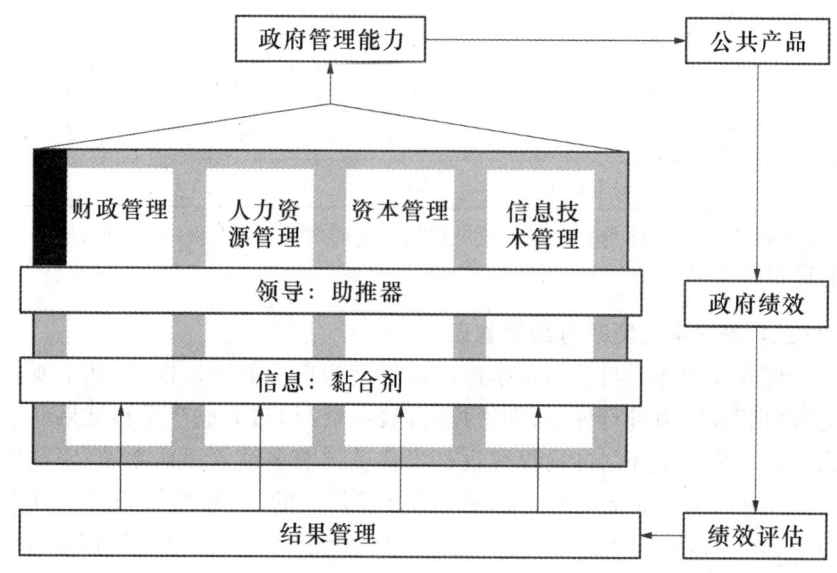

图 2－2　政府管理能力的黑箱模型

资料来源　张强、韩莹莹："美国政府绩效评估的基本途径"，《中国行政管理》，2005 年第 12 期。

美国政府绩效管理的三种模式涵盖了政府活动的全部过程，它们都是在不同价值理念指导下从不同角度对政府绩效进行评估。这三种评估模式各有其优点和缺陷：效率导向型评估与管理，注重可量化的效率评估，但忽视了政府活动的结果和有效性；结果导向型评估与管理将评估焦点转向政府活动的结果和有效性，但有时很难对结果和有效性因素进行量化，因此也就很难克服主观因素的不利影响；管理导向型评估与管理，把评估重心转向对政府绩效起决定作用的管理过程和管理能力，关注政府自身的能力建设以及政府能力与政府绩效之间的关联性，但在一定程度上忽视了政府活动的效率和有效性评估。

第二节　英国政府绩效管理

英国是政府绩效管理开展应用得最持久、最广泛、技术上比较成熟的国家之一。自 20 世纪 70 年代末撒切尔夫人在英国政府部门引入绩效评估与管理后,经过 20 多年的发展,政府绩效管理作为新公共管理运动的一种有效工具,在英国政府改革中得到了广泛的应用。目前,英国已建立起了一套较为完备的政府绩效管理体系。

一、英国政府绩效管理的演进

在 20 世纪 70 年代末,鉴于政府面临严重的财政危机、管理危机、信任危机和合法性危机,撒切尔夫人一上台就大力推行行政改革。从 1979 年的"雷纳评审改革"到 1991 年的"公民宪章"运动,再到 1999 年的"政府现代化"运动,英国政府大力推行改革(如表 2-3 所示)。根据评估的侧重点不同,英国政府绩效管理可以分为两个阶段:以经济、效率为中心的政府绩效管理阶段和以质量为本的政府绩效管理阶段。在 70 年代末到 80 年代中后期,政府绩效评估的侧重点是经济和效率,追求的是投入与产出比率的最大化。从 80 年代末开始,随着效益和质量被重视,政府绩效评估的侧重点转向了效益和顾客满意,质量逐渐被提到了重要的地位。

表 2-3　英国政府绩效管理的主要事件

主　要　事　件	年代(年)
雷纳评审(Rayner Scrutinies)	1979
部长管理信息系统(Management Information System for Ministers)	1980
财务管理新方案(Financial Magagement Initiative)	1982
下一步行动(The Next Steps)	1988
公民宪章运动(The Citizen's Charter)	1991

41

主　要　事　件	年代(年)
竞争求质量运动(Competing for Quality)	1991
基本支出评审(Fundamental Reviews)	1993
持续与变革(Continuity and Change)	1994
进一步持续与变革(Taking Forward Continuity and Change)	1995
全面支出评审(The Comprehensives Spending Reviews)	1997
政府现代化(The Modernizing Government Programme)	1999

资料来源　Massey,Andrew(1999),The States of Britain:Aguide ot the UK Public Sector(PMPA).

(一) 以经济效率为中心的政府绩效管理

自 20 世纪 70 年代末以来,在"效率战略"的指导下,撒切尔政府推行了雷纳评审、部长管理信息系统、财务管理新方案等改革措施。这些改革在很大程度上推动了绩效评估与管理在英国政府行政改革中的实际应用。

雷纳评审计划(Rayner Scrutiny Programme)是对政府部门工作特定方面的调查、研究、审视和评价活动,评审的重点是政府机构的经济和效率水平,主要考虑该政府部门"目前干了什么,干这些事有没有必要,这些事是怎么干的,能不能减少环节,降低开支,提高效率"。评审结果证明,政府工作有许多可以改进的地方。比如在"干什么"方面,财政部设立的计算机中心,主要职能是推广应用计算机,现在计算机已经普及化了,这个机构就没有必要存在了;在怎么干方面,强调必须讲效率、讲成本。

继雷纳评审之后,1980 年,环境大臣赫塞尔廷在环境部内建立的部长管理信息系统(Management Information System for Ministers)是"整合目标管理、绩效评估等现代管理方法而设计的信息收集和处理系统"。它将绩效评估、目标管理、管理信息系统相结合,使公共部门绩效评估更具有战略性、持续性;而财务管理新方案则是部长管理信息系统的扩张、延伸和系统化。在这一时期,公共部门绩效评估与管理获得了较快的发展,但是其评估的侧重点主要是经济、效率。

(二) 以质量为本的政府绩效管理

到 20 世纪 80 年代末,撒切尔政府在改革公共部门的经济效率方面取得了显著的成就。但在强调经济效率的同时,公共服务质量下降的问题日益凸显。1991 年,梅杰担任英国首相后,相继发起了公民宪章(The Citizen's Charter)、竞争求质量(Competing for Quality)和政府现代化(Modernizing Government)等运动,逐步建立了以质量为本和以顾客满意为标准的公共行政改革指导思想。例如,在公民宪章运动中,梅杰政府要求各公共服务机构和部门在制定宪章时要遵循六个原则:明确的服务标准、透明度、顾客选择、礼貌服务、完善的监督机制、资金的价值。以质量为本,顾客满意为评估标准的导向是英国政府绩效管理实践逐步走向成熟的表现。由于政府及政府部门的目标不同于私营企业,是追求公共目的,为公众提供公共物品和公共服务,而不是以盈利为目的,所以追求高质量和最大限度的顾客满意度成为英国政府绩效管理的思想导向。

在保守党政府之后,新工党政府沿袭了保守党的改革方向,他们继续强调公共服务的效率、资金的价值和顾客导向。例如,布莱尔政府积极引进基准比较技术;将公民宪章更名为"服务第一",并设立了公民评审小组;以及在地方政府层次上,推行"最优价值"(best value,或译为最高价值)。

二、英国政府绩效管理的特点

20 世纪 70 年代末,绩效管理开始被引入英国的政府管理之中。绩效评估与管理在改进英国政府行政效率和服务质量、提高政府绩效方面发挥了重要作用。政府绩效管理之所以能在英国政府管理与改革中获得持续、稳定的发展,这是由英国政府绩效管理的特点决定的。

(一)政府绩效管理的科学化、制度化和法制化

英国从"雷纳评审计划"开始就以管理规范的形式,使政府绩效管理成为政府行政改革的重要组成部分,并凭借最高行政首长的政治支持和主管部门的预算配置权来推进绩效评估与管理。随着绩效意识的树立,英国政府逐渐依靠制度化、法制化来要求政府部门加强绩效评估与管理。例如,为推动公民宪章运动,英国政府成立了公民宪章领导小组,先后发表了《公民宪章》、《公民宪章指南》、《1992 年公民宪章首次报告》等。

为推进地方政府绩效管理,1999 年,英国颁布了新的《地方政府法》(Local Government Act)。该法案的最大特点之一是引入了最佳评价制度,并将有关地方政府绩效评估的标准、期限等问题的决定权授予给地方国务大臣。该法案明确规定,国务大臣在确定绩效指标和标准以前,要征询最佳评审的意

见。在评审过程中要考虑是否有必要实行某项职能；该项职能的行使是否符合应有的方式和水准；是否达到了目标；其绩效是否符合绩效指标体系的要求，还要评估其绩效的竞争性，即与其他有关机构的相同或相似职能作比较，被列为最佳系列的政府当局还必须准备每一财政年度的最佳绩效规划，并必须于前一财政年度的 3 月 31 日以前公开发表，其主要内容包括：职能履行的目标；履行方式和水准的评估；评审职能的期限；绩效指标体系、标准、目标；前一财政年度根据指标体系作出的绩效评估；取得进步的评估；在新财政年度将采取的行动计划；说明确定行动计划和绩效目标的前提条件等。在地方政府绩效评估的监督方面，还引入了审议制度。审计官须对该当局的财政年度绩效规划进行审计，审计的任务主要是检查是否依法制定和公开发表年度绩效规划。

此外，英国政府绩效管理的制度化和法制化，还表现为政府绩效评估的内容规范化、程序规范化和评估结果利用的规范化。政府绩效评估科学化，主要表现为逐步建立健全了包括政府绩效的评估原则、评估指标体系、评估模型、评估依据、评估技术和方法、评估程序等较为完整有效、切实可行的政府绩效评估的理论、方法与实践体系。

（二）政府绩效管理的公民导向

绩效管理是一种推动政府承担责任的有效机制，因此，坚持公民导向成为政府绩效管理实践中的重要发展趋势。政府绩效评估强调以人为本，以公民为中心，以满意为尺度。公民是政府所进行的公共管理和公共服务的最终承接者，对政府绩效最有发言权，公民参与原则是政府绩效评估的基本原则。

从英国政府绩效管理的整个过程来看，透明度和公开性一直是其重要原则，明确的绩效标准、服务标准和程序、量化的公共服务示标等为政府绩效评估有效实施创造了条件。另外，顾客选择、公众参与也是英国政府绩效评估的重要特征，如公民宪章是以公众的广泛介入和监督为主要特征的服务质量改进机制。公民参与能为政府绩效评估设计出更适合顾客需要和提高满意度的绩效示标，同时又能提高公民参与绩效评估的积极性。因此，以公民为导向，根据公民的需要提供公共服务和公共产品，又根据公民对公共服务和公共产品的满意程度来评估与管理政府绩效，是英国政府绩效管理的一个重要特点。

（三）政府绩效管理是改善政府绩效的重要工具

面对巨大的财政压力，20 世纪 80 年代，撒切尔政府的行政改革是以经济和效率为目标,绩效评估的内容主要侧重在经济和效率上。随着改革的进一步深化,质量和"顾客满意"被提上了议事日程,并成为 20 世纪 90 年代英国政府改革的首要目标,为此,绩效评估与管理的内容也从经济和效率向质量、公共服务和效益方面侧重。

从雷纳评审、部长管理信息系统、财务管理新方案、下一步行动方案、公民宪章运动、竞争求质量运动一直到后来的现代化政府白皮书,在不同的阶段,随着政府改革的主题和目标的变化,政府绩效管理的侧重点有所不同,追求的目标有所不同,主要形式不同,但不同阶段间存在着有机的联系。随着政府改革的不断推进,英国政府及时地调整政府绩效管理的目标、内容和重点,使绩效评估与管理成为改善和提高政府绩效的重要工具。

(四) 英国高层领导的大力支持和积极推动

英国在 20 世纪 80 年代举国上下开展大规模的绩效评估与管理运动,离不开"铁娘子"撒切尔夫人的强力推广,尤其是撒切尔主义的公共管理新思维,推崇私营部门的管理技术和管理方法,认同绩效管理。如果没有强大的政治支持,全国性的政府绩效管理运动就很难奏效。1991 年,梅杰担任英国首相后,相继发起了"公民宪章"和"质量竞争"运动,把英国政府绩效管理进一步推上了普遍化、规范化、系统化和科学化的轨道。1999 年,以布莱尔为首的工党执政后发表了"政府现代化"白皮书,其核心是提高政府绩效。

高层领导人的大力支持和积极推动,是英国政府绩效管理取得持续、稳定发展的关键因素。

第三节　加拿大政府绩效管理

在新公共管理运动的影响下,加拿大政府从 20 世纪 70 年代起开展了以社会自治为核心的政府改革运动。政府改革的指导原则是:社会自治的范围最大化和政府最小化。根据这一指导原则,加拿大政府逐渐从政府不该管也管不好的领域退出,并对那些政府可管也可不管的领域逐步实现了市场化管理。为了改革政府管理,改善公共服务,提高公共服务的质量和效率,加拿大政府在行政管理中引入企业管理的方法与技术,开展了政府绩效管理活动。

一、加拿大社会服务供给绩效评估体系

加拿大政府公共服务系统的改革是从 20 世纪 70 年代开始的。由于政府机构职能扩张、机构庞大和耗费的大量增加,加拿大国民呼吁,不愿再为公共服务机构承担更多的税收。1989 年,加拿大政府发布了《公共服务 2000 创议》,由此加快了政府公务系统的改革步伐。为了节省公共服务机构的费用、提高公共服务的效率,1995 年 11 月到 1996 年 6 月,加拿大都市社区服务指导委员会建立了一个专家小组,对美国的俄勒冈、明尼苏达,英国审计委员会和澳大利亚的新南威尔士的各种权限使用情况进行了全面的调研,而且通过文献调研对社会救助、福利供给与行政管理方面的绩效指标进行了深入考察,提出了一套包括 150 个指标的社会服务供给绩效评估体系。根据绩效指标的可行性、资料的可获得性以及实现项目目标的实用价值等基本原则,专家小组通过对公共服务机构的管理者和员工的实际调查,对 150 个指标进行归类合并,最后建立了一个包括顾客自给自足/自力更生、服务供给管理、新的技能和技术、财政管理和责任、劳动生产力五个领域共 20 个指标的加拿大社会服务供给绩效评估体系。

(一)顾客自给自足/自力更生绩效评估指标

1. 对于可以文件证明安大略就业项目供给要求的可雇佣当事人而言的服务计划数;

2. 在具有就业支持和没有就业支持的情况下正在获得专职工作或兼职工作的当事人百分比;

3. 在利用就业支持和没有利用就业支持的情况下,人们在综合福利救助项目停留等待服务的平均时间长度;

4. 即将离开福利项目的可雇佣当事人已经享受救助的平均月数。

(二)服务供给管理业绩评估指标

1. 每月提出福利申请的人数;

2. 每月提出福利申请的人中被发现不合资格的人数(在接受申请的人数中所占的百分比);

3. 每月未兑现的服务计划合同数;

4. 所得福利救助过多的懒散者人数,通过福利救助而重新开始创业者的人数,以及重新获得的资金额;

5. 挽回的多付款占多付款总额的百分比;

6. 都市社会服务部通过热线所收到、检查和终止的要求福利救助的人数；

7. 根据政府机关和部门的平均标准(一般水平),具有直接银行存款的人数所占的百分比。

(三)新的技能和技术绩效评估指标

1. 每年每个工作人员接受培训的天数；

2. 作为一部分预定利用率的自动化系统利用率所受到的阻碍。

(四)财政管理和责任绩效评估指标

1. 普通案例、被识别为可雇用的案例以及未被识别为可雇用的案例所得到救助的时间长度；

2. 报告收入的所有案例的平均收入,以及报告收入的普通案例所占的百分比；

3. 每人接受救助的行政成本。

(五)劳动生产力绩效评估指标

1. 在社会服务部中,让膳宿需要在该部内部得到供给的工作人员数或按照公司保单(伤残、宗教习惯、怀孕、家庭处境)与该公司一道笼统地得到膳宿供给的工作人员数；

2. 旷工:根据年复一年的比较而进行的测量,该部每年由于生病而导致的浪费(日)天数；

3. 工伤:根据年复一年的比较进行的测量,每年因工伤而浪费的时间天数；

4. 请假:每年因法定的、集体协定的或政策规定的假期而浪费的时间天数。

二、加拿大地方政府绩效的民意调查

为了深入了解加拿大公民对政府绩效的评价和看法,加强政府与公民之间的沟通与联系,2003 年 4 月 23 日到 5 月 13 日,加拿大通信公司对加拿大的不列颠哥伦比亚省(British Columbia,BC)、阿尔伯塔省(Alberta,AB)、萨斯喀彻温省(Saskatchewan,SK)、曼尼托巴省(Manitoba,MB)、安大略省(Ontario,ON)、魁北克省(Quebec,QC)、新布拉威克省(New Brunswick,NB)、新斯科舍省(Nova Scotia,NS)、爱德华王子岛省(Prince Edward Island,PE)、纽芬兰省(Newfoundland,NL)、大西洋区(Atlantic,ATL)和西北行政区(North West Territories,Terr)等省/地区的公民进行了广泛的民意调查。

（一）调查对象的样本分布

表 2－4　调查对象的样本分布情况

编　号	调查的省/地区	调查人数	百分比（%）
1	BC（不列颠哥伦比亚省）	401	0.06
2	AB（阿尔伯塔省）	404	0.06
3	SK（萨斯喀彻温省）	401	0.06
4	MB（曼尼托巴省）	404	0.06
5	ON（安大略省）	1 005	0.16
6	QC（魁北克省）	902	0.14
7	PE（爱德华王子岛省）	402	0.06
8	NL（纽芬兰省）	400	0.06
9	ATL（大西洋区）	1 003	0.16
10	NB（新布拉威克省）	100	0.02
11	NS（新斯科舍省）	101	0.02
12	Terr（西北行政区）	902	0.14
	总　　计	6 425	1

（二）调查方法与内容

该调查采用七点量表的方法进行，"1"表示政府的绩效很差，"7"表示政府的绩效很高，"4"表示政府的绩效一般。调查涉及卫生保健、经济管理、失业、国防和安全保护等12个方面的主要内容，要求被调查对象根据自己的实际感受在相应的空格内打"√"。

表 2－5　主要调查内容

编号	省/地区	1	2	3	4	5	6	7
1	卫生保健（health care）							
2	经济管理（managing the economy）							
3	失业（unemployment）							
4	国防（national defence）							

编　号	省/地区	1	2	3	4	5	6	7
5	安全保护(protecting national security)							
6	农业(agriculture)							
7	水产业管理(managing the fisheries)							
8	土著居民问题(aboriginal issues)							
9	移民问题(immigration)							
10	环境问题(environment)							
11	资源管理(managing Canada's natural resources)							
12	教育(education)							

（三）主要调查结果

第一,在所有的被调查者当中,27%的人对加拿大的地方政府绩效予以消极评价(评价值为"1"、"2"、"3"),32%的人对加拿大的地方政府绩效予以中等评价(评价值为"4"),41%的人对加拿大的地方政府绩效予以积极评价(评价值为"5"、"6"、"7")。

第二,被调查者对加拿大不同省/地区的地方政府绩效评价值存在着较大的差异。总体上看,对加拿大西部地区的地方政府绩效予以消极评价的被调查者比例较高。比如,对阿尔伯塔、不列颠哥伦比亚和萨斯喀彻温三个省的地方政府绩效予以消极评价的被调查者分别高达58%、53%和53%。

第三,在被调查的省/地区当中,对爱德华王子岛省地方政府绩效予以积极评价的人数最多(43%);其次是大西洋区(33%);再次是曼尼托巴省和纽芬兰省,有32%的人对这两个省地方政府绩效予以积极评价(见图2-3)。

第四,被调查者对地方政府不同项目的绩效评价存在着很大差异。调查结果显示,对经济管理(41%)、安全保护(40%)和环境问题(35%)三个项目予以积极评价的人数相对较多,而对土著居民问题(24%)、水产业管理(24%)和卫生保健(26%)三个项目予以积极评价的人数相对较少;对卫生保健(51%)、教育(37%)、国防和移民问题(36%)四个项目予以消极评价的人

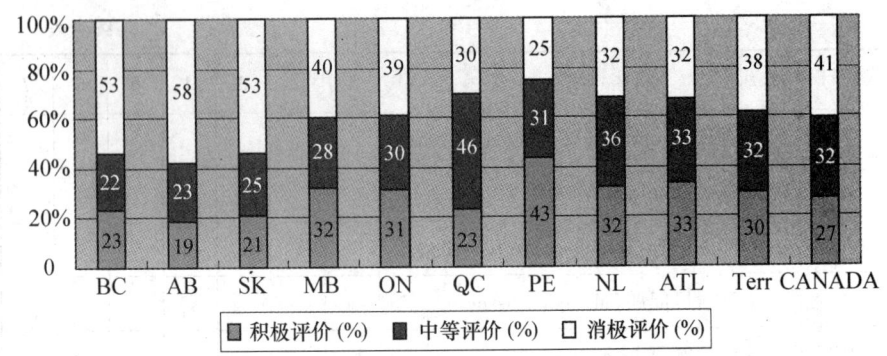

图 2-3　加拿大不同省/地区地方政府绩效评价图

数相对较多,而对安全保护(27%)、失业(31%)、环境(31%)和资源管理(31%)四个项目予以消极评价的人数相对较少(见表2-6)。

表 2-6　加拿大地方政府在不同项目上的工作绩效

编号	省/地区	认为政府绩效高的人数所占比重(5, 6, 7)	认为政府绩效一般的人数所占比重(4)	认为政府绩效差的人数所占比重(1, 2, 3)
1	卫生保健	26	23	51
2	经济管理	**41**	**28**	**31**
3	失业	34	34	31
4	国防	34	29	36
5	安全保护	40	32	27
6	农业	28	38	32
7	水产业管理	24	37	35
8	土著居民问题	24	38	35
9	移民问题	27	35	36
10	环境问题	35	33	31
11	资源管理	32	35	31
12	教育	32	30	37

　　第五,表2-7给出了对地方政府在不同项目上予以积极评价的被调查者人数比重,黑体数字对应的省/地区表示在该项目上予以积极评价人数比重最高的省/地区。

表 2-7　加拿大不同省/地区不同项目的工作绩效(%)

编号	省/地区	Can.	BC	AB	SK	MB	ON	QC	PE	NL	ATL	Terr.
1	卫生保健	26	19	20	24	27	30	25	36	27	25	**34**
2	经济管理	41	29	34	34	42	**46**	42	53	42	43	40
3	失业	34	24	32	30	38	39	34	**40**	39	35	34
4	国防	34	30	25	30	32	33	38	39	**46**	43	33
5	安全保护	40	33	33	36	38	42	42	47	**52**	51	43
6	农业	28	24	23	14	21	27	35	**43**	34	34	23
7	水产业管理	24	21	19	15	20	24	28	**37**	22	27	25
8	土著居民问题	24	22	20	28	27	23	28	36	37	28	**40**
9	移民问题	27	17	20	22	29	27	32	32	**35**	32	26
10	环境问题	35	33	34	34	32	34	37	**41**	39	40	36
11	资源管理	32	22	30	31	33	32	36	**42**	34	38	34
12	教育	32	28	29	35	37	31	36	**42**	41	36	39

第四节　澳大利亚政府绩效管理

澳大利亚是一个法治威严、经济发达、高度民主、高度文明的国家。在澳大利亚,不论是政府机关还是议会大厦,人们可以自由进出,可以到市政大厅找市长攀谈,也可以去议会大厅聆听议员辩论。国家的所有公共产品和公共服务都必须公开接受社会公众的监督和评价,政府的投入与产出效益必须接受选民的公开考评,公共机构的支出及其绩效必须接受公开监督,政府的可信度是建立在健全而透明的公共支出绩效评估基础之上的。

一、澳大利亚政府公共服务绩效评估体系

1974 年,澳大利亚政府皇家调查委员会(The Royal Commission on Australian Government Administration)成立后,就在主席 Dr. HC Coombs 的带

领下对澳大利亚所有公共服务部门进行了一次广泛的调查,并于1976年形成调查报告。该报告得出的结论是:公共服务结构僵化、死板而不灵活;提出要改革公共服务部门,让更多的公众参与公共服务;消除等级制度、下放权力。为了促进公共部门改进绩效并增加透明度,1993年,澳大利亚总理在一次部长会议上提出对澳大利亚政府公共服务进行评审的建议,并于1994年成立了政府服务评审筹划指导委员会(Steering Committee for the Review of Government Service Provision),专门负责政府服务绩效的评审工作。该委员会在借鉴英、美两国绩效评估经验的基础上,构建了一套澳大利亚政府服务绩效评估指标,自1995年开始对政府公共服务部门进行评审比较活动,并公开发布评审报告。评审每年举行一次,评估的指标体系在逐次评审实践中不断得到改进和完善,已从最初的效率和效果两个维度,发展到今天的公平、效率和效果三个维度。

1995年构建的指标体系,总体上分效率和效果两个维度。其中,效率指标主要是单位成本,效果指标包括服务质量、服务恰当性、服务的可获得性以及服务的公平性几个方面(如图2-4)。

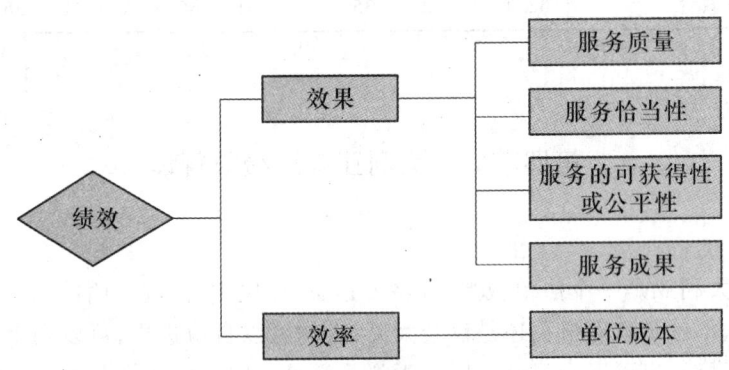

图2-4 政府服务绩效指标总体框架

在该总体框架的基础上,对公共急症医院、公共住房供给、普通教育、职业教育和培训、警察、司法、罪犯改造、儿童保护及福利等8个政府提供公共服务的领域分别构建了不同的指标:

(一)公共急症治疗医院

1. 医院质量。指标包括:由澳大利亚健康保健标准委员会(the Australian Council on Healthcare Standards, ACHS)鉴定合格的床位数、医院条件(折旧后置换价值占总置换价值的比率)、手术病人非计划复诊率、急诊病人 28 天内复诊率、手术后伤口感染率、病人的满意度。

2. 治疗的恰当性。指标包括：干预率、每千名病人出院率。

3. 服务的可获得性。指标包括：门诊病人从预约到就诊之间需等待的时间、手术病人从确定需要手术到执行手术需要等待的时间、急诊病人等待时间。

4. 单位成本。指标包括：按病例组合调整后的每例病人的经常性成本、按病例组合调整后的病人的平均资本成本、按病例组合调整后的病人的平均劳动力成本、门诊病人的治疗成本、平均住院时长。

（二）住房供给服务

1. 服务质量。指标包括：住宅条件、房客满意度。

2. 服务的恰当性。指标是：受援助的住户数。

3. 服务的可获得性。指标包括：潜在住房需求户的租用比例、申请住房后等待时间少于 6 个月的住户比例、住宅面积太拥挤的住户比例、正租住房屋中有 1~2 个多余房间的住户比例。

4. 服务的可承受性。指标是：房租占收入比例小于 20% 的住户比例。

5. 租赁管理成本。指标包括：每户的平均管理成本、房租欠款、市场可接受租金与实际征收房租之差。

6. 资产管理成本。指标包括：股本收益率、资产报酬率、维修保养成本与折旧费。

（三）普通教育（仅指小学和中学教育）

1. 学生学习效果。指标包括：标准化基本技能测试情况，如阅读能力、写作能力和计算能力等。

2. 社会效益。指标包括：学生毕业后去向（继续读书的学生比例、工作的学生比例、失业的学生比例）、对生活的态度积极与否。

3. 公平性。指标包括：土著居民占学生总数比例、读完 12 年的学生比例。

4. 单位成本。指标包括：花费在每个学生身上的教育支出、师生比例。

（四）职业教育与培训

1. 对企业产生的效果。指标包括：培训投入、雇主满意度、实现培训计划的程度、满足企业要求的程度。

2. 培训机会的可获得性。指标包括：登记注册人数、机会的公平性。

3. 学员学习效果。指标包括：学生满意度、毕业学生去向、结业学生数、培训模块完成率。

4. 单位成本。指标包括：每个学生的培训平均成本、完成某一模块学习的成本。

（五）警察服务

1. 保护和帮助公民的效果指标。指标包括：顾客满意度、公众的安全感、交通安全程度、财产被保护程度、警察正直和专业化程度。

2. 警察服务在防止犯罪上的效果指标。指标包括：报道犯罪案件数、每十万人口中报道的受害者人数。

3. 执行法律的效果指标。指标包括：遵守法律指标（酒后驾车率、超速驾驶率、未系安全带驾驶所占比例）、犯罪案件解决情况（侦破案件率、立案案件率）。

4. 警察服务的成本。

（六）法院

1. 服务质量。指标是：顾客满意度。

2. 服务可获得性。指标包括：六个月内结案的案件占案件总数的比例、可以提供持久服务的法庭数。

3. 服务的可承受性。指标是：法庭服务的每日费用。

4. 服务的成本。指标包括：处理重要刑事案件的平均成本、处理小宗交通案件的平均成本。

（七）罪犯改造服务

1. 改造效果。指标包括：两年内累犯率、3个月及以上囚犯完成培训学习的比例、出狱后被雇佣率。

2. 监督管理效果。指标是：出逃率。

3. 囚犯医疗保健。指标包括：死亡率、住院率、户外活动时间。

4. 单位成本。指标包括：改造囚犯的平均成本、监管人员数占囚犯人数比例、资本成本。

（八）儿童保护及福利服务

1. 服务质量。指标包括：对顾客有效响应性、非法定服务的可获得性、服务响应时间。

2. 服务效果。指标包括：经过教育后再虐待孩子的家庭数。

3. 单位成本。

二、澳大利亚政府服务绩效的实际测评

1995 年,澳大利亚政府服务评审筹划指导委员会对新南威尔士州（New

South Wales，NSW）、维多利亚州（Victoria，Vic）、昆士兰州（Queensland，Qld）、西澳大利亚州（Western Australia，WA）、南澳大利亚州（South Australia，SA）、塔斯马尼亚州（Tasmania，Tas）、北部地区（Northern Territory，NT）、首都直辖区（Australian Capital Territory，ACT）6 个州和 2 个地区的政府服务绩效进行比较和测评，包括公共急症治疗医院、公共住房供给、普通教育、职业教育和培训、警察、司法、罪犯改造、儿童保护及福利共 8 个领域。整个测评过程分为选取指标、收集各项指标数据、进行比较分析、解释结果和撰写评审报告几个阶段。下面以澳大利亚公共急症治疗医院的服务绩效测评为例，对澳大利亚政府服务绩效的实际测评作简要介绍。

（一）绩效评估指标的选取

1. 医院质量。对医院质量的测评主要采用了两个指标：由澳大利亚健康保健标准委员会（the Australian Council on Healthcare Standards，ACHS）鉴定合格的床位数占总床位数的比例、折旧后重置价值占总重置价值的比率（the ratio of depreciated replacement value to the total replacement value，DRV/TRV）。除了这两个指标外，一些州和地区也采用了其他指标来体现医院质量（如表 2 - 8 所示）。

表 2 - 8　各地选取的医院质量指标

医院质量指标	NSW	Vic	Qld	WA	SA	Tas	NT	ACT
由 ACHS 鉴定合格的床位数比例	√	√	√	√	√	√	√	√
折旧后重置价值占总重置价值比率	√	√	√	√	√	√		√
病人满意度	√	√						√
非计划复诊率			√		√	√		
非计划二次手术率							√	√
医院内感染发生率							√	√

2. 治疗的恰当性。这一指标包括干预率的差异性和每千人中出院病人数两个具体指标。不过，应该指出的是：这两个指标是用于测量各地所提供的医疗服务是否存在显著差异的，而某一地的医疗服务与国家平均水平存在显著差异，并不必然意味着该地的医疗服务恰当性差。

3. 服务的可获得性。服务的可获得性用"非紧急手术的等待时间"来测量,包括:等候队列消散时间、截至调查时已等待一年的非紧急手术病人百分比和住院前已等待一年的非紧急手术病人百分比。

4. 服务的效率。服务效率用"按病例组合后的每位出院病人的成本"来测量。包括:每位出院病人的劳动力经常成本和其他经常成本。劳动力包括医生和医院其他劳动力。

（二）测评对象及收集数据的方法

本次测评的对象是公共急症治疗医院,测评内容是对它们所提供的服务(仅指对住院病人提供的服务)的效果和效率进行比较和评估。这里的"公共急症治疗医院"是指由州卫生局颁发营业执照的,至少能为住院病人提供手术治疗、助产服务、全天候护理服务的医院(澳大利亚健康与福利协会和统计局的定义)。

澳大利亚政府服务评审委员会收集数据的主要途径包括：第一,从澳大利亚健康与福利协会(the Australian Institute of Health and Welfare, AIHW)、澳大利亚卫生部长顾问委员会(the Australian Health Ministers' Advisory Council)、澳大利亚统计局(the Australian Bureau of Statistics)以及国家卫生数据委员会(the National Health Data Committee)等机构公开出版或尚未出版的统计资料上收集各个指标数据,或者对现有资料简单加工整理获得;第二,从各州的卫生管理部门获得数据;第三,通过对测评对象进行问卷调查和实地调查获得。

（三）结果解释

第一,首都直辖区的鉴定合格床位数所占比例最高,达到了98.87%,昆士兰州只有38.87%,北部地区则没有鉴定合格床位数(如图2-5所示)。

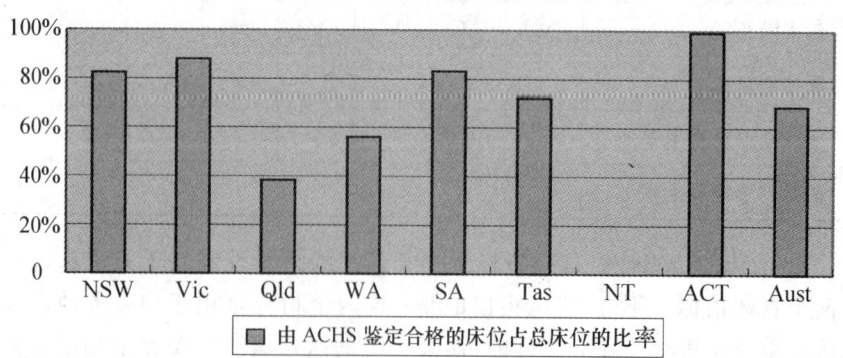

图 2-5　由 ACHS 鉴定合格的床位占总床位的比率

究其原因发现：是否对医疗设备及床位进行鉴定是自愿的,昆士兰州和北部地区缺少积极的支持政策,所以导致较低的鉴定合格率。这说明了该指标有一部分信息反映了政策差别而不是质量差别。

新南威尔士州的医疗设备和建筑物折旧后重置价值占总重置价值的比率都达到了最高,分别为 0.82 和 0.64,说明该州医疗设备和建筑折旧较少,医疗设施比较新。

第二,总体上看,各州的治疗干预率差别不大。各州的每千人中出院病人数都集中在 150 到 200 人之间,塔斯马尼亚州最低(158.6 人),西澳大利亚州最高(204.1 人)(如图 2-6 所示)。说明各州所提供的医疗服务差别不大。

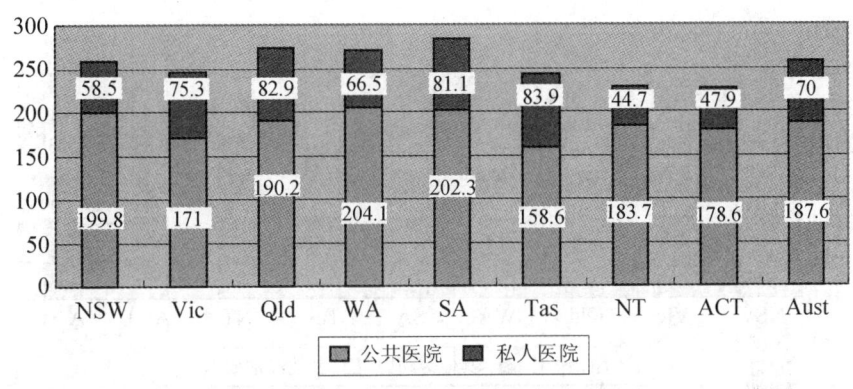

图 2-6　公共医院和私人医院的每千人中出院病人数比较

第三,等候队列消散时间的调查数据显示:新南威尔士州的等候队列消散时间为 1.8 个月,低于国家平均水平的 2.3 个月;而北部地区达到了 9.9 个月,明显高于平均水平。"截至调查时已等待一年的非紧急手术病人百分比"和"住院前已等待一年的非紧急手术病人百分比"两个指标的数据显示:首都直辖区的两个指标数据都达到了 26%,明显高于平均水平 9% 和 2%。总体来看,首都直辖区和北部地区的公共医疗服务可获得性差(如表2-9所示)。

第四,按病例组合调整后的出院病人的经常成本在澳大利亚各州有较显著的差别,该指标数据在 $2 200(南澳大利亚州)和 $3 200(首都直辖区)之间变化,而国家平均水平为 $2 400。其中,按病例组合调整后的每例出院病人的劳动力成本(包括医生和非医生的其他劳动力)首都直辖区也最高,为 $2 429,这说明首都直辖区的医疗服务效率较低(如图 2-7)。

表 2-9   各地公共医院服务可获得性指标数据

服务可获得性指标	NSW	Vic	Qld	WA	SA	Tas	NT	ACT	Aust
等候队列消散时间（月）	1.8	2.6	—	3.3	2.8	2.5	**9.9**	5.0	2.3
截至调查时已等待一年的非紧急手术病人(%)	5	8	—	21	12	20	23	**26**	9
住院前已等待一年的非紧急手术病人(%)	1	3	—	5	3	6	8	**26**	2

昆士兰州的数据暂无法获得。

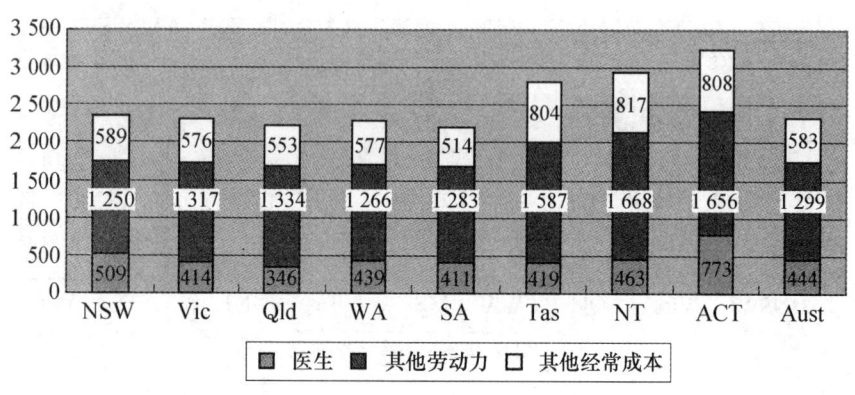

图 2-7   按病例组合调整后每例出院病人的经常成本

第五节   韩国政府绩效管理

韩国政府于 20 世纪 90 年代启动了新一轮的行政改革,目标是创建一个廉价、高效和服务型的政府。为了推动行政改革,达到行政改革的最终目标,韩国完善和强化了政府绩效管理机制。比如,成立由总统直接过问的经营诊断委员会、加强政府绩效审计、推行制度评估、引入以目标管理为基础的公务员绩效评估制度、结合政府绩效评估实践所制定的政府绩效评估框架法案等。本章主要对其中的政府经营诊断委员会、制度评估和政府绩效评估框架法案进行详细说明。

一、韩国的政府经营诊断委员会

韩国金大中政府借鉴了英国撒切尔政府时期行政改革的成功经验,成立了一个由总统直接过问的经营诊断委员会,并使它的工作贯穿于行政改革的整个过程。经营诊断委员会是政府推进改革的咨询和智囊机构,成员由来自研究机构和大学的政治学、行政学、法学、经济学的专家构成。经营诊断委员会分成若干小组,在各部门设立办公机构,围绕行政改革进行调查诊断工作。经营诊断委员会统一负责对各政府部门绩效测定指标的开发,包括对政府组织经营战略指标的设计和经营成果测定办法的示范性应用设计等。为了推进成果管理体系的法制化,拟订了《政府成果管理法》,对于与部门及其经营目标关联的战略计划书、与各事业单位关联的成果计划书,以及有关最后绩效的成果报告书,都作出了必要的规定;实行与经营状况相配套的激励制度,规定按计划要求完成后的财政预算节余,要以适当比例奖励给相关部门;明确了成果计划与报告的程序,以及就保证责任运营机关财政独立和自我约束的实现等特别事项做了规定。预算执行情况实行公开报告制度,让国民大众能够从多种渠道了解政府机关的经营成果与投入产出比率,强调利润经营责任(value for money)。经营诊断委员会在对各部门绩效进行评估的基础上,就政府机构的职能、机制、制度创新和机构设置提出相关建议。

二、韩国政府的制度评估

韩国政府在 20 世纪 60 年代早期就已经开始实行政策、项目评估,主要集中在投入和产出的测量上,但不是一种综合的成果测量。80 年代至 90 年代中期,韩国在政策和项目的效率和效益上作过努力,但也没有取得预期的效果。金大中上台后进行了大刀阔斧的行政改革,改组政府机构,重新确定政府职能,并由此改革了传统的绩效评估制度,发展了一种新的评估体制——制度评估。

韩国国家事务和协调规则将制度评估定义为:“监督、分析、评估主要政策的实施及其效果、政府机构和代理机构执行政策的能力、公民对政府提供的公共服务的满意度。”韩国政府希望通过引进制度评估来提高政府的绩效和责任,评估的不仅是政策和项目的成果,还有对这些政策和项目管理的能力,并且进一步检测政府基础设施按预期设想支持政府运作的能力,既在政府和代理机构内引入竞争机制,又促使政府把重点放在提高绩效上。

（一）制度评估的内容和实施部门

制度评估的内容包括政策评估、政策实施能力评估以及公民、客户对政府提供的服务和政策实施的满意度的调查三个方面。政策评估着重于评估政府机构和代理机构所实施政策的效果;政策实施能力的评估侧重于评估政府机构对计划要实施的政策实际执行的能力;公民、客户满意度的调查既衡量公民满意的程度,又衡量公民、客户对服务提供和政策实施满意层次的增加程度。

制度评估的三个组成部分分别由不同的专门部门来进行评估操作,这是一种外部性的综合评估。（1）政策评估主要是在总理办公室(the Office of the Prime Minister)的协助下由政策评估者来实施,政策评估者是政策分析和评估委员会的成员,这个委员会除了一名政府官员外,其余全是平民。他们的职责是,根据国家事务评估和协调规则来制定评估的指导方针和评估结果标准,对政策实施评估,并着重研究提高和改善评估系统的方法。（2）政策实施能力的评估主要由总理办公室的官员来实施,他们是掌握政府综合绩效评估单位的成员,评估结果在包括政策评估者和政策协调办公室人员的联合会议上讨论。（3）公民满意度的调查由研究机构来完成。韩国公共行政研究所 KIPA (the Korea Institute of Public Administration)是一个政府资助的研究机构,它来设计用于调查客户对服务提供满意度的调查问卷,并在 KIPA 的研究者、政策评估者、政策协调办公室人员参加的联合会议上讨论,KIPA 负责处理问卷,分析数据并报告结果。

（二）制度评估的指标

为了对制度评估内容的三个方面进行准确而细致的评估,韩国政府专门制定了一系列指标和标准,其中的一些指标用来衡量每个标准,一些标准用来衡量每个元素。制度评估所使用的指标如表 2-10、表 2-11、表 2-12 所示。

表 2-10　政策评估指标

元　素	标　准	指　　标
政策模式	政策目标合适	政策目标明确定义了吗? 政策目标与更高层次的目标一致吗?
	政策内容合适	政策方法逻辑上与政策目标一致吗? 在准备计划、征求有关公众意见的时候有正确的步骤供遵循吗?

续 表

元 素	标 准	指 标
政策实施	政策实施正确	就投入、各种活动、日程来说,政策是按原计划实施的吗?资源的利用有利于完满取得政策的结果吗?
	政策实施合适	政策被很好地实施了吗?在实施的过程中克服了遇到的困难吗?通过听取有关机构的意见、通知有关的公众知道政策是否顺利实施了吗?
政策结果	完满取得预定目标	从产出方面说,预定目标按原计划实现了吗?
	政策有效率	从效果方面说,政策目的和目标达到了吗?

资料来源 倪星、刘奎明:"美韩两国绩效评估的实践与方法",《决策咨询》,2004 年第9 期。

表 2－11 政策实施能力评估指标

元 素	标 准	指 标
政策实施能力	更新机构事务的能力	有足够的力量实现政府的知识性;有足够的力量制定规则和章程来实施国民大会的决定;有足够的力量反腐败;有足够的力量告知人们每个机构要发生的事。
	机构评估政策/项目的能力	合适地选择评估人和评估计划;合适地选择评估程序;合适地选择评估类型;正确地利用评估结果。

资料来源 倪星、刘奎明:"美韩两国绩效评估的实践与方法",《决策咨询》,2004 年第9 期。

表 2－12 公民满意度评估指标

元 素	标 准	指 标
公民满意度	可接近性	友好地提供服务,为客户提供指导
	方便性	形式简便,多途径获得服务
	迅速和准确性	处理事务快速而准确
公民满意度	设施便利	提供停车场、休息室、茶水、电话等
	反馈	对公民的要求及时作出反应
	公平	在处理事务中保证公平

资料来源 倪星、刘奎明:"美韩两国绩效评估的实践与方法",《决策咨询》,2004 年第9 期。

（三）制度评估的实施程序

韩国制度评估的具体实施程序如下：

1. 政府及其代理机构每年6月15日前提交一份上半年的自我绩效评估报告,10月25日前提交下半年的自我绩效评估报告。

2. 先由评估小组委员会对政府及其代理机构提交的绩效报告进行讨论,然后提交全体委员会讨论,通过后再在所有评估者和政府及其代理机构参加的年中(7月底举行)和年终(12月中旬举行)报告大会上讨论。

3. 对评估中发现的相关问题,责令相关机构自行采取补救措施,并提交政策委员会备案,每年两次向其报告补救措施实施进展状况,而总理办公室的人员则负责对补救措施的执行进行督促和指导。

4. 评估结果确定后,对表现突出者予以奖励,对表现低劣者进行惩罚。评估结果要通过新闻媒体和网络进行公开,同时评估结果也要在政策评估者、政府及其代理机构的首脑都参加的联合会议上报告给总理和总统。

三、韩国政府绩效评估法案

在韩国,政府绩效评估的理念发端于20世纪60年代,但是,政府绩效评估真正发展并走上制度化道路则是在20世纪90年代,韩国政府为推动行政改革和提高政府绩效,启动了以创建廉价、高效和服务型政府为目标的行政改革。

20世纪90年代以来,韩国政府出台了一系列规范和推进绩效评估的规章和法令。例如,在政府绩效评估的实践经验基础上,为促进政府绩效评估的制度化和规范化,韩国政府政策协调办公室于2000年颁布实施了《政府绩效评估框架法案》,对政府绩效评估的定义、目的、原则、程序、评估机构以及评估结果的运用等作了明确的规定。

（一）政府绩效评估的定义

该法案将政府绩效定义为:中央行政机关及其下属机构以及地方政府履行的职责以及从事的事务。政府绩效评估就是对政府绩效的内容和结果进行的审查、分析和评价,也是对政府履行职责的结果的反映。

（二）政府绩效评估的原则

韩国的政府绩效评估法案确立了政府绩效评估应坚持的三个原则:

1. 政府绩效评估应当保证在自主和独立的前提下进行;

2. 应当运用客观和专业的评估方法确保评估结果的可靠性和公正性;

3．除非有特殊原因,否则不应当进行重复评估。

（三）绩效评估的类型和对象

该法案将政府绩效评估对象分为中央行政机关、地方政府、特别事务以及中央行政机关的下属机构。法案规定,由总理根据总统的命令对中央行政机构绩效进行评估;中央行政机关的负责人可以对地方政府承担的国家事务、国家资助的项目以及执行国家政策的绩效进行评估,如果地方政府的行政首长想对本地政府的绩效进行评估,他应当向总理报告其目的和评估的必要性。为了提高评估效率和减少评估成本,总理也可责成政府行政与国内事务部会同相关中央行政机关对地方政府绩效进行联合评估。

关于特别事务的评估,法案规定,如果有必要,总理或中央行政机关的负责人可以对与政府事务管理相关的特别事务进行评估。

法案还规定,中央行政机关的负责人负责对其下属机构进行绩效评估。

（四）绩效评估程序

法案规定,每年1月31日前总理应当制定出当年的绩效评估指南并分发给中央行政机关的负责人,这些机关负责人再根据绩效评估指南制定出绩效评估计划并且在3月31日之前提交给总理。如果中央行政机关提交的绩效评估计划由于不可避免的原因必须更改,负责人应当尽快向总理提交修改后的评估计划。

绩效评估实施机构可以委托专业机构对需要专业知识的领域进行调查和研究,并且在预算允许的范围内向专业机构支付必要的费用。

在绩效评估过程中,如果绩效评估机构认为有必要可以向相关行政机关索取以下方面的内容：（1）与评估有关的数据和文件；（2）相关公务员到场或陈述；（3）到相关行政机关现场调查。

（五）绩效评估监督机构——政策评估委员会

法案规定,为了保证绩效评估的有效实施,应当设立受总理领导的政策评估委员会（Policy Evaluation Committee）。政策评估委员会的主要职责包括：

1．审查政府绩效评估的基本方向和评估指南；

2．审查对中央行政机关的绩效评估；

3．审查对地方政府的绩效评估；

4．审查对特别事务的评估；

5．审查与绩效评估制度的管理、研究与开发有关的主要事项；

6．审查政策评估委员会主席认为有必要监督和协调的其他事项。

各个中央行政机关和地方政府也应设立自我绩效评估委员会（self-evaluation committee），对本部门或政府的绩效评估计划、结果和主要项目进行审查。

总理办公室应当设立政府绩效评估咨询会议（government performance evaluation consultative meeting），负责商议和协调以下事项：

1. 协调评估相关机构和促进其合作的计划；
2. 确保评估结果有效性的计划；
3. 其他有利于绩效评估有效实施的事项。

（六）绩效评估结果的运用

法案规定，中央行政机关的负责人应当向总理报告其对地方政府及特别事务进行绩效评估的结果。如果从评估结果可以看出政府职责需要改正，总理就可以责成相关中央行政机关的负责人进行整改。相关中央行政机关的负责人在接到整改命令后，应当立即制定整改计划并报告给总理。

对于根据评估结果需要采取预算措施的项目，总理应当通知计划和预算部长以及相关行政机关的负责人。总理可以要求相关行政机关的负责人对这些项目进行检查，并将检查结果报告给总理。中央行政机关的负责人和地方政府的行政首长应当在相关机构的预算中尽可能地反映绩效评估的结果。

政府应当定期召开政府绩效评估通气会，通报政府绩效评估的结果及对结果的处理情况。政府还应向国民大会提交政府绩效评估结果的年度报告。

政府应当努力宣传绩效突出的部门和个人以提高政府的整体绩效，并对这些部门和个人进行奖励，如预算支持、优先考虑晋升等。

另外，除了 2000 年颁布实施的《政府绩效评估框架法案》，2006 年 4 月，韩国颁布的《政府业务评价基本法》，进一步把原先依据不同法令进行的片面的或者重复的将各种绩效评估的制度统合为一个体系，对评估制度的分类，评估主体、对象、方法和指标体系，以及绩效信息的应用等都作出了明确的规定，以期提高政府业务运营的绩效以及责任感，使韩国政府绩效评估有了制度保障①。韩国还制定《政府绩效评估实施细则》，强化政府绩效评估主体的权力，维护政府绩效评估的权威，确保绩效评估机构享有调查、评估有关政府部门活动的权力，不受任何行政、公共组织或个人的干扰；制定和颁布《政府绩效评估标准》，规范政府绩效评估的计划、实施和报告的行为；制定较为详细的《政府绩

---

① 汪菁、朴钟权："韩国政府绩效评估制度及其对中国的启示"，《理论与改革》，2006 年第 5 期，第 64、66 页。

效评估职业道德规则》,加强政府绩效评估职业和个人的自我约束①;其他规章和法令还包括《有关政府业务等评价的基本法》、《责任运营机关设置运营法》等等。同时,韩国政府也出台了一些旨在提高公共部门服务质量的动议,这些动议在要求公共部门制定服务标准、提高服务质量的过程中涉及绩效评估,如《关于政府主要政策评价及调整的规定》②。

本章小结

本章重点介绍了美国、英国、加拿大、澳大利亚和韩国等国家的政府绩效管理实践。

1. 美国政府绩效管理至今已有百年历史。不同学者对美国绩效管理的历史进程划分有较大的差别,有的学者把美国政府绩效管理的历史划分为效率时期、预算时期、管理时期、民营化时期和政府再造时期五个阶段。

2. 美国政府绩效管理可以分为效率导向型、结果导向型和管理导向型三种基本的模式。

3. 英国已建立起了一套较为完备的政府绩效管理体系。根据评估的侧重点不同,英国政府绩效管理可以分为两个阶段:以经济效率为中心的政府绩效管理阶段和以质量为本的政府绩效管理阶段。

4. 政府绩效管理之所以能在英国政府管理与改革中获得持续、稳定的发展,这是由英国政府绩效管理的特点决定的:政府绩效管理的科学化、制度化和法制化,政府绩效管理的公民导向,政府绩效管理是改善政府绩效的重要工具,以及英国高层领导的大力支持和积极推动。

5. 加拿大政府从 20 世纪 70 年代起开展了以社会自治为核心的政府改革运动,并以社会自治的范围最大化和政府最小化为政府改革的指导原则。

6. 在澳大利亚,所有公共产品和公共服务都必须公开接受社会公众的监督和评价,政府的投入与产出效益必须接受选民的公开考评,公共机构的支出及其绩效必须接受公开监督,政府的可信度是建立在健全而透明的公共支出绩效评估基础之上的。

7. 韩国政府于 20 世纪 90 年代启动了新一轮的行政改革,并完善和强化了政府绩效管理机制,比如,成立由总统直接过问的经营诊断委员会、加强政

---

① 汪菁、朴钟权:"韩国政府绩效评估制度及其对中国的启示",《理论与改革》,2006 年第 5 期,第 67 页。

② 胡税根、汪菁:"韩国政府绩效评估及其评价",《甘肃行政学院学报》,2006 年第 4 期,第 14 页。

府绩效审计、推行制度评估、引入以目标管理为基础的公务员绩效评估制度、结合政府绩效评估实践所制定的政府绩效评估框架法案等等。

本章基本术语

效率导向型评估　结果导向型评估　管理导向型评估　"管理黑箱"理论　雷纳评审计划　部长管理信息系统　政府服务绩效指标总体框架　政府绩效评估框架法案

复习思考题

1. 试结合美国行政改革，说明美国政府绩效管理的演进历程。

2. 美国政府绩效管理有哪些主要模式？试说明其不同模式的特点。

3. 试分析结果导向型政府绩效评估的基本标准。

4. 简述美国《政府绩效与结果法案》的主要内容，并分析该法案对促进美国政府绩效管理发展的重要意义。

5. 简述英国政府绩效管理的演进历程。

6. 试说明英国政府绩效管理的主要特点。

7. 试比较分析加拿大、澳大利亚和韩国政府绩效管理的特点。

8. 结合国外政府绩效管理的实践，说明其对中国公共管理改革的借鉴与启示意义。

第三章　中国地方政府绩效管理

在提高政府服务质量,改善人民福利的激励下,以及在新公共管理理论和西方各国政府改革实践的影响下,20 世纪 90 年代以来,中国开始关注和跟踪西方的政府绩效管理的理论研究和应用进展,各级地方政府和政府部门以推进政府机关效能建设和推行公共部门绩效管理为突破口,不断创新管理理念和管理机制,在政府绩效管理方面进行了有益的实践探索,创设了形式多样的政府绩效管理制度与方式,取得了一定的成效,走出了一条具有中国地方特色的政府绩效管理的道路。本章重点讨论中国的社会服务承诺制、党政领导干部经济责任审计、政府机关目标责任制考核、公民评议政府、公共部门绩效评估和党政领导干部综合考核评价六种典型的政府绩效管理方式。

第一节　社会服务承诺制

在西方,英国是世界上较早推行社会服务承诺制的国家。1991 年,梅杰任英国首相后,发动了公民宪章运动(the citizen's charter)作为对公众的一种承诺,英国政府要求所有公共服务机构和部门制定宪章,并将明确的服务内容、服务标准、透明度、顾客选择、完善的监督机制等作为宪章的重要原则予以确定,实现提高服务水平和质量的目的,在全国大力推行社会服务承诺制度,引起了国际社会的关注,被称为英国 20 世纪 90 年代政府决策的核心。1997 年,布莱尔政府执政后,对承诺制仍然持肯定和积极的态度,并在广泛的社会调查、听取公众和各界意见的基础上,制定了《服务第一——新的承诺方案》①。许多国家的政府纷纷效仿。1992 年,法国政府要求公共服务部门颁布"公共服务宪章"。同

---

① 参见龚禄根:"英国社会服务承诺制提高了公共服务质量",《中国行政管理》,1998 年第 11 期,第 26 页。

年,比利时发动了"公共服务宪章"运动。1993 年,美国戈尔报告提出了"顾客至上"(putting customer first)的公共服务理念。同年,美国克林顿总统签署了《设立顾客服务标准》的第 12862 号行政令,以行政命令的形式要求联邦政府部门制定顾客服务标准。在中国,近年来也逐步兴起和推广了社会服务承诺制。

一、社会服务承诺制在中国的兴起和推广

中国推行社会服务承诺制起始于 1994 年。针对政府行政费用不断增长,办事效率低,事业单位和国有公共企业,尤其是具有行业垄断性的公共企业缺乏竞争,服务成本高,服务质量差,群众反映比较强烈等问题,1994 年 6 月,中国山东省烟台市政府借鉴英国公民宪章运动和香港公共服务承诺制的经验,率先在建委系统实施社会服务承诺制。1995 年 5 月,烟台市政府在全市邮电、电业、交通、工商等 12 个部门推广建委的经验。到 1996 年,烟台市建委实行社会服务承诺的内容多达 81 项,服务标准达到 117 条,基本上包含了建委系统工作的主要内容,涵盖了从城市建设、管理维护到居民生活服务的方方面面。1998 年,烟台市政府决定进一步扩大社会服务承诺制的范围,并将社会服务承诺制作为推进政府管理创新和提高政府服务效率的主要方式,承诺制开始由对工作本身的承诺,向前、向后、向内、向外实现了全方位拓展、延伸。2005 年 2 月 1 日起,烟台市行政审批中心推出了《推行 ISO9001 质量管理体系认证工作实施方案》。实施 ISO 认证,就是将政府作为"服务提供者",社会公众作为"顾客",通过质量体系管理,确保为社会公众提供的是规范、稳定质量的政府服务。

为建立社会服务承诺制的长效机制,烟台市政府从以下六个方面对社会服务承诺制加以规范完善:(1)科学界定实行承诺制的范围,对实行承诺制的部门单位进行调整,重点放在规范完善上;(2)实事求是地确定承诺内容和承诺标准,进　步突出重点;(3)严格违诺赔偿制度,强化其约束力;(4)完善监督体系,确保承诺兑现;(5)努力把承诺制与规范化服务和民主评议行风结合起来,发挥综合效应;(6)加强组织领导,严格进行考核。

多年来,烟台市对这一制度不断进行规范、完善和提高,在社会服务承诺制的实践领域,践诺、强化社会监督及提高服务质量和公民满意度等方面下工夫,把社会服务承诺制度覆盖到各个方面,提高到新的层次。

1995 年 5 月,国务院纠正行业不正之风办公室和国家建设部联合在烟台召开现场会,向全国推广烟台经验。7 月 12 日,中宣部、国务院纠风办又

联合建设部、电力部、铁道部、邮电部等八大部委举行座谈会,进一步推广烟台市社会服务承诺制的经验。其中建设部决定从 8 月份起,在全国 36 个大中城市实行供水、燃气、房管等行业的服务承诺制。标志着社会服务承诺制的全面推行。随后,上海、济南、北京、杭州、天津、长沙、株洲等许多城市的社会服务行业相继推行社会服务承诺制。2001 年 10 月,上海市工商行政管理局和上海市浦东新区人民政府在浦东新区对企业登记率先试行"告知承诺"制度,由工商部门受理,工商部门在收到申请企业的材料后,5 个工作日内就可以制作完成申请企业的营业执照。① 2008 年 3 月 1 日起实施的《云南省人民政府关于在全省行政机关推行服务承诺制、首问责任制和限时办结制的决定》规定:"建立服务承诺制,是为改善服务态度,规范行政行为,加强自身建设,提高工作效能,增强政府执行力和公信力。"② 从目前的情况看,各地已经实行和正在推行服务承诺制的行业,包括城建、供水、燃气、房管、公交、铁路、民航、邮电、电业、银行、旅游、商业、饮食、医院等众多部门。

二、社会服务承诺制的主要内容

社会服务承诺制是指公共服务部门(包括政府机关)将公共服务的内容、标准、程序和责任等公之于众,向公众作出信守性许诺,接受公众的监督,以实现提高服务水平、有效满足公众需求的目的的一种政府绩效管理机制。它是一项保障公共服务公开化、民主化和实效化的制度,是把自我约束和社会监督相结合的一种新型管理和服务机制。尽管各地和各部门实施的社会服务承诺制内容有一定差异,但总体来看,社会服务承诺制主要包括以下四项内容。

(一)服务内容承诺

服务内容是公共部门承担的责任或所提供公共服务的范围。行政的服务内容主要包括两个方面:一是行政机关依照法律、法规和规章的明确规定而享有的职权和应履行的职责;二是行政机关在无法律、法规和规章明确规定的情况下,在宪法和组织法所规定的权限范围内主动设计和提供的服务。第一个方面的服务内容由法律规范明确规定;第二个方面服务内容的确定,行政机

---

① 侯莹:"中国社会服务承诺制分析",《文教资料》,2011 年第 1 期,第 108 页。
② 同上。

关有较强的主观能动性,拥有较大的自由裁量权,但有一个核心原则必须遵循,即必须以公众为中心,从公众的需求出发,设计、提供和改善服务,达成"满足公众需求"的目的,这是公共服务的实质和基本内容。

现代公共服务是一个庞大的社会系统,不同公共部门之间进行了高度的专业分工和协作,这就造成了公众对公共部门结构和职责分工缺乏深入了解,往往处于办事无门的境地。同时,专业分工和职能交叉,导致公共部门的责权利不明确,又给公共部门互相推诿提供了借口。所以,公共服务部门向公众公开明示其法定的职权与职责,以承诺的形式实现服务内容的明确化和具体化,不但有助于公众了解公共部门职能分工,克服"机构迷宫"给公众造成的不便和困难,而且也有利于公众对公共部门实施监督。

(二) 服务标准承诺

服务标准承诺指服务标准公开化和具体化过程。服务标准承诺对内构成了工作的目标,对外则成为评价和监督的依据。明确化和具体化意味着服务标准必须以定量指标的形式表现出来,可以说,标准的明确化、公开化和具体化是社会服务承诺制发挥作用的基础。

在制定服务标准时,需要注意:公共服务标准应当尽可能地简单,容易理解和沟通。如果标准过于复杂,那么执行者难以把握,评估起来也十分困难。另外,服务标准应定得稍高,具有一定的难度和挑战性,以利于提高服务绩效,激发公共部门人员的潜能。而如果标准定得太低,那么易于使人产生惰性。但服务标准的设定又要综合考虑人、财、物、技术等方面的实际情况,不能脱离实际,不能定得过高。标准应是可行的,留有一定余地,通过一定努力可以达到的。

(三) 服务程序和时限承诺

服务程序和时限承诺通常包括以下三方面的内容:(1) 办事要求的明确化。这里的"办事要求"主要是指行政机关对公众的要求,包括资格要求和办事必备的手续。严格地说,对公众的要求不属于对公众的承诺,但要求的明确化却是提高效率和公众满意度的基本条件;(2) 办事程序的合理化。程序合理化是程序公开化的前提。在强调加强行政程序法制建设的同时,要减少行政机关繁琐的审批环节,简化不必要的办事手续,需公众提供的材料尽可能少,需公众填写的表格尽可能简单明了,避免公众的重复劳动和不同部门的重复工作。同时,还要尽可能实现工作流程的一体化;(3) 办事时限的公开化。在办事环节合理化基础上确定办事时限,实行限时服务,并将办事的时限公开,这对于促使行政机关及时、准时、省时地为公众提供服务,防止行政机关推诿拖延,有效保护公众的合法权益具有重要作用。

（四）违诺责任

违诺责任是指承诺者未能达到既定的服务目标或未能在规定的时限内完成服务时应承担的不利后果,如给予赔偿或补偿。这里的违诺责任不是由法律、法规明确规定的行政机关应承担的法律责任,而是由行政机关主动自愿地向公众声明违反承诺应承担的责任。对作出承诺的行政机关来说,违诺责任的主要意义在于向公众传达了一种信息,表明行政机关对自己的承诺采取了严肃认真的态度,并愿以承担违诺责任作保证。对接受服务的公众来说,责任承诺与兑现成了他们检验行政机关服务诚意的一种有效手段。违诺责任也是行政服务承诺制的一个必要的组成部分,如果仅有服务内容与目标等的承诺,而没有违诺责任相伴随,则可能导致服务落空。违诺责任要明确具体,便于操作,不能含糊其辞或过于抽象。

例如,烟台市公交公司承诺,市内各公交汽车要正点发车和到站,首末班车的正点率要达到100%。有一次夜间10点,8路末班车未发车,各站点乘客苦等车不来,于是有乘客向公交公司投诉。公司领导得知后立即赶赴各站点,向滞留乘客道歉并每人赔偿10元钱,让他们乘的士回家。又如,长沙市工商银行承诺,各营业部必须满足顾客以零钞换整钞的要求。1996年8月初一天,一顾客提一袋硬币到市内某营业部要求换整钞,营业员肖某不愿数零钞,态度不好,没有满足顾客要求。此事被电视台曝了光。结果肖某被市工行处以5 000元罚款,该营业部主任负连带责任被处以100元罚款。

三、实行社会服务承诺制的意义

社会服务承诺制是承担社会服务职能的公共部门单位把自己向社会和消费者提供的服务作出公开承诺,自愿接受社会监督,并承担违反承诺的责任。这是中国公共部门近年推行的一种把自我约束和社会监督相结合的一种新型管理和服务机制。它在促进政府树立"顾客至上"的服务理念、改善政府的服务质量及增进政府与公民之间的信任关系等方面起到了极大的推动作用。

（一）促进政府树立"顾客至上"的服务理念

政府主动将服务的内容、标准、程序等向公众承诺,并明确宣示自己的违诺责任,这是政府强化服务观、自我加压、积极向公众负责的表现。社会服务承诺制的实施办法是,根据服务当事人（用户）的要求或投诉,服务责任单位及责任人必须在承诺的标准、技术和时限内完成服务,履行承诺。如果服务责任单位及责任人在承诺范围内未实现承诺,则责任单位要向服务当事人支付经济赔偿,责任人要接受本部门的处罚。例如,烟台市建委的做法是,在建立内部监督机构的基础上,又建立社会监督网络 63 个,聘请社会义务监督员 712 名,设立公开投诉电话 58 部,形成内外结合的监督网络体系。对于职工因服务不好而受到用户投诉的处罚则规定,受一次投诉要处以行政处分及下岗培训,受二次投诉要予以除名或辞退,且分管领导的奖惩任免也与此挂钩。这些措施实施以来,烟台市建委根据群众投诉,共查处违诺责任人 130 多人,其中受行政处分的有 60 多人,被开除的有 28 人,被扣工资奖金的有 49 人。由于制度严格,执行有力,职工们不敢懈怠,普遍提高了敬业道德和责任意识,努力搞好工作,保证了服务承诺制的履行。

完善的社会服务承诺制是一种刚性的规定和约束,既有定性要求,又有定量标准;既有内部奖惩,又有外部监督。它把对政府及政府部门的事后监督转变为事前及全过程监督,把由少数行政或业务主管部门进行监督转变为由全社会共同进行监督,极大地增强政府的责任意识。可见,实行社会服务承诺制强化了政府的压力机制和动力机制,有利于促进政府树立"顾客至上"的服务理念。

(二)改善和提高了政府的服务质量

政府的社会服务承诺制是基于"委托-代理"理论的基础之上的,政府享有的公共权力来源于公民的直接或间接授权。从现代经济学的观点来看,中国公民与政府的这种授权与被授权的委托代理关系,实质上是一种契约关系,它规定着政府与公民之间在权利(权力)与义务(职责)方面的双向依存关系。在这种关系中,就公民而言,一是通过同意(选举)或遵从使政府获得合法行使权力的基础;二是通过纳税给予政府经济支持。同时,公民也自然期望能从政府那里得到相应的回报,获得政府提供的良好服务。就政府而言,它在获得公民的政治和经济支持的同时,必须按契约要求提供令后者满意的服务。显然,政府的合法性和权威性与政府所提供服务的数量、质量、效率和有效性存在着紧密的正相关关系。这里,显然不存在着自上而下的、单方面的"恩赐",而是体现着一种资源交换关系和互利行为。受人民的委托,政府作为公共服务的提供者,为了保证公共服务的供给正常地进行,需要从公共服务的消费者(民众)身上收取一定的费用(税收以及其他特定费用)。与此同时,政府有义务提供高质量的公共服务回馈社会。

政府的服务质量是政府提供的服务满足顾客需求的程度,它的好坏取决于接受服务的顾客的满意度,包括对服务需求、服务理念、服务过程、服务内容及服务行为等整个服务系统的满意程度。政府服务承诺制，是指政府机关将政府承诺服务的依据、承诺服务的对象、承诺服务的基本内容以及政府服务违约责任的追究机制等公之于众，向公众作出信守性承诺，接受公众的监督，以提高服务水平，满足公众需求的制度性安排。由于这项制度将公众置于中心地位，把政府服务的提供与公众的需求对接起来，并通过相应的责任机制促使政府服务供给落到实处。因此，政府服务承诺制是一项有利于提高政府公共服务质量的制度。

（三）提高了政府的威信和信用水平

长期以来，广大群众深为痛恨的办事拖拉、推诿扯皮、索拿卡要、态度不好、"衙门作风"等行业不正之风，严重地影响了党和政府在人民群众中的威信和形象，损害和降低了政府的信用水平。

服务承诺制的实质在于，政府向社会提供的服务内容、服务责任和义务，自觉地转化为服务承诺，并主动进行自我约束和接受社会监督。真正意义上的服务承诺制具有这样的三个基本特点：第一，它是建立在以顾客为中心的经营理念之上的，追求顾客满意是它的基本精神，满足顾客和社会期待是它的最终目的。第二，它是政府深入了解顾客需求，不断提高顾客满意度的最佳方式。服务承诺制要求政府自身必须通过调查，找出顾客真正关切的利益点作为承诺点，以各种途径有效地对外传播，并围绕承诺点，配置各种资源，建立完善的运行机制，保证承诺的兑现。之后根据顾客的反馈，完善和提出更高的承诺，形成一种长期的良性循环，从而不断满足顾客的需求。第三，它作为政府自我加压，自我约束，树立良好形象的一种手段，作为服务质量管理的一项措施，能够从内部促使服务部门人员增强责任感，自觉做好本职工作，有利于促使员工全面分析服务过程中存在的不足，采取措施改进服务。从这个意义上说，实行社会服务承诺制可以有效地改变行业不正之风，树立党和政府在人民群众中的威信和形象，进而有利于提高政府的信用水平。

在中国，推行社会服务承诺制已有十余年的时间。这一制度在借鉴西方发达国家有益经验的基础上，以及在中国各地和各部门的实际推行中得到了不同程度的发展和完善。虽然取得了一定的成效，但是我们也要注意这一制度在推行过程中遇到的诸多问题，比如：规范化程度不高，服务承诺标准的公开化不够，公民参与度不高，公众满意度指标没有成为政府绩效评估的终极指标，申诉机制和责任体系不完备，公共利益得不到有效保障等。时至今日，我们更应该思考的是，它在中国建设服务型政府、改善政府与公民的信任关系中的地位和作用，要将其放在中国行政体制改革这个大背景中去考虑。只有站在一个新的高度来重新审视社会服务承诺制,我们才能更好地对其加以完善、发展和创新。

第二节　党政领导干部经济责任审计

经济责任审计是在中国改革开放过程中形成的一种审计制度。在1985年前后,黑龙江、辽宁等省审计部门鉴于"工厂搞垮厂长提拔"的深刻教训,对工商企业开展了厂长(经理)离任经济责任审计。以后,各省市在开展厂长经理离任审计的同时,又试行了地方党政机关领导干部离任经济责任审计,都收到了积极的效果,引起了各省、自治区和直辖市各地区党政领导和国务院各部门领导的重视,逐渐形成了任期经济责任审计制度。1999年,中共中央办公厅、国务院办公厅发布了《县级以下党政领导干部任期经济责任审计暂行规定》,审计机关正式开展县以下部门党政领导干部经济责任审计工作,2000年,审计署印发了《县级以下党政领导干部任期经济责任审计暂行规定实施细则》,对审计制度的依据、被审计对象、审查的内容、进行审计的时间、审计执行机构和组织形式等作了全面的规定。为进一步规范经济责任审计工作、提高审计质量,按照党的十六大报告精神,2001年,中央纪委、中央组织部、监察部、人事部、审计署联合下发了《关于进一步做好经济责任审计工作的意见》,要求各地进行县级以上党政领导干部任期经济责任审计的试点工作;2006年,新修正的审计法明确了经济责任审计的法律地位;2007年,党的十七大明确提出健全经济责任审计制度;2009年,十七届四中全会提出完善党政主要领导干部和国有企业领导人员经济责任审计;2010年12月,中共中央办公厅、国务院办公厅发布了《党政主要领导干部和国有企业领导人员经济责任审计规定》,确定了中国实行经济责任审计制度,标志着党政领导干部经济责任审计已经进入稳定发展和推进阶段。

经过十多年的探索,中国的党政领导干部经济责任审计收得了一定的效果。统计资料表明,2000年至2004年上半年,全国开展对县级以下党政领导干部进行经济责任审计,共审计县级以下党政领导干部13.6万人;全国31个省份和97%的地市先后进行了县以上党政领导干部经济责任审计试点工作;全国共审计县级以上党政领导干部2.4万人,审计署还对4名省部级领导干部进行了经济责任审计试点;全国共有3 253名领导干部被移送纪检监察和司法机关处理,1 232 名领导干部受到党纪政纪处分;全国通过经济责任审计共查出违纪违规金额 3 912 亿元、损失浪费金额 252 亿元、管理不规范金额 3 398 亿元,其中由领导干部直接经济责任造成的违法违规金额 204 亿元、损失浪费金额 21 亿元、管理不规范金额 108 亿元;全国各级组织部门参考经济责任审计结果,共选拔任用领导干部 1.4 万人、降职 1 730 人、撤职 983 人,另有一批领导干部受到了党纪政纪处分或被移送纪检监察和司法机关处理。

一、中国党政领导干部经济责任审计内容

由于审计机关法定授权和审计手段有限,不可能对涉及一个地区经济社会发展的全部重要指标进行审核和作出评价,经济责任审计的内容与范围仅仅是一个领导干部所负责任的一些重要方面。当前,对领导干部任职期间所在部门、单位财务收支真实性、合法性和效果性,以及有关经济活动应当负有的责任进行审计,主要包括以下四个方面的内容。

(一)贯彻国家财经法规及有关政策情况

1. 政府及其所属财政、税务等部门贯彻执行国家法律、法规、制度情况;

2. 政府及有关部门有无违反国家规定擅自设立收费项目的问题;

3. 财政财务收支相关的重大经济决策及其执行情况。

(二)地方财政财务收支及管理情况

1. 预算执行情况和决算;

2. 预算外资金、社会保障资金及其他专项资金基金的收入、支出和管理情况;

3. 国有资产管理情况;

4. 与财政财务收支有关的内部控制制度及执行情况;

5. 其他需要审计的事项。

(三)财政财务收支工作目标完成情况

1. 本级财政收入总量、构成、增长情况、占 GDP 的比重以及人均财政收入水平;

2. 本级国有资本保值增值情况;

3. 农业、水利、交通、能源、城建等基础设施投入以及科技、教育、文化、卫生、体育、宣传、广电、环保等社会事业投入和发展情况;

4. 利用外资情况;

5. 财政投资及由财政承担或担保的负债情况;

6. 社会保障事业发展状况,一般包括养老保险基金、失业保险基金、解困资金、城市居民最低生活保障资金的征缴和及时、足额发放情况;

7. 税费上缴情况;

8. 其他财政财务收支工作目标完成情况。

(四) 党政领导干部遵纪守法和廉洁自律情况

1. 公务活动中遵守廉政规定情况;

2. 在财政财务收支、重点建设项目等经济活动中,有无侵占国有资产、行贿、受贿、贪污、挪用等违反国家财经法规的行为;

3. 组织人事、纪检监察等机关委托的需要审计的事项;

4. 群众反映较多的与财政财务收支相关的重要问题;

5. 其他可能发生的以权谋私的事项。

在对上述具体事项进行审计的基础上,分析部门党政领导干部任职期间主要工作目标的完成情况以及遵守国家财经法纪的情况,分清领导干部应负的经济责任,全面、客观地评价部门党政领导干部任期内经济责任的履行情况。

二、中国党政领导干部经济责任审计方法

对党政领导干部任期经济责任的审计,主要是通过对各项经济指标的考核,财政财务收支真实、合法、效果性和重大经济事项的决策及遵守廉政规定情况进行审计,找出规律性的东西和事物的内在联系,根据审计情况进行综合分析,从而客观公正地评价领导干部任期经济责任和工作业绩。

(一) 经济指标(责任目标)的审计方法

通过对实际指标同计划(预算)指标比较,本期实际指标和上期(或上年同期或历史最高水平)的实际指标比较,被审计单位的实际指标和本行业(或同类型、同规模其他单位)一般水平指标、先进水平指标比较,在更大范围内客观、全面地评价被审计责任人。一般情况下,选用指标以国家规定的或社会公认的资产经营、资产管理、资产收益等指标为主,以分项的具体经济活动指标为辅。通过指标的正确选用,对领导干部所在单位财政财务收支以及经营决策、管理决策等进行全面的量化考核和综合分析比较,以便客观评价经济责任。考核指标时,因有的指标是根据相关法律、法规而收集的,具有权威性,选用时则只需注明资料来源即可,审计可以不再进行核实。

(二) 财政财务收支等经济事项的审计方法

对领导干部任期内各经济事项的真实、合法、效益情况的审计,以查证财

务资料为主,一般运用以下方法:

1. 行政经费领拨审计,主要采用审阅、核对、比较、复算、分析等方法。

2. 经费支出审计,主要采用审阅、核对、比较、复算、分析等方法,若内控制度不健全,会计工作比较混乱,甚至有严重经济问题等,应采用详查法进行审计。

3. 货币资金及银行账号的审计,主要采用突击盘存、调节、核对、审阅、函证及账户分析等方法。

4. 罚没款物审计,主要采用审阅、核对、复算、函证、盘存及鉴定等方法。

5. 预算外资金审计,主要采用审阅、核对、复算、函证及账户分析等方法。

6. 固定资产审计,主要采用盘存、核对、审阅及分析等方法。

7. 债权债务审计,主要采用审阅、核对、函证及账龄分析法。

8. 专项资金(基金)审计,主要采用审阅、核对、函证分析、复算等方法。

9. 直管下属单位、兴办经济实体审计,主要采用审阅、核对、查询、分析等方法。

10. 各项经济指标(责任目标)完成结果审计,应在审计以上内容基础上,主要采用核对、复算等方法。

(三)重大经济事项决策审计方法

对领导干部任期内重大经济事项的决策审计,采用跟踪法、重点法、公示法等。对经济决策程序进行跟踪审计,查证决策者在决策过程中是否做到决策程序合法,决策过程民主,决策结果科学。对任期内具有重大影响的决策事项进行重点抽查,从最初的可行性调查开始,到决策过程、决策形成、决策实施、决策效益等情况进行审计或调查。另外,对一些特殊的经济决策事项可通过向社会公示的方法进行取证。对决策审计还可查阅相关会议纪要原件及相关记录。

(四)遵守廉政规定情况审计方法

一是对领导干部所在单位遵守国家有关财经纪律、财政法规、廉政规定的情况审计。具体审计主要采用前面所讲的方法进行,但涉及个人的廉政问题,要特别慎重,审计底稿也应注意特别对待,经济事项的经办、主管、审批等相关证据的收集要更加全面而稳妥。二是对领导干部个人廉政问题审计。这方面可通过一定范围的公告、座谈会、个别交流、审计查账和调查等形式收集资料,然后进行核实。但对领导干部遵守廉政规定的情况主要是通过对财政财务资料的审计,从账面上搜集证据。

三、中国党政领导干部经济责任审计结果报告

审计组在审计报告的基础上代拟审计结果报告。审计结果报告的内容和结构一般是：

1. 审计的基本情况。包括：实施审计的依据、范围、重点内容，采取的方式、方法和起止时间。

2. 被审计对象及所在地方（部门）的基本情况。包括：所在地方（部门）的基本情况；被审对象任职时间、职责分工情况。

3. 审计结果。主要是审计方案中所列审计内容的查实情况，包括：履行经济职责的主要业绩、存在的主要问题及处理情况。

4. 审计评价。围绕被审计对象的相关经济责任，根据审计确认的工作业绩、存在的主要问题及应当负有的责任，以写实的方式进行评价，既要明确、具体，又要客观公正。

5. 必要的审计建议。主要是向上级党委、政府和干部监督管理部门提出的建议，对被审计单位的审计建议不写入审计结果报告。

6. 需要说明的情况。主要是受审计手段和时间限制，还未查清的重要线索及需要进一步采取的措施；对有关部门提供线索和群众举报线索的查实情况。以附件形式逐项说明。

审计结果报告需经经济责任审计机构会核，并由经济责任审计机构按规定的报送范围、程序统一对外报送。各市州对县市长审计的结果报告应及时报省领导小组办公室并送有关干部主管部门备案。

四、中国党政领导干部经济责任审计的演变趋势

（一）党政领导干部经济责任审计对象级别逐步提高

在党政领导干部经济责任审计施行初期，经济责任审计普遍对象是县级以下领导干部，显然层次太低，对象过窄，作用不大。事实上，级别越高，权利越大，责任越重，其作用或危害越显著，对其进行经济责任审计就越为必要，也越是老百姓期望的事。作为领导干部，不论权力多大，地位多高，都要被置于有效的管理和监督之下。越是职务高、权力大，越要对其进行审计监督。

自 2000 年开始，审计署开始进行省部长经济责任审计试点。根据中央纪

委、中组部、监察部、人事部和审计署五部委《关于将党政领导干部经济责任审计范围扩大到地厅级的意见》,从 2005 年 1 月 1 日起,党政领导干部经济责任审计范围将从县级以下扩大到地厅级,同时审计署还将按照国务院要求和中组部的委托,继续对省部级领导干部的经济责任审计进行试点工作。有关审计范围、审计组织、审计实施程序等将按照《县级以下党政领导干部任期经济责任审计暂行规定》及其实施细则要求执行。而到了 2010 年 10 月,中共中央办公厅、国务院办公厅印发《党政主要领导干部和国有企业领导人员经济责任审计规定》,对经济责任审计对象作了进一步明确,涵盖了从乡镇级到省部级的党政领导干部,以及国有企业的法定代表人。具体包括:地方各级党委、政府、审判机关、检察机关的正职领导干部或者主持工作一年以上的副职领导干部;中央和地方各级党政工作部门、事业单位和人民团体等单位的正职领导干部或者主持工作一年以上的副职领导干部;以及国有和国有控股企业(含国有和国有控股金融企业)的法定代表人。按照这一要求,中纪委、中组部、监察部、人力资源社会保障部、审计署和国资委等六个部门联合印发了《关于贯彻实施党政主要领导干部和国有企业领导人员经济责任审计规定的意见》,并在审计署"十二五"审计工作发展规划中作了具体要求。

(二)党政领导干部经济责任审计内容范围不断拓宽

领导干部经济责任审计是指领导干部任职期间对其所在部门、单位财政收支、财务收支的真实性、合法性、效果性,以及有关经济活动应负有的责任。从审计内容看,主要还是任职期间单位的财务责任和遵守国家财经法规的情况。在《审计署 2003 年至 2007 年审计工作发展规划》中,把"积极开展效益审计,促进提高财政资金的管理水平和使用效益"作为今后五年审计工作的三项主要任务之一;同时,在审计的组织方式上,坚持"财政财务收支的真实合法与效益审计并重,逐年加大效益审计份量,争取到 2007 年,投入效益审计力量占整个审计力量的一半左右"的策略,开展和加强党政领导干部经济责任审计中的效益审计成为一项重要任务。2011 年 7 月 1 日,审计署在其官方网站公布了《审计署"十二五"审计工作发展规划》。规划提出,将对关系国计民生的重大建设项目、特殊资源开发与环境保护事项、重大突发性公共事项、国家重大政策措施的执行实行全过程跟踪审计;积极开展信息系统审计;进一步深化经济责任审计。今后对党政领导干部经济责任的审计,还要充分考虑国家公务员的任职条件及廉政建设的要求。审计与评价的内容,要突出与经济责任相关的事项,特别是其管理体制范围内资金使用及其有效情况。中国经济责任审计的内容越来越广泛,但"经济责任"仍是审计的重点和核心。

（三）党政领导干部经济责任审计的形式多样化

我们所进行的任期经济责任审计实际上是一种离任审计，还存在着一定的缺陷，即当查出问题时往往国家的利益已经遭受了重大损失，此时再追究责任，为时已晚。为防止此类事件的发生，保证干部任职期间少出问题，不出问题，任期经济责任审计要采取多种形式，其发展趋势是要在形式运用上由"离任审计"向"全程审计"发展。全程审计即对领导干部任前、任中、年度、离任都进行审计。2010年，《党政主要领导干部和国有企业领导人员经济责任审计规定》的出台，对党政领导干部经济责任审计的形式也有相应的规定：在依法接受审计监督时，根据干部管理监督的需要，可以在领导干部任职期间进行任中经济责任审计，也可以在领导干部不再担任所任职务时进行离任经济责任审计。同时加强职前审计、任职中及任职后的审计，对于抑制权力腐败、维护公众利益具有重要作用。除全程审计以外，还有举报审计，就是根据群众举报，对领导干部的经济责任、经济问题随时进行审计。弄清群众反映的问题并及时解决，起到"预警"作用。同时也可为受到不公正对待的干部澄清是非，支持和保护优秀干部大胆开展工作。这也是中国任期经济责任审计的发展趋势。

（四）党政领导干部经济责任审计结果应用将更加普遍

领导干部任期经济责任审计结果的应用，是指组织人事部门、纪检监察机关，按照规定程序，以领导干部任期经济责任审计结果报告为依据，将其应用到本部门干部管理工作中的行为。如组织人事部门将领导干部任期经济责任审计结果报告，作为对领导干部的调任、免职、辞职、退休等提出处理意见的参考依据；应当给予党纪政纪处分的，由纪检监察机关、审计机关、被审计单位及其主管部门，按照规定程序，以领导干部任期经济责任审计结果报告为依据，将其应用到本部门、本单位的工作中。由于有关部门和单位对领导干部任期经济责任审计结果报告依赖程度的提高，审计结果应用将更加普遍。

第三节　政府机关目标责任制考核①

目标责任制在中国始于20世纪80年代，其最初的主要表现形式是"目标

① 本节参阅了江苏省南通市机关目标责任制管理网站（http：//www.nantong.gov.cn）的有关资料。

管理"。目标管理是中国开展最广泛的绩效管理方式。作为政府机关内部的一种管理技术,目标管理的特点是将组织目标分解并落实到各个部门(或岗位),目标完成情况考核也相应针对各个部门。随着行政管理体制的改革和完善,目标管理的思路和原则逐渐得到扩展,发展到面向行政首长的目标责任制。由于行政首长的目标责任与所在政府层级或部门的目标责任基本上一致,对行政首长目标完成情况的考核实际上等同于组织绩效的评价与考核。换言之,组织绩效评估作为目标责任制的一个关键环节,随着目标责任制的广泛实施而应用到各个政府层级、政府部门和政府工作的诸多领域。本节主要以中国江苏省南通市在市级机关作风建设方面的有益实践为例,来说明目标责任制考核的相关理论及具体运作过程。

一、江苏省南通市概况

江苏省南通市"据江海之会、扼南北之喉",是中国首批对外开放的 14 个沿海城市之一,现辖如皋、通州、海门、启东 4 市(县级),海安、如东 2 县,崇川、港闸 2 区和南通经济技术开发区,共有 146 个乡镇。全市总面积 8 001 平方公里,是江苏全省的十二分之一,2002 年年末全市户籍人口 780.25 万。

为了加强和改进市级机关作风建设,深入开展争创全省最佳办事环境活动,近年来,江苏省南通市政府机关全面开展了目标责任制考核活动,在市政府机关设立了目标责任制考核办公室,作为负责政府机关目标责任制管理组织工作的日常办事机构,其主要职责是统筹协调、目标管理、组织考核。通过两年的实践和探索,已逐步建立健全了围绕目标责任制管理有序开展的一系列制度方案,目标责任制管理工作正朝着日臻完善的方向迈进。实践表明,目标责任制管理工作已成为政府工作的重要抓手,规范机关运行、提高工作效能的重要手段,对政府机关目标任务完成起到了重要的保障功能。2007 年初,人事部确定南通市为唯一的全国政府绩效评估地级市联系点。

二、南通市级机关作风建设共性目标考核指标的设置

2003 年,江苏省南通市以"创新、规范、高效、廉洁"为目标,从"优化服务质量"、"提高办事效率"、"降低办事成本"、"提升办事水平"和"加强组织领导"等方面确定了 5 个考核目标,并将每个考核目标分解为若干

个考核指标,总共设置了 20 个考核指标,对南通市直机关的作风建设共性目标进行综合量化考核,以切实加强政府自身建设,全面推进目标责任制的实施。

表 3 - 1　2003 年南通市级机关作风建设共性目标考核指标

序号	考核项目	目标要求	考核内容	标准分值	单项目标分值
1	优化服务质量	增强服务意识,改善服务态度,完善服务制度,做到服务态度热情、服务对象满意。	(1) 创新服务理念,以方便基层群众办事、实现企业最佳效益为第一要求,无"门难进、脸难看、事难办"现象。	15 分	3 分
			(2) 全面实行机关文明办公、优质服务"三四五"工程。		4 分
			(3) 深入实施"爱民工程",发挥部门职能优势,与基层单位结成挂钩联系点,主动提供服务并取得实效。		3 分
			(4) 全面建立优质高效服务制度体系,切实兑现服务承诺。		5 分
2	提高办事效率	锐意改革创新,深化行政审批制度改革,全面推行政务公开,做到办事程序简便、办事效率快捷。	(1) 围绕全市经济跨越发展,研究制定政策举措有突破、有创新、有实效。	25 分	7 分
			(2) 精简行政审批事项,简化办事程序,缩短办事时间;实行"一站式"服务、一次告知、限时办结、重大项目"办事直通卡"等制度。		7 分
			(3) 进入行政审批中心的审批事项做到"应进必进",部门对办事窗口充分授权,实行部门联审,不推诿扯皮。		6 分
			(4) 全面推行政务公开,建立重大决策听证和公示制度;办事内容、程序、权限、时限、结果及收费"六公开"。		5 分
3	降低办事成本	严格执行收费标准,落实党风廉政建设责任制,做到商务成本低廉、机关形象良好。	(1) 治理"三乱"(乱收费、乱罚款、乱摊派),规范收费行为,实行收支两条线。	20 分	6 分
			(2) 治理"三滥"(滥检查、滥培训、滥代理),切实减轻企业负担。		6 分
			(3) 党政机关与所属事业单位脱钩,中介机构实行市场化转制。		4 分
			(4) 执行机关党风廉政建设各项规定;抓好行风建设。		4 分

续 表

序号	考核项目	目标要求	考 核 内 容	标准分值	单项目标分值
4	提升办事水平	转变思想观念,增强办事本领,健全工作规范,做到办事水平一流、工作业绩争先。	(1)开展解放思想大讨论,切实做到"五个牢固确立、五个坚决反对"。 (2)深入推进学习型机关建设,提高干部职工队伍思想水平、业务能力。 (3)提高行政执法水平,建立岗位行为规范,做到公正执法、规范行政。 (4)工作业绩省内、苏中领先。	18分	5分 3分 5分 5分
5	加强组织领导	健全组织体系,开展集中整治,加强监察督查,做到有计划、有措施、有考核、有实效。	(1)建立健全作风建设领导小组,组建作风建设办公室(或专人负责)并正常开展工作,实行机关作风建设领导责任制。 (2)围绕争创全省最佳办事环境,全面深入排查整改,解决"办事难"有实效。 (3)加强行政效能监察,自觉接受社会监督,认真处理基层和群众投诉。 (4)深入开展争创"人民满意单位"活动,完善内部考核评比机制。	22分	5分 8分 4分 5分

三、南通市级机关作风建设共性目标考核办法

为全面检查该市市级机关争创全省最佳办事环境及目标责任制管理工作的实施情况,准确、客观、公正地评价政府机关的工作绩效,经市机关作风建设、目标责任制管理工作领导小组研究决定,该市制定了南通市级机关作风建设目标责任制的统一考核办法。

(一)自查评估

部门对照年初确定的职能工作目标、机关作风建设共性目标内容及机关作风建设大会的要求,本着实事求是的原则,根据《2003年度市级机关作风建设共性目标考核评分表》和《2003年度市级机关部门职能工作和机关作风建设共性目标完成情况报告书(工作总结)》,逐条逐项进行自我总结、评估、

打分。

《2003 年度市级机关部门职能工作和机关作风建设共性目标完成情况报告书》要按照目标排序逐项说明：部门围绕该项目标所做的基础工作、部门落实该项目标采取的具体措施、该项目标实施取得的成效、成效突出表现在哪些方面（包括争先创优成果等）。

根据市级机关作风建设提出的争创全省最佳办事环境的要求，凡具有审批、执法、服务职能的部门，要从改革行政审批、降低办事成本、优化办事环境、提供优质服务等方面，同省内其他城市进行横向比较，并提供本部门和省内其他市有关审批事项、办结时限、收费（罚款）标准、服务程序等方面的数据指标。没有审批、收费、执法职能的部门，要提供围绕经济工作，主动、积极、创新服务的新举措、新成效。

（二）集中考评

集中考评工作由市机关作风建设、目标责任制管理工作领导小组统一领导。为科学高效地统筹年终考评工作，设立年度综合考评工作小组，组织审核组、考核组和监督组，分别对 90 个政府部门进行考核评分。90 个被考核部门被划分为 3 个组，即综合服务类、经济管理类和执法监察类 3 个序列接受考评。

审核组负责对部门提交材料的真实性和准确性进行审核，重点审核部门争先创优成果及部门重点工作目标实施结果。集中考评期间，被考核部门需安排一名联络员负责考评联络工作。审核组以集中审核为主，根据工作需要有选择地到部门（或基层单位）审核为辅，也可以由部门联络员在规定时间内，将相关材料送达指定地点。部门准备和提供的资料能说明和验证部门职能目标、机关作风建设共性目标完成情况和争先创优成果即可。

考核组负责对部门职能目标、机关作风建设共性目标实施情况综合评定打分。考评打分采取集中封闭的方式进行，评分的标准、原则及办法另行具体制定。

监督组对年终集中考评工作进行全过程监督，负责年度考核中举报投诉的查处及考核、审核结果复核工作。

部门工作总结中提及的目标实施结果不实事求是，或有弄虚作假行为的，经查实后该项目标一律不计分，并视情节轻重，给予通报批评或取消评选先进部门资格。从事审核、考核工作的人员及被考核部门不得采取任何方式影响审核、考核和社会评议的公正性，一经发现，严肃追究有关部门和当事人的责任。

（三）领导评鉴

部门自查评估结束后，由市委、市政府领导对分管部门进行综合评鉴。

（四）社会评议

由南通市作风办组织社会各界代表对机关各部门、各单位进行民主评议，征求对市级机关解决"办事难"的意见和建议。

（五）考核等次的确定及奖惩办法

1. 根据考核及评议结果，确定对被考核部门的奖惩。

2. 部门职能目标、机关作风建设共性目标考核采用百分制，部门职能工作目标考核得分占60%，机关作风建设共性目标考核得分占25%，社会评议占15%。

3. 考核等次的产生。考核评比结果分为最佳办事单位、先进部门、良好部门、一般部门、诫勉单位和"人民不满意单位"6个等次。

（1）综合考虑综合服务类、经济管理类、执法监察类三个小组部门获奖面的平衡，按照三组部门得分高低，从中产生25%左右的先进部门。先进部门中产生10个最佳办事单位。

（2）除最佳办事单位和先进部门外，依次从3个序列部门中产生25%左右的良好部门。

（3）部门综合得分靠后且社会评议得分靠后的部门，初定为诫勉单位。诫勉单位中问题严重的定为"人民不满意单位"。

（4）除最佳办事单位、先进部门、良好部门、诫勉单位和"人民不满意单位"外，其他部门为一般部门。

4. 凡出现下列情况之一者，不得评为先进部门。有一项重点工作目标未完成，或两项一般目标未完成；领导班子存在突出问题或主要负责人出现严重违纪违法问题；社会治安综合治理、计划生育、处理人民来访、处理"法轮功"、防治"非典"等工作上出现严重失职的；因工作失误被上级点名或通报批评，被中央媒体曝光造成恶劣影响的；市委常委（扩大）会议研究否决的。

5. 2003年度争创全省最佳办事环境及目标责任制考核奖励。根据考核结果，拉开奖金档次。在确定今年奖金基数的基础上，分五个档次：一是最佳办事单位，其领导班子成员奖金增发80%，部门工作人员增发50%；二是先进单位，其领导班子成员奖金增发50%，部门工作人员增发40%；三是良好单位，其领导班子成员奖金增发30%，部门工作人员增发20%；四是一般单位，其领导班子成员及部门工作人员发平均奖；五是人民不满意单位，其领导班子成员扣发奖金的60%,部门工作人员扣发50%。

四、南通市级机关作风建设目标责任制考核的经验

江苏省南通市政府机关目标责任制的实践表明,确保目标责任制顺利实施必须正确把握好以下三个重要的环节:科学设定目标、加强目标监控和公正评估这三个环节,是确保目标责任制工作顺利实施的关键所在。

一是必须科学设定与分解目标。工作目标责任制是目标管理与工作责任相结合的制度。目标的设定是实施目标责任制的起点,也是基础环节。为了增强目标的科学性和可操作性,必须处理好以下三个关系:

第一,突出重点与统筹兼顾的关系。目标的设置既要涵盖行政业务工作、党的建设、机关建设,又要突出行政业务工作这个重点。

第二,先进性和可行性的关系。目标值的确定既要体现先进性,同时又要具有可行性,把目标定在"跳一跳够得着"的水平上,避免出现鞭打快牛和高不可攀的现象。

第三,定性与定量的关系。凡能量化的指标尽量做到量化,难以量化的也要提出明确的质的要求,增强考核的可操作性和可比性。

科学分解目标也是保证目标落实必不可少的环节。各单位将总目标分解到各处室,分解到岗位和个人,形成了千斤重担大家挑,人人肩上有目标,人人都为实现目标而尽责的局面。

二是必须保证监控目标有效实现。目标运行过程是责任人自我管理和自我控制过程。为保证目标责任制的健康运行,应该切实做到:

第一,突出重点。目前的目标体系由两部分构成,即共性目标(包括领导班子思想政治建设、基层组织建设、廉政建设、作风建设)和职能业务目标(包括业务工作、直属单位管理)。在两大体系中,职能业务目标是重点,共性目标是保证。目标运行中要紧紧抓住事关全局的重点目标,以大带小,防止眉毛胡子一起抓,捡了芝麻丢西瓜。

第二,强化职责。完成确定的工作目标,必须强化党、政、工、团等各个组织的职责。为了抓好目标责任制的保证体系,各个组织都要明确做什么,做到什么程度,用什么方法或手段去做,完成这些任务后会有什么结果。这对提高机关两个文明建设水平起到了积极的推动作用。

第三,抓好协调、指导服务。重要指标在落实中必然会出现许多新问题,如抓经济指标时,既涉及地方政府,又涉及企业,还会涉及金融等杠杆部门。对遇

到的新问题只有通过协调才能解决。因此,不仅要及时掌握目标运行状态,还要搞好协调指导服务工作,针对问题采取措施,保证总体目标的实现。

三是必须全面考核与正确评估。目标考核的目的是对成果进行评估。搞好考核与评估应注意掌握以下原则:一是注重政绩原则。目标责任制是以成果为目的,注重成果,有利于克服做表面文章的坏作风,促使人们求真务实。二是注重机关自身工作含量原则。在考评中注重看机关自身做了哪些工作,这就防止了用行业工作代替机关工作的倾向。三是统筹兼顾原则。衡量一个单位如何,既要看行政业务工作的实现情况,也要看领导班子建设、机关党建和机关建设情况。只有统筹兼顾,才能全面反映出机关两个文明建设的水平。四是公正、公平、公开原则。即考核办法要公正,考核标准要公平,考核结果要公开。这就坚持了考评的客观标准。

第四节　人民满意机关评选活动①

中共十六大报告指出:"共产党执政就是领导和支持人民当家作主,最广泛地动员和组织人民群众依法管理国家和社会事务,管理经济和文化事业,维护和实现人民群众的根本利益。"中共十六届三中全会首次提出科学发展观;2005 年,温家宝总理在《政府工作报告》中明确提出"建设服务型政府"的要求,等等。无论是改善民生,建设和谐社会,还是强调经济社会的协调发展,最终都是要增进公共利益,因此,判断政府绩效优劣,主要不是看它投入了多少资源,做了多少工作,而是要看它所做的工作在多大程度上满足了人民群众的需要,这就揭示了政府绩效评估上的一种全新价值取向——满意原则。本节主要以中国浙江省杭州市在人民满意机关评选活动中的有益探索为例,来说明人民满意机关评选活动的具体运作过程。

一、浙江省杭州市概况

杭州是浙江省省会,是全省政治、经济、科教和文化中心,是中央机构编制委员会确定的行政级别为副省级的城市。地处长江三角洲南翼,杭州湾西端,钱

---

① 本节参阅了杭州市有关部门发布的一系列文件及人民满意单位评选材料。

塘江下游,京杭大运河南端,是长江三角洲重要中心城市和中国东南部交通枢纽。

杭州市于 2000 年在全国率先开展了以"让人民评判,让人民满意"为导向的人民满意机关评选活动。几年的实践表明,以满意原则为导向的人民群众评判政府绩效,不仅是评估地方政府施政绩效的有效方法,而且也是提高政府绩效的有力举措。

二、杭州市人民满意机关评选的参评对象

2000 年,杭州市委、市政府决定 54 个市直属单位参加人民满意机关的评选。2001 年,参加评选的单位增加到 73 个。

根据人民群众的要求,2002 年人民满意机关的评选范围扩大到 85 个市直属单位。其中,79 个列为评选单位,根据评选结果对其进行排序,并选出人民满意机关和人民不满意机关;6 个列为评议单位,接受人民群众的综合评议,但不参加排序,评议结果和评议意见、建议作为年终考核的重要依据。

根据参加评选单位的性质、功能及其与人民群众的密切程度不同,将 79 个评选单位分为两大类:一类是属于政府、审判和检察系统的单位(55 个单位);另一类属于人大、政协、党群系统的单位(24 个单位)(见表 3－2、表 3－3、表 3－4)。

表 3－2　2002 年杭州市人民满意机关评选政府、审判、检察系统参评单位

1. 工商局	12. 信访局	23. 体育局	34. 人防办	45. 药品监管局
2. 环保局	13. 房管局	24. 卫生局	35. 体改办	46. 城管执法局
3. 质监局	14. 园文局	25. 计生局	36. 西博办	47. 市政市容局
4. 教育局	15. 交通局	26. 审计局	37. 侨　办	48. 机关事务局
5. 公安局	16. 农业局	27. 统计局	38. 建　委	49. 劳动保障局
6. 民政局	17. 林水局	28. 档案局	39. 计　委	50. 新闻出版局
7. 财政局	18. 贸易局	29. 科技局	40. 经　委	51. 民族宗教局
8. 人事局	19. 规划局	30. 司法局	41. 法　院	52. 国土资源局
9. 经合局	20. 文化局	31. 法制办	42. 检察院	53. 政府办公厅
10. 供销社	21. 广电局	32. 外事局	43. 商业银行	54. 农村信用联社
11. 旅游委	22. 物价局	33. 信息办	44. 外经贸局	55. 开发区管委会

表3-3　2002年杭州市人民满意机关评选人大、政协、党群系统参评单位

1. 组织部	6. 妇　联	11. 团　委	16. 社科院	21. 市委办公厅
2. 宣传部	7. 科　协	12. 党　校	17. 贸促会	22. 党史研究室
3. 统战部	8. 文　联	13. 农　办	18. 政协机关	23. 人大常委会机关
4. 政法委	9. 侨　联	14. 台　办	19. 纪委机关	24. 市委610办公室
5. 总工会	10. 残　联	15. 杭　报	20. 老干部局	

表3-4　2002年杭州市参加人民满意机关评议单位

1. 机关党工委	2. 国税局	3. 气象局
4. 电力局	5. 邮政局	6. 烟草局

三、杭州市人民满意机关评选的参评人员

2000年,人民满意机关评选的参评人员近6 000位,其中党代表347位、人大代表369位、政协委员455位、企业代表500位、普通市民代表3 000位。普通市民代表根据随机抽样的办法产生。2001年,参评人员增加到8 919位,其中普通市民代表6 300位。

为了充分体现"以民为本、执政为民"的施政本质,充分体现"从群众中来、到群众中去"的党的群众路线。2002年,杭州市人民满意机关评选活动的参评人员扩大到15 310名,比2001年增加了70%。其中,普通市民代表达到10 000名,约占全部参评人员的三分之二,真正做到了"执政为民、让人民评判、让人民满意"的评选宗旨。参评人员来自9个层面,取样分布情况如表3-5所示。

表3-5　2002年杭州市人民满意机关评选的参评人员

层　面　设　置	人　数
1. 杭州市党代表	372
2. 杭州市人大代表	374
3. 杭州市政协委员	315
4. 杭州市各区、县(市)负责人	337
5. 杭州市直属机关负责人	545

层　面　设　置	人　数
6. 杭州市各部委、街道、乡镇等基层负责人	2 188
7. 浙江省直属机关负责人、老干部、专家学者	379
8. 企业代表	800
9. 普通市民代表	10 000
合　计	15 310

四、杭州市人民满意机关评选的指标设计

根据"以民为本、执政为民"的施政原则,在深入调查研究和广泛听取专家学者意见的基础上,杭州市人民满意机关评选活动确定了全局观念、服务宗旨、服务质量、办事效率、勤政廉洁和工作业绩六项评估指标,要求参评人员对参评单位作出实事求是的客观评价。六项指标的具体含义如下:

1. 全局观念,如政令畅通情况、围绕中心服务大局情况、依法行政情况;

2. 服务宗旨,如对待群众的态度、对群众利益的关心程度、为民办实事的程度;

3. 服务质量,如服务措施落实情况、解决实际问题的情况、服务对象满意情况;

4. 办事效率,如办事的速度、特事特办、急事急办、重事重办的落实情况;

5. 勤政廉洁,如政务公开、服务承诺兑现、廉洁自律、求真务实的实干精神;

6. 工作业绩,如服务中心工作实绩、完成本部门工作实绩、目标管理考核实绩。

2000 年、2001 年,杭州市人民满意机关评选采用的是三点评估量表,要求参评人员对参评单位作出"满意"、"基本满意"和"不满意"的判断。两年的评选活动发现,三点评估量表难以真实地反映参评单位的实际情况,难以有效地辨别参评单位绩效的好坏,评估结果的信度和效度偏低。2002 年,杭州市人民满意机关评选用五点量表替代三点量表,要求参评人员对参评单位作出"满意"、"比较满意"、"基本满意"、"不太满意"和"不满意"的评价。由于有的参评人员对参评单位的实际情况知之甚少,他们很难对参评单位作出客观的评价,因此在评选表格内增设了"对参评单位不了解"栏目,供参评人员选

择。在对参评单位计分时,可以有效地排除这部分参评人员对评估结果的干扰。2002 年的评选实践表明,五点评估量表具有较强的辨别力,能较好地区分参评单位的优劣,使评选结果更准确、更合理,评选结果得到了参评单位的普遍认同。

五、杭州市人民满意机关评选的量化方法

2002 年,杭州市人民满意机关评选实行了量化计分方法。首先,对五点评估量表赋分。满意为 100 分,比较满意分 75 分,基本满意为 50 分,不太满意为 25 分,不满意为 0 分。其次,对各层面参评人员权重赋值。由于普通市民与参评单位的实际接触较少,所掌握的评估信息较少,他们对参评单位的判断与实际情况可能会产生较大的偏差,为此赋予普通市民层面相对较低的权重值。基于这样的考虑,赋予第 1 ~ 8 个层面的参评人员权重值均为 10% ,普通市民参评人员权重值为 10% 。最后,根据评选结果,计算各参评单位的实际得分,并对参评单位由高分到低分进行排序。量化计分过程和人民满意机关产生办法如下:

第一步:计算各参评单位在各层面的满意率、比较满意率、基本满意率、不太满意率和不满意率。

1. 各层面满意率 = 满意票数 ÷ (投票总数 – 不了解票数)
2. 各层面比较满意率 = 比较满意票数 ÷ (投票总数 – 不了解票数)
3. 各层面基本满意率 = 基本满意票数 ÷ (投票总数 – 不了解票数)
4. 各层面不太满意率 = 不太满意票数 ÷ (投票总数 – 不了解票数)
5. 各层面不满意率 = 不满意票数 ÷ (投票总数 – 不了解票数)

第二步:加权计算各参评单位平均满意率、比较满意率、基本满意率、不太满意率和不满意率。

1. 平均满意率 = ∑ (各层面满意率 × 各层面权重) × 100%
2. 平均比较满意率 = ∑ (各层面比较满意率 × 各层面权重) × 100%
3. 平均基本满意率 = ∑ (各层面基本满意率 × 各层面权重) × 100%
4. 平均不太满意率 = ∑ (各层面不太满意率 × 各层面权重) × 100%
5. 平均不满意率 = ∑ (各层面不满意率 × 各层面权重) × 100%

第三步:计算各参评单位评选得分。

评选得分 = 100 × 平均满意率 + 75 × 平均比较满意率 + 50 × 平均基本满意率 + 25 × 平均不太满意率 + 0 × 平均不满意率

第四步:人民满意机关和人民不满意机关的产生。

对参评单位由高分到低分进行排序,分别按参评单位总数的 15% 和 4% 的比例,评选出人民满意机关和人民不满意机关。2002 年度杭州市评选出 12 个人民满意机关(如表 3-6 所示)和 3 个人民不满意机关(如表 3-7 所示)。

表 3-6　2002 年杭州市人民满意机关名单

杭州市政府办公厅	杭州市计委	杭州市西博办
杭州市经委	杭州市计生委	杭州市科技局
杭州市经济开发区管委会	杭州市统计局	杭州市委办公厅
杭州市人大常委会	杭州市政协机关	杭州市委宣传部

表 3-7　2002 年杭州市人民不满意机关名单

杭州市药品监管局	杭州市城管执法局	杭州市文联

六、杭州市人民满意机关评选的奖惩措施

对当选为人民满意机关的单位,杭州市委、市政府予以表彰奖励,按干部级别增发一定比例的年终目标管理考核奖金,奖金费用由市财政专项基金安排。对被评为人民不满意机关的单位,市委、市政府予以通报批评,并列为重点整改对象,干部职工按不同比例扣除年终目标管理考核奖金。连续两年被评为人民不满意机关的单位,依照干部管理权限的规定,对领导班子进行调整。

按照杭州市人民满意机关的评选规则,在 3 年的评选活动中,杭州市药品监管局首次连续两年被评为人民不满意机关。杭州市委、市政府作出了三点处理:一是对杭州市药品监管局领导班子在全市范围内进行通报批评,原药监管局党委书记、局长负主要责任,鉴于其已改为巡视员,决定给予诫勉,要求其协助现班子抓好整改工作;二是对人民群众意见相对集中的药品监管局各部门负责人,调离现任岗位;三是药品监管局领导班子针对人民群众提出的意见和领导班子考核中反映的问题,认真制定整改措施,限期抓好整改工作。

七、杭州市人民满意机关评选的意义解释

杭州市近几年的实践表明,以满意原则为导向的人民群众评判政府绩效

是政府绩效评估的一种新形式和新机制,反映了世界各国政府市场化改革的发展趋势,体现了人民当家作主的社会主义民主政治本质,对加强政府与人民群众的联系,增强政府服务意识,改善政府服务质量,提高政府的服务效率,树立政府的良好形象具有重要的作用。

（一）反映了世界各国政府市场化改革的发展趋势

20 世纪 70 年代以来,世界各国兴起了一场政府改革的浪潮。其中著名的政府改革包括英国的续阶方案（the next steps）、美国的政府再造（reinventing government）、加拿大的公共服务 2000 计划（public service 2000）、欧洲共同体会员国倡导的公共服务革新运动（OECD, 1987）、新西兰的财政与人事改革、澳大利亚的财政管理改进计划,等等。尽管各国政府改革的战略规划和具体行动存在着一定的差异,但其所追求的目标却有惊人相似之处,即用竞争机制打破政府对公共服务的垄断,按市场原则建立公私机构的相互竞争,使企业和公众获得自由选择的机会,迫使政府增强服务意识,降低服务成本,改善服务方式,提高服务效率,增强服务能力,用企业家精神重塑和再造政府。近年来,世界各国政府都不遗余力地推出政府服务市场化改革的具体行动方案,诸如退缩管理领域、缓和规制、放松对市场管制、业务合同出租、公私合作等,其最终目标是为企业和公众提供高效优质的公共服务,不断地满足人民群众的需要。

市场化的政府改革必然要求建立市场化的政府绩效评估机制。既然政府服务的对象是企业和公众,只有当政府提供的服务能不断地满足企业和公众的需要时,政府所提供的服务才是有意义的和有效的服务,这个政府才称得上是绩效型政府。因此,从根本上看,企业和公众的"满意程度"是评价政府绩效的最综合、最深刻的终极性指标,其他的诸如经济、效率和效益等度量政府绩效的指标都可以通过"满意程度"表征和折现出来。因此,以满意原则为导向的人民群众评判政府绩效,反映了当今世界各国政府市场化改革的发展趋势。

（二）体现了人民当家作主的社会主义民主政治本质

中国是人民当家作主的社会主义国家,我们的政府是人民的政府,我们的干部是人民的公仆,一切权力属于人民。实现、维护和发展广大人民群众的根本利益,是党和政府一切工作的出发点和归宿。检验一个政府的绩效,判断一个政府是否做到了以民为本、执政为民,关键是看人民满意不满意、拥护不拥护、赞成不赞成。过去对地方政府施政绩效的评价,通常采用目标责任制考核、行风评议、组织考察和工作检查等评价方式。这种评价方式有优势,在过去发挥了很大的作用,但在市场经济体制和民主政治不断完善的今天,它的弊端越来越明显。这种评价方式绝大多数是上级对下级的评议、同行之间的评议或者是单位内部自身的评议,其主要特征是政府评政府,政府既是运动员,又是裁判员,缺乏政府服务对象人民群众的参与、监督和批评。整个评价活动是封闭的、不透明的,评价结果缺乏可信性和说服力。

杭州市开展的人民满意机关评选活动,其评价的原则是人民满意,评价的主体是人民群众,评价的对象是政府,评价过程是公开的、透明的,从根本上动摇了根深蒂固的"官本位"思想。尽管这种评价方式在具体实践中存在着一些缺陷,如公众缺乏必要的评估知识、技术和经验,缺乏必要的采集政府绩效信息的渠道和能力,但政府机关本身是因为广大人民群众的需要而存在的,政府服务的对象是广大人民群众,政府绩效本身就蕴含着为人民服务和人民群众至上的施政理念。人民满意机关评选的实质,就是把人民群众发动起来,把权力交给人民,使普通百姓对政府工作具有知情权、参与权、监督权和评判权,真正做到让"主人"来评判"公仆"。因此,以满意原则为导向的人民群众评判政府绩效,体现了社会主义国家人民群众的主人翁地位,体现了人民当家作主的社会主义民主政治本质。

(三)引入了淘汰机制,增强了政府机关的服务意识

过去,我们对政府机关的绩效评价和机关干部的业绩考核采用的标准是达标制,只要达到及格线,被考核的对象都能顺利过关。在实际操作过程中,达标制受到了人为因素的严重干扰,考核工作往往流于形式,没有建立真正意义上的竞争机制和淘汰机制。达标制对政府机关没有产生压力,机关干部也没有产生危机感,因而达标制难以从本质上解决政府机关服务意识差的老大难问题。而人民群众评议政府绩效却是一种全新的绩效评价方式。它衡量政府绩效优劣的标准是"人民满意",它的机制是好中评优的末位淘汰制。在这场以人民群众为主考官的考试中,即使你的工作做得比以前好,但如果你提供的服务不到位,难以满足人民群众的需要,或者你的服务态度、服务质量、服务效率和服务能力不如其他的参评单位,你就很可能被人民群众投上"不满意"的一票,就很可能被选为"人民不满意机关",这样你就有被淘汰出局的可能。

因此,每一个政府机关、每一个公务员,都必须不断地给自己施加压力,在思想和行动上把人民呼声作为第一信号、把人民利益作为第一追求,把人民满意作为第一标准,增强为人民服务的意识,提高为人民服务的本领。只有这样,才能赢得人民群众的信任,人民群众才能给你投上"满意"的一票。如2000 年度,杭州市国土资源局被评选为人民不满意率相对较高的机关,在2001 年中,杭州市国土资源局对内开展了满意不满意单位的评选活动,对外发放征求意见表 6 580 份,召开各类座谈会 52 个,为人民群众解决实际问题

321件。2002年,该单位摘掉了不满意率相对较高的帽子,平均满意率比上年提高了15个百分点。又如杭州市公安局在2001年度评选活动中,把市民提出的意见分解到35个单位进行重点整改,并对人民群众反映问题较多的民警进行离岗培训。在公安部开展的明察暗访中,人民群众对杭州治安满意率、警民关系满意率名列全国30个城市之首。

（四）改善了政府机关的服务质量,提高了人民群众的满意水平

判断政府绩效优劣,主要不是看它投入了多少资源,做了多少工作,而是要看它所做的工作在多大程度上满足了人民群众的需要,这就揭示了政府绩效评估上的一种全新价值取向——满意原则。

满意是指行为主体的内在需求得到满足以后而产生的内心愉悦,以及对满足需求的服务行为及其提供者表示认可支持的一种主观心理状态。政府要使自己的工作得到人民群众的认同,赢得人民群众的满意,其前提条件是必须了解人民群众的需求和需求结构,掌握政府工作所存在的不足,发现政府所提供的服务与人民群众需求之间的偏差,据此设计和提供能使人民群众满意的公共服务。杭州市开展的人民群众评议政府绩效,为政府获取人民群众需求信息和听取群众意见开拓了宽广渠道,可以根据人民群众需求和建议,提供切实有效的公共服务,减少政府工作的盲目性,改善公共服务的质量,提高政府机关的服务能力。

据统计,在2002年度的人民满意机关评选活动中,人民群众共向政府各部门提出意见和建议5 565条,近40万字。在两年时间内,杭州市人民满意机关评选办公室共向广大人民群众征集到对政府各部门的意见和建议26 000多条。同时,各参评单位不是坐等评价,而是主动出击,采取走出去、请进来等形式,共发放征求意见表30万份,召开各类座谈会3 100余个,向社会各界征集意见近20 000条,并对征集到的意见和建议加以分析、归类和整合。各参评单位认真对待人民群众提出的建议,找差距查原因,在此基础上界定责任,明确任务,专人负责,从人民群众不满意的地方改起,从人民群众满意的地方做起。从人民群众不满意的地方改起,就是针对人民群众提出的意见,本着实事求是和"有则改之,无则加勉"的态度认真加以整改。从人民群众满意的地方做起,就是机关干部要正确运用好人民赋予的权力,想问题、办事情都要从人民的利益和需要出发。

2002年,人民群众对政府各部门提出的一万余条意见,2/3以上已得到初步整改。杭州市工商局为减少办事环节,实行了登记注册一审一核制,使注册登记的审批与核准在一个服务窗口完成,办事效率提高了50%。杭州市房管局针对"办证手续繁"、"办事效率低"等群众意见集中的问题,建立了办证"绿色通道",简化办事手续和环节64项,由一个部门统一受理,群众无需再跑多个处室。杭州市建委、市规划局原来每周只有两天时间办理审批项目,不少企业和建设单位对此提出意见后,他们将项目审批改为每天办理、限时办结。从评选结果来看,2002年度人民群众对政府机关的平均满意率比2001年提高了13.4个百分点。2002年度评选活动的调研表明,98.25%的评选人员认为,开展评选活动以来杭州市政府机关作风有明显好转和有所好转,比2001年提高了2.35个百分点。

第五节 党政领导干部综合考核评价试行办法①

科学发展观是以胡锦涛同志为总书记的党中央提出的重大战略思想,是推动中国经济社会全面协调和可持续发展、全面建设小康社会必须长期坚持的重要指导方针。全面落实科学发展观,关键在于各级领导干部要自觉地树立正确的政绩观。能不能切实按照科学发展观的要求搞好各级党政领导干部综合考核评价工作,进而选好干部、配好班子,对于教育和引导各级领导干部自觉地树立正确的政绩观和全面落实科学发展观具有重要意义。

为全面贯彻落实科学发展观,进一步加强领导班子和干部队伍建设,改进和完善干部考核评价工作,经中央批准,2006年7月中央组织部正式印发了《体现科学发展观要求的地方党政领导班子和领导干部综合考核评价试行办法》(以下简称《综合考核评价试行办法》)。

一、《综合考核评价试行办法》的产生过程

改革开放以来,党和政府一直在积极推进党政领导干部考核评价工作的科学化、民主化和制度化。2000年8月,中共中央批准下发《深化干部人事制度改革纲要》,明确提出建立健全党政领导干部定期考核制度。2002年7月,中共中央印发《党政领导干部选拔任用工作条例》。党的十六届三中全会,中央提出,要树立科学的发展观,必须树立正确的政绩观。党的十六届四中全会

---

① 本节参阅了中国共产党新闻网站(http://cpc.people.com.cn)的有关资料。

明确提出,要抓紧制定体现科学发展观要求的干部考核评价办法。

　　根据中央的统一部署,中组部将研究制定《体现科学发展观要求的地方党政领导班子和领导干部综合考核评价试行办法》(以下简称为《综合考核评价试行办法》)作为一项重点工作。2004 年上半年,在国家统计局参与下,中组部结合省部级后备干部考察工作,就地市党政领导班子工作实绩考核评价办法进行研究,并选择 7 个省区、27 个市州试点,以增强考核工作的适用性和可操作性。2004 年 10 月,中组部成立了干部政绩考核评价工作协调小组及专题调研。随后举办有 15 个省区市党委组织部门、12 个中央国家机关负责人和部分专家学者参加的专题研究班,深入探讨干部政绩考核评价体系问题。

　　在广泛调研的基础上,中组部 2005 年初起草了《综合考核评价试行办法》初稿。2005 年 5 月,中组部先选择内蒙古、浙江、四川 3 省区的 28 个县(市、区)试点,后来又在 3 省区的 8 个地级市进行试点。试点中,共考核地方党政领导班子 51 个,党政领导干部 504 名,其中党政正职 71 名;先后有 4 886 人参加个别谈话,8 223 人参加民主测评,12 117 人参加民意调查。2005 年年底,根据党的十六届五中全会精神,总结市(地)、县两级试点经验,同时结合总结剖析一些地方领导干部腐败案件涉及干部考察工作的深刻教训,对初稿进行了较大修改。2006 年 2 月,专门召开了各省区市和副省级城市党委组织部长参加的贯彻落实科学发展观干部考核工作座谈会,对修改稿进行了讨论。会后,又请各省区市和副省级城市分别组织修改,广泛征求意见。根据各地提出的意见建议,对《综合考核评价试行办法》进一步作了修改。4 月,结合省级党委换届考察准备工作,中组部和辽宁省委组成联合考察组,全面运用《综合考核评价试行办法》,分别对沈阳、大连两个副省级城市进行了党委换届考察试点。与此同时,在江西、河南等 12 个省区,选择了 59 个地级市和 507 个县(市、区)继续扩大试点。结合试点情况,再次对《综合考核评价试行办法》作了认真修改和完善。

　　两轮试点过程中,各地结合自身实际,进行了多种形式的探索和实践。国家统计局、国家环保总局、国家安全生产监督管理总局、国家人口计生委等部门就有关考核指标进行了论证。可以说,《综合考核评价试行办法》是各地各部门共同努力、社会各界共同参与的结果。

　　二、《综合考核评价试行办法》的主要内容及特点

　　《综合考核评价试行办法》共分 9 章 47 条,第一章"总则"主要明确制定

97

目的、指导思想、遵循原则、方法构成、适用范围;第二章至第七章主要明确民主推荐、民主测评、民意调查、实绩分析、个别谈话和综合评价等方法步骤的基本作用、内容和要求;第八章"组织实施"主要明确领导责任、结果运用;第九章"附则"明确参照范围、解释权限。《综合考核评价试行办法》适用于县级以上地方党政领导班子换届考察、领导班子成员的个别提拔任职考察。其他考核,如届中考核、年度考核等,可参照执行。

《综合考核评价试行办法》在内容上有以下特点:

1. 按照科学发展观的总体要求,进一步明确考核评价标准。针对地方党政领导班子和领导干部的特点,明确提出必须综合考核经济建设、政治建设、文化建设、社会建设和党的建设五个方面的成效,考核贯彻科学发展观、驾驭全局、处理利益关系、务实创新、选人用人等方面的能力。

2. 严格考察对象的提名程序,进一步发挥民主推荐的作用。一方面强调选拔任用地方党政领导干部,必须严格执行《干部任用条例》规定的要求和程序,通过民主推荐产生考察对象;另一方面要求扩大提名环节的民主,地方党政领导班子换届考察,在全额定向会议投票推荐和个别谈话推荐的基础上,可根据实际情况,按一定差额比例进行二次会议推荐。

3. 完善测评内容,提高民主测评的质量和效果。针对以往民主测评存在的测评内容比较笼统,参加测评人员准备不足,测评结果运用不充分等问题,在测评内容、组织方式、测评结果分析等方面进行了改进。

4. 坚持群众公认,搞好民意调查,更好地体现了群众的广泛参与。

5. 实行部门评价与群众检验相结合,开展实绩分析,在坚持注重实绩原则方面有了新的突破。

6. 改进个别谈话方法,提高个别谈话质量。根据个别谈话的不同类型,分类形成谈话提纲,对在现工作单位任职不满两年的拟提拔人选,还可到其原工作单位进行延伸考察,同时引入考察组集体面谈的方式,增强了个别谈话的针对性和深入程度。

7. 充分运用各个考察环节成果,突出综合评价。

三、《综合考核评价试行办法》的考核方法

《综合考核评价试行办法》以科学发展观作为考核、评价和使用干部的重要指导思想和检验标准,明确了综合考核评价的指导思想、遵循原则和方法构成,要求综合运用民主推荐、民主测评、民意调查、实绩分析、个别谈话和综合评价等具体方法进行干部综合考核评价。

（一）民主推荐

严格提名程序，扩大民主推荐。选拔任用地方党政领导干部，必须按照《党政领导干部选拔任用工作条例》规定的要求和程序，经过民主推荐提出考察对象。为进一步扩大提名环节的民主，地方党政领导班子换届考察，在全额定向会议投票推荐和个别谈话推荐的基础上，可以根据实际情况，按一定差额比例进行二次会议推荐。

（二）民主测评

对领导班子的民主测评，主要包括政治方向、精神面貌，贯彻科学发展观、执行民主集中制、驾驭全局、务实创新、选人用人、处理利益关系、处置突发事件的能力，经济建设、政治建设、文化建设、社会建设和党的建设，以及党风廉政建设等方面。围绕以上测评内容，设置了"政治鉴别力和敏锐性、大局观念、工作指导思想"、"贯彻科学发展观的自觉性和坚定性、联系本地实际贯彻落实的能力"、"发展速度、发展质量、发展代价"、"思想道德和纪律教育、履行廉政职责、班子自律"等多个评价要点。

对于领导干部的民主测评，按照"德、能、勤、绩、廉"设置测评内容，主要包括政治态度、思想品质、工作思路、组织协调、依法办事、心理素质、精神状态、工作作风、履行职责成效、解决复杂问题、基础建设、廉洁自律等方面。根据以上测评内容，设置了"政治纪律，理论素养"、"发展观、政绩观、创新意识"、"事业心、责任感、敬业精神、学习态度"、"分管工作完成情况、抓班子带队伍情况"等多项评价要点。

（三）民意调查

对地方党政领导班子民意调查的内容主要包括在经济建设、政治建设、文化建设、社会建设和党的建设方面群众直接感受到的工作状态与成效，设置了"群众物质生活改善情况"、"依法办事、政务公开情况"、"公民道德教育情况"、"城乡扶贫济困情况"、"社会治安综合治理情况"、"党的基层组织和党员队伍、干部队伍、人才队伍建设情况"等12个评价要点。

对领导干部的民意调查，主要包括工作作风、履行职责、公众形象等内容，设置了"开拓创新与敬业精神"、"深入基层、联系群众情况"、"分管工作完成情况"、"为群众排忧解难、办实事情况"、"廉洁自律和接受监督情况"、"道德品行"等6个评价要点。

（四）实绩分析

对地方党政领导班子及其成员的实绩分析，主要通过有关方面提供的经济社会发展的整体情况和群众的评价意见,重点分析任期内的工作思路、工作投入和工作成效,以充分体现从实绩看德才、凭德才用干部,具体包括上级统计部门综合提供的本地人均生产总值及增长、人均财政收入及增长、城乡居民收入及增长、资源消耗与安全生产、基础教育、城镇就业、社会保障、城乡文化生活、人口与计划生育、耕地等资源保护、环境保护、科技投入与创新等方面的统计数据和评价意见,上级审计部门提供的有关经济责任审计结论和评价意见,还包括群众的评价。

(五)个别谈话

个别谈话是深入了解地方党政领导班子建设状况和领导干部的德才素质的重要途径。《综合考核评价试行办法》进一步改进和完善了个别谈话的方法,要求分别不同情况确定谈话要点,提前发放谈话预告,提高谈话质量。对在现工作单位任职不满两年的拟提拔人选考察对象,还可到其原工作单位采取个别谈话等方式进行延伸考察,同时引入考察组集体面谈的方式,增强了个别谈话的针对性和深入程度。

(六)综合评价

综合评价是指在全面掌握考核信息的基础上,对民主推荐、民主测评、民意调查、实绩分析、个别谈话的结果进行比较分析,并与纪检机关(监察部门)的意见,巡视组巡视、重大事项跟踪考察、参加民主生活会等方面反映的意见,以及其他平时了解的情况相互补充印证。通过考察组集体研究分析,对领导班子和领导干部作出客观公正的评价。

第六节　公共部门绩效评估系统的开发①

如何体现正确的政绩观,用什么办法来评价它,是当前世界上不少国家所关心的一大热门话题。近年来,福建省厦门市思明区人民政府和厦门大学通力合作,研究和开发了"公共部门绩效评估管理系统",该系统突出强调公民满意作为公共行政的核心价值,将群众满意作为考核部门工作业绩的重要指标,以此督促公共部门在日常工作中树立服务理念,改进工作作风,提高工作效率。

---

① 本节参考了厦门大学卓越教授主编的《公共部门绩效评估》一书及相关的研究论文。

一、厦门市思明区公共部门绩效评估研究的组织实施

2001 年 11 月,厦门市思明区政府成立了《公共部门绩效评估》项目领导小组,由区长黄强担任项目顾问,区委副书记、常务副区长郑云峰任组长,纪委书记、组织部长、监察局长、人事劳动局长为成员。领导小组组长实质性介入项目全过程,多次主持召开项目协调会、项目鉴定会和项目推进会。受项目领导小组委托,厦门大学法学院卓越教授组建《公共部门绩效评估》课题开发组,汇集了管理学、经济学、数学、统计学和计算机等多学科方面人才。课题组负责《公共部门绩效评估》项目的可行性论证,实地开展项目调研,绘制项目所需图表,撰写项目研究报告,建构评估指标体系,制作项目课件,最终负责设计开发公共部门绩效评估系统软件。

1. 在项目可行性论证阶段:课题组充分发挥自身的科研优势,认真分析已有的文献资料,对项目进行了较为充分的可行性论证;查阅了国内外相关研究领域的大量文献资料,参鉴国外的先进评估理论、方法与技术,构建了厦门市思明区公共部门绩效评估的框架模型。

2. 在文件规范方面:领导小组和课题组编制了《公共部门绩效评估研究大纲》、《公共部门绩效评估项目研究报告》、《公共部门绩效评估试行办法》、《公共部门绩效评估项目实施细则(试行)》和《试点单位绩效评估相对人构成及产生办法》。

3. 在试点单位选择方面:经过领导小组和课题组成员的研究,选择了思明区的计生局、民政局、建设局、司法局和厦港街道办事处作为试点评估对象。

4. 在实地调研方面:课题组对计生局、民政局、建设局、司法局和厦港街道办事处进行了为期两个月的实地调研,通过座谈会、问卷调查、访谈等多种方法,获得了评估对象传统考评的历史数据,并对这些单位的主要业绩进行整理,同时,对影响公共部门业绩的主要要素进行归纳和分析。

5. 在指标体系构建方面:根据评估准备阶段形成的指标体系框架,按照三个维度、四种主体的研究思路,筛选和确定了公共部门绩效评估的通用评估指标,包括基本建设、运作机制维度中的大部分指标;再根据试点评估对象的不同职能和实际情况,设计体现其业务实绩的特殊指标。

6. 在试点评估方面:《公共部门绩效评估项目实施细则(试行)》对绩效评估的组织领导、范围和对象、评估主体、评估原则、方法和标准、评估步骤、评估责任、评估结果的运用等问题作出了详细的说明。课题组将所有评估指标

的数据,包括等级评价指标的评判登记、否定指标的两项性评估结果和业务实绩指标的原始结果等,都转化为百分制的数值等分。

7. 在撰写项目研究报告方面:课题组借鉴国外先进的评估技术,运用数学方法、统计方法,对调研材料进行认真的分析提炼,并认真绘制了公共部门绩效评估执行表格和等分转成表格。

8. 在课件制作阶段:课题组对前阶段累积的调研材料和研究材料进行整合,在整体评估模式下形成了具体评估维度,特别是顾客满意评估和业绩评估的具体评估方法和计分方法,完成了绩效评估体系个案。

9. 在系统软件开发阶段:课题组通过对评估模式的分析,完成软件开发需求分析报告、数据库设计和源程序写作,并通过反复调试与验证最终完成评估系统软件的研制开发。同时,课题组把绩效评估体系和绩效评估系统软件的相关内容制成演示动画,制作演示光盘和宣传材料。

二、厦门市思明区公共部门绩效评估软件的特点

厦门市思明区公共部门绩效评估软件改变了过去经验型、手工型、单一主体评估的方式,采用了多元化的评估主体,即参与评估机关效能的主体不仅有综合评估组织、直管领导、投诉中心,还有公民、被评估对象等。各项评估指标由电脑进行综合,最后为某个部门、某个主体自动转化成相应分值。该评估软件有以下五个显著特点:

1. 分级管理。该软件分为演示盘和操作盘。演示盘设有公共部门绩效评估、公共部门绩效评估系统、总结和联系我们等四个栏目,配以动画画面,直观显示系统设计的基本界面。操作盘分为用户管理、部门管理、指标管理、录入统计、输出结果、统计查询和在线帮助等七个功能模块。

2. 自动管理。该软件界面显示直观鲜明,执行人员操作过程简便易行,各种相关数据自动生成,评估录入和评估结果栏目集中显现这种管理功能。录入人员只要按照规定程序,将评估表中的原始评估等级录入,软件会自动转化成相应分值。录入人员将评估表中的所有数据录入完毕,软件会帮助自动生成统一的分值结果,并提供在线打印服务。

3. 工具管理。该软件不仅为各个部门在具体的横向比较中,审视差距、寻求原因提供一个分析工具,以求进一步提高工作绩效。而且,该软件在统计查询栏目设有部门列表和指标列表两种分析方式:通过部门列表,可以将若干个公共部门在同一时期的工作绩效,用长方形的图形依次排列显示,帮助进行

横向比较;通过指标列表,可以对几十个评估指标任选一个,运用图形显示,对若干个公共部门进行横向比较。几十种指标可以演变成几十种图形,变换不同的视角,可以更为全面地把握工作绩效。

4. 动态管理。该软件动态管理特征主要通过部门管理和指标管理两个栏目表现出来。特定的公共部门要成为评估对象,可以在部门管理栏目按照一定的格式要求,登记入户。无论是新加入评估队伍的公共部门,还是原先的评估对象,都可以随着时间、条件的变化,对评估维度、评估指标、评估要素进行增删修改。当然,只有超级用户凭密码才能拥有这种权力。

5. 在线管理。该软件的在线管理栏目介绍了系统的模块功能,架构清楚,提示了执行过程的基本界面,条理清晰。初次接触该软件者只要按照格式程序要求,亦步亦趋,即可顺利完成在线培训,掌握系统操作的基本技巧。

三、厦门市思明区公共部门绩效评估的操作程序

公共部门实施绩效评估由以下五个操作程序构成:

1. 建立评估组织。为确保客观、公正地开展绩效评估工作,思明区政府在区机关效能建设领导小组下设绩效评估工作小组,由区人劳局局长任组长,区统计局局长、区监察局局长、区组织部副部长任副组长,计生、建设、民政、司法、厦港街道等有关试点评估部门领导担任成员,在区效能领导小组统一领导下开展工作。工作小组成立办事机构,由人事、监察、统计等部门人员组成工作班子,具体负责绩效评估的日常工作。

2. 确定评估对象和主体。根据分类分级的管理原则,思明区将各个评估对象大体分为五种类型,确定民政局、计划局、建设局、司法局和厦港街道为试点评估部门。根据评估内容的性质和特点,对评估对象的不同评估指标实行多元评估主体原则。评估主体分为六类:

- A 类评估主体:对"基本建设"有关内容进行评估;
- B 类评估主体:对"评优否决"有关内容进行评估;
- C 类评估主体:对"群众满意"有关内容进行评估;
- D 类评估主体:对"分管领导"有关内容进行评估;
- E 类评估主体:对"行政投诉"有关内容进行评估;
- F 类评估主体:对"业务实绩"有关内容进行评估。

3. 划分评估开展阶段。公共部门绩效评估是一项系统性的复杂工作,涉及面广,要稳步推进,分步实施,先行试点,逐步铺开。区机关部门绩效评估工

作分为宣传发动、制定方案实施、绩效评估、评估整改总结评比等几个阶段进行。在具体实施评估阶段,依据《暂行办法》规定的统一指标体系、工作方法、工作标准和工作程序,认真做好各项准备。已经确定的评价对象,要认真制定评估工作方案,准备评估基础资料和基础数据,发放和回收群众满意度指标调查表,进行评价计分,形成评估结论,撰写评估报告。

4. 确立评估计分标准。分值匹配:考评内容各项正数指标合计100分,其中,综合评估组织主体的基本指标24分,相对人评估主体的基本指标20分,直管领导评估主体的基本指标16分,业务实绩评估主体的基本指标40分。评优否决和行政投诉两项评估主体的基本指标作为负数分值,以倒扣方式体现。不占百分制指标权数,如否决指标成立,则直接在其单位评估总分中扣除。评优否决的每项基本指标 -20分,行政投诉的每项基本指标 -5分。

考评等级:考评内容的每项正数指标均分成优、良、中、合格、不合格五个等级,由计算机自动转换生成相应分值。评优否决和行政投诉两项指标分为有和无两个等级,亦由计算机自动转换生成相应分值。绩效考评结果以百分制表示。

考评标准:考评标准的客观准确性和可操作性是考评工作顺利进行的一个关键环节,与通常的倒扣分值方法相区别,除事先确定的两项负数指标,评估体系各项指标较为严格、较为规范的按照定性和定量相结合的方法,按照评估等级进行。基本建设和运作机制维度主要依据定性的评估标准,针对不同的评估主体的特点,通过特定的评估方法设计,来保证评分的客观性和可操作性。

5. 评估结果的运用。建立有效的奖惩机制是顺利开展公共部门绩效评估工作的重要措施。绩效评估工作小组将根据评估得分值,对评估对象进行排序,分别对居前和居后的若干单位进行奖惩。

本章小结

本章重点讨论中国的社会服务承诺制、党政领导干部经济责任审计、政府机关目标责任制考核、公民评议政府、党政领导干部综合考核评价试行办法和公共部门绩效评估等六种典型的政府绩效管理方式。

1. 社会服务承诺制,是指公共服务部门(包括政府机关)将公共服务的内容、标准、程序和责任等公之于众,向公众作出信守性许诺,接受公众的监督,以提高公共服务水平、有效回应和满足公众需求为目的的一种政府绩效管理机制。它是一项保障公共服务公开化、民主化和实效化的制度,是把自我约束和社会监督相结合的一种新型管理和服务机制。

2. 社会服务承诺制主要包括以下四项内容:服务内容承诺、服务标准承诺、服务程序和时限承诺、违诺责任。

3. 社会服务承诺制在促进政府树立"顾客至上"的服务理念、改善政府的服务质量及增进政府与公民之间的信任关系等方面起到了极大的推动作用。同时,这一制度在推行过程中遇到的诸多问题,比如:规范化程度不高,服务承诺标准的公开化不够,公民参与度不高,公众满意度指标没有成为政府绩效评估的终极指标,申诉机制和责任体系不完备,公共利益得不到有效保障等。

4. 党政领导干部经济责任审计的内容包括:贯彻国家财经法规及有关政策情况、地方财政财务收支及管理情况、财政财务收支工作目标完成情况,以及党政领导干部遵纪守法和廉洁自律情况。

5. 党政领导干部经济责任审计方法有:经济指标(责任目标)的审计方法、财政财务收支等经济事项的审计方法、重大经济事项决策审计方法和遵守廉政规定情况审计方法。

6. 中国党政领导干部经济责任审计的发展趋势:党政领导干部经济责任审计对象级别逐步提高;党政领导干部经济责任审计内容范围不断拓宽;党政领导干部经济责任审计的形式多样化;党政领导干部经济责任审计结果应用将更加普遍。

7. 目标责任制在中国始于20世纪80年代,其最初的主要表现形式是"目标管理"。目标管理的特点是将组织目标分解并落实到各个部门(或岗位),目标完成情况考核也相应针对各个部门。随着行政管理体制的改革和完善,目标管理的思路和原则逐渐得到扩展,发展到面向行政首长的目标责任制。

8. 《综合考核评价试行办法》在内容上有以下特点:按照科学发展观的总体要求,进一步明确考核评价标准;严格考察对象的提名程序,进一步发挥民主推荐的作用;完善测评内容,提高民主测评的质量和效果;坚持群众公认,搞好民意调查,更好地体现了群众的广泛参与;实行部门评价与群众检验相结合,开展实绩分析,在坚持注重实绩原则方面有了新的突破;改进个别谈话方法,提高个别谈话质量;充分运用各个考察环节成果,突出综合评价。

9. 《综合考核评价试行办法》的考核方法:综合运用民主推荐、民主测评、民意调查、实绩分析、个别谈话和综合评价等具体方法进行干部综合考核评价。

10. 公共部门绩效评估管理系统突出强调公民满意作为公共行政的核心

价值,将群众满意作为考核部门工作业绩的重要指标,以此督促公共部门在日常工作中树立服务理念,改进工作作风,提高工作效率。

本章基本术语

社会服务承诺制　政府服务承诺制　领导干部经济责任审计　目标责任制　公共部门绩效评估

复习思考题

1. 如何理解和评价社会服务承诺制?

2. 社会服务承诺制包括哪些主要内容?

3. 试分析说明社会服务承诺制的实践意义。

4. 如何理解和评价领导干部经济责任审计?

5. 简述中国党政领导干部经济责任审计的主要内容。

6. 试举例说明中国党政领导干部经济责任审计的基本程序。

7. 如何理解政府机关目标责任制考核的产生背景?

8. 试分析政府机关目标责任制考核对提高政府能力的作用。

9. 试分析说明杭州市人民满意机关评选的实践意义。

10. 试分析说明党政领导干部综合考核评价试行办法的内容与特点。

第四章　政府绩效计划

政府绩效管理始于绩效计划,制定绩效计划的目的在于使绩效管理从一开始便选对方向,使每个组织成员都能明确他们的任务与标准。因此,绩效计划是政府绩效管理系统的启动环节,是实施政府绩效管理的基础和依据,通过制定绩效计划可以建立健全政府绩效管理机制,并将组织目标与每个组织成员的个人目标紧密地结合起来,其重要意义已得到政府和学术界的认同。

第一节　政府绩效计划概述

政府绩效管理的过程通常被视为一个循环,绩效计划是绩效管理过程的第一个环节。制定绩效计划的主要依据是政府工作目标和政府战略规划。在绩效计划阶段,管理者和被管理者之间需要在对政府工作目标和战略规划的问题上达成共识。管理者和被管理者共同的投入和参与是进行绩效计划的基础。当然,绩效计划必须在"组织目标"这样一个大环境、大框架之下进行,制定绩效计划的主要依据是政府工作目标和政府战略规划。

一、政府绩效计划的内容和构成要素

绩效计划是绩效管理的一个重要部分,是根据组织目标对员工的绩效行为进行组织的管理活动。在新的绩效周期开始时,政府必须有一个明确的绩效计划。

关于政府绩效计划(planning),可以有两种理解。一种是可以把"计划"理解成为一个名词,那么政府绩效计划就是指通过文字或数字指标表示出来

的政府工作或行动的具体内容和步骤;另一种是把"计划"理解成为一个动词,那么政府绩效计划则可以看作是为了实现政府工作目标而事先制定政府工作的内容和步骤,它是组织成员在一定时期内的行动纲领。从管理学的角度来看,一项完整的政府绩效计划,通常应该包括"5W1H",即 What(政府要做什么)、Why(政府为什么做计划)、When(在什么时间做)、Where(在什么地方做)、Who(由谁来做)、How(怎么做)(如表4-1所示)。

表4-1　政府绩效计划的内容

项　　目	具　体　内　容
What(政府要做什么)	即需要什么样的行动。这里要明确所进行的活动及其要求。如工商局市场监督管理处的绩效计划就得明确在"规范管理各类市场的经营秩序;监管市场开办单位、经营者的经营行为,查处各类违法交易行为"方面的总体安排、行动方案和具体目标。
Why(政府为什么做计划)	即政府为什么需要这项行动。这是要明确计划的目的和原因,使计划执行者了解、接受和支持这项计划,把"要我做"变为"我要做",以充分发挥组织成员的积极性、主动性和创造性,实现预期目标。
When(在什么时间做)	即何时行动。这是要规定计划中各项工作的开始和结束时间,以便进行有效的控制,并对组织的资源进行平衡。
Where(在哪儿做)	即在何处行动,这是要规定计划的实施地点或场所,了解计划实施的环境条件及限制因素,以便合理地安排计划实施的空间。
Who(由谁来做)	即谁应该为这项行动负责,这需要划分部门和组织单位的任务,规定由哪些部门和人员负责实施这项计划,包括每一阶段的责任者、协助者,各阶段交接时由谁鉴定、审核等。
How(怎么做)	即如何行动。这需要制定实现计划的具体措施以及相应的政策、规则,对资源进行合理分配和集中使用,对生产能力进行平衡,对各种派生计划进行综合平衡等。

资料来源　赵丽芬主编:《管理理论与实务》,北京:清华大学出版社,2004年,第52页。

　　浙江大学管理学院邢以群教授认为,为了在绩效计划实施过程中明确在什么情况下需要修改计划,在绩效计划中还应该说明该项绩效计划有效的前提条件;为了增强计划的适应性,要注明当实际情况与计划前提条件不符时应采取的措施;为了便于在情况发生较大变化、计划实施条件不具备时,能够判断是应该放弃该项计划还是要竭尽全力创造条件完成计划,计划书中还应该说明进行这项工作或实现相应目标的意义和重要性。他在《管理学》一书中,提出了如表4-2所示的绩效计划构成要素。

表4-2　绩效计划的构成要素

要　素	内　容	所要回答的问题
前提	预测、假设、实施条件	该计划在何种情况下有效
目标(任务)	最终结果、工作要求	做什么
目的	理由、意义、重要性	为什么做
战略	途径、基本方法、主要战术	如何做
责任	人选、奖罚措施	谁做、做得好坏的结果
时间表	起止时间、进度安排	何时做
范围	组织层次或地理范围	涉及哪些部门或何地
预算	费用、代价	需投入多少资源
应变措施	最坏情况计划	实际与前提不相符怎么办

资料来源　邢以群著:《管理学》,杭州:浙江大学出版社,2006年,第149页。

总体而言,政府绩效计划是政府组织和国家公务员根据绩效标准,通过双向沟通和互动共同制定的如何实现政府组织目标的行动规划,旨在实现政府组织目标。简单来说,绩效计划包含两个方面的内容:做什么和如何做。

为了更好地理解绩效计划,我们应该首先明确绩效目标与绩效标准的含义。

政府绩效评估的首要问题是政府绩效目标选择与导向问题。绩效目标是指行为者(党政机关或公务人员)履行职能或岗位职责所应达到的程度[1]。"如果一个组织没有明确的目标(甚至多个相互冲突的目标),该组织就无法取得高绩效"[2]。绩效目标是在绩效标准的基础上,考虑员工的具体情况针对个人设定的,是对被评估对象所期望的结果。明确了绩效目标,便于客观地讨

---

[1]　蔡立辉:"科学实施政府绩效评估的难点问题分析及其解决",《社会科学战线》,2011年第4期,第170页。

[2]　〔美〕戴维·奥斯本、彼德·普拉斯特里克:《摒弃官僚制:政府再造的五项战略》,北京:中国人民大学出版社,2002年,第42页。

论、监督、衡量绩效。

绩效标准就是以绩效理念作为基本导向，以绩效评估作为基本的元工具，将绩效沟通、绩效控制、绩效改进等基本元素渗透于标准化管理的各个环节，是政府标准化发展的最新阶段①。绩效标准是制定和修改绩效计划的前提；绩效标准的确定，有助于保证绩效考核的公正性。

同时，政府绩效计划是对决策方案主观和客观因素综合分析的结果。绩效计划形成的过程是一个双向互动和沟通的过程，被管理者参与是提高绩效计划有效性的重要方式，管理者和被管理者之间需要在对政府工作目标和战略规划的问题上达成共识。在这个过程中，管理人员要向被管理者解释和说明的是②：

1. 组织整体的目标是什么？

2. 了解要完成这样的整体目标，我们所处的业务单元的目标是什么？

3. 为了达到这样的目标，对被管理者的期望是什么？

4. 对被管理者的工作应该制定什么样的标准？完成工作的期限应该如何制定？

5. 被管理者在开展工作的过程中有何权限与资源？

而被管理者应该向管理者表达的是：

1. 自己对工作目标和如何完成工作的认识；

2. 工作中可能会遇到的困难与问题；

3. 需要组织给予的支持与帮助。

管理者和被管理者通过双向沟通与互动，使得组织中不同层次的人员在如何实现预期绩效的问题上达成共识，并能够对所制定的绩效计划产生更高的认同感和使命感。

二、政府绩效计划的层次体系

一个计划包含了组织将来行动的目标和方式，它具有面向未来和面向行动的两大特征：一是计划与未来有关，是面向未来的，而不是过去的总结，也不是现状的描述；二是计划与行动有关，是面向行动的，而不是空泛的议论，也

---

① 卓越、徐国冲："绩效标准：政府绩效管理的新工具"，《中国行政管理》，2010 年第 4 期，第 20、21 页。

② 付亚和、许玉林：《绩效考核与绩效管理》，北京：电子工业出版社，2004 年，第 182 页。

不是学术的见解。根据美国学者哈罗德·孔茨(Harold Koontz)和海因茨·韦里克(Heinz Weihrich)从抽象到具体的计划层次体系,也可以把政府绩效计划分为如图4-1所示的层次体系。

1. 宗旨(missions):组织是按照一定的宗旨和系统建立起来的集体。组织的目的或使命称为组织的宗旨,它是组织存在的意义,是组织的根本任务。宗旨旨在表明组织是干什么的,应该干什么? 它能够使组织始终保持明确的方针和目标。一个组织的宗旨无非有两类:要么是寻求贡献于组织以外的自然、社会;要么是寻求贡献于组织内部的成员的生存和发展。这两类宗旨是彼此相连、相辅相成的。

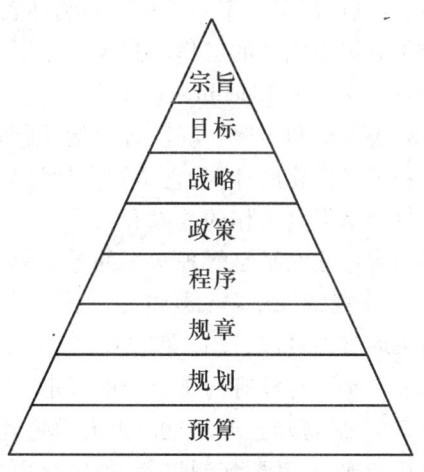

图4-1　政府绩效计划的层次体系

2. 目标(goals):组织的宗旨说明了组织存在的意义和要从事的根本任务,而组织的目标则更加具体地说明了组织从事这项事业的预期结果。组织目标将组织宗旨具体化为组织的长(短)期目标,规定执行组织宗旨所预期的成果。组织的目标包括了组织在一定时期内的目标以及组织各个部门的具体目标。对一个具体的政府组织或部门来说,在一定时期的目标通常表现在两个方面,即对社会作出贡献的目标和自身价值实现的目标。组织的宗旨支配着组织各个时期的目标和各部门的目标,而且组织各时期各部门目标是围绕组织存在的宗旨制定的,并为完成组织宗旨而努力。

3. 战略(strategies):清楚了组织的宗旨和目标之后,人们还是不能清晰地描绘出一个组织的形象。一个组织应该是非常实际和具体的,而上述内容都非常抽象,因此,还要为实现组织的目标去选择一个组织的发展战略。战略是为实现组织的长远目标,根据组织的环境条件及这些环境条件可能的变化所选择的发展方向,确定行动方针以及资源配置方针和资源分配方案的一个总纲。只有在战略制定和实施之后,组织才能由一个抽象的概念变成具体的形态。当然,战略还不是具体说明企业如何去实现目标的,它的重点是要指明方向和资源配置的优先次序。

4. 政策(policy):为了落实组织的发展战略,在计划当中还应该制定相应的政策。政策是对组织成员（包括管理者和被管理者）行为活动的一般规定，是决策时考虑问题的行动指南和指导方针。政策通常以书面文字形式发布，但也可能存在于组织成员行为活动的"暗示"之中，但无论是哪种形式，政策都对组织成员的工作起到重要作用。

5. 程序（procedures）：程序也是一种计划，它规定了某些经常发生的问题的解决方法和步骤。程序直接指导行动本身，而不是对行动的思考。程序是一种经过优化的计划，它是对大量日常工作过程及工作方法的提炼和规范化，并以此来提高工作的效果和效率。程序往往还能较好地体现政策的内容。管理的程序化水平是管理水平的重要标志。

6. 规章（rules）：规章是一种最简单的计划，规定了某种情况下采取或不能采取某种具体行动。例如"上班不允许迟到"。规章和政策的最大区别在于前者是一种没有回旋余地的规定，不允许有斟酌的自由，不再需要进行任何决策，而后者却正好相反。人们常把规章和程序相混淆，因为两者都是直接指导行动本身，都要抑制思考，限制自由处理的权利；但规章只是对具体情况下的单个行动的规定而不涉及程序所包含的时间序列，甚至可以说程序实际上就是多个规章按照一定的时间序列的组合。

7. 规划（program）：规划的作用是根据组织总目标或各部门目标来确定组织分阶段目标或组织各部门的分阶段目标，其重点在于划分总目标实现的进度。组织的规划不仅仅包含组织的分阶段目标，其内容还包括实现该目标所需的政策、程序、规则、任务委派、所采取的步骤、涉及的资源等等。组织规划是一份综合性的、粗线条的、纲要性的计划。由于规划工作的好坏总是由它的薄弱环节来决定的，某一个表面看来不重要的程序或规划，如果设计不当，也会使整个规划遭受失败。为此，要使规划工作的各个部分彼此协调，需要有特别严格的管理技能，它需要严格地应用系统思想和方法。

8. 预算（budget）：预算是一个"数字化"的计划，把预期的结果用数字化的方式表示出来就形成了预算。一般来说，财务预算是组织最重要的预算，因为组织的各项经营活动几乎都可以用数字化、货币化的方式在财务预算表上体现出来。预算作为一种计划，勾勒出未来一段时期的现金流量、费用收入、资本支出等的具体安排。预算还是一种主要的控制手段，是计划和控制工作的连接点。

将政府绩效计划划分为上述的 8 个层次，有助于确定政府组织中各个职能领域之间的相互依赖和相互影响关系，有助于对绩效计划执行情况进行评估，并有助于在各个职能部门之间更加合理地分配组织资源。

三、政府绩效计划的特点

政府绩效计划工作具有承上启下的作用,如同其他"计划"一样,政府绩效计划也具有目的性、预见性、可行性、普遍性、效率性和指导性等特点:

1. 目的性。计划是为了实现组织的目标而制定的,它的目的不是为了计划而计划,因此,每项计划及所派生计划都应根据组织的目标来制定,以保证组织目标的实现。政府作为公共利益的受托人,实现公共利益是由政府自身的服务性和管理性特性决定的。政府绩效计划不仅要满足政府组织和政府工作人员的绩效需要,还要切实履行公共服务和社会管理职能,提高公共服务提供的质量和水平,维护公共利益,提高全社会的福利水平。因此,在管理与服务过程中,实现公众利益始终处于政府目标的首位。

2. 预见性。计划是根据组织的实际情况,结合当前的形势,准确地预见未来,提出行动的设想和方案,它不是对现实的简单的直观反映,而是针对未来的一种战略思维,是一种预见、预测、预谋。当然,计划也并不是对未来行动的一切细节都作出详细的设计和规定,这不但没有必要,而且也不可能,但对于未来为主导、与环境相联系和直接影响预定目标实现的活动,必须予以充分考虑,并做到周密规划。这就是计划的预见性。可以说,预见是否准确,决定了政府绩效计划工作的成败。

3. 可行性。可行性是和预见性紧密联系在一起的,预见准确的计划,在现实中才是可行的。这是计划能够实施的保证。没有可行性,计划就如同一纸空文,没有任何用处。因此,计划的目标、任务、方法、步骤、要求、措施等,应当是切实可行的,这就从客观上保证了计划的实施。不可行的计划只是一种空想。

4. 普遍性。计划的普遍性体现在两个方面,一方面各项管理工作都要作计划,并根据已制定的计划来安排具体的工作,计划可以说是一切行动的指南;另一方面计划作为一项管理职能,无论是处于哪个层次,哪个部门的管理者,都要制定计划,计划渗透于各项管理活动之中。

5. 效率性。计划不仅要确保组织目标的实现,而且要合理利用资源并提高效率。简言之,就是既要"做正确的事",又要"正确地做事"。计划的效率是以实现组织的总目标和一定时期的目标所得到的利益,扣除为制定和执行计划所需要的费用和其他预计不到的损失之后的总额来测定的。只有实际收入大于支出,并且兼顾各方利益的计划才是一个完整的计划,才能体现出计划的效率性。

6. 指导性。计划是为了实现某种目标,对未来所要采取的行动的一种安排和设计。计划一旦形成,对今后的行动便有了指导性。计划如果失去了指导性,也就失去了计划本身。

四、政府绩效计划的作用

制定政府绩效计划是一项重要的工作,绩效计划的意义在于它能够给出方向,减少变化的冲击,使浪费和冗余减至最少,以及设立标准以利于控制。具体地说,政府绩效计划具有以下几个方面的作用:

第一,为组织成员指明方向,协调组织活动。制定绩效计划的过程是一种协调过程,它给组织成员指明了方向。当全体组织成员了解和理解了组织的目标和为达到目标他们必须作出什么贡献时,他们就会自觉地将个人的力量朝向组织目标而努力,这样就可以避免由于缺乏计划而导致组织成员力量的内耗,有利于实现组织的目标。而缺乏计划则会走许多弯路,从而使实现目标的过程失去效率。

第二,预测未来,减少变化的冲击。通过制定绩效计划有助于管理者展望未来、预见变化,考虑内外环境的变化冲击,及时地制定适当的对策,减少组织活动的种种不确定性,规避和减少内外环境变化给组织带来的不利影响,从而有利于把风险降低到最低限度。

第三,减少组织活动的重叠和资源的浪费。绩效计划明确了组织成员的活动的目的和手段,避免或减少了组织活动的重叠和资源的浪费,有利于资源的优化配置,克服由于资源的短缺和未来情况的不确定性所带来的困难,提高了组织的绩效。

第四,设立目标和标准以利于控制。通过制定绩效计划设立组织的目标和标准,有利于对绩效管理过程进行有效的控制。绩效计划中所建立的目标和标准为管理者实施有效控制提供了参考依据。在绩效管理过程中,管理者将组织的实际绩效与绩效计划中建立的目标和标准不断进行比较,如发现可能发生的较大偏差,就会采取必要的校正行动。没有良好的绩效计划,就没有有效的控制。

第二节 政府绩效计划的类型及影响因素

政府绩效计划要根据政府自身以及环境特点来制定,政府及其所处环境特点的不同,绩效计划的重点也有所不同。本节重点讨论政府绩效计划的类型及其影响因素。

一、政府绩效计划的类型

由于政府(或政府部门)绩效评估与管理活动的复杂性和多样性,政府绩效计划的类型也变得十分复杂和多样。人们可以根据不同的需要而编制出各种各样的绩效计划。根据不同的分类标准,可以将政府绩效计划分为不同类型(如表4－3所示)。

表4－3　政府绩效计划的分类

分 类 标 准	类　　　　　型
范围广度	战略绩效计划、战术绩效计划、作业绩效计划
时间期限	长期绩效计划、中期绩效计划、短期绩效计划
内容的明确性	具体性绩效计划、指导性绩效计划
计划对象	综合绩效计划、部门绩效计划、专题绩效计划

(一) 根据计划的范围广度来划分

1. 战略绩效计划。战略绩效计划是指应用于整个组织,为组织确立总体目标并寻求组织在环境中的地位的计划。在一个组织中,战略绩效计划关系到组织整体的运作,并要求多层次的介入。战略绩效计划是由组织高层管理部门制定的,高层管理部门为整个组织提出指导性的目标,然后逐级由较低层次的管理部门提出相应的目标与计划来达成组织的目标。随着计划工作过程在组织中自上而下地推行,目标的主题和业绩的衡量就越来越具体。战略绩效计划是对组织未来两年、五年甚至更长时期中的宏伟蓝图的描述,并为组织在未来成功地运作做好准备。

2. 战术绩效计划。战术绩效计划是将战略计划中具有广泛性的目标和政策,转变为确定的目标和政策,并且规定了达到各种目标的确切时间。战术绩效计划通常是由组织的中层管理部门制定的,它是对各部门必须做什么,必须如何做,以及由谁负责来做好的具体安排,它的时间跨度通常为一年时间。

3. 作业绩效计划。作业绩效计划是由基层管理者制定的,用于完成其工作职责的计划。战术绩效计划虽然比较具体,但在时间、预算和工作程序方面通常还很难满足实际实施的需要,因此,在战术绩效计划的基础上,还必须制定作业绩效计划。作业绩效计划根据战术绩效计划确定的具体目标,来确定工作流程,划分合理的工作单位,分派任务和资源,以及确定权力和责任。

（二）根据计划的时间期限划分

1. 长期绩效计划。长期绩效计划的期限一般在 5 年以上,又可称长远规划或远景规划。长期计划一般只是纲领性、轮廓性的计划,它只有一个比较粗略的远景规划设想,由于计划的期限较长,不确定的因素较多,因此,它只能以综合性指标和重大项目为主,还必须有中、短期计划来补充,把计划目标加以具体化。

2. 中期绩效计划。中期绩效计划期限通常为 1~5 年。由于期限相对较短,可以比较准确地衡量计划期各种因素的变动及其影响,所在,在一个较大系统中,中期计划是实现计划管理的基本形式,一方面可以把长期的战略任务分阶段具体化,另一方面又可为年度计划的编制提供基本框架。因此,中期绩效计划是联系长期计划和年度计划的桥梁和纽带,但它不能代替年度计划的编制。

3. 短期绩效计划。短期绩效计划包括月度计划、季度计划和年度计划,以年度计划为主要形式,它是长期和中期绩效计划的具体行动计划,它根据中期绩效计划来具体规定本年度的任务和有关措施,内容比较具体、细致和准确;有执行单位,有相应的人力、物力和财力的分配,为贯彻执行提供了可能,为检查计划的执行情况提供了依据,从而使长期和中期绩效计划的实现有了切实保证。

（三）根据计划内容的明确性划分

根据计划内容的明确性标准,可以将政府绩效计划分为具体性计划和指导性计划。具体性绩效计划具有明确规定的目标,不存在模棱两可。指导性绩效计划只规定某些一般的方针和行动原则,给予行动者较大自由处置权,它指出重点但不把行动者限定在具体的目标上或特定的行动方案上。

（四）根据计划的对象划分

1. 综合绩效计划。综合绩效计划一般指具有多个目标和多方面内容的计划。就其涉及对象来说,它关联到整个组织或组织中的许多方面。习惯上人们把预算年度的计划称为综合绩效计划。

2. 部门绩效计划。部门绩效计划是指在指定范围内的计划。它包括各种职能部门制定的职能计划。部门绩效计划是在综合计划的基础上制定的,是为达到整个组织的分目标而确立的,它的内容专一性强,是综合计划的子计划。

3. 专题绩效计划。专题绩效计划是针对组织的特定课题作出决策的计划。专题计划可能为一年,也可能为几年。

也有学者按照按政府绩效计划所确定的目的和依据不同,将政府绩效计划分成执行性公共部门绩效管理计划、补充性公共部门绩效管理计划和备用性公共部门绩效管理计划;按公共部门绩效管理计划层次的不同,将政府绩效计划分为高层计划、中层计划和基层计划,等等。①

二、影响政府绩效计划工作的权变因素

在有些情况下,长期政府绩效计划可能更重要,而在其他情况下可能正相反。类似的,在有些情况下战略性绩效计划比战术性和作业性绩效计划更有效,而另一种情况就未必如此。研究表明,组织的层次、组织的生命周期、组织文化和组织环境的不确定性程度是影响绩效计划工作的主要因素。

(一)组织的层次

在通常情况下,高层管理者主要制定具有全局性、方向性、长期性的绩效计划,计划工作的重点是战略绩效计划,基层管理者主要制定局部的、具体的、短期的绩效计划,绩效计划工作的重点集中在可操作性层面上。中层管理者制定的绩效计划内容介于高层与基层管理者制定的计划之间。图4-2表明了组织的管理层次与绩效计划类型之间的对应关系。

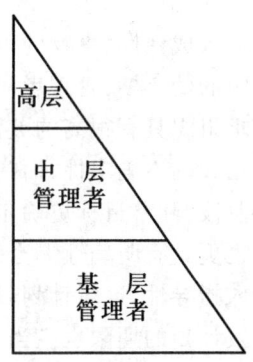

图4-2　组织管理层次与绩效计划之间的关系

(二)组织的生命周期

任何组织都要经历一个生命周期,开始于形成阶段,然后是成长、成熟,最

---

① 胡宁生:《公务员绩效管理读本》,北京:中国人事出版社,2006年,第55~56页。

后是衰退。在组织生命周期的各个阶段上,政府绩效计划的类型并非都具有相同的性质,正如图4-3所描绘的,政府绩效计划的时间长度和明确性应当在不同的阶段上作相应调整。

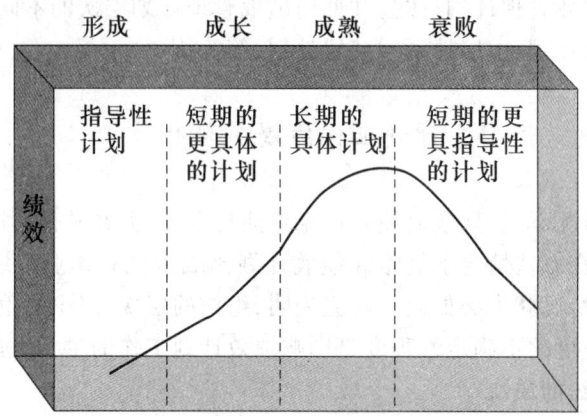

图4-3 组织生命周期与绩效计划之间的关系

如果所有的事情都是确定的,绩效管理无疑会从采用具体的绩效计划中获益,这不仅是因为具体绩效计划指出了一个明确的方向,而且是由于它建立了非常详细的基准,而且可以用以衡量实际的绩效水平。但事实上,事情并非总是如此。

当组织进入成熟期,事物的可预见性最大,从而也最适用于具体的绩效计划。而在组织的幼年期,管理者应当更多地依赖指导性的绩效计划,因为处于这一阶段要求组织具有很高的灵活性。在这个阶段上,目标是尝试性的,资源的获取具有很大的不确定性,而指导性计划使管理者可以随时按需要进行调整。在成长阶段,随着目标更确定、资源更容易获取和顾客忠诚度的提高,政府绩效计划也更具有明确性。当组织从成熟期进入衰退期,政府绩效计划也从具体性转入指导性,这时计划目标要重新考虑,资源要重新配置。

政府绩效计划的期限也应当与组织的生命周期联系在一起。短期的政府绩效计划具有最大的灵活性,故应更多地用于组织的形成期和衰退期;成熟期是一个相对稳定时期,因此更适合制定长期的政府绩效计划。

（三）组织文化

在强文化背景下,组织成员所共有的价值体系也会对绩效计划工作的重点产生影响。在手段倾向型的组织文化中,绩效计划更侧重于具体的操作性内容;而在结果倾向型的组织文化中,绩效计划则会倾向于目标性和指导性内容。

（四）组织环境的不确定性

若组织环境变动的频率高,即不确定性程度越高,则绩效计划的重点应放在短期计划内容上;另一方面,若组织环境变化的幅度大,绩效计划的重点则应放在指导性的内容上;反之,绩效计划的重点则可侧重于操作性的具体内容方面。如果正在发生着迅速的和重要的技术、社会、经济、法律或其他变化,精确规定绩效计划的实施路线,反而会成为政府组织取得高绩效的障碍。

第三节　政府绩效计划的编制与检查

绩效计划作为政府绩效管理过程的首要环节,对绩效管理的成败起着关键的作用,良好的绩效计划是实施绩效评估与管理成功的先决条件。因此,搞好政府绩效计划工作必须掌握计划编制的基本原则和程序,并对绩效计划进行评价与修订。

一、政府绩效计划编制的原则

政府绩效计划是主观的东西,绩效计划编制得好坏,取决于它和客观实际相符合的程度。为此,在绩效计划的编制过程中,必须要熟悉和遵循一系列基本原则。

1. 科学性原则。科学性原则指所制定的绩效计划,必须符合客观规律,符合实际情况。如果绩效计划不够科学,甚至从根本上违背客观规律或者不符合实际情况,那么,所编制的绩效计划就很难被组织成员所接受,即使通过某些强制的方式贯彻下去,也很难实现既定的组织目标。增强计划的科学性,关键是要加强计划的前期准备工作,加强调查研究,认真分析组织的环境因素与条件,找准绩效计划工作与客观实际的结合点。在绩效计划的制定过程中,要广泛听取各方面的意见,既要考虑必要性,又要考虑可能性,保证计划切实可行。

2. 系统性原则。系统性原则是指把绩效计划对象视为一个系统,从系统整体出发,全面对问题比较分析,在此基础上制定出绩效计划,防止绩效计划的片面性。遵循系统性原则,要求在编制绩效计划时,要认真考虑绩效计划所涉及的整个系统及相关因素,组织内外条件等。对局部利益和整体利益、眼前利益和长远利益要统筹兼顾,不能顾此失彼。政府绩效管理是一个动态的系统过程,绩效计划制定只有遵循系统性原则,对组织各个组成部分进行充分的组合和优化,充分发挥"1+1>2"的机制,才能实现绩效计划的目标并达到目标的最大化。

3. 重点突出原则。坚持重点突出的原则,就是指在编制绩效计划时,不仅要考虑到组织内外的各个方面,认清它们各自的地位和作用,更重要的是还要区分它们的主次轻重,抓住事物的主要矛盾,坚持有所为和有所不为,集中优势资源,着力解决制约组织发展的重点、难点和关键性问题。坚持重点突出的原则,要求在设定关键绩效指标时,切忌面面俱到,而是要选择那些与组织价值关联度大、与组织目标结合紧密的绩效指标。只有遵循重点突出的原则,抓住主要矛盾,抓住关键环节,绩效计划才能收到事半功倍的效果。

4. 弹性原则。绩效计划应该遵循弹性原则,主要是有以下三个方面的原因:一是绩效评估与管理的内外环境复杂多变,组织成员缺乏充分的控制能力;二是参与制定绩效计划成员的素质和能力不可能达到理想的境界,因而在制定绩效计划中可能会出现失误;三是绩效计划都是对未来的一种大致的规划,不可能完全准确。所有这些,都要求在制定绩效计划中遵循弹性原则,保持可调节的余地。在运用弹性原则时,应充分考虑以下三个因素:(1)组织适应环境的能力。组织适应环境的能力越强,弹性就越小;组织适应环境的能力越差,弹性就应越大;(2)不利事件出现可能性的大小。不利事件出现的可能性越小,弹性也越小;不利事件出现的可能性越大,弹性就越大;(3)组织愿意承担的风险。组织如果愿意承担比较大的风险,则可留有较小的弹性;组织如果不愿意承担风险,则必须留有较大的弹性。

5. 民主原则。政府绩效计划问题涉及范围广泛,具有高度复杂性,单凭几个管理者个人知识和能力是很难制定出有效的绩效计划的。民主原则是指管理者必须充分发扬民主,善于集中和依靠集体的智慧和力量进行决策,据以弥补管理者个人知识、能力方面的不足,避免主观武断、独断专行可能造成的决策失误,保证绩效计划的正确性和有效性。贯彻绩效计划的民主化原则:一是要合理划分组织各管理层次的管理权限和管理范围,调动各级管理者和各类人员参与绩效计划的积极性和主动性;二是要悉心听取广大群众的意见和建议,在群众的参与或监督下完成绩效计划工作;三是要重视发挥智囊参谋人员的作用,借助他们做好调查研究、咨询论证,尤其是重大问题决策,要吸收各有关方面专家的参加。

6. 可行性原则。制定绩效计划是为了实现组织的奋斗目标而采取的行动,因此所制定的绩效计划必须是可行的,对于组织才是有意义的。否则,即使绩效计划很诱人,也是毫无意义的。在制定绩效计划时,坚持可行性原则就是要运用科学的手段和方法,寻找能达到组织目标的各种备选方案,并对这些方案的可行性进行科学的分析,以便最后抉择。可行性分析是可行性原则的外在表现,是绩效计划活动的重要环节。在进行可行性分析时,必须认真研究分析各种可能的制约因素,必须有多方位思考和比较的余地,全面地考虑和权衡各种得失利弊,全面地把握各种备选方案,既要考虑需要,又要考虑可能;既要考虑到有利因素和成功的机会,又要考虑到不利因素和失败的风险。只有遵循可行性原则,所制定的绩效计划在实施中才具有可操作性和实现的可能性。

二、政府绩效计划的编制流程

不同类别的绩效计划有不同的特点和作用,其编制流程也会有一定的差别。但一般而言,一个完整的绩效计划通常包括三个方面的工作:分析预测环境和确立目标;制定实现目标的行动方案并择优;制定辅助计划和编制预算。具体而言,可以分为以下八个程序或环节(如图 4-4 所示)。

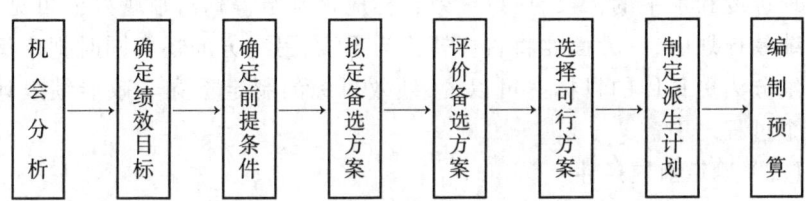

图 4-4　政府绩效计划的编制流程

(一) 机会分析

在调查研究和社会需求分析的基础上,对组织所处的环境进行 SWOT 分析,即将与组织密切相关的各种主要内部优势因素(strengths)、弱点因素(weaknesses)、机会因素(opportunities)和威胁因素(threats),通过调查罗列出来。外部环境因素包括机会因素和威胁因素,它们是外部环境对组织的发展直接有影响的有利和不利因素,属于客观因素;内部环境因素包括优势因素和弱点因素,它们是组织在其发展中自身存在的积极和消极因素,属主动因素。在调查分析这些因素时,不仅要考虑到组织的历史与现状,而且更要考虑组织的未来发展。

根据轻重缓急或影响程度，将调查得出的各种因素进行排序，构造 SWOT 矩阵。在此过程中，将那些对组织发展有直接的、重要的、久远的影响因素优先排列出来，而将那些间接的、次要的、短暂的影响因素排列在后面。

在完成环境因素分析和 SWOT 矩阵的构造后，运用综合分析方法，将排列与考虑的各种环境因素相互匹配起来加以组合，并对组织未来发展的前景进行展望。

对机会进行分析和评估，是绩效计划工作的起点，其目的就是要抓住机会，促成组织的发展。

（二）确定绩效目标

绩效目标是政府开展绩效评估与管理最终所期望能达到的一种结果。目标之所以重要，是因为组织的存在具有一定的目的，而目标正是为了界定和说明这种目的。

在完成机会评估之后，就要具体地确定政府开展绩效评估与管理所期望达到的目标，包括总体目标的设定、目标的分解、目标结构和重点的分析、具体目标值的确定等，以指明组织将要做的工作及其重点，告诉组织成员要完成的任务是什么。绩效目标必须是定时的、可量化的和能实现的，它可以衡量并转化为具体的计划加以实施、控制和评估。绩效目标是跟踪政府绩效管理进度和水平的标尺，所以绩效目标应该制定得越清晰越好。可见，在政府绩效计划中，一方面要将目标转换为手段，另一方面还要同时把广泛的目标细分为更具体的目标。可以说，绩效目标的制定贯穿于政府绩效计划的整个过程之中。

（三）确定前提条件

确定前提条件是要确定整个绩效计划活动所处的预期环境。绩效计划是对未来条件的一种"情景模拟"，确定前提条件就是要确定这种"情景"所处的状态和环境。这种"情景模拟"能够在多大程度上贴近现实，取决于对它将来所处的环境和状态的预见的准确程度，也就是取决于确定前提条件的工作做得如何。对前提条件认识越清楚，越深刻，绩效计划工作就越有效，而且组织成员越彻底地理解和同意使用一致的前提条件，这样绩效计划工作的制定和实施才更加协调和有效。

由于绩效计划的未来情况是极其复杂的，所以绩效计划的前提条件要比通常的基本预测内容多得多，要把一个绩效计划的未来环境的每个细节都提出假设是不切合实际，也是没有必要的。因此，绩效计划的前提条件确定应限于那些对绩效计划工作具有关键性的、有战略意义的、对绩效计划贯彻实施最有影响的预期环境因素。

（四）拟定备选方案

根据绩效管理所要达到的目标，确定并比较可行的备选方案。拟订可行的备选方案，要求拟订尽可能多的方案。从理论上讲，可供选择的方案数量越多，对选中的方案的相对满意程度也越高，绩效计划也就越有效。因此，编制一个绩效计划需要集思广益，开拓思路，寻求和检查可供选择的多个方案。在拟定备选方案这一阶段，通常可以采用以下四种方法：

1. 自上而下的方法。这种方法是由组织上层成员来拟订可行方案，而由中下层成员对这些方案提出建议并做适度补充。这种方法具有拟订周期短，效率快的优点，但不能充分发挥全体组织成员参与组织决策的积极性，因此这种方法对组织规模较小，管理相对简单的组织比较适宜。

2. 自下而上的方法。这种方法是由组织最下层开始，向上层部门提出可供选择的方案，由上层部门对这些方案的可行性进行探讨。这种方法能充分发扬组织的民主精神，通过集思广益，往往会获得一些意想不到的好方案。缺点是这种方法费时费力，不能在短时间内形成一些可行方案；其次，由于组织的下层成员往往不能站在组织全局的高度看问题，所以他们提出的方案往往是片面的，形成的方案数量虽然不少，但真正具有价值的方案却不多。

3. 上下结合的方法。这种方法是在拟订组织的计划方案时，上级和下级彼此尊重，共同参与。这种方法在一定程度上汇集了以上两种方法的优点，克服了两者的缺点，因此在拟订绩效计划备选方案中得到了广泛应用。

4. 头脑风暴法（brainstorming）。采用头脑风暴法来拟订备选方案时，要集中有关专家召开专题会议，主持者以明确的方式向所有参与者阐明问题，说明会议的规则，尽力创造融洽轻松的会议气氛。一般不发表意见，以免影响会议的自由气氛。由专家们自由提出尽可能多的备选方案。

（五）评价备选方案

根据前提条件和绩效目标来衡量各种备选方案，对每一个方案的优劣进行全面分析和评价。评价标准是看哪一个方案最有利于达到绩效管理目标。评价的步骤一般分三步：一是看备选方案是否满足必须达到的目标要求；二是按希望完成的目标要求，对保留下来的方案进行评估；三是按方案在必须完成的目标和希望完成的方案进行评估中的满意程序，对各方案进行全面权衡，从中选择出最满意的方案。

评价所得出的结论取决于评价的标准和评价者对各个标准所赋予的权数。在多数情况下,存在很多可供选择的方案,而且有很多可考虑的可变因素和限制条件,评价会极其困难。因此,在评价方案时可借助数学模型和计算机手段,再结合评价人员的经验对备选方案作出评价,即要做到定性分析和定量评价相结合。

（六）选择可行方案

选择可行方案是绩效计划的关键一步,也是作出抉择的重要环节。在选择方案时,应该考虑可行性、满意度和可能效益三个方面结合最好的方案。方案的选择方式,依决策事物的重要程度不同而有所不同。重要的决策方案,首先要将方案印发给有关人员,准备意见;其次是召开会议,由专家小组报告方案评估过程和结论;最后是通过决策者集体充分的讨论,选择出满意的方案。

在对各个方案进行评价后,有时可能存在两个或两个以上方案难分伯仲。在这种情况下,决策者在确定首先采用的方案的同时,可以决定把其他几个方案作为备选方案,这样有利于提高绩效计划工作的弹性,使之能更好地适应未来环境的变化。

（七）制定派生计划

根据组织目标和计划制定的各个部门的绩效计划就是派生计划。选择好方案后,绩效计划工作并没有完成,还需要为涉及绩效计划内容的各个部门制定支持绩效总计划的派生计划。几乎所有的绩效总计划都需要派生计划的支持和保证,完成派生计划是实施总计划的基础。制定派生计划时要考虑:

1. 使有关人员和部门了解总体计划和目标、计划前提、主要政策、抉择理由,掌握总体计划的指导思想和内容。

2. 协调并保证各部门计划方向一致,防止仅追求本部门目标而妨碍总体目标。

3. 协调各部门计划的工作时间顺序。

4. 组织每一重要部门制定预算,协调资金的使用,保证组织总目标的实现。

（八）编制预算

用预算使绩效计划数字化,在作出决策和确定绩效计划后,最后一步就是把绩效计划转变成预算,使绩效计划数字化。实质上,预算是资源的分配计划,一方面是为汇总和综合平衡各类绩效计划提供有力的依据,使绩效计划的指标体系更加明确;另一方面也为衡量绩效计划完成进度提供了评价标准,便于组织对计划的执行进度进行有效的控制和约束。

三、政府绩效计划的检查

制定绩效计划,并不是绩效计划管理的全部,而仅仅只是绩效计划管理的一个组成部分。在整个绩效计划的制定和实施过程中,计划的检查与修订,占有十分重要的地位,起着不可忽视的作用。

(一)绩效计划检查的作用

第一,绩效计划的检查是监督绩效计划贯彻落实情况,推动绩效计划顺利实现的需要。绩效计划虽然是按照一定的科学过程制定的,并对各方面的诸种关系都作了通盘的考虑,但是仍然不能保证它在各个子系统内或每一个环节都能得到及时、全面的贯彻和落实。通过绩效计划检查,可以及时了解计划任务的落实情况,各部门和基层单位完成计划的进度情况,以保证绩效计划的完成。

第二,通过绩效计划检查还可以发现绩效计划编制是否符合客观实际,以便及时采取修订和补充的措施。诚然,绩效计划的编制是力求做到从实际出发,使计划尽量符合客观实际,但是,由于人的认识不但常常受到科学条件和技术条件的限制,而且也受到客观过程的发展及其表现程度的限制,因此对原来的绩效计划进行适当的调整和修订也是合理的。当发现所制定的绩效计划与实际执行情况不符时,应具体分析其原因,如果由于绩效计划本身不符合实际,或在执行过程中出现了前所未料的事情,就应修改原定绩效计划。但修订绩效计划必须按一定程序进行,必须报经有关部门的批准。

(二)绩效计划检查与修订的内容

绩效计划的检查与修订,贯穿于绩效计划执行的全过程。从绩效计划的下达开始,直到计划执行结束。绩效计划的检查主要是看所制定的绩效计划是否完整和可行。绩效计划的完整性检查主要是看该项计划要素是否齐全和完备,是否符合表4-1所列的各项内容,也可称之为计划的形式审查;绩效计划的可行性审查也叫内容审查,主要是评价计划中所包含的各项内容是否可行。绩效计划的检查主要内容包括:

- 是否体现了绩效计划编制的一些基本原则?
- 绩效计划的目标与组织目标是否一致?

- 绩效计划的前提条件是否可行？
- 绩效计划的内容是否与法律法规相冲突？
- 预算投入与计划的预期收益是否相平衡？
- 绩效计划中的各项指标是否太高或者太低？
- 绩效计划的执行是否偏离目标？
- 绩效计划执行中有哪些经验与潜在的问题？
- 是否有必要对原先的绩效计划进行修改和完善？

绩效检查。检查的方法主要有：分项检查和综合检查；数量检查和质量检查；定期检查和不定期检查；全面检查和抽样检查；统计报表检查和深入基层检查等。

第四节　政府绩效计划的编制方法

政府绩效计划编制不仅要按照一定原则和流程进行，而且要采用能够正确核算和确定各项指标的科学方法。过去人们通常采用定额法、比较法、系数法、动态法和综合平衡法等传统方法来编制政府绩效计划。

定额法：运用经济、统计资料和技术手段测定完成一定任务的资源消耗标准，然后根据这一标准来计算和确定计划中相关指标的目标值的方法。通常用于核算人力、物力、财力的需求量和设备、资源的利用率等。

比较法：对同类计划问题在不同时间、不同空间所呈现的不同结果进行比较分析，以便总结经验教训，掌握客观规律，以此指导计划编制并确定计划中相关指标的目标值的方法。

系数法：系数是两个变量之间比较稳定的数量依存关系的数量表现，主要有比例系数和弹性系数两种形式。比例系数是两个变量的绝对量之比；弹性系数是两个变量的变化率之比。系数法就是运用这些系数来推算和确定计划中相关指标目标值的方法。其优点是可以在时间短、任务急、资料不全的情况下迅速编制粗线条的计划，还可以对计划进行粗略的论证和检验，但是，必须注意系数在计划期的有效性。

动态法：就是按照某项指标在过去几年的发展动态（如增长速度）来推算和确定计划中相关指标目标值的方法。如假设根据历年情况，中国 GDP 总量每年大约增长 9% 左右，假定计划期宏观经济条件没有大的变化，那么，也可先按 9% 来考虑计划期的相关指标的目标值。

综合平衡法：综合平衡法是指在系统分析的基础上,对计划的各个组成部分、各个主要因素进行全面平衡,以求系统整体优化的一种方法。综合平衡法把任何一项计划都看成是一个整体,追求整体功能的最佳发挥。综合平衡法的关键是按照统筹兼顾的原则,采用定性或定量分析的方法,经过严密的逻辑思维,平衡好各方面的关系,能够量化的指标要尽量量化。在系统分析综合平衡的基础上制定的计划才能实现整体优化的功效。

政府绩效计划的效率高低和质量好坏,在很大程度上取决于所采用的计划方法。近十年来,管理科学中一些现代的计划方法也逐步开始运用于政府绩效计划的编制之中,对改善和提高绩效计划工作质量发挥了重要作用。现代计划方法有很多,本节重点介绍滚动计划法、网络计划技术和线性规划法三种方法。

一、滚动计划法

政府绩效计划是人们主观制定的,不可能与客观条件完全相符合,一些不确定的因素又难以准确预测。因此,政府绩效计划在实施过程中,由于环境和条件的变化等原因,需要对绩效计划进行适当的调整和修改,滚动计划法是一种较好的制定和修改绩效计划的方法。

(一) 滚动计划法的基本思想

1. 内涵。滚动计划法是根据运筹学重要分支的规划论原理,按照"近细远粗"的原则,编制一定时期内的计划,然后按照计划的执行情况和环境变化,适当地调整和修改未来的计划内容,每次调整时,保持原计划周期不变,而将计划周期顺序向前推进一个滚动期的计划编制方法。这种方法具有较强的灵活性,是一种动态和静态相结合的计划编制方法。

2. 适用范围。从时间上看,滚动计划法适用于长期绩效计划的编制,因为在计划工作很难准确地预测将来影响政府或政府部门发展的政治、经济、文化、技术、市场、顾客等的各种变化因素,而且随着计划期的延长,这种不确定性就越来越大。这样,远期计划就只能是粗线条的,而近期计划则可以订得具体一些,以便更好地指导组织的行为活动。

(二) 运用滚动计划法编制绩效计划的程序

1. 通过调查和预测,掌握有关情况,然后根据"近细远粗"的原则,制定一定时期的绩效计划;

2．在一个滚动时期终了时,分析计划的执行结果,找出差距,了解存在的问题;

3．根据组织内外环境与条件的变化,以及上一个滚动期计划的执行情况,对原定的绩效计划进行必要的调整和修订;

4．根据修改和调整的结果,又按照"近细远粗"的原则,将绩效计划期向后滚动一个时期,制定出第二个计划期的绩效计划。

（三）运用滚动计划法编制绩效计划的实例

如某地方政府在 2004 年底需要编制一个五年期绩效计划。首先是编制出 2005—2009 年的五年绩效计划,到 2005 年底,政府根据当年计划的完成情况及客观条件变化等因素对原定的上期五年绩效计划内容进行必要的调整和修改,在此基础上再编制出一个 2006—2010 年新的五年绩效计划。同理,到 2006 年底,再根据 2006 年绩效计划的执行情况、计划修正因素等再编制 2007—2011 年的五年计划。在编制时,近期计划部分较详细,远期计划部分较粗略,如此不断地向前滚动,不断地编制出各期的计划(如图 4-5 所示)。

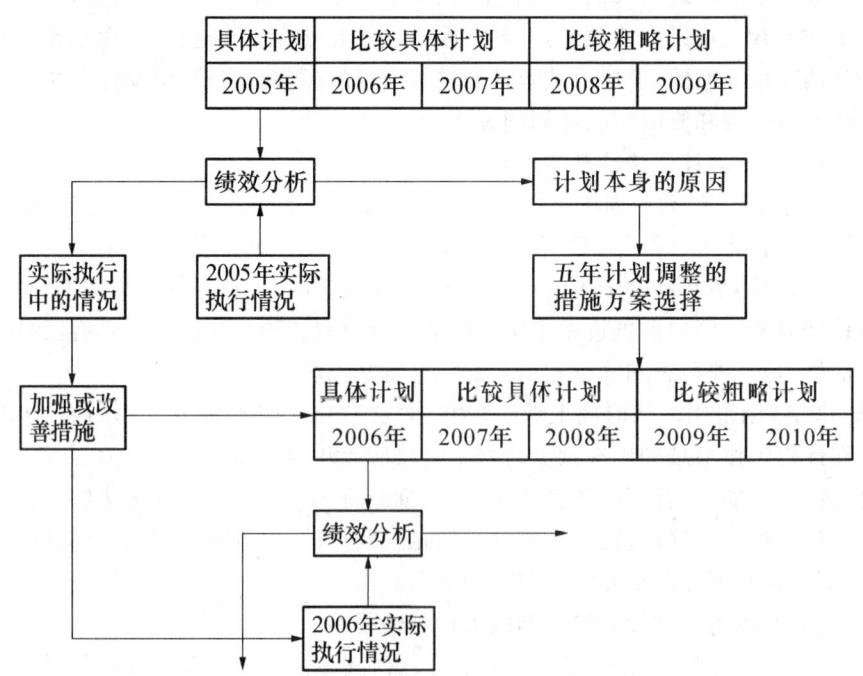

图 4-5　滚动计划法示意图

（四）滚动计划法的特点

滚动计划法虽然使得绩效计划编制和实施工作的任务量加大，但在计算机广泛应用的今天，其优点十分明显：

首先，可以使制定出来的绩效计划更加符合实际，极大地提高了绩效计划的准确性，增强了绩效计划的指导作用，提高了绩效计划的质量。

其次，使用滚动计划法可以使长期计划、中期计划与短期计划相互衔接，短期计划内部各阶段相互衔接，这就保证了当环境变化时能及时地进行调整，使各短期计划基本保持一致。

最后，滚动计划法增加了绩效计划的弹性，这在环境剧烈变化的时代尤为重要，它极大地提高了政府的应变能力。

二、网络计划技术法

1957年，美国杜邦公司（Du Pont）首次运用网络图来制定一个化工厂的施工项目计划，通过调整和优化各道工序间的相互关系及所需工期，使建设周期缩短了两个月，当年就节约资金达百万美元。1958年，美国海军特种部队计划局在研制"北极星"导弹潜艇过程中，为有效地管理和组织参加该工程的3 000多个企业，采用了以数理统计为基础，以网络图分析为主要内容，借助电子计算机为手段的新型计划管理方法，并付诸实施，使"北极星"导弹潜艇的研制任务提前两年完成。

20世纪60年代初期，著名科学家华罗庚、钱学森相继将网络计划方法引入中国。华罗庚教授在综合研究各类网络计划方法的基础上，结合中国实际情况加以简化，于1965年发表了《统筹方法评论》，为推广应用网络计划方法奠定了基础。网络计划技术自传入中国后，在生产中得到了广泛的应用。

（一）网络计划技术的基本思想

网络计划技术是系统管理的重要工具之一，是系统工程常用的管理技术。它是利用网络图对计划任务的进度、费用及其组成部分之间的相互关系进行计划、检查和控制，以使系统协调运转的科学方法。由于这种方法的主要特点是统筹安排，为了突出这一特点，中国把各种不同的网络计划方法统称为统筹法。

管理的对象都可作为一个系统来研究。任一系统就其内容来说，各有特点，但却都具有共性，那就是必须按系统单元内在的时间和空间联系，把物质、能量和信息有机地组织起来，在最短的时间内，以最少的消耗实现系统的目标,取得最大的效益。

中国国家标准《网络计划技术》(GB/T13400.1－13400.3－92)及《工程网络计划技术规程》(JGJ/T121－99)的相继颁布则使应用网络计划技术进行工程项目进度计划的编制与管理有了一套可以遵循的统一技术标准,同时也为网络计划技术在政府绩效计划编制中得到应用提供了前提和基础。

(二) 网络计划技术的基本程序

利用网络计划技术通常包括以下三个关键步骤:

1. 分解任务。该步骤是把整个计划活动分为若干个具体工序,并确定各工序的时间,在此基础上分析并明确各工序时间的相互关系;

2. 绘制网络图。根据各工序之间的相互关系,根据一定规则,如两个事项之间只能由一条线相连,绘制出包括所有工序的网络图;

3. 找出关键线路。根据各工序所需作业时间,计算网络图中各路线的路长,找出关键线路。

各个具体的程序如图4－6所示。

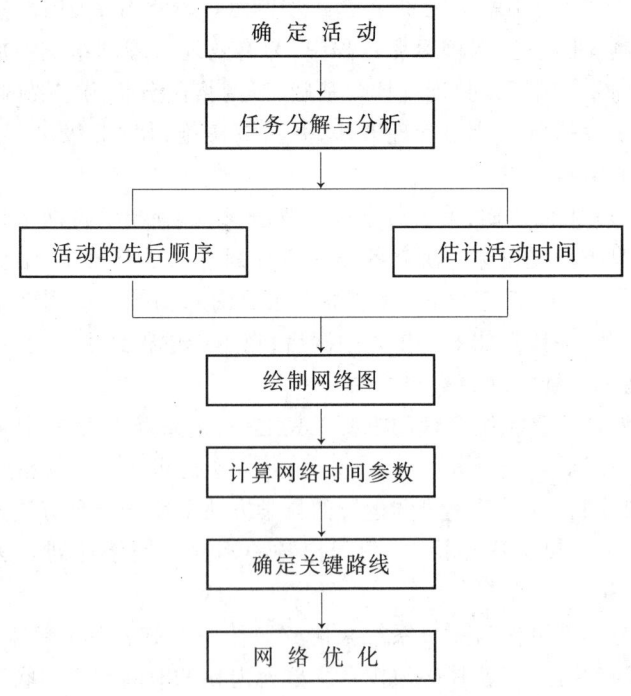

图4－6 网络计划技术的基本程序

（三）网络图的构成要素

网络图是由点和连接这些点的箭线构成的线路图,通常由三个要素构成:

1. 结点。结点(也称为事项)用圆圈表示,圆圈内编号称为结点编号。结点表示某一项活动或工序的开始或完成。结点不消耗资源,也不占据时间和空间,只表示某一活动的开始或完工的瞬间。最初的结点(只有箭尾连接的结点)表示起始点,最后的结点(只有箭头连接的点)表示终点。一个网络图只能有一个起点和一个终点,其他结点都是中间结点。

2. 箭线。箭线表示活动(作业、工序),用"→"表示,活动的范围可大可小,箭尾表示活动的开始,箭头表示活动完成,箭线的方向表示活动的方向。箭线的长短不表示活动时间的长短,箭线两端都必须有结点相连,箭线上面注明活动的名称,可用大写字母表示或直接写明,也可以用箭线两端结点的编号表示,箭线下面注明活动的作业时间。

网络图从起点到终点可以有许多条"线路",线路上的各项活动作业时间之和就是该线路所需要的时间,其中时间最长一条线路称作关键路线。关键路线所需时间也就是完成整个项目所需要的最短时间。

3. 虚箭线。用"┄┄┄┄"表示,它不占用时间和资源,仅说明活动之间的逻辑关系。

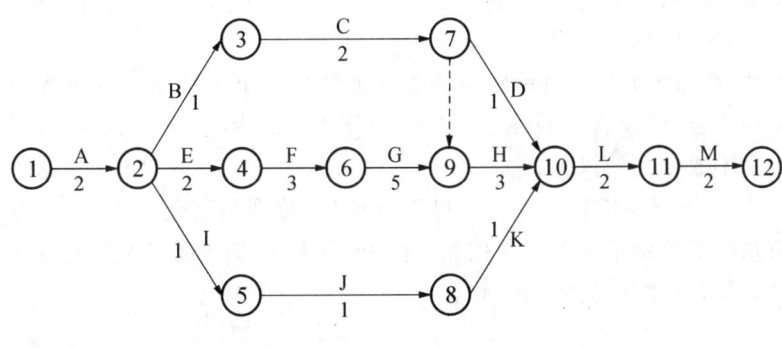

图 4-7 网络图

（四）网络图的优化

网络图的优化。就是针对某一初始方案,进行定量分析,作出科学调整,使其在某种约束条件下达到最优化。包括流程优化和资源优化两种形式。

1. 流程优化。保持作业工时不变,运用组织程序,调整作业之间的逻辑关系,使工期缩短的方法叫流程优化。解决的主要途径是:

- 向关键路线要时间,寻求最有利的关键工序来压缩作业时间。
- 充分利用时差,向非关键路线要资源,把人力、物力集中攻关键工序。
- 组织平行交叉作业和改变工序衔接关系等方法缩短总工期。

2. 资源优化。保持逻辑关系不变,利用机动时间,调整作业时点或资源强度,优化资源使用的方法叫资源优化。资源优化的具体做法是采取错、降、延的措施去达到目标。错,指利用机动时间把资源使用有矛盾的工作互相错开;降,指利用机动时间增加作业的工时,减少每天的资源用量;延,指上述两种措施无效时,适当延长总工期来消除冲突。三种措施比较,错是最省事的办法,但除非机动时间充裕,否则不易做到;降需要周密计算,要花点力气,但比较有效;延是以牺牲时间为代价来解决矛盾,只是在不得已时才采用。

(五)网络计划技术的优点

网络计划技术之所以被广泛地运用是因为它有一系列的优点:

1. 便于管理者统筹安排,全面考虑。该技术能清晰地表明整个项目中各个子项目的时间顺序和相互关系,并指出完成任务的关键环节和路线。因此,管理者在制定计划时可以统筹安排,全面考虑,重点管理。

2. 可对项目的时间进度与资源利用实施优化。在计划实施过程中,管理者调动非关键路线上的人力、物力和财力从事关键作业,进行综合平衡,这既可节省资源又能加快工程进度。

3. 可事先评价达到目标的可能性。该技术指出了计划实施过程中可能发生的困难点,以及这些困难点对整个任务产生的影响,准备好应急措施,从而减少完不成任务的风险。

4. 便于组织与控制。管理者可以将项目,特别是复杂的大项目,分成许多支持系统来分别组织实施与控制,这种既化整为零又聚零为整的管理方法可以达到局部和整体的协调一致。

三、线 性 规 划 法

线性规划法是数学规划中理论成熟、方法有效、应用最广的一个分支和基础,它主要研究线性目标函数在线性约束条件下的极值问题。

线性规划始于 20 世纪 30 年代,1939 年苏联数学家 L·V·坎托罗维奇(L. V. Kantorowicz)为解决生产组织中的一系列问题,如机器负荷分配、原材料的合理利用等等,发表了《生产组织与计划中的数学方法》等论文,这是世界上最早研究线性规划的文章。从 40 年代到 50 年代中期,美国由于军事和生产的需要迅速地发展了这一分支,1947 年美国空军数学顾问 G·B·丹齐克(G. B. DanZig)首次提出线性规划的概念,建立了线性规划的数学模型,并且提出求解线性规划的单纯形法,从而奠定了它的理论基础,也为用计算机求解线性规划问题提供了依据。此后,美国学者冯·诺依曼(Von Nouma)创立了线性规划的对偶理论,开辟了线性规划的许多新的研究领域,同时也加强并扩大了它的应用范围和解题能力,从此线性规划理论日趋成熟。与此同时,由于电子计算机的发展,使用电子计算机处理成千上万个约束条件和决策变量的线性规划取得成功,线性规划的应用范围更加广阔,从解决技术问题的最优设计到工业、农业、商业、交通运输、军事、经济、管理决策等众多领域都可以发挥作用。

(一)线性规划的基本思想

线性规划是指研究线性约束条件下线性目标函数的极值问题的数学理论与方法。即对于统筹规划问题,为如何合理地、有效地利用现有有限的人力、物力、财力资源来完成更多的任务,或者如何才能以最少的代价去实现目标,作出最优决策,提供科学的依据。

线性规划(linear programming)是运筹学的一个分支,用来处理在线性等式及不等式组的条件下,求线性目标函数的极值问题的方法。它所研究的问题主要有两类:一是一项任务确定后,如何统筹安排,尽量做到用最少的人力、物力资源去完成这一任务;二是有一定数量的人力物力资源,如何安排使用它们,使得完成任务最多。总之,就是寻求整个问题的某个整体指向最优的问题。

(二)线性规划问题的基本假设

线性规划的基本假设是对于具有比例性、可加性和非负性的活动现象,都可以归结为线性规划问题来解决。如果使用经济学的语言,比例性是指活动所使用的资源以及对目标函数的作用与活动的水平成比例;可加性表示所有活动使用的资源数是各个活动分别使用资源的总和,对目标函数也有类似的解释;非负性表示没有哪一个活动水平是负的。实际中大量问题基本上都能符合以上的基本假设。

(三)线性规划问题的数学描述

采用数学语言来描述:问题的目标用变量函数的形式来表达(称为目标函数),问题的限制条件用有关变量的等式或不等式来表达(称为约束条件)。当变量连续取值,且目标函数与约束条件均线性时,称这类模型为线性规划模型。有关线性规划问题的建模、求解和应用研究构成了运筹学中一个重要的、应用最为广泛的分支。

（四）线性规划问题的求解

满足线性规划约束条件的解称为可行解，这些解的存在范围称为可行域；使得目标函数达到最优值的可行解称为最优解。

根据线性规划理论，线性规划的可行域是一个凸多面体，如果最优解存在，一定在这个多面体的某些顶点达到。多面体的顶点也称作基本可行解，因为顶点的个数是有限的，这就为求解线性规划提供了一种途径和依据，人们总可以从中找到最优解。

单纯形法的基本思路就是首先从可行域中任取一个顶点 x 作为关注点（基本可行解），再把当前的关注点 x 与它相邻的顶点作比较，如果某个相邻顶点比 x 更优，就把关注点从 x 转移到相邻的顶点，使目标函数值得到改善，重复上述步骤直到所关注的顶点 $x*$ 为最优解为止。1976 年进一步证明了只要采取一定的技术措施，就可以避免迭代过程可能出现的死循环现象，从而经有限步迭代计算一定可以求得最优解。

对偶理论是线性规划的又一重要内容，每一个线性规划都有一个"影像"，这个影像是一个伴生的线性规划，称作原线性规划（LP）的对偶规划（LD）。例如一个原始规划是求一个生产计划表，使得在一定劳动力和原材料消耗下所用成本最小，则它的对偶问题是要确定一个价格系统，即当平衡了劳动力和原材料的直接成本后，使产品价值最大。考虑原问题和对偶问题给决策者另一自由度，即除了研究怎样使用机器以取得最大利润外，它们还能告诉人们怎样通过安装更多的机器来增加利润。它反映了同一问题的两种不同提法。所以它们应具有相同的最优解。基于对偶理论，创立了对偶单纯形法，从而增强了单纯形法的解题能力。

求解线性规划的单纯形算法，虽然在实际应用上一直很成功。但是从运算量角度观看，它还不是一个多项式算法。1979 年苏联数学家 L·G·哈奇扬（L. G. Hachijan）和印度数学家 N·卡玛卡（N. Karmarkar）先后从理论上和实际上证明并提出两种运算次数少于单纯形算法的多项式算法。不过，只有当变量个数足够多时，卡玛卡算法的优点才能体现出来，因此单纯形法仍是求解线性规划最成功的通用算法。

本章小结

本章主要对政府绩效计划的内容、构成体系、类型、影响因素及编制方法进行了详细介绍。

1. 政府绩效管理始于绩效计划。绩效计划是政府绩效管理系统的启动环节,是实施政府绩效管理的基础和依据。制定绩效计划的主要依据是政府工作目标和政府战略规划。政府绩效管理始于绩效计划,是实施政府绩效管理的基础和依据。

2. 关于政府绩效计划,有两种理解:一种是把"计划"理解成为一个名词,那么政府绩效计划就是指通过文字或数字指标表示出来的政府工作或行动的具体内容和步骤;另一种是把"计划"理解成为一个动词,那么政府绩效计划则可以看作是为了实现政府工作目标而事先确定政府工作的内容和步骤,它是组织成员在一定时期内的行动纲领。

3. 政府绩效计划划分为宗旨(missions)、目标(goals)、战略(strategies)、政策(policy)、程序(procedures)、规章(rules)、规划(program)和预算(budget)等八个层次。

4. 政府绩效计划具有目的性、预见性、可行性、普遍性、效率性和指导性等特点。

5. 政府绩效计划的作用:为组织成员指明方向,协调组织活动;预测未来,减少变化的冲击;减少组织活动的重叠和资源的浪费;设立目标和标准以利于控制。

6. 根据不同的分类标准,可以将政府绩效计划分为不同类型:

根据计划的范围广度划分,可分为战略绩效计划、战术绩效计划和作业绩效计划;根据计划的时间期限划分,可分为长期绩效计划、中期绩效计划和短期绩效计划;根据计划内容的明确性划分,可分为具体性计划和指导性计划;根据计划的对象划分,可分为综合绩效计划、部门绩效计划和专题绩效计划。

7. 影响绩效计划工作的主要因素包括:组织的层次、组织的生命周期、组织文化和组织环境的不确定性程度。

8. 在绩效计划的编制过程中,必须要熟悉和遵循的一些基本原则:科学性原则、系统性原则、重点突出原则、弹性原则、民主原则和可行性原则。

9. 一般而言,一个完整的绩效计划通常包括三个方面的工作:分析预测环境和确立目标;制定实现目标的行动方案并择优;制定辅助计划和编制预算。具体而言,包括机会分析、确定绩效目标、确定前提条件、拟定备选方案、评价备选方案、选择可行方案、制定派生计划和编制预算等八个程序或环节。

10. 绩效计划的检查与修订,贯穿于绩效计划执行的全过程。绩效计划检查的方法主要有:分项检查和综合检查;数量检查和质量检查;定期检查和不定期检查;全面检查和抽样检查;统计报表检查和深入基层检查等。

11. 过去通常采用定额法、比较法、系数法、动态法和综合平衡法等传统方法来编制政府绩效计划。现代的计划方法有很多,比如滚动计划法、网络计划技术法和线性规划法。

本章基本术语

政府绩效计划　战略绩效计划　战术绩效计划　作业绩效计划　长期绩效计划　中期绩效计划　短期绩效计划　综合绩效计划　部门绩效计划　专题绩效计划　具体性绩效计划　指导性绩效计划　头脑风暴法　定额法　比较法　系数法　动态法　综合平衡法　滚动计划法　网络计划技术法　线性规划法

复习思考题

1. 如何理解政府绩效计划的内涵?

2. 政府绩效计划的主要内容和构成要素是什么?

3. 政府绩效计划有哪些特点?

4. 政府绩效计划的作用是什么?

5. 试述政府绩效计划的分类。

6. 试述影响政府绩效计划有效性的权变因素。

7. 编制政府绩效计划的原则有哪些?

8. 编制政府绩效计划有哪些传统的方法?

9. 试述滚动计划法的基本思想及其在政府绩效计划编制中的运用。

10. 试述网络计划技术的基本思想及其在政府绩效计划编制中的运用。

11. 试述线性规划法的基本思想及其在政府绩效计划编制中的运用。

【附:政府绩效计划实例】

1993 年,克林顿总统签署、美国国会通过的《政府绩效与结果法案》

（Government Performance and Results Act，GPRA）为当代美国联邦政府绩效评估奠定了永久性的法律框架。它极大地推动了美国联邦政府的绩效评估，也是布什政府推行绩效评估的法律依据。小布什总统 2000 年入主白宫以来，在《结果法案》的基础上，逐步建立健全了项目-部门-跨部门的层级式绩效评估体系，在政府绩效评估方面取得了显著成绩。

一、GPRA 规定的政府部门绩效报告制度[①]

GPRA 主要通过三项报告来实现对政府机构的绩效评估：

1. 战略规划（Strategic Planning）。各部门领导向预算管理局和国会提交涵盖未来 5 年的战略规划。部门战略规划应包括该部门使命、主要的职能、运作总目标以及如何实现目标的管理过程、技能、人力、信息、资本和其他资源的描述，还包括对未来评估体系的描述。

2. 年度绩效计划（Annual Performance Plans）。预算管理局（Office of Management and Budget，OMB）要求各部门提交年度绩效计划，年度绩效计划涵盖该部门预算中列出的每一项活动。该计划应建立绩效目标，用客观、可量化、可衡量的或者经预算管理局授权的可替代形式来表述目标，建立绩效指标。

3. 年度绩效报告（Annual Performance Reports）。每年 3 月底各部门应向总统和国会提交前一财政年度的绩效报告，该报告应评估本财政年度的绩效计划实现程度，如果绩效目标未能实现，应解释和描述未能实现的原因、绩效目标不切实际或者不可行的原因以及改进建议。预算管理局和国会是绩效评估活动的主要管理机构，总统和国会是主要的监督机构，预算管理局还应向总统和国会提交绩效预算计划方案（Performance Budgeting Pilot Projects），对年度绩效预算进行可行性与合理性评估。

二、部门绩效评估[②]

部门绩效评估指由联邦各部委对年度绩效目标的实现情况进行自我评估，它是部门发现问题、诊断问题和解决问题的重要手段，也是国会进行预算资源分配的重要依据。部门绩效评估绝不是简单地使用绩效指标对部门绩效进行评估，而是根据结果法案的统一要求，制定部门战略规划、年度绩效计划

---

① 吴建南、温挺挺："政府绩效立法分析：以美国《政府绩效与结果法案》为例"，《中国行政管理》2004 年第 9 期，第 91 页。

② 张强、朱立言："美国联邦政府绩效评估的最新进展及启示"，《湘潭大学学报（哲学社会科学版）》，2009 年第 33 期，第 5 页。

与绩效目标,并发布年度绩效与责任报告。我们以联邦社会保障部为例来分析部门绩效评估的主要做法。

1. 战略规划。联邦各部门在征询总统和国会意见的基础上,根据部门使命制定五年战略规划和战略目标,这关系到各部委能否切实履行职责并为公众提供高质量的公共产品或服务。战略规划要求部门负责人必须具有战略眼光和战略思维,基于部门使命和职责分工,客观评估部门所面临的现实问题和资源占有状况。更重要的是,战略规划为年度绩效计划和绩效目标确定了方向,避免短视行为。在对部门使命和环境状况进行客观分析的基础上,社会保障部制定了五年战略规划(2003—2007),确立了四大战略目标,并对其进行分解(如表4-4所示)。

2. 年度绩效计划和绩效目标。战略规划只是确定了长期战略目标,但如果不把这些战略目标分解为年度绩效目标,仍无法具体实施和评估。一般来说,年度绩效计划和绩效目标的制定必须认真考量两个要素:一是战略规划,即把战略规划分解为可量化的具体目标,这是非常关键的环节。如果绩效目标过于模糊,就很难对其进行量化和评估。二是审查往年的绩效目标和绩效结果,审查往年的特别是上一年度的绩效目标和绩效结果,从而发现问题尤其是那些未能实现的绩效目标及其原因,为修改或制定新的年度绩效目标提供有价值的参考。2004年,联邦社会保障部把战略目标分解为43个具体的年度绩效目标,每一个年度绩效目标都制定了量化的评估指标(如表4-4所示),如第三纵列"2004年绩效目标"几乎都是定量化的;同时,这43个绩效目标及其量化指标的制定是建立在对第二纵列"2003年绩效结果"进行分析的基础上。至此,联邦社会保障部的战略目标已经层层分解为具体的绩效目标,为下一步的绩效评估奠定了基础。

3. 绩效与责任报告。在确定了战略规划、绩效目标和绩效指标以后,绩效评估就变得顺理成章了。进行绩效评估需要做三件事:一是制定绩效标准。每个部门由于其工作性质不同,相应的评估标准也必然不同。目前联邦部门绩效评估中通常采用三种绩效标准,即结果、产出和效率标准。二是设计绩效指标。绩效标准是宏观层次的评估尺度,在确定了绩效标准后,更重要的工作是把绩效标准分解为更具体的绩效指标,只有这样才能与年度绩效目标有效地结合起来。三是绩效评估,即把绩效目标的实现程度与预期目标进行比较。如表4-4显示,联邦社会保障部主要使用了两种绩效标准,即产出标准和结果标准。其中,产出标准被细化为9个绩效指标,而结果标准被细化为34个绩效指标。

表4－4　联邦社会保障部的战略规划、绩效计划与绩效评估

战略目标 A:提供高质量、公民导向的公共服务				
战略分目标 I:在处理残疾问题的过程中以最快速度作出正确决策				
产出标准(Ouput Measures)	2003 年绩效结果	2004 年绩效目标	绩效结果	执行评估
1. 处理初次残疾申请的数量	2 498 000	2 485 000	2 574 848	超额完成
2. 处理听证的数量	602 000	538 000	497 000	未完成
3. 处理申诉的数量	950 500	996 500	1 019 007	超额完成
结果标准(Outcome Measures)				
4. 初次残疾申请平均处理时间	104 天	97 天	95 天	超额完成
5. 听证的平均处理时间	352 天	377 天	391 天	基本完成
6. 听证申请的平均处理时间	300 天	275 天	251 天	超额完成
7. 正在审核初次残疾申请的数量	593 000	582 000	624 658	未完成
8. DDS 净准确率(包括批准和拒绝)	97%	97%	96.5%	基本完成
9. 正在审核中的听证数量	587 000	586 000	635 601	超额完成
10. 听证决定的准确率	90%	90%	90%	完成
战略分目标 II:增加残疾人的就业率				
结果标准(Outcome Measures)	2003 年	2004 年	绩效结果	执行评估
11. 提高 DI 和 SSI 受益人参加工作的百分比,为他们分发票证	建立基准	20%	20%	完成
12. 提高 SSI 受益人每月挣钱超过 $100 人数的百分比	8%	5%	1.8%	未完成
战略目标 B:保证社会安全项目和资源的高质量管理(略)				
战略目标 C:维持可持续支付能力并保证满足当前和未来需求(略)				
战略目标 D:战略性地管理和协调雇员来支持 SSA 使命的实现				
战略分目标 VIIII:招聘、发展和留住高质量的劳动力				
结果标准(Outcome Measures)	2003 年	2004 年	实际绩效	执行评估
40. 留住新雇员的比率	84.6%	84.9%	89.9%	超额完成

续　表

41. 制定新的绩效管理制度	执行 SES	执行 GS15	执行了 GS15	完成
42. 提高就业机会率	3%	3%	8.2%	超额完成
43. 每年为雇员提供 40 小时培训	40 小时	40 小时	47.8 小时	超额完成
注释：绩效目标执行评估分为四个等级：超额完成、基本完成(实现目标的 95% 以上)、完成和未完成。				

三、美国联邦政府公务员的绩效计划[①]

从现代人力资源管理的角度来看,绩效管理的核心是绩效评价,但是,没有绩效计划的绩效评价将成为"空中楼阁",因此,绩效计划在整个绩效管理中起着举足轻重的作用。美国联邦政府公务员绩效管理实践以绩效计划为先导,以绩效计划为逻辑起点,展开对公务员的绩效管理,完善了公务员的绩效管理体系,为后期的绩效评价奠定了良好的基础。因此,绩效计划也被称为美国联邦政府对公务员进行绩效管理的原点。

（一）美国联邦政府公务员绩效计划的意义

公务员绩效计划通过组织目标设置、群体目标设置、个人目标设置以及实现目标的方法来实现,最终形成公务员绩效管理手册。美国人事管理局在上世纪末对公务员绩效计划作出了系统的研究,得出了重要的结论,并在实践中加以应用,避免了很多问题的发生。

美国联邦政府认为,通过设立公务员的工作目标,不仅可以提高工作绩效,而且还可达到以下目的:(1)使组织期望明朗化。公务员通过绩效目标的设立可以知道管理者和领导者希望他们完成的目标;(2)绩效目标增加公务员工作的挑战性。挑战性的工作可以增加公务员的工作兴趣;(3)设立具有一定难度但可以达到的目标,使得公务员有成就感;(4)当公务员达到绩效目标时,会增强自信心和自豪感,更加愿意接受未来的绩效目标。

（二）美国联邦政府公务员绩效计划中的任务目标和绩效目标

美国人事管理局把公务员的工作目标作出了一个严格的区分,工作目标分为任务目标和绩效目标:任务目标是组织、部门、"工作单元"或团队分配给公务员的工作任务;绩效目标是对可量化的工作用不同的指标去衡量,然后,对指标设定目标值,目标值就是公务员的绩效目标。这样的划分解决了我们

[①]　胡晓东:"美国联邦政府公务员绩效管理的原点——谈美国联邦政府公务员的绩效计划",《中国行政管理》,2010 年第 2 期。

经常所遇到的对公务员考核有量化指标,也有非量化指标,难以进行考核的问题。

1. 绩效计划中的团队绩效目标。在团队工作中,既要考虑团队绩效的达到,又要考虑公务员的绩效问题,而且还需要考虑公务员之间的相互合作问题,因此,必须把公务员绩效目标和团队绩效目标结合起来考虑。

(1) 分析影响团队绩效目标的因素。首先,团队曾经的绩效状况;其次,其他相关团队的绩效状况;再次,团队成员渴望成功的动机。

(2) 为公务员设立团队绩效目标的原则。设立团队绩效目标的原则与为公务员设立绩效目标的原则大体相似,即确定特定工作任务;设定绩效目标;衡量工具要清晰;确定时间框架;确定优先目标;衡量绩效目标;协调绩效目标。

(3) 如何设立团队绩效目标。戴劳(Darrel Ray)和霍华德(Howard Bronstein)在合著的书中提出了设立团队绩效目标的步骤:第一,确认团队绩效目标不是部门的绩效目标,更不是领导的绩效目标;第二,绩效目标是否清晰、简单和可以衡量,如果不可衡量,是否是可以核实的;第三,绩效目标是否是现实的;第四,绩效目标是否需要得出一个团队合作产品;第五,对于所有团队成员是否都是重要的;第六,是否所有的团队成员都认可绩效目标及其相对重要性和得到目标的衡量方法;第七,所有团队成员是否可以用同一种方法来解释绩效目标。

(4) 以顾客导向来确定团队目标。首先,以顾客反馈的信息为绩效目标导向;其次,用顾客的语言来陈述绩效目标,而不是用管理者或公务员的语言来表述;再次,在绩效目标的设置过程中,顾客的期望更具有客观性。在这里应当注意的是,设置绩效目标不仅要依靠顾客的反馈,还应当依靠公务员和其他成员进行"360度的目标设置"。

(5) 运用团队目标进行公务员绩效管理。公务员的绩效指标被分为了关键绩效指标、非关键绩效指标和附加绩效指标。而非关键绩效指标和附加绩效指标往往又是团队所重视的指标,因此,在对公务员进行绩效评价时,常常把非关键绩效指标和附加绩效指标考虑在内。

2. 把"顾客服务标准"作为绩效目标导向。自新公共管理运动以来,以企业家精神来改造政府已经成为美国政府管理的一种趋势。把"公众"视为"顾客"更被视为明智之举。于是,在美国政府对公务员管理的改革中,这种理念也被法律规定、行政命令和政府规章等多种形式确定下来,并被联邦人事管理局加以应用。

3. 绩效计划中设立绩效目标的注意事项。美国联邦人事管理局指出,在绩效计划阶段中设立绩效目标,应当注意一些问题的发生:

(1) 高绩效目标。设置高绩效且能达到的绩效目标可以提高绩效,但是,高绩效目标也预示着高失败的可能性。因此,在设置高绩效目标时,应该作一个风险分析:第一,分析绩效行为的可能的消极性结果;第二,这种消极性的结果的严重程度;第三,避免这种消极性结果的产生的应急计划是什么。

(2) 已经增加的压力。绩效目标的设置无形之中给公务员的工作带来了压力。虽然,这种压力在绩效管理中必须存在,但是,通过一些方法可以减缓公务员感受到的压力。

首先,把确实很高的绩效目标适当降低;

其次,当目标压力是来源于公务员缺乏技能时,可以提供必要的培训;

再次,授予公务员更多的权力以管理自己的工作;

复次,对于模棱两可的绩效目标,采取目标清晰化的方式解决;

最后,减少公务员的目标冲突,以使各个任务相互兼容。

(3) 担心失败。如果公务员没有达到绩效目标而受到了相应的惩罚,那么,公务员就会产生消极的反应等。为了避免这种问题的发生,应该把绩效目标和绩效规划作为公务员的工作方向指引,而不是作为惩罚的工具。当公务员的绩效失败时,给予绩效沟通,使其在未来的绩效工作中有较高的表现。

(4) 避免"天花板"效应。"天花板"效应是指公务员的绩效目标就是"天花板",绩效目标实现,公务员的工作动力将停止。因此,把绩效报酬与绩效目标联系起来,并且把绩效报酬设计到高于绩效目标的位置,可以减少"天花板"效应的发生。

(5) 不诚实或欺骗行为。由于在政府系统中长期以来存在"人浮于事"的现象,因此,不可避免地会影响到公务员的绩效管理。管理者和公务员有时会采取一些"敷衍"数据,以表示他们达到了绩效目标。有效的解决方法是:第一,在整个组织中重视和认可诚信;第二,绩效目标不应该作为惩罚工具;第三,公开管理者的消极表现,以培养优秀的政府文化。

(三) 美国联邦政府公务员绩效计划的实施步骤

从人力资源管理的角度分析,目标是绩效计划的关键环节,目标要求具有上下一致性、清晰性、可执行性的特点。美国联邦政府的绩效计划设计了完善的实施流程,以保证绩效目标的上下一致性、清晰性和可执行性。美国联邦政府公务员绩效计划实施流程如图4-8所示。

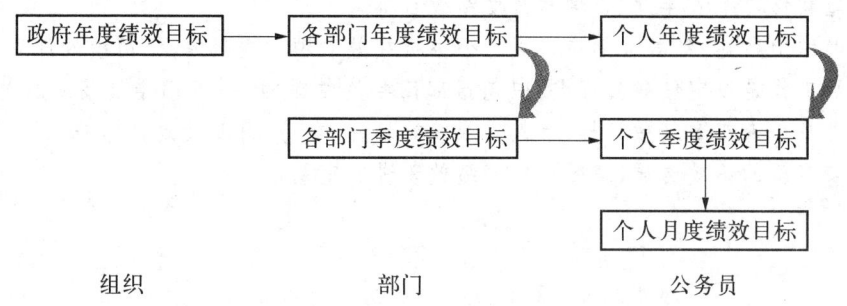

图4-8 美国联邦政府公务员绩效计划实施流程图

1. 部门制定年度绩效目标。公务员所在部门根据其具有的政府职能,制定全年的工作目标,提出质量、数量、时间的相应要求,分析实现目标的可行性,实现目标的执行计划和方案。部门拟定年度目标,管理者要与公务员共同商量,经过反复研究论证,达成一致共识后最终确定下来。在讨论酝酿过程中,对年度目标中的内容,无论是管理者还是公务员,都有权充分发表自己的见解。年度目标一旦定下来后,任何人都要无条件地执行,成为这个部门共同努力实现的目标。

2. 个人制定年度绩效目标。公务员依照部门的年度目标,根据个人所担负的岗位职责,并结合自己年度的工作任务,进行目标任务分解,制定个人的年度绩效目标,并写明自己实现个人年度目标的有利条件和不利因素;有的部门要求公务员根据SWOT分析提出实现年度目标的有利条件、不利条件、机遇和挑战等,以及准备采取的必要措施。

3. 部门制定季度绩效目标。部门根据制定的年度绩效目标,根据部门人员的状况、预算的多少、项目的多少及轻重缓急,制定本部门的季度绩效目标。需要注意的是,部门季度绩效目标并不是年度目标的平均分配,而是出于公共利益考虑,为解决公共问题,处理公共事务进行的不同程度的划分。

4. 个人制定季度、月度绩效目标。个人根据自己的年度绩效目标和所在部门的季度绩效目标,制定个人季度绩效目标。个人季度绩效目标是个人年度目标与部门季度绩效目标的结合,个人季度目标是部门季度目标在个人层面的具体化,可以分解为多个个人季度目标。个人再根据个人的季度目标,并结合工作的轻重缓急,可以制定出个人月度绩效目标。

5. 绩效目标的调整。在实践过程中,组织的绩效目标随着社会的变化可能会出现某些调整。这时,政府会组织相关部门对部门年度绩效目标进行调整,部门对季度绩效目标进行调整,个人根据部门调整后的年度和季度绩效目标重新修订个人年度、季度和月度绩效目标。

综上所述,绩效计划应该成为公务员绩效管理的逻辑原点,而绩效计划的主要工作是设定绩效目标,其中包括部门年度绩效目标、部门季度绩效目标、公务员个人年度绩效目标、个人季度绩效目标和个人月度绩效目标,从而为下一步实施的绩效沟通、绩效评价和绩效改进奠定基础。

第五章 政府绩效评估方法

政府绩效评估是一个较为复杂的过程,在此过程中,绩效评估的手段和方法、绩效指标的制定、绩效评估对象的选择、对评估者进行的培训以及评估系统的调整和完善等内容并不是各自独立分离的,其中每个环节在绩效评估过程中都具有重要的意义,并且对政府绩效评估的结果产生深刻影响。由此可见,绩效评估操作程序显然是影响评估效果的一个不可忽视的重要因素。设计一套科学合理的操作程序是开展政府绩效评估需要优先解决的重要课题。

第一节 平衡计分卡

"平衡计分卡"(The Balanced Score Card,简称 BSC)概念是美国哈佛商学院的卡普兰(Kaplan)教授与诺顿(Norton)教授于 1992 年在《哈佛商业评论》上发表的文章"平衡计分卡——业绩衡量与驱动的新方法"中首先提出的,又在 1996 年出版的《平衡计分卡:把战略转化成行动》中给予了系统阐述。他们主张建立一种新的、平衡有效的、全面的业绩评估体系。这种系统的、全面的方法被《哈佛商业评论》评为 20 世纪 80 年代以来影响世界的十大管理思想之一。

一、平衡计分卡的基本思想

卡普兰教授和诺顿教授主张建立一种新的、平衡有效的、全面的业绩评估体系。他们的观点是:单纯追求财务指标不利于提高组织的综合竞争力,不利于创造股东价值。他们认为,平衡计分卡的基本思想,就是通过财务、客户、内部流程及学习与发展四个方面的指标之间的相互驱动的因果关系展现组织的战略轨迹,实现绩效考核-绩效改进以及战略实施—战略修正的战略目标过程。它把绩效考核的地位上升到组织的战略层面,使之成为组织战略的实施工具。因此,可以认为,平衡计分卡是以信息为基础,系统考虑组织业绩驱动因素,多维度平衡评估的一种新型的组织业绩评估系统。同时,它又是一种将组织战略目标与组织业绩驱动因素相结合,动态实施组织战略的战略管理系统。

平衡计分卡究竟"平衡"什么?为什么称之为"平衡计分卡",主要因为它是通过财务指标与非财务指标考核方法之间的相互补充"平衡",同时也是在定量评估与定性评估之间、客观评估与主观评估之间、组织的短期目标与长期目标之间、组织的各部门之间寻求"平衡"的基础上完成的绩效考核与战略实施过程。

该方法与传统的绩效评估方法中过于重视财务指标不同的是,该方法分为四个方面的指标,代表了三个利害相关的群体:股东、客户、员工,确保组织从系统的角度进行战略的实施。它由四个部分组成:财务方面、顾客方面、内部业务过程,以及学习和成长方面(如图5-1所示)。

从图5-1可以看出,平衡计分卡方法认为组织绩效应该从四个层面进行度量:

- 财务层面:我们怎样满足股东?企业经营的直接目的和结果是创造价值,利润始终是企业所追求的最终目标。
- 顾客层面:客户如何看我们?如何向客户提供所需的产品和服务,从而满足客户需要,提高企业竞争力,已经成为企业能否获得可持续性发展的关键。客户角度正是从质量、性能、服务等方面,考验企业的表现。
- 内部流程层面:我们必须擅长什么?我们企业是否建立起合适的组织、流程、管理机制,在这些方面存在哪些优势和不足。内部流程角度应该从以上方面着手,制定考核指标。
- 学习和成长层面:我们能否继续提高并创造价值?企业的成长与员工的能力素质和企业竞争力的提高息息相关,而从长远角度来看,企业唯有不断学习与创新,才能实现长远的发展。

财务指标是企业最终的追求和目标,也是企业存在的根本物质保证;而要提高企业的利润水平,必须以客户为中心,满足客户需求,提高客户满意度;要满足客户,就必须加强自身建设,提高企业内部的运营效率;提高企业

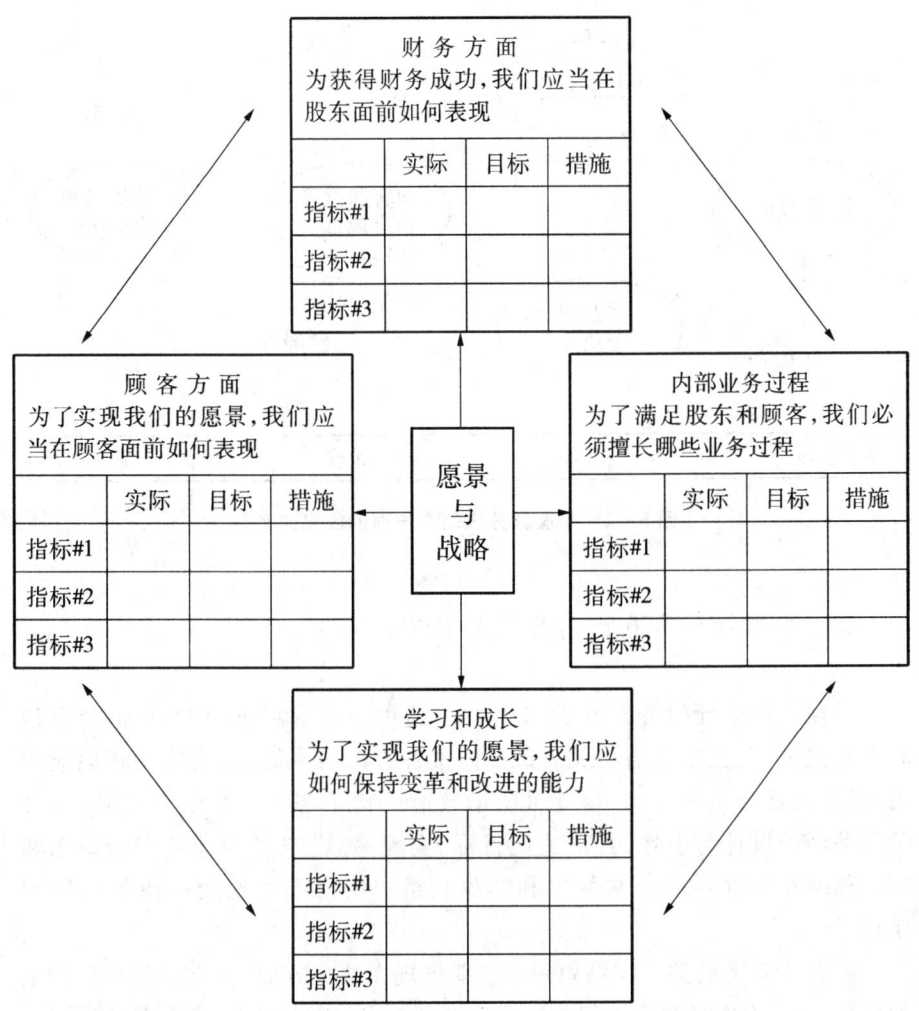

图 5 - 1　平衡计分卡战略透视图

　　资料来源　"Linking the Balanced Scored to Strategy", Kaplan and Norton, California:
Management Review, July 1996。

　　内部效率的前提是企业及员工的学习与发展。也就是说这四个方面构成一个循环,从四个角度解释企业在发展中所需要满足的四个因素,并通过适当的管理和评估促进企业发展。平衡计分卡四个方面的因果关系如图 5 - 2所示。

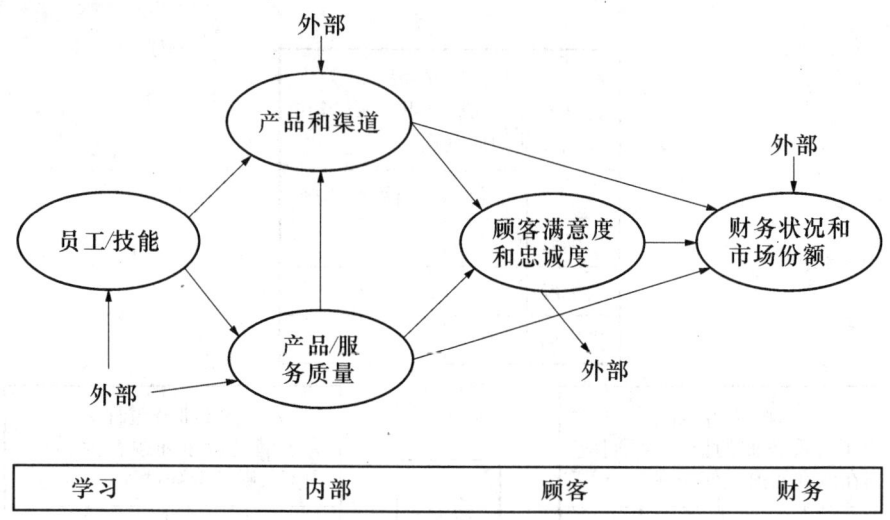

图 5-2　平衡计分卡四个方面的因果关系

二、平衡计分卡在政府绩效评估中的研究

卡普兰和诺顿(1996)认为 BSC 除了适用一般营利机构外,也适合非营利事业机关,尤其是政府机关。BSC 注重各方面的平衡,将战略清晰地显现出来,并转化为实际行动,藉此可协助政府机构了解在预算收支之外,透过绩效动因的设计与引导,真正达成目标、实现愿景。"平衡计分卡的观念和方法逐渐在全世界的公共部门和非盈利组织中得到了比较广泛的采纳与使用。"

基于 BSC 的公共组织绩效评估主要体现在两个方面,一方面是在理论上的研究,另一方面是政府部门的实践。在理论上,1999 年 11 月卡普兰发表了《平衡计分卡报告》(*Balanced Scorecard Report*)其中包括"公共组织的平衡计分卡"(The Balanced Scorecard for Public-Sector Organizations)一文。2000 年,维特科尔(James B. Whittaker)出版了《在联邦政府中运用平衡计分卡》(*Balanced Scorecard in the Federal Government*)一书,叙述了平衡计分卡在政府组织中如何提高战略执行能力。2002 年,卡普兰在 *Journal of Healthcare Management* 上发表了"在医疗组织应用平衡计分卡"(Applying the Balanced Scorecard in Healthcare Provider Organizations)一文,对平衡计分卡在政府部门中的运用作了进一步的说明。2003 年,美国的平衡计分卡研究所(The Balanced Scorecard Institute)出版了《用平衡计分卡改善公共部门成果》(*Improve Public Sector Results With A Balanced Scorecard: Nine Steps to Success*)一书,提出了基于平衡计分卡的公共组织绩效评估实施的 9 个步骤。2003 年,尼文(Paul R. Iven)出版了《面向政府和非盈利组织平衡计分卡实施步骤》(*Balanced Scorecard Step-by-Step for Government and Nonprofit Agencies*)一书,进一步丰富了基于平衡计分卡的公共组织绩效评估的认识和实践。相对而言,基于 BSC 的公共组织实证研究就相对较少,近几年西方学者的主要研究成果如表 5 - 1 所示。

表 5 - 1 国外学者基于平衡计分卡对公共组织绩效评估的实证研究概览

学 者	研 究 对 象	主 要 观 点
卡普兰和诺顿 (1996)	以美国联邦政府的采购部门绩效评估为例	研究发现平衡计分卡以平衡的观点,长期指标和短期指标,具有战略管理的作用,并非只是传统的绩效评估;以顾客为导向,联合各部门,使整个组织成员参与其中,达到政府再造的目标。
卡普兰和诺顿 (1996)	以美国地方政府与残疾人运动协会的绩效评估制度改善为例	研究发现平衡计分卡可以帮助公共组织明确自身的战略目标,并将战略目标转化为具体的评估指标,更加注重对顾客与成员的引导与激励。
科里根(Corrigan, 1996)	以澳大利亚空军基地为例	研究发现平衡计分卡,在各部门管理信息的汇集上,具有特殊的价值。
怀 斯 (Wise, 1997)	以美国联邦政府的信息部门为例	研究发现平衡计分卡可以明确组织战略目标,通过绩效指标的导向可以更好地分解战略目标。
阿维森(Arveson, 1998)	以国防装备研发机构为例	研究发现平衡计分卡可以有助于国防武器研发机构明确组织的战略目标,增进管理信息的实用性,让领导者更好地配置组织资源,以实现组织战略目标。
杰克逊(Jackson, 1999)	以政府公共部门的绩效管理为例	研究发现基于平衡计分卡的公共组织可以避免由于加强公共服务而导致的预算或财务收入不足,能在行动和绩效之间取得平衡发展,并在其中贯彻组织的战略目标。

资料来源 陈通、王伟:"基于平衡计分卡的政府绩效评估研究",《西安电子科技大学学报(社会科学版)》,2006 年第 3 期。

149

三、政府绩效评估管理中的平衡计分卡模型

相对于企业组织来说,政府具有公共服务和社会责任的最高目标,不以利润和经济收益为导向,缺乏平衡计分卡中传统的财务维度,致使平衡计分卡变得不完整。同时,政府的服务对象是社会公众,而不是一般意义上的顾客。图5-3是运用于非营利组织和政府部门的平衡计分卡模型。

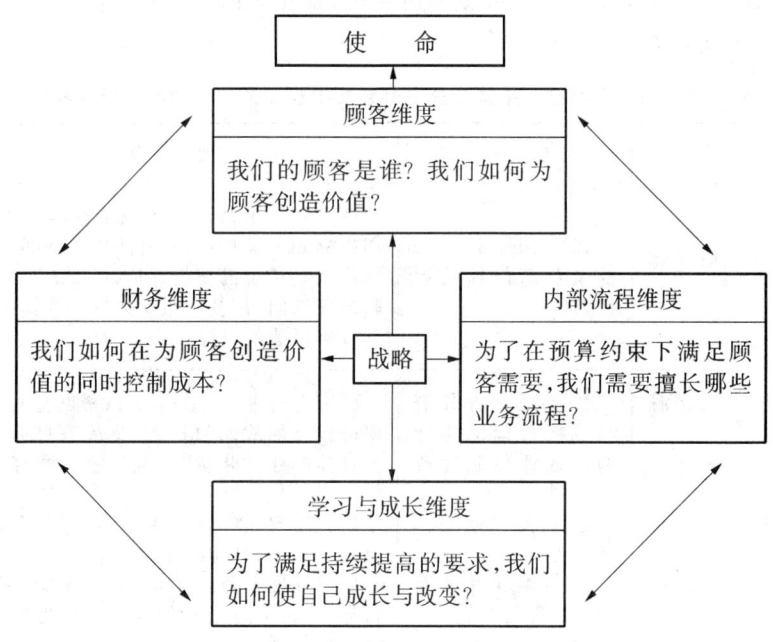

图 5-3 政府组织的平衡计分卡

资料来源 〔美〕保罗·R·尼文著,胡玉明等译:《政府及非营利组织平衡计分卡》,北京:中国财政经济出版社,2004 年。

第一,使命。在营利组织的平衡计分卡模型中,所有评估指标都应该指向最终绩效的改善。提高股东价值是营利组织的最终目标,它们对其财务利益相关者的责任使它们必须这么做。但是在政府部门中组织服务于更高的目标,如降低艾滋病感染率,提高社会公平等,这些压倒一切的目标应该被置于政府平衡计分卡的最高位置,以便引导对完成这些使命的绩效所做的评估。将使命置于平衡计分卡的顶端,就明确区分了私营部门和政府部门在运用平衡计分卡方面的区别。关注政府部门使命程序的是组织的顾客,不是各种财

务利益相关者。

第二,顾客维度。在政府部门平衡计分卡模式中,顾客维度得到提升。从使命出发,更为关注的是组织的顾客,而不是财务利益相关者。因此,组织必须确定其服务对象以及如何最好地满足他们的需求。在中国,人民群众就是政府的顾客。中国各级政府部门是否真正做到立党为公、执政为民,是否有效地回应和满足了公众的需求,是否真正维护了公众利益等等,这就是顾客维度所要评估的政绩。

第三,财务维度。没有财务维度,平衡计分卡就不完整。政府部门平衡计分卡中的财务维度,其目标是:如何在满足预算约束条件下为顾客创造价值,并且是不以营利为目的的。在中国政府部门中,该维度表现在政府成本上。政府成本又包含了两个层面:非财务层面与财务层面。

非财务层面即为政治成本,政府部门在为公众提供公共产品时,必然要考虑到公众即顾客的需求。而顾客对政府的满意与信任也一定会为该级政府的政治成本累积增加筹码。

财务层面为经济成本,即以最低成本提供服务。加强政府部门财务管理就是加强经济成本的控制、管理,目前出现的政府高官腐败现象就是因为中国政府部门财务管理过于松散,才导致了无成本介入的腐败现象产生。政府组织的财务是一种受托责任,必须加强内部管理;加强部门预算控制,建立健全会计制度,依法办事,有效预防腐败,继而实现财务维度的目标。

第四,内部业务流程维度。政府部门的内部业务流程不仅在于选择、评估那些能够满足顾客需求并最终实现使命的流程,而且良好有序的政府管理内部流程是保证政府绩效水平优良的关键。如果组织内部运作流程失范,长此以往,势必会导致政府部门滋生腐败现象,进而危害整个组织,损害公共利益,辜负社会、公众的期望。

第五,学习与成长维度。随着全球化、信息化的发展,迫切要求政府实现管理创新。政府管理创新的核心力量来自政府自身,政府应使自己保持与外部行政生态环境在物质、人员、信息、文化等方面的良性互动,使之具有更强的学习能力、适应能力和应对危机的管理能力,实现政府自我革新与自我发展。

四、平衡计分卡在政府绩效管理中的应用实例

美国的各城市之间经常互相竞争以吸引新的商业以及其他城市的纳税人

迁居到自己的城市。在 20 世纪 70 年代到 80 年代早期,美国北卡罗来纳州夏洛特市(Charlotte,North Carolina,USA)的许多市民和企业纷纷迁移到了偏远的市郊或其他城市,导致该城市的税收基数下降,严重威胁到城市的发展。夏洛特市曾用了多种方法试图解决这个问题,均未取得明显成效。但是,夏洛特市副市长领导的平衡计分卡行动为该城市的发展创造了条件。

该案例阐述了夏洛特市政府开发战略主题、战略目标、市政府计分卡、主题计分卡、部门计分卡以及如何运用激励机制等情况。

第一,市政府领导的重视和支持,确立了优先发展的战略主题。夏洛特市的平衡计分卡项目是由一位市领导发起并亲自领导的。市长和市议会首先明确提出了市政府的使命和发展愿景,共同从高级职员递交的 15 个备选战略主题区域中挑选了 5 个作为他们首个平衡计分卡战略重点的关键区域,分别是发展本地经济、重组市政府、改善交通运输、提高社区安全、改造和完善老城区。

第二,将战略主题转化为平衡计分卡 4 个层面的目标。市政府成立了一个项目小组,进一步明确了这些战略重点区域,并把它们转化为市政府平衡计分卡的关键战略目标。项目组选择一些社区的居民作为它的客户,并把社区居民放在平衡计分卡的最上层。财务层面紧跟在顾客层面的后面。如图 5-4 所示。

第三,将组织战略目标向下分解,制定主题计分卡和部门计分卡,并使之相互联系和呼应。市政府计分卡设计出来后,项目组开始针对预先确定的五个战略主题,分别设定了特定的战略目标,以市政府的平衡计分卡为样板,挑选与自身有关的目标来发展各自平衡计分卡,这些主题计分卡不属于任何一个部门,而是与多个部门有关。主题计分卡为推动各部门讨论如何跨越职能障碍而实现目标提供了一个平台。各部门在专注于自己的职责范围,影响和控制之外,能够同时把重点放在五个战略主题上。每个战略主题建立了一个小"内阁",由对该主题有影响的部门经理组成。每个内阁里面的部门领导每月聚会一次,讨论主题的进展以及新计划或行动方案,任何重大的市政府计划都需经过每个小内阁的复核并根据相关内阁的战略主题的角度来评估。这样,各个部门间也发展为一种良好的伙伴合作关系使得整个市政府运作获得极大的效益。

市政府还要求相关部门开发它们自己的平衡计分卡。以交通管理部门为例,该部门从城市计分卡中找出了那些与它们有直接关系的 16 个高层战略目标作为它们制定部门计分卡的导向,详细分析了每个目标与交通部门职能的

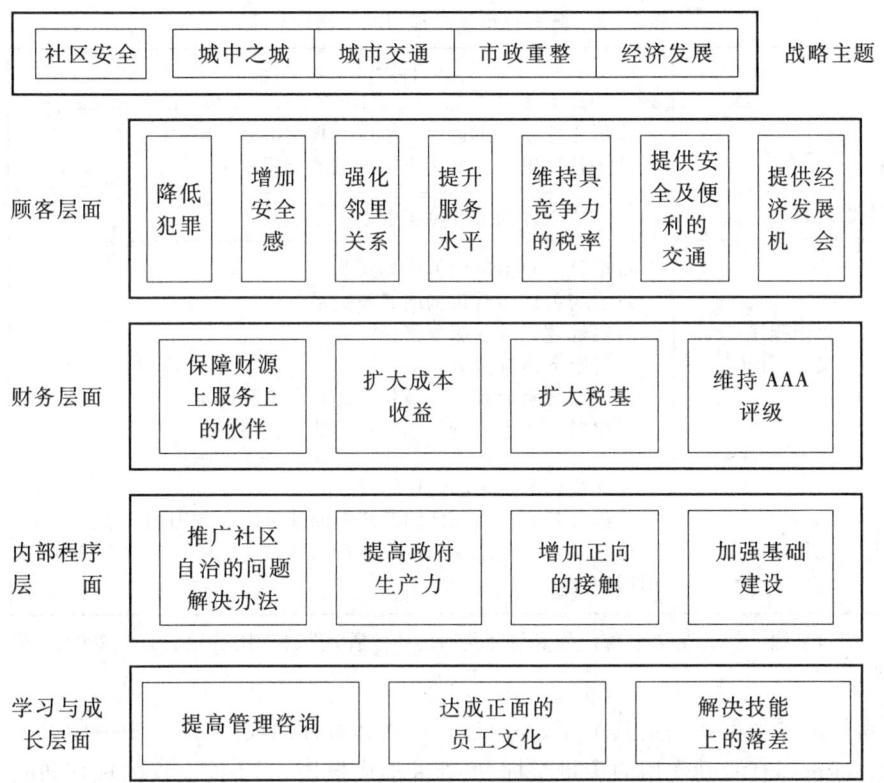

| 社区安全 | 城中之城 | 城市交通 | 市政重整 | 经济发展 | 战略主题 |

顾客层面

降低犯罪　｜　增加安全感　｜　强化邻里关系　｜　提升服务水平　｜　维持具竞争力的税率　｜　提供安全及便利的交通　｜　提供经济发展机会

财务层面

保障财源上服务上的伙伴　｜　扩大成本收益　｜　扩大税基　｜　维持 AAA 评级

内部程序层面

推广社区自治的问题解决办法　｜　提高政府生产力　｜　增加正向的接触　｜　加强基础建设

学习与成长层面

提高管理咨询　｜　达成正面的员工文化　｜　解决技能上的落差

图 5-4　夏洛特市的平衡计分卡

资料来源　张定安："平衡计分卡与公共部门绩效管理",《中国行政管理》,2004 年第 6 期。

关系并据此为每个层面的目标设定相关绩效指标。此外,还根据本部门特点设定了滞后指标和领先指标,共计 32 个指标(如表 5-2 所示)。

第四,将战略目标与每个公务人员每天的工作相联系。既然战略主题的实现基于一系列目标和行动的完成,那么,它的实施就必须落实到具体的行动主体,即组织的每一个成员。平衡计分卡明确地提出,绩效管理就是要让组织的每一位成员每天的行动都与组织的使命和战略挂钩。市政府各部门根据各单位的战略规划,设立激励性的目标和绩效指标,并逐渐分解和落实为每一个公务员的个人绩效计划,以平衡计分卡连接激励计划,从而形成工资的计算标准,使公务员每日在绩效激励下为实现市政府的战略主题而努力工作。

第五,使战略主题的实现成为一个持续发展过程。市政府管理部门将平衡计分卡融入市政府每年战略规划及工作计划中,并发展出一套战略管理系统:年初会议(制定或更新市政府平衡计分卡)、更新部分平衡计分卡、部门用

表 5 - 2　夏洛特市警察部门的平衡计分卡

层　　面	目　　　　　标
顾客层面	降低犯罪率　迅速回应市民的报案电话 增进社区安全　增进市区街道的交通安全
财政责任层面	从市政以外的来源募集资金
内部程序 层　　面	推广社区自治问题解决方式 发展与公民协管机构的联盟关系 警察巡逻服务的流程再造 改善财务协管服务 发展人力资源模式　强化社区导向政策制定 强化对警务人员行为不当投诉处理程序
学习与 成长层面	发展快捷的资讯和沟通的科技 增进公务人员在社区问题导向的政策制定方面的技能 建立一个充满激励和授权的环境来提高员工对社区安全目标的回应度

资料来源　张定安:"平衡计分卡与公共部门绩效管理",《中国行政管理》,2004 年第6 期。

更新的部分来重新确定其工作、部门进行规划和目标的设定、部门根据所设定的目标选择有激励作用的衡量指标、反馈并形成报告、下年度会议的规划和准备。每个部门以市政府的年度计划为目标来撰写各单位的年度计划,计划中详细叙述为达成每年目标的程序、服务内容及行动方案。而后在一整年中,由市政府的预算单位来监督各部门的绩效状况。

制定城市平衡计分卡的战略主题是为了让本市具有更强的竞争力以吸引投资和居民;开发主题平衡计分卡是为了让市政府更专注于重要的事项,开发部门平衡计分卡为提高客户/市民对城市及其服务的满意度。伴随着平衡计分卡的导入和资金的支持,夏洛特市的发展实现了良性互动,呈现出更强的竞争力,吸引更多的商业投资和居民迁入,构建了雄厚的税收基础。

第二节　标 杆 管 理 法

标杆管理法(benchmarking)由美国施乐公司于 1979 年首创,标杆管理法是现代西方发达国家企业管理活动中支持企业不断改进和获得竞争优势的最重要的管理方式之一,西方管理学界将其与企业再造、战略联盟一起并称为20世纪90年代三大管理方法。随后,摩托罗拉、IBM、杜邦、通用等公司纷纷仿效施乐公司采用标杆管理法,在全球范围内寻找行业内外管理实践最好的公司进行标杆比较,并努力超越标杆企业,成功地获取了竞争优势。西方企业把标杆管理法作为获得竞争优势的重要思想和管理工具,通过标杆管理来优化企业实践,提高企业经营管理水平和核心竞争力。标杆管理也是一种先在工业领域和生产部门发展起来并于20世纪80年代后逐渐应用于政府部门的绩效管理技术。

一、标杆管理法的基本思想

标杆管理法经美国生产力与质量中心对其进行系统化和规范化,定义为:标杆管理法是一个系统的、持续性的评估过程,通过不断地将企业流程与世界上居于领先地位的企业相比较,以获得帮助企业改善经营绩效的信息。具体来说,标杆管理法是企业将自己的产品、服务、生产流程与管理模式等同行业内或行业外的领袖型企业作比较,借鉴与学习他人的先进经验,改善自身不足,从而提高竞争力,追赶或超越标杆企业的一种良性循环的管理方法。通过学习标杆企业,企业重新思考和改进经营管理实践,创造自己的最佳实践模式,这实际上是模仿、学习和创新的过程。

标杆管理法的基本原理就是将自身的关键业绩行为与最强竞争对手或那些在行业中领先的、最有名望的企业的关键业绩行为进行比较与评估,分析这些基准企业绩效的形成原因,在此基础上建立企业可持续发展的关键业绩标准及绩效改进的最优策略。

标杆管理法的本质是一种面向实践与过程的管理方式,基本思想就是系统优化、不断完善和持续改进。标杆管理法可以突破企业的职能分工界限和企业性质与行业局限,它重视实际经验,强调具体的环节、界面和流程,因而更具有特色。同时,标杆管理法也是一种直接的、中断式的渐进管理方法,其思想就是企业的业务、流程、环节都可以解剖、分解和细化。企业可以根据需要去寻找整体最佳实践或者优秀部分来进行标杆比较,或者先学习部分再学习整体,或者先从整体把握方向再从部分具体分步实施。

标杆管理是具有完整架构且持续不断的学习流程,标杆管理专家、美国学者迈克尔·J·斯普多利尼(Michael J. Spendolini)博士在对57家有标杆管理

155

经验的组织比较研究的基础上,归纳出一个五步骤的标杆管理模型,简化为如图 5－5 所示。

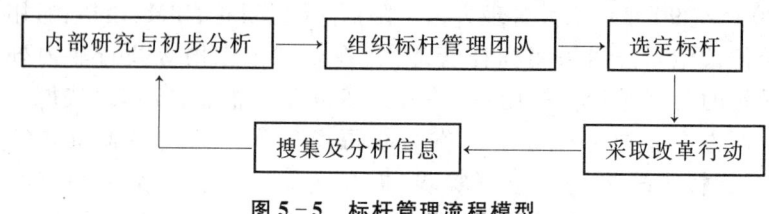

图 5－5　标杆管理流程模型

标杆管理法蕴含着科学管理规律的深刻内涵,较好地体现了知识经济时代现代管理中追求竞争优势的本质特性,因此具有巨大的实用性和广泛的适用性。如今标杆管理法已经在组织的战略制定、库存控制、质量管理、市场营销、成本控制、人力资源管理和新产品开发等方面得到了广泛的应用,并不断拓宽新的应用领域。

二、标杆管理法的实施步骤

作为一种技术方法,标杆管理在不同的组织及其实践中,并没有一个统一的过程和步骤。经典的标杆管理法的实施步骤由施乐公司的罗伯特·开普首创,他是标杆管理法的先驱和最著名的倡导者。他将标杆管理活动划分为五个阶段,每阶段又由两到三个步骤组成:

1. 计划:确认对哪个流程进行标杆管理;确定用于作比较的公司;决定收集资料的方法并收集资料。

2. 分析:确定自己目前的做法与最好的做法之间的绩效差异;拟定未来的绩效水准。

3. 整合:就标杆管理过程中的发现进行交流并获得认同;确立部门目标。

4. 行动:制定行动计划;实施明确的行动并监测进展情况。

5. 完成:处于领先地位;全面整合各种活动;重新调整标杆。

由于不同行业、不同企业有不同的衡量标准,因此标杆管理的具体实施内容要因行业与企业而异。通常的标杆管理法实施步骤大致如下:

第一步,确定标杆企业和标杆项目,并确定标杆目标。标杆项目的选择会因标杆类型的不同而不同,也会因企业优势和劣势的不同而不同。分析最佳模式与寻找标杆项目是一项比较繁琐的工作,需要开发一套对标研究策略。

其中包括：首先实地考察并搜集标杆数据；其次处理、加工标杆数据并进行分析；最后与企业自身同组数据进行比较，进一步确立企业自身应该改进的地方，必要时还需要借助外部咨询和外部专业数据库。在大量搜集有关信息和相关专家参与的基础上，针对具体情况确定不同的标杆目标。比如，可以在企业内部寻找绩效好、效率高的部门作为标杆目标，也可以在行业内寻找其他先进企业作为标杆目标，甚至将不同行业的先进企业作为标杆目标。另外，在分析对比同行业中的企业时，我们不仅需要参考行业第一，而且还要参照一些与自身相近的企业来全面而准确地确定威胁与机会、优势与劣势，从而才能够制定出可操作的、可实现的分步实施目标。

第二步，制定具体计划与策略。这是实施标杆管理法的关键。一方面要创造一种环境，使企业中的人员能够自觉和自愿地进行学习与变革，以实现企业的目标；另一方面要创建一系列有效的计划和行动，通过实践赶上并超过标杆目标，这是创造企业核心竞争力的关键所在。因为标杆本身并不能解决企业存在的问题，企业必须根据这些具体的计划采取切实的行动来实现既定的目标。

第三步，比较与系统学习。将本企业指标与标杆指标进行全面比较找出差距，分析差距产生的原因，然后提出缩小差距的具体行动计划与方案。在实施计划之前，企业应当培训全体员工，让员工了解企业的优势和不足，并尽量让员工参与具体行动计划的制定。只有这样，才能最终保证计划的切实实施。而且标杆管理往往会涉及业务流程再造，需要改变一些人惯有的行为方式，甚至涉及个人的利益。因此，企业方面要解除思想上的阻力，可以创建一组最佳的实践和实现方法，以赶上并超过标杆对象。

第四步，效果评估与改进。实施标杆管理法是一个长期的渐进过程。在每一轮学习完成时都需要重新检查和审视对标杆研究的假设和标杆管理的目标，以不断提升实施效果。标杆管理法只有起点没有终点，企业应当在持续学习中不断把握机遇与提升优势，避免危机并发扬优势。

三、标杆管理在地方政府绩效管理中的应用

（一）标杆管理对政府绩效评估标准的改进

传统的绩效评估标准主要选用预算标准、历史标准。虽然有时也使用外部标准，但通常是以平均水平（如全国平均水平）或百分比为标准。

标杆管理的发展使政府绩效评估问题有了很大进展。首先，它提供了一套可以用于任何评估标准的办法，即既可以用于政府经济绩效标准，又可以用于

非经济绩效标准,但以非经济绩效标准为主。其次,它转变了政府部门管理的思维模式,与绩效最佳的政府部门相比较,这种从外部入手的办法可以使人们了解一些从前认为不可能的重大改进,较之传统的将政府部门本期绩效与前期绩效和本期预算相比较,或是比较政府部门内部业绩标准的评估办法,更加令人耳目一新。再次,它使得政府部门将主要精力由过去的内部竞争吸引到外部竞争和长远发展。

标杆管理与其他标准设定过程相比,其不同之处可归纳如下:(1)外部导向性,即不断追踪外部环境的变化;(2)共通性,寻求统一的绩效评估标准;(3)层次性,如省级最优标准、全国最优标准、全球最优标准;(4)可实现性和有效性;(5)过滤不可控因素。

(二)标杆管理对政府绩效评估指标的改进

流程是标杆管理与评估的侧重点,而目前,政府绩效评估体系的一个发展趋势就是对整体流程的关注。这一点可从 2004 年 8 月国家人事部《中国地方政府绩效评估》课题组所提出的 3 个一级指标、11 个二级指标以及 33 项指标体系看出。该体系的一级指标划分为影响指标、职能指标和潜力指标,这种划分方法改变了传统的静态划分(如从经济、社会、政治等角度划分)思路,考虑了战略性与科学性,体现了整体流程的思想(如从人力资源状况、廉洁状况和行政效率方面考察的潜力指标就隐含了对下一期政府绩效的影响)。

另外,标杆管理在指标的确定方面比较灵活、全面,表现在它并不局限于经济方面的指标,而更加注重非经济领域的指标设定。但同时可能引起的问题就是,指标设定方面随意性比较强,易导致指标体系的繁杂,甚至导致指标体系难以体现政府公共性的本质。

(三)标杆管理在政府绩效评估总结中的改进

绩效评估总结泛指对政府绩效评估的总结性工作,是绩效评估系统对外的信息输出。其中,进行差异分析是一项非常重要的工作。长期以来,政府绩效评估总结所进行的差异分析是将收入或成本的目标水平与实际水平相比较,并计算差异的过程。但是,不论是预算差异还是其他差异的分析,其侧重点几乎完全集中在可能暗示着差异原因的财政数据上,而未明确指出这些原因是什么;另一个缺陷是集中的政府绩效报告只能说明发生了什么,并不能说明决策者所采取的行动的影响。

引入标杆管理的差异分析能有效地克服上述不足。事实上,标杆管理就是政府部门与绩效卓越的其他政府部门进行比较并发掘改善机会的过程,所以在很大程度上标杆管理报告本身就是一份绩效评估总结报告。而就差异而言,标杆管理注重细节的比较,提出的成功标准越是明确具体,越能帮助标杆管理伙伴了解你的咨询需求。

四、标杆管理在地方政府绩效管理中的应用实例

西方国家很早就将企业战略管理的工具引入到地方政府绩效评估中来,并且在一些国家或地区发展得比较成熟。其中,应用标杆管理法成功进行地方政府绩效评估的范例当属美国的俄勒冈州(Oregon)。

这里以该州的成功经验为样本,分析政府在采用标杆管理进行绩效评估时应注意的核心问题:指标体系设计问题。20 世纪 80 年代由州政府直接领导的俄勒冈进步委员会(Oregon Progress Board,OPB)正式成立,全面的标杆管理法就由该组织集中推进。该组织认为,"标杆管理测评旨在使一个机构、城市或社区的福利走向特定的境界和理想的状态。"这种理解显示的是一种对内部情况的关注:所谓的"最佳"不是由外部某个政府机构树立的,而是组织对自身未来前景的展望。在 20 多年的时间里,该方法促进了政府绩效的明显好转,成功的核心就在于制定了一套科学、合理、全面的指标体系。

该州在指标体系设计方面的成功经验可以归纳为以下几点:(1)与社会在未来时间内所希望达到的愿景以及政府所制定的长期战略保持绝对一致;(2)广泛征求社会各界人士的意见。俄勒冈州广泛征集了包括州政府、地方政府、立法机关、普通市民、商业团体、权势集团、慈善机构、学术研究者等各方关于指标内容的不同意见,在此基础上进行筛选与提炼;在以组织战略为导向的基础上,集中于社会亟待解决的问题。这样,指标体系大致分为两部分:一是与长远发展有关的战略型指标;二是与当前有关的应急型指标。

OPB 依据以上原则所设计的指标体系由三个层次组成:(1)描述指标体系的所属领域;(2)在第一层次的基础上选取每一领域中若干具有代表性且具有较高测评估值的部分;(3)在每一部分确定最终具有针对性的测评指标。通过分解最终构成政府绩效评估的 158 个测评指标。图 5-6 列举了前两个层次的代表性指标。

对于某一个具体的部分又包括若干具体指标,比如经济领域里的"商业活力"这一部分,又具体包括了诸如该州新公司诞生数在全国的排名、新工作机会增长数等 7 个具体指标,都贯彻了可测量性原则。因此,该州的标杆管理之所以能够取得成功,促进本州经济、社会、文化的快速发展,原因之一在于确定了完善的指标体系,对社会发展起到了引导作用。

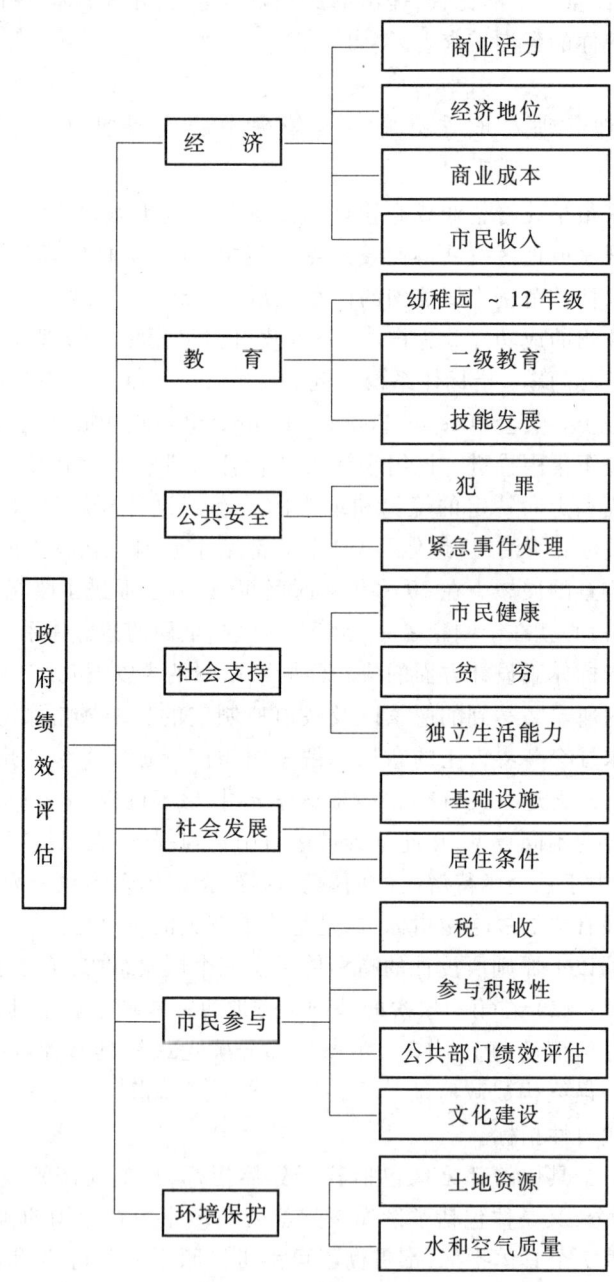

图 5－6 美国俄勒冈州政府绩效评估指标

第三节 360度反馈评估法

360度反馈评估法(360-degree feedback appraisal)是20世纪80年代由美国学者艾德沃兹和艾文(Edwards & Ewen)在一些企业组织中不断研究发展而成的,由于360度法体现了"组织调查"(organization survey),"全员质量管理"(total quality management),"发展回馈"(development feedback),"绩效评估"(performance appraisal),以及"多元评估系统"(multisource assessment system)等多个组织绩效原则,不但符合"公开、公平、公正"的管理精神,更符合时代的潮流与趋势,该名词在1993年经美国著名的《华尔街时报》(*Wall Street Journal*)与《财富》杂志(*Fortune*)引用之后,在短时间之内,即在美国与全球成为一股组织绩效管理的浪潮。迄今为止,将近100%的财富500强企业,包括GE、宝洁、惠普、3M、北电网络、杜邦、摩托罗拉、IBM和福特等公司,都已采用360度反馈评估工具。

一、360度反馈评估法的基本思想

传统的绩效评估系统往往是基于目标管理思想的。目标管理有许多优点,但缺少对组织内其他人员的考虑。上级真正观察到下属工作的时间其实是很少的,有的管理人员认为只有10%左右。在很多情况下,除了一些具体指标的完成情况之外,上级往往不能给下属提供足够的反馈。上下级之间的私人情感往往对下级的绩效评估有重大的影响。重结果而轻行为,易导致员工不惜代价去追求短期硬指标的实现,而忽视了许多有利于长远目标实现的行为。

360度反馈评估,也称为全方位反馈评估或多源反馈评估。它是一种从不同层面的人员中收集评估信息,从多个视角对被评估对象进行综合反馈评估的方法,也就是由被评估对象本人以及与他有密切关系的人,包括被评估者的上级、同事、下级和内、外部客户等,分别从四面八方对被评估对象进行全方位的匿名评估,然后由专业人士根据各方的评估结果,对比被评估者的自我评估向被评估者提供反馈,以达到帮助被评估者改变行为、提高能力水平和绩效的目的。与传统的一些评估方法相比,360度反馈评估方法

从多个角度来反映员工的工作,使结果更加客观、全面和可靠,特别是对反馈过程的重视,使评估起到"镜子"的作用,并提供了相互交流和学习的机会。

360度反馈评估是建立在两个假设基础之上的,其一是对个体从多个角度进行观察将得出更有效和更可靠的结果,也就是说,评估结果应有较高的信度和效度。其二是行为和观念的改变应当贯穿于被评者自我意识增强的过程之中,如果自我意识改变了,其行为也将发生改变。

在360度反馈评估法中,不同评估主体具有各自的优缺点,如表5-3所示。

表5-3 不同评估主体的优缺点对比

评估主体	优 点	缺 点
上 级	直接领导者通常处于最佳位置来观察员工的工作业绩,目标导向明确、了解业务内容、负有管理责任,下属发展与管理者的评估紧密相连。	可能会强调员工业绩的某一方面而忽视其他方面,可能不完全了解员工的绩效。
同 事	一起工作时间长,对工作业务和个人相互了解多,评估较客观,有利于增强小组协调团结性,且同事的压力对成员来说是一个有利的促进因素。	实施评估需要大量的时间,有时候个别人会故意贬低。
本 人	通常会降低自我防卫意识,从而了解自己的不足,进而愿意加强和改进,可以提高员工的自我管理意识和积极主动性。	寻找借口为自己开脱,隐瞒或夸大实际情况,一般人对自己的评估结果都高于其他人。
下 级	下属处于一个较为有利的位置来观察他们领导的管理效果,且可以诊断高层管理者的管理风格,获得来自下属的反馈信息。	可能个别人故意贬低被评估者,员工可能担心遭报复而舞弊。
顾 客	可以获得来自组织外部的信息从而保证较为公正的评估结果。	实际运用时往往不太容易获得客户的支持。

资料来源 陆闻艳:"360度绩效评估研究",《价值工程》,2005年第9期。

从信息加工过程的角度,可以勾画出如图5-7所示的360度反馈评估模型。可见,360 度反馈评估系统是一个"系统工程",包括确定评估目的和评估方式,进行各种相关培训,多源评估和收集评估信息,进行反馈以及事后培训等环节,各环节之间又是互动的。从其输出结果来看,360 度绩效反馈过程更加注重员工发展和组织学习的目的。

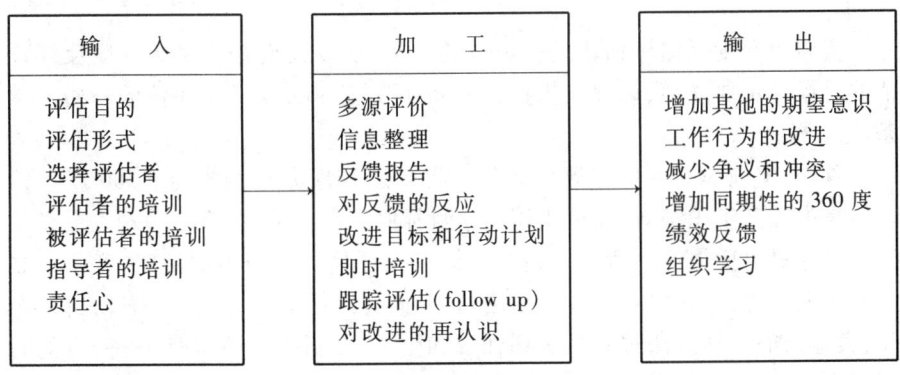

输　　入	加　　工	输　　出
评估目的 评估形式 选择评估者 评估者的培训 被评估者的培训 指导者的培训 责任心	多源评价 信息整理 反馈报告 对反馈的反应 改进目标和行动计划 即时培训 跟踪评估(follow up) 对改进的再认识	增加其他的期望意识 工作行为的改进 减少争议和冲突 增加同期性的 360 度 绩效反馈 组织学习

图 5 - 7　360 度反馈评估系统

360 度反馈评估如同一面"镜子",能使被评估对象从中发现自我、调整自我。许多研究(Hazucha, Hezlett & Scheider, 1993; London & Beatty, 1993; London & Swither, 1995; Tornow, 1993)均表明,较之传统的评估系统,360 度反馈评估法具有以下五个方面的优点:

1. 打破了由上级评估下属的传统评估制度,可以避免传统评估中评估者极容易发生的"光环效应"、"居中趋势"、"偏紧或偏松"、"个人偏见"和"评估盲点"等现象;

2. 一个员工想要影响多个人是困难的,管理层获得的信息更准确;

3. 可以反映出不同评估者对于同一被评估对象不同的看法;

4. 防止被评估对象急功近利的行为;

5. 较为全面的反馈信息有助于被评估对象多方面能力的提升。

360 度反馈评估法并不是完美无缺的,它的缺陷主要体现在以下三个方面:

1. 评估成本高。当一个人要对多个同伴进行评估时,时间耗费多,由多人来共同评估所导致的成本上升可能会超过评估所带来的价值;

2. 成为某些员工发泄私愤的途径。某些员工不正视上司及同事的批评与建议,将工作上的问题上升为个人情绪,利用评估机会"公报私仇";

3. 评估培训工作难度大。在 360 度反馈评估中,所有的员工既是评估者,又是被评估者。组织要对所有的员工进行评估制度的培训,因此评估培训工作难度之大是可想而知的。

二、360 度反馈评估法实施的条件

实施 360 度反馈评估法是一项系统工程,所以我们在实施 360 度反馈评估的时候一定要谨慎,确保组织已经具备了实施 360 度反馈评估的一些基本条件。

首先,实施 360 度反馈评估必须获得高层管理人员的支持。360 度反馈评估是为提高组织绩效,完成组织战略目标服务的。因此,高层管理人员必须很明确地提出反馈评估所要达到的目标以及评估活动与组织战略、竞争力之间的关系。另外,在实行反馈评估之初,人们对评估常常会抱有一种防御的态度,实施新的评估方法很容易受到怀疑和阻力,获得高层领导的支持,自上而下地推行,将有利于实施过程的顺利进行。因此,有必要在推行之前建立一个由管理层和员工代表共同组成的委员会负责 360 度反馈评估法的实施工作。

其次,要全面充分地了解 360 度反馈评估法,包括评估的目的、参与者和如何进行评估。在实施 360 度反馈评估法之前需要弄清楚以下一些问题:

1. 组织是否做好了实施 360 度反馈评估法的准备工作? 例如,对沟通技巧、领导能力和管理模式等的培训就是非常有用的准备工作,而且在组织内部作一个全面调查,以确定反馈评估的实施是否还存在任何问题。

2. 还需要哪些人同意? 谁是 360 度反馈评估的主体? 人力资源部,组织领导,还是来自不同级别的跨部门的员工? 不同组织,评估的主体会略有差别。

3. 参与者有哪些? 360 度反馈评估将关注哪些员工? 由谁来制定评估体系?

4. 谁将有机会得到反馈评估? 是所有人都接受评估还是只有管理人员接受评估?

5. 360 度评估将采用哪些方法? 被调查的员工只需要填写调查问卷,还是需要更进一步的面谈和考察? 最后的调查报告只是单纯反映统计结果的数据和图形还是整理过的书面建议? 是用手工还是用计算机自动产生反馈报告?

6. 收集到的数据需要在多大程度上给予保密? 如果倾向于匿名调查,那么在报告和反馈面谈中,就要尽量避免提到评估者或者被评估者的姓名。另外管理人员常常要回答一些关于个人的问题,评估数据可能会在面谈时无意中泄漏出去。

7. 哪些信息需要公开?

8. 360 度反馈评估的结果是什么？被评估者会得到提升、培训、告诫或者被辞退？360 度反馈评估是唯一的决定因素吗？

9. 为保证反馈评估的顺利实施还需要哪些技术上的支持？

10. 为实施 360 度反馈评估,组织结构需要做哪些调整？反馈评估的实施常常是组织结构变革的一部分,很少单独进行。所以,我们必须了解反馈评估在什么时候,如何与培训、薪酬等其他体系相关。

第三,实施前要努力营造 360 度反馈评估的氛围。换句话说,也就是要让相关人员都相信 360 度反馈评估,相信反馈的结果将被用于个人和组织的发展,而且对所有人都是公平的(具有良好的保密性和有用性)。应该挑选评估者和被评估者都非常信任,并且对 360 度反馈评估非常熟悉的人来从事这项工作。比如,可以让评估者和被评估者提名,由谁来负责反馈评估的运作。由于外部聘请顾问师或专家与评估者和被评估者之间的利益关系较少,立场中立,容易被认为更具有公正性。如果从组织外部聘请项目负责人,则应注意尽量聘请与组织有长期合作,已经取得员工信任的专家。

第四,要有足够的开放性。每个成员能够敞开心扉,愿意接受别人评估也愿意对别人提出自己的看法。良好的氛围是开放的基础,员工只有感受到公平、正面、积极的氛围,才会自愿地主动地提出自己的想法并接受别人提出的批评和建议。

三、360 度反馈评估的问卷设计

一般地,360 度反馈评估过程包括三个阶段,即设计阶段、执行阶段和评估阶段。在设计阶段的核心任务,是要设计出一个科学的、标准化的调查问卷或量表。从理论上说,所设计的问卷或量表的信度、效度必须达到可接受水平方可使用。

问卷的形式分为两种:一种是给评估者提供分值等级(称之为等级量表),让评估者选择相应的分值;另一种是让评估者给出自己的评估意见(称之为开放式问题)。当然,两者也可以综合采用。从问卷的内容来看,可以是与被评估者的工作情景密切相关的行为,也可以是比较共性的行为,或者是两者的综合。

在 360 度反馈评估的问卷设计中,所设立的评估目标应力求具体、可测量、在所设定的时间框架内可达到,更重要的是要真正解决当前组织所关心的问题。具体地,360 度反馈过程的问卷设计应遵循下列原则:(1)简单性(simple),即容易理解和使用,能够让使用者清楚地知道评估什么,为什么评

165

估和如何评估;(2)能力驱动(competency driven),即要构建出组织所需的能力要素集;(3)沟通性(communicates clearly),即要与组织和被评估对象就重要的工作行为与能力进行有效的交流,不断激励和维持反馈参与者的工作热情;(4)公平性(equitable),即公平地对待所有的评估参与者;(5)远景共享(shares the vision),即所有要评估的工作行为与能力都应要与组织的发展远景及核心价值保持一致。

表5-4是一个典型的某组织所使用的360度反馈问卷调查表,包括上级、同级、下级和自我四个层面的评估,其设计和形成源于组织或员工发展的需要。

表5-4 某组织对一名中层领导的360度反馈评估的问卷

1. 上级评估(1分为最低分,7分为最高分)

项 目 ＼ 评 分	1分	2分	3分	4分	5分	6分	7分
定向成就							
人际交往							
概念思维							
分析思维							
主动性							
决策力							
专业知识							
合作精神							
客户凝聚力							
质量意识							
组织义务							
领导才能							
发展力							
适应力							

2．同级评估

被评估者的姓名：

评估的时间段：从（　　　）到（　　　）（日／月／年）

请根据被评估者在评估阶段的表现客观地回答下列问题：

（1）你认为此人在被评估阶段中最主要的贡献是什么？

（2）为保持有效性还应采取哪些措施？

（3）为增加有效性应减少哪些措施？

（4）哪些新措施能够在未来12个月中提高他／她的作用？

（5）此人在评估期间的表现有没有遭到过其他人的反对？为什么有？为什么没有？

（6）在你看来，该经理在评估期间是否具备团队精神？

（7）他的哪些技术还有待提高？

（8）此人是否能够满足客户的需要？请解释。

（9）他是否应改变他的做法，以便在将来的12个月中更好地满足他人的要求？请解释。

3．下属的评估

被评估经理的姓名：

评估的时间段：从（　　　）到（　　　）（日／月／年）

请根据被评估经理在评估阶段的表现客观地回答下列问题：

（1）在评估阶段你的现任经理是如何帮助你表现良好的？

（2）在评估阶段你是如何帮助你的现任经理完成他或她的业绩目标的？

（3）你希望你的现任经理在以后的12个月中做哪些事情，以便使你更加发挥你的作用？

（4）你希望你的经理少做些什么？

（5）其他评估。

4．自我评估

姓名：　　　　　评估日期：

评估阶段：从（　　　）到（　　　）（日／月／年）

下面的问题能够帮助你理清你的思路，为讨论做好准备。根据你去年一年的工作表现，请准备一份档案。该档案须在＿＿＿之前交给评估经理。

A．背景

（1）职业背景（雇佣日期，职位）

（2）学历／培训背景（公司培训和外部培训）

（3）关于你背景的其他因素（可选择）

B．去年的工作表现

（1）表现与客观情况相比

（2）表现与现有责任相比

（3）重要成就

（4）重要长处

（5）为取得最大的成功还需提高哪些方面？

C. 工作作用

（1）简要叙述工作责任

（2）简要叙述第二职业

（3）受到了什么挫折？

（4）你最喜欢做什么？

（5）你认为在你的主要活动中哪些需要修改、补充或采纳？

（6）你认为这项工作本身的范围是否应该重新考虑？

（7）你认为在下一段时间内哪些应该作为主要目标和任务？列出新目标，优先顺序及达到这种目的的方式。注意必需的培训和课程。

（8）你还需要什么支持、特殊技能和经验以做好你的工作？

（9）你认为你在哪些工作上取得了进步？

（10）我该怎样才能帮助你更好地工作并达到你的目标？

D. 其他评估

资料来源　赵进、董洪年、耿浩："360 度评估法及其应用"，《人才开发》，2004 年第 5 期。

四、360 度反馈评估法的实施过程

360 度反馈评估的目的在于通过获得和使用高质量的反馈信息，支持与鼓励被评估者不断改进与提高自己的工作能力、工作行为和工作绩效。一般地说，成功地实施 360 度反馈评估法要涉及很多的细节，但主要包括以下四个阶段。

（一）准备阶段

准备工作相当重要，它影响着评估过程的顺利进行和评估结果的有效性。准备阶段的主要目的是使所有相关人员，包括所有评估者与被评估者，以及所有可能接触或利用评估结果的管理人员，正确理解组织实施 360 度反馈评估的目的和作用，进而建立起对该评估方法的信任。

（二）360 度反馈评估实施阶段

1. 选择评估主体，组建评估队伍。一般地，除了被评估者本人和其直接主管或老板外，为了保证样本的代表性，所抽取的被评估者的同事、下属及外部顾客均各不应少于 3 人。

2. 对评估主体培训。为避免评估结果受到评估主体的主观影响，在实施 360 度反馈评估方法时，需要对评估者进行培训，使他们熟悉并能正确使用该技术。培训内容主要包括一些问题：

- 什么是 360 度反馈评估法？
- 一个组织为什么要采用这一评估方式？
- 在评估过程中如何对大家的答案进行保密？
- 应该如何接受反馈？
- 每一评估主体的角色与职责是什么？
- 整个评估过程需要多少时间及最后期限？
- 如何保证整个评估过程的公正性和反馈的正确性？
- 如何将这一评估模式应用于改善自己的绩效？
- 反馈报告应包括哪些内容？
- 如何解释评估结果与报告？
- 如何制定和开始个人的发展计划？

3. 实施 360 度评估反馈。分别由上级、同级、下级、相关客户和本人按各个维度标准，进行评估。评估过程中，除了上级对下级的评估无法实现保密之外，其他几种类型的评估最好是采取匿名的方式，必须严格维护填表人的匿名权以及对评估结果报告的保密性，大量研究表明，在匿名评估的方式下，人们往往愿意提供更为真实的信息。

4. 统计并报告结果。在提供 360 度反馈评估报告时要注意对评估主体匿名需要的保护。还有重要的一点，要确保其科学性。例如，报告中列出各类评估人数一般以 3～5 人为底限；如果某类评估主体（如下级）少于 3 人的话，则必须归入其他类，而不得单独以下级评估的方式呈现评估结果。

5. 管理部门针对反馈的问题制定相应措施。

（三）反馈和辅导阶段

向被评估者提供反馈和辅导是一个非常重要的环节。通过来自各方的反馈（包括上级、同事、下级、自己以及客户等），可以让被评估者更加全面地了解自己的长处和短处，更清楚地认识到组织和上级对自己的期望及目前存在的差距。在第一次实施 360 度评估和反馈项目时，最好请专家或顾问开展一对一的反馈辅导谈话，以指导被评估者如何去阅读、解释以及充分利用 360 度评估和反馈报告。

（四）制定个人发展计划

个人发展计划是指，基于 360 度反馈评估的结果，为满足被评估者的发展需要而制定的有针对性的个人发展行动计划。表 5－5 列举的便是一个典型的个人发展计划样表。

表 5-5　个人发展计划样表

发展需要	即通过 360 度反馈等结果确定的个人发展目标
目　标	即根据个人发展目标所确立的具体的、可测量的、在所设定的时间框架内可达到的目标
策略/所需资源	即完成上述目标的具体策略及所需的资源、负责人及主要参与者
完成时间	即个人发展计划的起始时间
具体行动计划	即实施上述目标的具体行动步骤
期望的结果	即如何测量所设立的目标

第四节　行 为 量 表 法

组织或员工的绩效包括工作结果和工作行为两大部分。对于工作结果，在设计绩效标准体系时主要从时间、数量、质量、安全、成本 5 个方面进行考虑，其主要方法就是关键绩效指标法（KPI）和平衡计分卡（BSC）。对于工作行为，在设计绩效标准体系时主要采用的就是行为量表法。常用的行为量表法主要有三种：行为锚定量表法、混合标准量表法和行为观察量表法。

一、行为锚定量表法

行为锚定量表法（Behavioral Anchored Rating Scale Method，BARS），是由美国学者史密斯（Patricia Cain Smith）和肯德尔（Lorne Kendall）于 1963 年在美国"全国护士联合会"的资助下研究提出的。行为锚定法是行为导向型量表法的典型代表，它是一种先建立行为评定（锚定）量表，然后对每一等级运用关键事件进行行为描述，是一种结合了关键事件和等级评定法两者优点的绩效评定方法。该方法的核心是建立行为锚定量表。

典型的行为锚定评分量表中的每一个指标都被一个五级、七级或九级的量表加以锚定。如表 5-6 所示是对巡逻警官巡逻前准备评估的七级行为锚定量表。

表 5 - 6　巡逻警官巡逻前的准备评估的七级行为锚定量表

等　级	行　为　锚　定
一　级	在大部分点名时间已经过去之后才赶到,不检查装备或车辆,也没有带齐工作所需的装备。
二　级	点名时迟到,不检查装备或车辆是否存在损坏或需要修理的地方,不能在点完名之后立即赶去工作,而是不得不回到存物间、车上或者回去取齐必要的工作装备。
三　级	点名时还未完全穿戴整齐,没有带齐工作所需的所有装备。
四　级	按时参加点名,带齐工作所需要的所有装备,穿戴整齐。
五　级	提前开始工作,带齐工作所需要的所有必要装备,穿戴整齐。
六　级	总是提前开始工作,带齐工作所需要的所有必要装备才去工作,穿戴整齐。在去参加点名之前检查一下前一班巡逻人员的活动情况。
七　级	总是提前开始工作,带齐工作所需要的所有必要装备才去工作,穿戴整齐。在点名之前抽出一段时间检查上一班巡逻人员的活动以及各种新的公文。在点名过程中,将上一班巡逻人员的活动记录下来。

资料来源　方振邦:《绩效管理》,北京:中国人民大学出版社,2003 年,第 184 页。

行为锚定评估量表的设计通常需要经过以下六个步骤:

1. 确定工作行为。由一组对工作内容较为了解的人(员工本人或其直接上级)利用工作分析的关键事件法来找出一系列有效或无效的工作行为。

2. 初步建立绩效指标。工作分析者们将这些工作行为归纳为几个(通常是 5～10 个)绩效指标,并加以定义。

3. 重新分配工作行为,确定其应归入的绩效指标。向另外一组同样熟悉工作内容的人展示每一绩效指标的名称和定义,要求他们将所有的工作行为按正确的绩效指标进行重新分类,将每一工作行为分别归入他们认为合适的绩效指标中。如果第二组中大部分人(通常是 80% 或更多)将某一工作行为归入的绩效指标与前一组相同,则该工作行为被保留下来,否则就舍弃。

4. 评定各个工作行为的有效性等级。保留下来的工作行为由第二组的人评定有效性等级(一般是七点或九点的尺度,可能是连续尺度的,也可能是非连续尺度的),以便确定每个绩效指标的每个绩效等级的锚定物。

5. 工作分析者们计算出第二组的人给予每一工作行为的有效性评分的标准差。如果该标准差反映评分有较大的可变性,那么该工作行为就被舍弃,然后为剩下的每一工作行为计算出平均有效性评分。

6. 建立最终的行为锚定评分量表。工作分析者们为每个绩效指标构建一个评分量表,量表中列出该指标的名称和定义,对工作行为的描述被放置在量表上的一个与它们的平均有效性评分相对应的位置上。

当然,行为锚定量表法有其内在的优点,也有不足之处。行为锚定法的优点:为评估活动提供明确的、典型的行为锚定点,使评估者在实际评估中有了评分尺度;锚定量表上具体的行为描述性文字有助于被评估者较深刻地了解自己工作的现状,从而找到自己工作中的不足和明确改进的目标。

行为锚定法缺点:典型行为文字描述的数量总是有限的,不可能涵盖被评估者各种实际行为的表现,而且文字描述常常不能与现实行为表现完全吻合,从而导致评估者因对既定的行为锚定评估表持有异议而不严格按照既定的评分标准进行评估,从而影响评估结果的可信度。

二、混合标准量表法

混合标准量表法(Mixed Standard Scales,MSS)又称混合标准尺度法,简称混合量表法,是由美国学者伯兰兹(Blanz)和吉塞利(Ghiselli)于 1972 年在传统的评估量表的基础上提出的。这种评估方法也属于行为导向型量表法,其主要特征在于:打乱每一个评估指标的好、中、差行为的陈述句表述的顺序,使得每一个评估维度不易被人看出。这样,掩盖了评分等级,能确保评估者不会因为某一点的认同而肯定了被评估者的全部内容。可以说,打乱次序是混合量表法的最大特色,也是检验评估者是否有效、认真、可靠地进行评估的重要手段,当然也有助于提高评估的效度与信度。

表 5-7 是用于评估巡逻警官的一个混合标准量表。表中采用了 11 个行为导向的绩效评估指标,这些指标是通过使用一种类似于行为锚定评估法中确定评估指标的方式确定下来的。找一些熟悉评估对象工作的人写出代表高、中、低三种绩效水平的行为描述。例如,对于"预防犯罪行为"这一尺度,他们用如下的描述表示三个层次的绩效水平。

表5－7 混合标准量表法举例

说明：本部分的每一项目涉及巡逻警官工作不同侧面的绩效水平。请你仔细阅读每一项目，确定被评估巡逻警官的一般工作表现是"正适合于"、"优于"还是"劣于"项目中的描述，并请分别在相应的被评估巡逻警官号码下的圆括号内划上"0"、"＋"、"－"来表示这三种情况。

巡逻警官号码： 5　7　4　3　1　9　2　8　10　6	
（ ）（ ）（ ）（ ）（ ）（ ）（ ）（ ）（ ）（ ）	1. 行为有时紧张，但并不影响他发挥职责。
（ ）（ ）（ ）（ ）（ ）（ ）（ ）（ ）（ ）（ ）	2. 尽管有时因工作繁忙，制服略有不整，但大多数时间穿戴整齐。
（ ）（ ）（ ）（ ）（ ）（ ）（ ）（ ）（ ）（ ）	3. 工作报告良好，但偶尔需要深入或条理化。有时有表达方面的困难。
（ ）（ ）（ ）（ ）（ ）（ ）（ ）（ ）（ ）（ ）	4. 在巡区采取大量措施预防和控制犯罪，教育市民预防犯罪的技巧；对预防设备有广泛的知识。
（ ）（ ）（ ）（ ）（ ）（ ）（ ）（ ）（ ）（ ）	5. 与本区市民极少或几乎没有接触，未能告知他们预防犯罪的方法。
（ ）（ ）（ ）（ ）（ ）（ ）（ ）（ ）（ ）（ ）	6. 几乎在任何场合下能作出适当判断，以预先采取、选择或表现合适的行为。
（ ）（ ）（ ）（ ）（ ）（ ）（ ）（ ）（ ）（ ）	7. 对于与什么人共事或不与什么人共事很挑剔，难以与许多警官相处。
（ ）（ ）（ ）（ ）（ ）（ ）（ ）（ ）（ ）（ ）	8. 在任何时候任何场合下表现出最大热情和努力。
（ ）（ ）（ ）（ ）（ ）（ ）（ ）（ ）（ ）（ ）	9. 即使在极端紧张的情形下，表现也镇定自若，没有紧张的表现。
（ ）（ ）（ ）（ ）（ ）（ ）（ ）（ ）（ ）（ ）	10. 令人满意地执行任务，几乎不投机取巧或曲解规则。

说明：本部分的每一项目涉及巡逻警官工作不同侧面的绩效水平。请你仔细阅读每一项目，确定被评估巡逻警官的一般工作表现是"正适合于"、"优于"还是"劣于"项目中的描述，并请分别在相应的被评估巡逻警官号码下的圆括号内划上"0"、"＋"、"－"来表示这三种情况。

巡逻警官号码： 5 7 4 3 1 9 2 8 10 6	
( ) ( ) ( ) ( ) ( ) ( ) ( ) ( ) ( ) ( )	11. 格外注意形象,几乎常常表达出一种为公众服务的自豪感。
( ) ( ) ( ) ( ) ( ) ( ) ( ) ( ) ( ) ( )	12. 干净利落地解决大多数骚乱,尽管有些是棘手的。在工作中运用以往经验,以求尽善尽美。
( ) ( ) ( ) ( ) ( ) ( ) ( ) ( ) ( ) ( )	13. 跟其他人在一起表现出深刻的见识和技能;常能防止和解决冲突,缩短了市民与他们的距离。
( ) ( ) ( ) ( ) ( ) ( ) ( ) ( ) ( ) ( )	14. 能与任何合作者友好相处,愿意帮助新警官并指导他们,准确如一地执行命令。
( ) ( ) ( ) ( ) ( ) ( ) ( ) ( ) ( ) ( )	15. 在大多数情况下,有判断能力,表现得当,满足市民需要。
( ) ( ) ( ) ( ) ( ) ( ) ( ) ( ) ( ) ( )	16. 了解法律的新变化,但偶尔忽视执行之。很了解巡区。
巡逻警官号码： 8 2 7 5 4 10 1 3 6 9	
( ) ( ) ( ) ( ) ( ) ( ) ( ) ( ) ( ) ( )	17. 必须严密监督其工作表现,否则可能不符合标准。
( ) ( ) ( ) ( ) ( ) ( ) ( ) ( ) ( ) ( )	18. 外表向公众表露出一种对工作漫不经心的态度。
( ) ( ) ( ) ( ) ( ) ( ) ( ) ( ) ( ) ( )	19. 在任何情形下意识到法律及其适用性。对巡区有彻底的了解。

续　表

说明：本部分的每一项目涉及巡逻警官工作不同侧面的绩效水平。请你仔细阅读每一项目，确定被评估巡逻警官的一般工作表现是"正适合于"、"优于"还是"劣于"项目中的描述，并请分别在相应的被评估巡逻警官号码下的圆括号内划上"0"、"＋"、"－"来表示这三种情况。

巡逻警官号码： 8　2　7　5　4　10　1　3　6　9	
（　）（　）（　）（　）（　）（　）（　）（　）（　）（　）	20. 工作报告对于侦破犯罪并无用处。工作报告中材料重复。
（　）（　）（　）（　）（　）（　）（　）（　）（　）（　）	21. 其行为说明在许多场合下经常缺乏适当判断。
（　）（　）（　）（　）（　）（　）（　）（　）（　）（　）	22. 在巡区作一些努力强调犯罪后果。对预防设备有适当的知识。
（　）（　）（　）（　）（　）（　）（　）（　）（　）（　）	23. 不去有意了解与工作相关的信息。有时在本巡区内迷路。
（　）（　）（　）（　）（　）（　）（　）（　）（　）（　）	24. 高标准地完成职责，并在没有监督的情况下坚持；无论涉及的是谁，他都是个公正的执法者。
（　）（　）（　）（　）（　）（　）（　）（　）（　）（　）	25. 在一场冲突中如果不造成大量麻烦几乎不能恢复秩序。
（　）（　）（　）（　）（　）（　）（　）（　）（　）（　）	26. 把警察工作只当做权宜之计，随时准备跳槽。几乎没有表现出工作热情。
（　）（　）（　）（　）（　）（　）（　）（　）（　）（　）	27. 尽管与有些人格类型的人难以相处，但能与大多数人共同工作。虽能训练新巡警，但宁可不去训练。

资料来源　方振邦：《绩效管理》，北京：中国人民大学出版社，2003 年，第 184 页。

混合标准量表法，相对于其他与工作标准相比的评估方法而言，其优越性主要表现在以下几个方面：

第一，评估的信度和效度较高。这是混合标准量表法最突出的特点。所谓信度，就是绩效评估系统的一致性程度，其重要类型是评估者的信度，包括内部一致性信度和再测信度。在用混合标准量表法进行评估时,有效性检验就是一定程度上对再测信度的一种检验,通过检验,排除了短时间内前后不一致的情况。这一点是其他评估方法(如核查表法,评估量表法)所不具备的。所谓效度,就是反映客观实际情况的程度和有效性。混合标准量表的使用,就是通过一系列范例性的陈述句,逐渐挖掘出评估者对被评估者的真实评估。"好""中""差"三个等级的评估能很好地起到提醒、激发灵感的作用,从而保证了评估的效度。

第二,绩效评估的精度较高。所谓精度,就是被评估者的绩效详细程度。对于每一个被评估者,他的得分来源,即绩效的表现,都可以从该混合标准量表中找到答案。混合标准量表的每一个维度及每一个子维度的范例性描述都为绩效的具体表现提供了参考依据。

第三,易于操作、适应性较强。混合标准量表法的操作步骤简单,而且一旦制定出该混合标准量表,今后的评估都可以依次操作。所谓适应性,就是该评估方法的适用范围。混合标准量表法的适应性较强,既适用于对一般工作人员的评估,也适用于对管理人员的评估。

但是,混合标准量表法也存在一些不足。首先,这种技术与组织的战略之间有时不具有一致性。这些方法之所以会被使用,是因为其开发比较简单,并且相同的评估方法(比如特性的清单、各种比较)适用于任何组织和任何战略。其次,这些绩效衡量方法常常只有模糊的绩效标准,因而可能会导致不同的评估者对于绩效标准作出不同的解释。正因为如此,不同的评估者有时会得出差异非常大的评估等级和排定的绩效顺序。另外,在实际行为过程中,有各种复杂性因素左右着员工的行为,如人数的多少等。有限的几个维度描述难以表达其现实行为等。这些不足之处,还需要结合其他评估方法加以弥补。

三、行为观察量表法

行为观察量表法(Behavioral Observation Scale,BOS)中各个评估项目给出一系列有关的有效行为。在使用行为观察量表时,评估者通过指出员工表现各种行为的频率来评估他的工作绩效。如表5-8和表5-9所示,五点量表被分为"几乎没有"到"几乎总是"五个等级。通过将员工在每一种行为上的得分相加得到各个评估项目上的得分,最后根据各项目的权重得出员工的总得分。行为观察量表法实际是图示量表法和行为导向量表法的结合,只是在行为观察量表法中,我们需要找出有效行为,并通过有效行为的发生频率对评

表5-8　工作的可靠性行为观察量表法

评　估　项　目	评　估　等　级
1. 有效地管理工作时间	几乎没有 1　2　3　4　5 几乎总是
2. 能够及时地符合项目的截止期限要求	几乎没有 1　2　3　4　5 几乎总是
3. 必要时帮助其他员工的工作以符合项目的期限要求	几乎没有 1　2　3　4　5 几乎总是
4. 必要时情愿推迟下班并在周末加班工作	几乎没有 1　2　3　4　5 几乎总是
5. 预测并试图解决可能阻碍项目按期完成的问题	几乎没有 1　2　3　4　5 几乎总是
总　分：	

0~13 很差　　14~16 差　　17~19 一般　　20~22 好　　23~25 很好

资料来源　方振邦:《绩效管理》,北京:中国人民大学出版社,2003 年,第 194 页。

表5-9　克服变革的阻力行为观察量表法

评　估　项　目	评　估　等　级
1. 向下属描述变革的细节	几乎从来不 1　2　3　4　5 几乎常常如此
2. 解释为什么必须进行变革	几乎从来不 1　2　3　4　5 几乎常常如此
3. 与雇员讨论变革会给雇员带来何种影响	几乎从来不 1　2　3　4　5 几乎常常如此
4. 倾听雇员的心声	几乎从来不 1　2　3　4　5 几乎常常如此
5. 在使变革成功的过程中请求雇员的帮助	几乎从来不 1　2　3　4　5 几乎常常如此
6. 如果有必要,会就雇员关心的问题定一个具体的日期来进行变革之后的跟踪会谈	几乎从来不 1　2　3　4　5 几乎常常如此
总　分：	

6~10 很差　　11~15 尚可　　16~20 良好　　21~25 优秀的　　26~30 出色的

资料来源　方振邦:《绩效管理》,中国人民大学出版社,2003 年,第 194 页。

估对象的绩效作出评估。行为锚定量表法中有一个很重要的问题,就是评估者在尝试从量表中选择一种代表某员工绩效水平的行为时往往会有困难。因为有时一个员工的行为表现可能出现在量表的两端。在行为观察量表法中，该问题得到了有效的解决。

当然，行为观察量表法有其内在的优缺点。行为观察量表法优点：能向员工提供有效的信息反馈，指导员工如何得到高的绩效评分；管理人员也可以利用量表中的信息有效地监控员工的行为，并使用具体的行为描述提供绩效反馈；开发成本相对较高，但使用起来十分简便，员工参与性强，容易被接受。行为观察量表法缺点：只适用于行为比较稳定、不太复杂的工作；不同的评估者对"几乎没有—几乎总是"的理解有差异，结果导致绩效评估的稳定性下降。

本章小结

本章主要介绍了政府绩效管理的程序和方法。

绩效评估操作程序显然是影响评估效果的一个不可忽视的重要因素。设计一套科学合理的操作程序是开展政府绩效评估需要优先解决的重要课题。

中国政府绩效评估的七个操作程序是：制定政府绩效评估计划、建立政府绩效评估组织、构建政府绩效评估指标、收集政府绩效评估信息、选择政府绩效评估的计量方法、撰写政府绩效评估报告和政府绩效评估结果的反馈和应用。

1. 平衡计分卡是以信息为基础，系统考虑组织业绩驱动因素，多维度平衡评估的一种新型的组织业绩评估系统。同时，它又是一种将组织战略目标与组织业绩驱动因素相结合，动态实施组织战略的战略管理系统。

平衡计分卡是通过财务指标与非财务指标考核方法之间的相互补充"平衡"，同时在定量评估与定性评估之间、客观评估与主观评估之间、组织的短期目标与长期目标之间、组织的各部门之间寻求"平衡"的基础上完成的绩效考核与战略实施过程。它由四个部分组成：财务方面、顾客方面、内部业务过程，以及学习和成长方面。

运用于非营利组织和政府部门的平衡计分卡模型包括：使命、顾客维度、财务维度、内部业务流程维度和学习与成长维度。

2. 标杆管理法是企业将自己的产品、服务、生产流程与管理模式等同行业内或行业外的领袖型企业作比较，借鉴与学习他人的先进经验，改善自身不足，从而提高竞争力，追赶或超越标杆企业的一种良性循环的管理方法。

标杆管理法的基本原理就是将自身的关键业绩行为与最强竞争对手或那

些在行业中领先、最有名望的企业的关键业绩行为进行比较与评估,分析这些基准企业绩效的形成原因,在此基础上建立企业可持续发展的关键业绩标准及绩效改进的最优策略。

通常的标杆管理法实施步骤:确定标杆企业和标杆项目,并确定标杆目标;制定具体计划与策略;比较与系统学习;效果评估与改进。

标杆管理在地方政府绩效管理中的应用包括标杆管理对政府绩效评估标准的改进、标杆管理对政府绩效评估指标的改进、标杆管理在政府绩效评估总结中的改进等几个方面。

3. 360 度反馈评估,也称为全方位反馈评估或多源反馈评估。它是一种从不同层面的人员中收集评估信息,从多个视角对被评估对象进行综合反馈评估的方法。也就是说,由被评估对象本人以及与他有密切关系的人,包括被评估者的上级、同事、下级和内、外部客户等,分别从四面八方对被评估对象进行全方位的匿名评估,然后由专业人士根据各方的评估结果,对比被评估者的自我评估向被评估者提供反馈,以达到帮助被评估者改变行为、提高能力水平和绩效的目的。

360 度反馈评估法具有五个方面的优点:打破了由上级评估下属的传统评估制度,可以避免传统评估中评估者极容易发生的"光环效应"、"居中趋势"、"偏紧或偏松"、"个人偏见"和"评估盲点"等现象;一个员工想要影响多个人是困难的,管理层获得的信息更准确;可以反映出不同评估者对于同一被评估对象不同的看法;防止被评估对象急功近利的行为;较为全面的反馈信息有助于被评估对象多方面能力的提升。

360 度反馈评估法的缺陷主要体现在:评估成本高,成为某些员工发泄私愤的途径,评估培训工作难度大。

实施 360 度反馈评估的一些基本条件:实施 360 度反馈评估必须获得高层管理人员的支持;全面充分地了解 360 度反馈评估法,包括评估的目的、参与者和如何进行评估;要有足够的开放性;实施前要努力营造 360 度反馈评估的氛围。

360 度反馈评估过程大略包括三个阶段,即设计阶段、执行阶段和评估阶段。

一般地说,成功地实施 360 度反馈评估法的具体过程,主要包括以下四个阶段:准备阶段、360 度反馈评估实施阶段、反馈和辅导阶段、制定个人发展计划。

4. 行为锚定法是行为导向型量表法的典型代表,它先建立行为评定(锚定)量表,然后对每一等级运用关键事件进行行为描述,是一种结合了关键事件和等级评定法两者优点的绩效评定方法。该方法的核心是建立行为锚定量表。

行为锚定评估量表的设计通常需要经过六个步骤:确定工作行为、初步建立绩效指标、重新分配工作行为、评定各个工作行为的有效性等级、工作分析者们计算出第二组的人给予每一工作行为的有效性评分的标准差、建立最终的行为锚定评分量表。

行为锚定法的优点:为评估活动提供明确、典型的行为锚定点,使评估者在实际评估中有了评分尺度;锚定量表上具体的行为描述性文字,有助于被评估者较深刻地了解自己工作的现状,从而找到自己工作中的不足和明确改进的目标。行为锚定法的缺点:典型行为文字描述的数量总是有限的,不可能涵盖被评估者各种实际行为的表现,而且,文字描述常常不能与现实行为表现完全吻合,从而导致评估者因对既定的行为锚定评估表持有异议而不严格按照既定的评分标准进行评估,从而影响评估结果的可信度。

5. 混合标准量表法,又称混合标准尺度法,简称混合量表法。其主要特征在于:打乱每一个评估指标的好、中、差行为的陈述句表述的顺序,使得每一个评估维度不易被人看出。这样,掩盖了评分等级,能确保评估者不会因为某一点的认同而肯定了被评估者的全部内容。

混合标准量表法的优越性主要表现在:评估的信度和效度较高,绩效评估的精度较高,易于操作,适应性较强。

混合标准量表法也存在一些不足:这种技术与组织的战略之间有时不具有一致性;这些绩效衡量方法常常只有模糊的绩效标准,因而,可能会导致不同的评估者对于绩效标准作出不同的解释;在实际行为过程中,有各种复杂性因素左右着员工的行为。

6. 行为观察量表法实际是图示量表法和行为导向量表法的结合,只是在行为观察量表法中,我们需要找出有效行为,并通过有效行为的发生频率对评估对象的绩效作出评估。

行为观察量表法优点:能向员工提供有效的信息反馈,指导员工如何得到高的绩效评分;管理人员也可以利用量表中的信息有效地监控员工的行为,并使用具体的行为描述提供绩效反馈;开发成本相对较高,但使用起来十分简便,员工参与性强,容易被接受。行为观察量表法缺点:只适用于行为比较稳定、不太复杂的工作;不同的评估者对"几乎没有—几乎总是"的理解有差异,结果导致绩效评估的稳定性下降。

本章基本术语

平衡计分卡　标杆管理　360 度反馈评估　行为量表法　行为锚定量表法　混合标准量表法　行为观察量表法

复习思考题

1. 简述政府绩效管理的程序。

2. 政府绩效评估有哪些主要方法？

3. 试述平衡计分卡的内涵与基本思想。

4. 试结合实例说明平衡计分卡在政府绩效管理中的应用。

5. 试述标杆管理法的基本思想与实施步骤。

6. 试结合实例说明标杆管理法在政府绩效管理中的应用。

7. 360 度反馈评估法的内涵及其优缺点是什么？

8. 实施 360 度反馈评估法的基本条件有哪些？

9. 试结合实例说明 360 度反馈评估法在政府绩效管理中的应用。

10. 试举例说明 360 度反馈评估的问卷设计。

11. 试述 360 度反馈评估的实施过程。

12. 什么是行为量表法？

13. 试比较分析行为锚定量表法、混合量表法和行为观察量表法的优缺点。

第六章　政府绩效评估主体

从信息加工的观点来看,政府绩效评估就是评估主体对与被评估对象有关的绩效信息进行观察、收集、组织、贮存、提取、整合和测算的过程。在政府绩效评估过程中,评估主体绝不是绩效信息的被动"观察者"和"收集者",而是能动的"信息加工者"和"测算者"。评估主体的认知方式、加工方式、心理特点和情绪态度等个体特征对评估结果会产生强烈的影响。因此,如何选择合适的评估主体是政府绩效评估中值得研究的重要问题。然而国内外对绩效评估主体的关注和研究甚少,这不仅严重影响了评估结果的可信性和有效性,而且也极大地限制了政府绩效评估的应用和推广。

第一节　政府绩效评估主体的考察

一般而言,政府绩效评估主体可以被简单定义为直接或间接地参与政府绩效评估过程的个人、团体或组织,它解决了"由谁评估"的问题。

一、英国政府绩效评估主体

在英国,绩效评估最初被引入政府领域时,主要是作为上级部门评审、控制下级部门的工具。这一时期,政府绩效评估主要采用自上而下的单向反馈方式,评估主体主要是公共组织和专门的机构。例如,在雷纳评审、财务管理新方案和下一步行动方案中,评估主体主要是本部门、上级部门、效率小组、审计委员会等。20世纪90年代以来,随着顾客导向、质量为本日渐成为英国行政改革的主题,政府绩效评估也由以政府为中心转变为以服务对象为中心,评估主体由公共组织扩展到社会公众。例如,在公民宪章运动中,各公共服务系统颁布的乘客宪章、纳税者宪章、病人宪章等服务标准中都明确提出了顾客满意率。并且,布莱尔政府上台后,又进一步明确提出让公众参与测评。当前,市场研究技巧(例如公众意见调查、用户调查)已经被大量的英国地方政府用来评估公众对议会服务满意与否的程度。

经过近20多年的努力和探索,英国已建立了较为完善的政府绩效评估机构。英国的官方审计机构(绩效评估机构),一是隶属于英国国会的英国国家审计署,二是审计委员会。国家审计署是专司英国中央政府各组成部门财务审计、绩效审计的官方审计机构,审计结果向国会的账目委员会汇报。英国的审计委员会负责各地方公共事务的审计工作,包括审计地方政府的教育、医疗卫生、交通、环境保护、社会保险以及其他接受地方议会拨款的公共事业部门。英国国家审计署和审计委员会属于非政府的官方审计机构,各地方议会中的账目委员会属于国会的专门委员会。英国法律规定,国会账目委员会中的主席必须由反对党担任,且账目委员会中的反对党人数必须占多数,这种审计管理体制为英国审计的独立性提供了保障。这种管理体制和独立性为英国审计机构开展绩效审计,并取得较大成果奠定了基础。

此外,英国不断扩大公民的参与政府绩效评估的渠道,培育和提高公民的参与素质。公民参与是英国政府绩效评估的重要特征。公民的广泛参与为英国政府绩效评估设计出更适合顾客需要和提高满意度的绩效指标,同时又激发了公民参与政府绩效评估的主动性和积极性。

英国在公务员绩效评估方面实行中央政府和地方政府两种不同的领导模式。中央政府实行“内设管理机构”的模式,就是在内阁办公厅内部设置管理机构,主要由录用评估署负责,公共服务与科学办公室、公务员专员办公室和财政部配合。每年评估工作的部署和安排,由录用评估署下属的人事部负责。开展评估的具体事项,由各单位的人事部门和公务员的直接管理者负责,如涉及工薪问题,还要同财政部和工会协商。在英国地方政府的工作人员虽不属于公务员范围,但按地方政府的法律规定,每年也要进行一次绩效评估。地方政府实行“组阁式”模式,就是地方政府在每年的年底,对该政府的工作人员进行绩效评估,评估的组织领导工作由“评审团”负责。英国地方政府工作人员绩效评估评审团的成员由四部分人员组成:一是本部门的最高负责人;二是实际执行人员;三是工会的负责人;四是被服务的第三方人员。评审团负责地方政府工作人员绩效评估的部署、检查、监督、复议等工作,评估报告由被评估主体的直接管理者撰写。

英国公务员绩效评估的两种领导模式,都有利于加强政府对公务员绩效评估工作的领导,保障绩效评估制度有组织、有领导地落实。但这两种领导模式相比之下,也各有利弊。中央政府内设管理机构的领导模式,因是中央政府的常设机构,相对稳定性较强,反映政府和管理者的意志比较突出,但体现公开和民主的程度要稍差一些;地方政府组阁式领导模式,因评审团由多方面人员组成,能够比较客观地反映被评估人的真实表现,体现公开和民主的程度比较好。但是,因评审团是地方政府的临时性组织,相对稳定性和持久性要稍差一些。尽管如此,这两种领导模式,都为搞好绩效评估工作,起到了较好的组织保障作用。从英国执行公务员绩效评估制度的实践可以看出,只要有得力的领导机构去组织实施,制度规定就能落到实处,发挥其应有的法律效力;如果没有专门人员负责组织落实,制度所规定的内容就会流于形式,达不到预期的目的。

二、美国政府绩效评估主体

在美国,对政府绩效进行评估的动力主要是来自政府机构,自我评估和检查是美国政府绩效评估的一种重要形式。因为,根据《政府绩效与结果法》(GPRA),美国所有的联邦机构都要制定一个至少包括未来 5 年工作目标的战略规划,并将战略计划分解成年度执行计划,同时每年都要对年度计划执行的结果进行评价,形成年度计划执行情况报告。战略规划、年度执行计划、年度执行计划情况报告将提交给国会中相应的专门委员会、美国审计总局以及行政管理和预算局。各机构的规划制定情况及工作绩效的评估情况将与来年的财政预算分配挂钩。可以说,GPRA 试图通过运用财政拨款的杠杆去调节政府部门的工作绩效,其特点正是在于将财政预算与政府绩效紧密结合起来,以帮助政府决策者从整体的角度进行决策。

除了政府机构对绩效进行自我评估以外,美国还有一系列官办的政府绩效审评估机构。如美国审计总署(General Accounting Office,简称 GAO)和美国联邦政府人事管理总署(Office of Personnel Management,简称 OPM)。

美国审计总署是美国的最高审计机构,它代表国会对联邦政府及其官员的财务活动进行审计监督。1972 年,美国审计总署的文件《政府机构、计划项目、活动和职责的审计标准》中第一次提出了"绩效审计",其中对绩效审计的内容、实施和报告作了具体规定。自此美国政府绩效审计走上了规范化的道路,并得以较快发展。美国政府绩效审计的内容主要包括经济性审计、效率性审计和效果审计(简称 3E)三方面内容。近年来,美国审计总署的绩效审计量已超过审计业务总量的 85% 以上。根据 2004 年美国审计总署人力资源改革法案修正案,自 2004 年 7 月 7 日,美国审计总署正式更名为美国政府责任署(Government Accountability Office,简称为 GAO)。这一措词上的变化是美国审计总署近年来审计业务内容转换的结果,也反映了美国审计总署未来的发展方向。这样更加明确地表明,美国政府责任署的首要任务是对联邦政府进行绩效审计,以提高联邦政府的工作绩效,保证联邦政府能够对国会和美国公众尽责。

美国联邦政府人事管理总署在全国设有六个办事处,可以随时就近开展政府绩效测评工作以确保测评的及时和客观,并且对各个政府机构的绩效评估进行有效地指导。

另外,美国也出现了大量的政府绩效评估民间机构。如政府会计标准委员会,它是一个非政府机构,但却是美国注册会计师协会承认拥有制定州与地方政府的一般可接受会计准则权力的唯一实体。20 世纪 80 年代后期,该委员会开始发布针对州与地方政府绩效报告的分析结果。此外,美国很多高校也一直在关注和研究公共部门的绩效评估,它们提出了各自有关公共部门绩效评估的理论、方法、指标体系或步骤等并以这些理论为指导在地方政府或联邦政府中开展测评活动,有力地推动了公共部门绩效评估活动的开展。其中美国锡拉丘兹大学坎贝尔研究所是美国著名的民间政府绩效评估与研究机构。

曾任卡特总统人事改革顾问、美国联邦人事总署署长的坎贝尔在 1990 年退休后,创办了"坎贝尔研究所",以民间机构的名义对政府展开了大规模的绩效评估活动。自 1998 年以来就与美国《政府管理》杂志合作,每年对各州或市的政府绩效进行评估,并发布评估报告,引起了政府和民众的广泛关注,并因其报告的公正客观性受到好评。1999 年,又对 35 个财政收入最好的城市开展了政府绩效测评。2000 年,坎贝尔研究所第二次对 50 个州的政府绩效进行了评估。坎贝尔研究所每年出版一期专刊公布政府绩效测评的结果。1998 年对 50 个州政府绩效测评结果的报告多达 60 页。美国各州、市政府和民众对坎贝尔研究所的绩效评估结果的认可率高达 92%。1999 年,坎贝尔研究所开展的政府绩效评估并公布测评结果的做法被评为美国十大新闻之一。

三、中国政府绩效评估主体的缺陷

在中国政府绩效评估的实践中,绩效评估主体呈现了多元化的趋势,不仅包括政府部门的自我评估、上级评估、党的组织和权力机关(人大)的评估,而且还出现了"万人评议政府"的公众评估。但由于起步较晚,中国政府绩效评估主体的发展还处于初级阶段,与发达国家相比还存在着不少问题。在《当前政府绩效评估主体的不足及其完善》一文中,华北电力大学法政系的高富锋同志分析了中国政府绩效评估主体单一化、评估主体缺乏独立性、评估主体缺乏广泛性和代表性,以及评估主体信息不对称四个方面的问题。

(一) 政府绩效评估主体的单一化

现阶段中国的政府绩效评估以官方为主,评估主体在多数地区比较单一,多是上级行政机关对下级的绩效进行评估,缺乏社会组织和社会公众的广泛参与,这就使得大多数政府在绩效评估实践过程中,只是根据总体安排或以部门为单位,或以系统为一体,通过自下而上的总结报告等形式对本部门或本系统工作进行汇总,在此基础上,由上级机关对其下级机关的绩效作出评估和评价,或对其所辖的处室部门从优到劣排出名次,致使在政府绩效评估过程中,只重视自身评价,忽视作为政府行为相对人的社会组织和社会公众的评价,导致进行意愿表达以及利益诉求的绩效评估主体单一化,使得绩效评估结论难以客观。

从理论上来说,在政府绩效评估过程中,作为政府行为相对人的社会组织和公众,他们能够亲身感受到政府行为给自己经济、社会生活带来的影响,对政府绩效最有发言权。而现实政府绩效评估主体中社会组织和公众代表的缺位,导致绩效评估过程中相关利益群体和个人话语权的缺失,使得政府绩效评估结论所涵盖的观点不够全面。此外,政府绩效评估主体构成中,专业评估组织的缺乏,也使得政府绩效评估结论受评估主体自身专业知识、参与评估能力,以及素质和理论水平局限性的影响。

(二) 政府绩效评估主体缺乏独立性

当前中国政府绩效评估主体构成参差不齐,能够起到多大作用,在相当程度上全凭领导的素质和重视程度。由于缺乏建立在科学基础上的专门独立的绩效评估组织,并且目前大多数政府绩效评估采用的是上级评估下级的方式,造成绩效评估主体和被评估对象有着千丝万缕的联系,有着"一荣俱荣,一损俱损"的利害关系,这就使得政府绩效评估主体在政府绩效评估过程中带有很强的本位、主观色彩,难以保持态度的科学性和客观性。从作为政府行为相对人的社会组织和社会公众的角度看,政府部门自己评估自己的绩效,由于受内部人事关系的制约、自我认同心理以及自身利益驱动的影响,在评估结论中对事实真相的反映以及绩效的评判等方面难免会出现不尽客观之处,尤其是在政府自身利益和公众利益冲突时,更会因为公众的偏见使得绩效评估结论缺乏公信力。另外,由于受传统文化的影响,政府部门工作人员习惯性地尊重权威,不愿或者不敢反驳上级,或者为了自身前途或为了讨好上级,会在政府绩效评估中根据上级政府部门的偏好提供不完全真实的信息。

（三）评估参与主体缺乏代表性和广泛性

近年来的政府绩效评估实践中,我们也会看到有些地方政府在绩效评估中非常重视社会组织和公众的代表参与。但是,由于有些参与政府绩效评估过程的社会组织和公众代表产生方式不尽合理,评估参与主体是由上级组织指定,而非通过选举产生,并且在上级组织指定参与主体的过程中,把一些与政府部门观点相左的社会组织和公众代表排斥在外了,或者评估参与主体本身就是政府行为的既得利益者,或者与政府有利害关系等因素,都导致评估参与主体的代表性和广泛性有欠缺。不可否认,实践中有些地方政府也大张旗鼓、兴师动众地开展过名目繁多的民间评估政府绩效的活动,然而由于受政府领导者个人素质影响大,缺乏相应的制度保障,大都流于形式。这样不仅未能起到客观评估政府绩效的作用,反而被社会公众认为是"做秀",降低了政府的权威和信用。

（四）评估参与主体信息不对称

政府绩效评估是一个信息收集和加工过程,信息对称有利于政府绩效评估中评估参与主体话语权的平等。作为评估对象的政府,应该把政府行政所依据的不会涉及国家机密的国家法律、法规、政策公开,并把政府职能部门以及岗位的职责、目标、要求公开,且使政府部门为履行职责、达致目标的行为透明,使政府绩效评估参与主体在评估过程中可从有关部门那里获取被评估对象的全面、真实信息,使他们能够结合自身的切身体验以及对被代表公众的信息汇总,作出科学、客观的评价。但是,由于有些政府部门在绩效评估的过程中,会基于自身的利益而提供虚假的信息,或者出于政治性策略的考虑有意歪曲实际效果,或者提供一些误导信息,再加上政府绩效评估参与主体对有关政府行政的信息尤其是对其内部业务和技术方面的信息掌握得不完全或不充分,这就使得政府绩效评估参与主体在评估过程中,出现了话语权的缺失。当然,政府绩效评估参与主体在缺乏全面、真实信息的基础上,也就很难对政府绩效作出科学、客观的判断。

第二节　政府绩效评估主体的类型

根据其主体的不同,湘潭大学彭国甫教授把中国政府绩效评估主体归纳为外部评估主体体系和内部评估主体体系两大类。

外部评估主体体系是指政府机关以外的评估主体所构成的评估主体体系,包括政党评估、国家权力机关评估和社会评估等。中国实行的是中国共产党领导的多党合作和政治协商制度,中国政党对政府绩效的评估,包括中国共产党和民主党派对政府绩效的评估。国家权力机关评估,是指各级人民代表大会及其常务委员会的评估。政府是国家权力机关的执行机关,它由国家权力机关产生并向国家权力机关负责。因此,各级人民代表大会及其常务委员会是政府绩效评估的权威主体,它可以根据评估结果按有关程序对有关人员实施任免、奖惩等。社会评估主要包括公民个人、社会团体、社会舆论机构和中介评估机构等通过一定程序和途径,采取各种方式,直接或间接、正式或非正式地评估政府绩效。

内部评估主体体系,是指政府机关自身作为评估主体所构成的评估主体体系,主要包括政府机关内部的自我评估和专门评估两部分。政府机关内部的自我评估,是指政府机关按隶属关系上下级之间相互实施的评估。它主要包括一般评估、职能评估和主管评估。一般评估是指享有一般权限的各行政机关按照直接隶属关系,自上而下和自下而上所实施的评估,这是政府绩效评估最主要、最经常、最直接和最有力的一种评估方式。职能评估是指政府各职能部门就其主管的工作,在自己的职权范围内对其他有关部门的绩效进行评估。主管评估,是指国务院各部委和直属机构对地方各级人民政府相应的工作部门、上级地方人民政府工作部门对下级地方人民政府相应的工作部门的绩效所进行的评估。政府机关内部的专门评估,是指政府设立专门机关对所有的绩效实行全面的评估,它主要包括人事部门的评估和审计机关的评估。

从理论上看,在一般情况下政府绩效评估系统中可以有六种类型的绩效评估模式(见图6-1),即上级评估、自我评估、同事(同级)评估、下属(下级)评估、顾客(公众)评估和专家评估等。与此相对应的也有六类评估主体可供选择。对于任何一类评估主体而言,由于评估主体自身特定的评估角度,有不可替代的比较优势,同时,不同评估主体的业务素质、心理素质和评估态度的不同,具有自身难以克服的评估局限性,并直接影

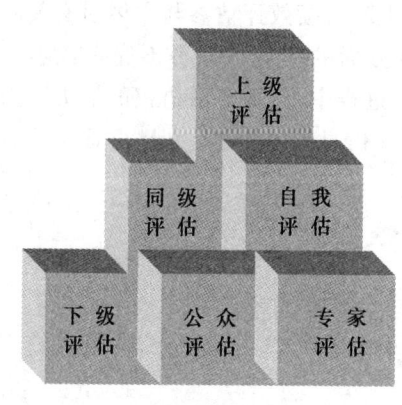

图6-1　各类绩效评估主体

响着评估结果的可靠性和有效性。这里简要对比分析五种不同类型评估主体的得失利弊。

一、上级评估

上级评估是目前国内外主流的绩效评估模式。研究表明,目前大约有98%的组织将绩效评估视为员工直接上级的责任。20世纪80年代初,中国开始在全国范围内推行政府部门的目标责任制,并以绩效评估作为政府内部管理控制的手段。此后,政府绩效评估一直由政府部门自上而下进行,这种评估属于上级对下级工作绩效的评估。上级主管作为下级政府部门独立的评估主体,具有自身明显的优势:一般而言,上级主管部门和领导熟悉下属部门的工作职能和运作方式,比较了解下属的工作作风、工作态度、工作能力和工作成绩,而且通常也掌握政府绩效评估的目的、内容和方式。因此,上级评估方式在政府绩效评估实践中被广泛地运用,并没有引发过多的争议。实际上,开展上级对下级进行绩效评估的重要意义还在于实现一定的管理目的。对于直接上级而言,绩效评估作为绩效管理的一个重要环节,为他们提供了一种引导、激励和监督下属行为的一种重要手段,帮助他们促进部门或团队工作的顺利进行,推动工作计划的实施和目标责任制的完成。如果上级主管对下级没有进行绩效评估的权利,将会削弱他们对其下属的管理力度。另外,上级主管部门对下级进行绩效评估,还可以把一些在其他评估指标中难以精确反映的工作绩效相对地体现出来,以某种定性方式弥补现行定量评估的缺陷。比如,在政令畅通指标中,可以设置执行计划、完成临时任务、汇报反馈和部门协调等参考要素;在工作质量指标中,可以列入维护稳定、化解难题、应对突发事件、获得上级表彰等指标要素。

应该说,自上而下的政府绩效评估模式是适合中国当时计划经济下的国情的,它加强了上级政府对下级部门的管理,也便于政府通过行政干预直接影响下级部门的计划实施,但是其局限性也日益凸显,主要体现在以下几个方面:(1)上级主管部门对下级进行绩效评估,带有明显的规范、控制、监督、检查等行政管理职能的倾向,这样会导致一些政府部门只唯上不唯下、上级满意而群众不满意。(2)上级主管部门和领导的评估较多地采用定性评估的方法,这样一种设计,隐藏着领导主观随意性和走过场的可能性,前者指一些领导根据个人的情感好恶、关系亲疏进行评估,后者指一些领导在评估时统一口径、简单打分。(3)政府部门的官员和公务员并非是"天使",他们也具有追求利益最大化的目标。当评估在较大范围内进行时，为了部门利益，直接领导便可能改变评估的角度，运用有利于部门的评估指标，竭力维护其存在的合理性。

二、同级评估

同级评估是中国目前人事评估和干部选择中比较流行的一种评估模式。同级评估，是指以同事互评绩效的方式，达到绩效评估的目的。对一些工作而言，有时上级与下级相处的时间与沟通机会反而没有下属之间沟通得多。在这种上下级之间交流不多，彼此间沟通也非常少的情况下，上级要对下属做绩效评估也就非常困难。但相反地，下属彼此间工作在一起的时间很长，由于工作关系、合作关系，所以他们相互间的了解反而会比上级与下属之间多，此时，他们之间互评，反而能比较客观，测评也具有一定的可信性。其优点是测评人可以通过身临其境直接比较被测评人，包括同级被测人员之间的比较、测评人与被测评人之间的比较，它具有客观性的特点。而且，部属之间的互评，可以让彼此知道自己在人际沟通这方面的能力。此外，使用同级作为评估主体来补充上级评估有助于形成关于个人绩效的一致性意见，帮助人们消除偏见，促进被评估主体更好地接受绩效评估的结果乃至整个绩效评估系统和绩效管理系统。调查表明，同事可以比较精确地预测谁将来能在管理方面获得成功，谁可能会得到提升。

但是，从心理学角度看，同级测评也存在着嫉妒心态、相轻心态和突出自我心态，特别是当这种测评与晋升、工资和奖励机制结合比较紧密时，同级之间会产生某种利益的冲突，上述心态就会或多或少、或轻或重地发生于测评过程中，致使测评结果出现失真。相反，在相互之间不存在利益冲突时，同事之间评低分担心伤害同事之间的友谊或破坏工作群体的凝聚力，这样很可能出现"相互标榜"的问题，即同事都串通起来，相互将对方的工作绩效评估为较高的等级。

三、自我评估

自我评估，即政府自身充当评估主体对自己的工作绩效进行评估。如果按照评估主体必须是能根据评估结果，为达到改善政府管理及其成果的目的而采取相应措施的人这一要求，政府自身无疑是对自己工作评估最直接、最现实的主体之一。因为政府具有根据服务对象和服务环境变化以及来自各方面的评估信息，自觉调控政府行为的能力。政府工作的创造性、复杂性特点，也决定了只有政府自身才能更具体地了解自己在每项工作中努力的程度。政府自我评估可能并不是行政管理最好的依据，但它仍不失为有用的、额外的资料。可以认为，自我评估的正式方法将会缓和存在于非正式、印象主义的自我评估中极大的主观性因素和选择性知觉过程。显然，政府的自我评估具有如下几方面的明显优势：一是自我评估了解运作机制，真正把握业绩，可以简化评估程序，节约评估成本，提高评估效率。二是有利于政府角色的内化，即通过自我评估的实践，加深对政府职责、任务的认识和理解，并自觉规范和约束自我行为。三是有利于激励公务员的内在动机。自我评估通过自我教育机制，在个体和集体的动态发展中，在自我评估得出的差距和由此产生的思变力量中，获得自我发展、自我完善的内在力量。四是有利于鼓励政府官员和公务员积极参与评估过程，增强主人翁意识和民主气氛，拓宽评估信息的搜集渠道，提高政府的自我评估能力，提升政府官员和公务员的专业水准。

当然，在政府绩效评估过程中，政府自身作为评估主体，这是一个有很大争议的问题。有人认为，运动员不能同时兼裁判员。政府绩效如何，不能只由政府部门自己来评估，也不能只由上级管理部门来评估。美国著名管理学家彼得·德鲁克（Peter F. Drucker）说："成绩存在于组织外部。企业的成绩是使顾客满意；医院的成绩是使患者满意；学校的成绩是使学生掌握一定知识并在将来用于实践。在组织内部，只有费用。"可见，一个组织的绩效是由组织外部决定的，即由组织的服务对象——用户来评估。政府绩效也必须由政府的服务对象来评估。政府部门工作质量、实效以及官员政绩的整体评判权主要在其自己手里，或者在其上级政府及上级官员手里。而政府的服务对象是公众，所以应由公众的代表——人大来充当评估主体。还有人认为，政府自我评估会导致走过场，流于形式，自我评估的一般倾向会高估自己，往往突出成绩，隐瞒不足。此外，在实践中，由于自我评估通常是非公开化、非标准化、非程序化和非职业化的，因此容易导致评估结果缺乏可信性和说服力等问题。

四、下级评估

近年来，随着执政为民、立党为公理念的提出，中国一些地方政府开始注重民意，在政府绩效评估活动中纳入群众评估政府绩效的内容，并鼓励公民参与政府绩效评估。沈阳、珠海、南京和杭州等地开展了公民评议政府绩效的活动。显然,在公民评议政府绩效活动中,公众承担了评估的主体,属于下级评估。将公众纳入评估主体的范畴,不仅是为了更好地保障政府绩效评估的全面性和科学性,同时也是适应新公共管理运动所倡导的顾客导向的要求。

公民评议政府绩效的做法是一种先进的制度安排,为中国政府绩效的评估增加了新的途径,可以弥补过去行之有效的自上而下的评议制度的局限,它作为一种自下而上的评议制度,与自上而下的评议制度起到相互补充的作用。第一,体现了人民当家作主的社会主义民主政治本质。中国是人民当家作主的社会主义国家,我们的政府是人民的政府,我们的干部是人民的公仆,一切权力属于人民。实现、维护和发展广大人民群众的根本利益,是党和政府一切工作的出发点和归宿。因此,公众评议政府绩效体现了人民当家作主的社会主义民主政治本质。第二,有利于政府更好地了解公众需求,更好地为人民服务。政府要使自己的工作得到人民群众的认同,赢得人民群众的满意,其前提条件是必须了解人民群众的需求和需求结构,掌握政府工作存在的不足,发现政府所提供的服务与人民群众需求之间的差距。通过公民评估政府绩效活动,政府可以检验自己所提供的服务种类和服务质量是否能满足公众的需求,更好地了解公众对政府服务的需求特征(包括需求类型、需求结构和需求质量),据此设计和提供能使人民群众满意的公共服务机制,改善服务质量,提高公共生产力的水平。第三,引入了竞争机制,增加了政府的服务意识。公众评议政府绩效,衡量政府绩效优劣的标准是"满意",它的机制是好中评优的末位淘汰制。在以公众为主考官的考试中,即使你的工作做得比以前好,但如果你提供的服务不到位,难以满足人民群众的需要,或者你的服务态度、服务质量、服务效率和服务能力不如其他的参评单位,你就很可能被人民群众投上"不满意"的一票,这样你就有被淘汰出局的可能。因此,每一个政府部门都必须不断地给自己施加压力,在思想和行动上把人民呼声作为第一信号,把人民利益作为第一追求,把人民满意作为第一标准,增强为人民服务的意识。

公民评议政府绩效作为一种新生绩效评估制度,也有其明显的局限性。中国人民大学行政管理学系主任、行政管理学研究所所长毛寿龙教授认为,公民评议政府绩效,需要广泛的政务公开为基础。公民要评议政府的绩效,其正确评议的基础是公民对于政府绩效有深入的了解。公民评议政府绩效,是政务公开制度的有机组成部分,这一部分有利于政务公开制度的发展,但它的发展本身也是需要其他部分的发展。在政务公开未达到一定水平的地方,由于公众并不了解政府具体的运作过程,缺乏应有的评估信息、评估知识和评估能力,实行公民评议,就可能出现较大的误差。在实践中,公民评议一是范围太宽泛,万人评政府,容易造成局面失控导致评估结果失真;二是内容太庞杂,若不分事务性质、不分管理对象特点,笼统地加以评估,则有可能误导公众和政府本身,达不到提高政府绩效的真正目的。

五、专家评估

除了上述四种类型的政府绩效评估之外,专家评估是目前国外起主导作用的政府绩效评估模式。专家评估,通常是聘请多位专家成立政府绩效评估小组,根据一定的评估指标和评估标准,对多个被评估对象进行评估,然后按照一定的方法将专家个人的评估综合为整体评估,最后排出被评估对象的优先次序。专家评估中涉及的问题很多,如:专家选择、评估指标确定、权重问题等,专家评估与群体决策有着相似的特点,即每个专家都有自己的价值观和判断;因为全体专家是不合作的,每个专家都有自己的目标和不同的信息基础;专家成员对问题的认识也不一致,这些都会影响评估结果。我们假设评估的前期准备和指标设置都是合理的,所有专家和指标的权重是相同的,那么评估中还涉及一个问题,就是采用什么评估规则,也就是评估函数的选择问题,不同的评估函数,专家个人评估值对整体评估的影响就不同。

根据绩效评估的实践来看,专家小组是受绩效评估领导小组委托,根据绩效评估的目标,对组织(公共部门或企业)绩效进行评估的临时性组织。在现阶段,专家作为政府绩效评估主体具有如下若干特征:(1)临时性。评估专家组根据某项评估的需要临时组织起来的,没有一个稳定的组织和团体从事绩效评估的专门活动,这也是导致中国绩效评估理论难以健全的一个重要原因。由于缺乏稳定的队伍,中国的绩效评估尤其是政府绩效评估无论在理论上还是实践上都无法形成体系,一些评估主体也无法潜心于评估的研究。(2)多样性。评估主体来自人大、政协、民主党派、政府部门和学术界等方方面面,具有多样化的特征。(3)权威性。评估主体都是各个领域的专家,他们的观点将在很大程度上代表该领域的看法,具有权威性。(4)有限性。一次评估的专家组成员一般为20人左右,人员相当有限,不具有广泛代表性,并且评估专家组成员只是精通某个领域的专家,他们的许多人对评估理论知之不深,因而无论从评估专家的数量还是其知识体系来看都具有很大的局限性。尤其对于综合性的评估,仅凭评估主体个人的知识和经验难免具有很大的局限性。(5)从属性。与美国不同,中国的政府绩效评估是在政府主管部门的组织下进行的,因而,评估主体还受政府的支配,不具有完全的独立性。换言之,中国的政府绩效评估具有行政主导的性质。

国外政府绩效评估的实践表明,在设计绩效评估系统时,评估主体与评估目的、评估内容、评估方法和评估程序相匹配是一个非常重要的原则。选择什么样的评估主体在很大程度决定于评估目的、评估内容、评估方法和评估程序。

第三节 政府绩效评估主体的心理误差

政府绩效评估需要收集、整理和分析信息,并据以作出专业判断。绩效评估过程从本质上看是由感知、注意、学习、记忆、表象、推理、问题解决等构成的心理活动过程或认知过程。因此,无论是选择哪一类评估主体,评估主体都是具有不同心理特征和心理活动的具体的人组成的,因此,评估主体的心理因素在评估过程中就不能不发生作用。评估的可信度不仅取决于评估指标的信度和效度,而且取决于评估主体心理因素的影响。在政府绩效评估活动中,信息的感知、评估人员的知识、经验、态度、感情等方面都可能产生误差,从而形成评估结果的误差。在绩效评估过程中,首因效应、近因效应、晕轮效应、从众效应、情绪效应、刻板效应、逻辑效应、宽大化倾向、严格化倾向和中心化倾向等心理误差将影响和干扰绩效评估的结果,从而造成绩效评估结果的偏差。

一、首因效应

首因效应是指交往双方初次见面时形成的第一印象。从认知角度看,首因效应主要是因为先接受的信息易受到更多的关注,后接受的信息易受到忽视,也就是人们常说的那句话,"先入为主"。所以,当第一次与人接触、进行认知时,留下了良好的印象,这种印象就会左右人们对他以后的一系列特征作出解释,反之亦然。第一印象效应对交往的影响表现在很多方面。首先,它会使人际认知带有表面性。两个素不相识的人初次接触,彼此会根据对方的外貌、表情、仪态、谈吐、穿着等,作出初步的判断和评估,形成某种印象,这就容易以貌取人。其次,第一印象容易使人际认知产生片面性。第一印象体现为一种优先效应,重视前面的信息,忽视后面的信息。即便注意了后面的信息,也会倾向于认为后面的信息是"非本质的"、"偶然的"。往往按前面的信息解释后面的信息,即使后面的信息与前面的不一致,也会屈从于前面的信息。

而不同评估主体对评估对象的第一印象可能存在着明显的差异,这就会对绩效评估结果产生影响。

二、近因效应

一般说来,人们对近期发生的事情印象比较深刻,而对远期发生的事情印象比较淡薄。近因效应与首因效应相反,是指交往中最后一次见面给人留下的印象,这个印象在对方的脑海中也会存留很长时间。多年不见的朋友,在自己的脑海中的印象最深的,其实就是临别时的情景;一个朋友总是让你生气,可是谈起生气的原因,大概只能说上两三条,这也是一种近因效应的表现。

在绩效评估时往往会出现这样的情况,评估人对被评估人某一阶段的工作绩效进行评估时,往往只注重近期的表现和成绩,以近期印象来代替被评估人在整个评估期的绩效表现情况,因而造成评估误差。

三、晕轮效应

晕轮是指太阳周围有时会出现一种光圈,远远看上去,太阳好像扩大了许多。心理学由此引申出一个术语,叫晕轮效应,又称成见效应、光圈效应、日晕效应。一般而言,人们对其他人的判断,最初基本上是根据印象好坏得出来的,然后再从这一判断推断出他们的所有特性。它实质上就是把得到的某个人的信息,按一定的方式分类,然后按事前形成的类别处理其他的信息。这个早已存在的"成见"妨碍着人们观察和知觉客体的真正的特点和表现。晕轮效应可能会给评估带来两方面的误差,一是所谓以差概好的"扫帚星效应",即因为根据某些事例对被评估主体某一方面得出了较差的印象后,会把其他的弱点也加在他身上,而且对他其他方面的优点也会作出不信任的解释或不当的归因分析。二是所谓的以好概差的"晕轮效应",即因为对被评估主体的某一方面产生好感,而把这种好印象泛化到其他方面去,忽略其缺点,或者认为其缺点无关紧要。

美国学者戴恩(K. Dion)、伯斯奇德(E. Berscheid)和沃尔斯特(E. Walster)(1972)的一项研究,提供了关于晕轮效应的很好说明。给被试者看一些人的照片,这些人表面上分别是有魅力的、无魅力的或中等的,然后让他们在一些与魅力无关的特性方面评定每一个人。结果如表6-1所示。在所有的特性方面,有魅力的人得到的评估最高,就因为他们好看,他们就被认为具有其他积极肯定的品质;而那些不好看的人就被看得好像也有其他坏品质了。

表6-1 戴恩(K. Dion)、伯斯奇德(E. Berscheid)和沃尔斯特实验结果

被评价者的特性	无魅力的	中 等 的	有魅力的
社会适应性	56.31	62.42	65.39
婚姻能力	0.37	0.71	1.70
职业状况	1.70	2.02	2.25
做父母的能力	3.91	4.55	3.54
社会和职业上的幸福	5.28	6.34	6.37
总的幸福状况	8.83	11.60	11.60
结婚的可能性	1.52	1.82	2.17

* 数值越高,被评价者也就越具备这些特性。

由于晕轮效应的存在,评估主体往往容易形成对绩效评估对象的成见或偏见,从而使得政府绩效评估结果可能会产生较大的误差。

四、从众效应

评估主体是社会性生命体,其行为必然受到群体成员之间的相互制约,在多种主客观因素的作用下,个人会自觉不自觉地采用同别人意志相符的行为,特别是在评估小组的成员之间,从众效应是个体遵从群体行为的一种趋势。

20世纪50年代,美国心理学家阿希(Asoch)的实验表明了从众行为的客观存在。从众行为,实际上就是群体成员的行为跟从群体的倾向。当群体中的个体发现自己的意见与团体不一致时,或与群体中大多数人有分歧时,会感到一种心理紧张,群体压力促使他趋向一致,这种与群体大多数成员相一致的现象就称为从众行为。从众行为的产生,是由于大多数个体不愿意标新立异所致。作为群体成员的顺从者有以下几种情况:(1)出于知觉的歪曲。群体中个体成员,认为大多数赞成的就一定是正确的,因而把多数人赞成的作为真理。(2)出于判断的歪曲。群体中的个体成员,对自己的判断缺乏自信。当

看到自己的判断与别人意见不一致时,总是认为自己不如别人,对自己的判断缺乏自信,从而修改自己的意见。(3)出于行为的歪曲。群体个体成员相信自己是正确的,但是不愿意表露自己,因而作出从众顺从的行为。

在绩效评估中,人们经常可以看到从众效应在"作怪"。例如,在对政府部门绩效作评估时,当多数人认为这个部门的绩效较高,少数人即使持有异议,但出于各种原因,或认为多数人的意见总是比较正确的,或者担心得罪该部门的领导。因此,这些"少数派"或者怀疑自己原先意见的正确性;或者"委曲求全",放弃自己原来的观点,从而影响了评估的客观性。

五、情绪效应

人不可避免地会把情绪带入他所从事的任何一种活动中,绩效评估也不例外。评估时,把绩效中的某一方面甚至与工作绩效无关的某一方面看得过重,而影响了整体绩效的评估,导致过高评估或过低评估。心理学研究表明,评估主体的感觉、情绪、身体状况,在某种程度上影响了他们对他人的判断。它提供一种定势去感知被评估对象好的、肯定的方面,或坏的、否定的方面。很多评定者都有这样的体验:当心情不愉快时,往往"手下无情",扣分相对多一些,而心情愉悦时,则常常"手下留情",扣分相对少一些。这种现象就是情绪效应。情绪效应在政府绩效评估中很可能造成情绪误差。当评估主体处于情绪低潮时,往往会对被评估对象要求苛刻,评估分数会降低;反之,当评估主体心情特别愉快时,也可能会对被评估对象特别宽容,评估分数也可能相应提高。

因此,在评估过程中评估主体的心情可能造成情绪误差,影响政府绩效评估结果的客观性和公正性。

六、刻板效应

心理学研究表明,人们在作出判断时,由于自我的肯定而产生的一种判断上的刻板效应。所谓刻板效应是指对某人或某一类人产生的一种比较固定的、类化的看法。比如,人们一般认为工人豪爽,农民质朴,军人雷厉风行,知识分子文质彬彬,商人较为精明,诸如此类都是类化的看法,都是人脑中形成的刻板、固定印象。此外,性别、年龄等因素,亦可成为刻板效应对人分类的标准。例如,按年龄归类,认为年轻人上进心强,敢说敢干,而老年人则墨守成规,缺乏进取心;按性别归类,认为男人总是独立性强,竞争心强,自信和有抱负,而女性则是依赖性强,起居洁净,讲究容貌,细心软弱。由于刻板效应的作用,人们在认知某人时,会先将他的一些特别的特征归属为某类成员,又把属于这类成员所具有的典型特征归属到他的身上,再以此为依据去认知他。造成这种偏见存在于人们的头脑里,有其认识方面的根源。因为人的思维总是从个别到一般,再从一般到个别,如果在没有充分掌握某一类人全面感性材料的基础上就作出概括,往往会形成不符合这一类人的实际特征的印象。而依据这种印象去评估与判断人时,又不考虑个人的具体生活经验,自然就会产生"刻板印象"偏见了。

刻板效应容易阻碍人们对于某类成员新特性的认识,使人认识僵化、保守,一旦形成不正确的刻板印象,用这种定型去衡量评估对象,就会造成认知上的偏差,进而使评估结果偏离真实的结果。

七、逻辑效应

逻辑效应又称经验的逻辑推理效应,是指由于事物与事物之间有联系,因而有些人便在知觉判断他人时,根据对方外部的一些表面特点为线索,结合自己的经验加以逻辑推理。其知觉判断的模式是:"A 的特点往往伴有 B 的特点,由于某人具有 A 的特点,所以他必定具有 B 的特点。"例如,有这种偏见的人认为:"老实人往往伴有不爱讲话的特点,由于甲不爱讲话,所以甲肯定是个老实人。"又如:"爱打扮者往往伴有怕脏怕累的特点,由于乙爱打扮,所以乙肯定是怕脏怕累。"在政府绩效评估中,这种凭经验进行逻辑推理的方法是简单化的人际知觉方法,它往往会造成与事实不相符合的知觉偏见,常常无意识地左右着评估主体的实际行为,干扰着绩效评估活动,进而造成评估结果的误差。

八、宽大化倾向

在政府绩效评估过程中,评估主体的标准尺度过宽,对所有评估对象的评定普遍偏高,出现宽大化倾向。评估主体对评估对象所作的评定往往高于其实际成绩的倾向。产生这种倾向的原因有:评估主体不愿意严格地评估被评估对象;评估主体往往希望自己部下的成绩优于其他部门的成绩;评估要素的评估标准不明确;评估主体本身对绩效缺乏自信心。克服这种倾向的措施有:

明确规定绩效评估要素的内容和评估标准并认真执行；加强对评估主体的培训，等等。

九、严格化倾向

严格化倾向是与宽大化倾向相对应的另一种可能的评估主体心理倾向。由于评估主体掌握的标准尺度过严，对所有评估对象的评定普遍偏低，从而出现严格化倾向。在绩效评估过程中，产生严格化倾向的主要原因有：评估主体对各种评估因素缺乏足够的了解；评估主体的情绪不佳；为了惩罚自己不满意和存在利益冲突的评估对象；为了遵守绩效评估领导小组的某一种规则。

十、中心化倾向

在绩效评估过程中，有一些评估主体很容易造成一种居中趋势（central tendency）。比如，如果评估等级是从第 1 等级到第 7 等级，那么他们很可能既避开较高的等级（第 6 和第 7 等级），也避开较低的等级（第 1 和第 2 等级），而把大多数评估对象都评定在第 3、第 4 和第 5 三个等级上。如果你所使用的是图尺度评估法，那么，居中趋势就意味着所有的评估对象都被简单地评定为"中"。这种过于集中的评估结果会使政府绩效评估变得扭曲，掩盖了特别好与特别不好之间的明显差异。在政府绩效评估中，由于评估主体所掌握的标准尺度宽严不一，对所有评估对象的评定结论集中在中等，区分不出优劣，出现中间化倾向。中心化倾向显然与绩效评估区别优劣和好差的目的是相违背的。造成中心化倾向的原因有：评估主体不愿意作出"极好"、"极差"之类的极端评估；评估主体对评估对象不了解；评估主体对评估工作缺乏信心。

从理论上讲，如果不同评估主体拥有相同的评估信息，那么对同一个人的评估结果应是一致的。但许多研究和实践的结果都表明，不同评估主体对同一个人的评估结果相关度极低，这不仅是因为处于不同地位的评估主体对不同类型的信息有不同的优势，更由于不同评估对象在评估时的认知过程和信息处理过程不同。研究表明，评估依据的信息类型的差异、认知错误和动机错误的差异，是不同评估主体评估结果差异产生的主要原因，如表 6-2 所示。

表 6 - 2　不同评估主体评估结果产生差异的原因

评价源	信 息 类 型	认 知 错 误	动 机 错 误
上　级	结果(如产品等)	强调人的因素	政治性动机
同　事	结果和行为	典型性认知错误	友谊/提升动机
自　我	行为	强调环境的因素	自我提升动机
下　级	行为	典型性认知错误	报复性动机
顾　客	结果/消费过程	典型性认知错误	不明确

资料来源:　许庆瑞、王勇、陈劲:"绩效评价源与多源评价",《科研管理》,2002 年第 5 期,第 84 页。

Mushy K、Cleveland 等学者关于不同评估主体对评估对象活动进行评估的频率的调查表明:不同评估主体(评估源)各具优势和不足,如表 6 - 3 所示。

表 6 - 3　采用不同信息来源测评被评估对象行为活动的频率

	评　价　源				
	上　级	同　事	下　级	自　我	顾　客
与任务有关的					
行为	偶　尔	经　常	很　少	总　是	经　常
结果	经　常	经　常	偶　尔	经　常	经　常
与人际关系有关的					
行为	偶　尔	经　常	经　常	总　是	经　常
结果	偶　尔	经　常	经　常	经　常	经　常

资料来源: Murphy K. Cleveland J. Performance Appraisal, *An Organizational Perspective*, Boston: Aallyn & Bacon, 1991: 286。

由于上级、同事、自我、下级和顾客对被评估对象的绩效拥有不同的信息,并且他们对信息的加工过程也大不相同,因此,他们对被评估对象不可能作出一致的评估结果;同时,正是由于这五种评估主体在不同的绩效侧面所拥有的信息丰富程度存在较大的差异,致使每种评估主体在他们拥有较多信息方面所作出的绩效评估具有较高的信度和效度。所以,绩效评估主体的选择、评估对象评估范围的确定对绩效评估的信度和效度都有着直接的影响。

第四节　减少政府绩效评估主体心理误差的措施

随着中国政府改革的深入,许多地方相继开展政府绩效评估。这对于政府了解政府绩效的现状,监控政府活动过程,从而提高政府服务能力和服务质量是有积极意义的。但它毕竟是评估主体根据主观价值判断对政府活动的过程和结果作出的一种评估活动,在实施的过程中难免会产生各种各样的心理误差,因而要提高政府绩效评估的信度和效度,必须掌握评估主体在绩效评估过程中可能产生的各种心理误差,采取有效的措施和方法调控评估参与者在评估过程中的心理状态,使评估的误差降至最低限度。

一、完善政府绩效评估系统

第一,绩效评估指标体系要全面完整,所选评估维度与指标要能够全面覆盖政府绩效的主要方面,至少做到覆盖80%以上;各指标概念要明确具体,不会产生歧义或含糊不清,而且相互独立,保证每个指标仅指向单一的工作活动或其结果,而不是一群活动内容;指标要具有较强的可操作性,也就是要可以跟踪和监督这些关键绩效指标,为绩效信息的收集提供方便;同时,对每一指标都要规定明确而具体的评估标准。为了让评估主体和被评估对象对评估的指标及其标准有一个全面深刻的把握,最好由两者共同参与制定被评估对象的绩效计划。

第二,选择适当的绩效评估方法。每一种评估方法都有其优点和不足。方法选择不正确本身就容易产生评估误差。因此,要根据具体的评估目的选择最适当的评估方法。实践中可以将多种评估方法综合起来使用,如采用目标管理法和行为锚定评估法对工作目标和行为目标进行界定,在评估主体评估时,又用强迫分布法进行规范和约束,最后在评语部分要求采用关键事件法对员工工作过程中的行为加以说明。

第三,每一绩效维度都要单独评估,也就是说,只有当所有被评估对象的该项绩效维度都被评定完后,才可进行下一维度的评估。同时,每一评估主体所要评估的对象不可过多,尤其不能在很短的一段时间内评估许多人。还有系统应选择适当的评估期限。期限一定要足够长,使评估对象能在这一期间内充分表现自己,并能彻底完成所分配的工作,但也不可过长,否则,既可能诱导近因效应等误差的产生,又不利于及时发现和纠正绩效问题。

第四,增加绩效评估工作的透明度。具体包括让评估双方了解评估方案的制定原则和过程,熟悉评估项目体系,保证评估主体对评估指标理解的同质性;对评估指标与方法的科学性进行必要的介绍与讲解,让双方对评估指标、方法和结果产生信任感和认同感。

第五,评估系统应严格要求评估主体认真遵照评估规程中所规定的评估方法和评估标准,排除其他顾虑,实事求是地进行独立评估,保证评估工作的严肃性。

二、健全政府绩效评估组织

第一,政府绩效评估主体来源多元化。评估主体来源多元化是提高政府绩效评估结果有效性和可靠性的重要手段。任何一个业已确定的评估主体因其具有自身特定的角色身份和知识经验,有不可替代的比较优势,同时,因其具有特定的利益需求和动机态度亦有自身难以克服的局限性。评估主体来源多元化有利于克服和消除各类评估主体的相对局限性,减少评估误差,增强评估结果的有效性和可靠性。当然,选择评估主体必须考虑评估目的和成本,这里讲的政府绩效评估主体来源多元化并非全员参与评估。如何有效地选择评估主体,做到既经济又科学,这是构架政府绩效评估模式、建立政府绩效评估指标体系的前提和基础。从中国政府绩效评估的实践来看,评估主体来源至少应该包括学术界专家、评估对象的直接领导、评估对象自身代表、社会公众代表以及其他一些相关组织的代表等。

第二,优化政府绩效评估专家结构。专家的评估意见对评估结果起着举足轻重的作用,正确地选择评估专家在政府绩效评估中尤其重要。一般情形下,政府绩效评估专家的组成应该根据评估对象所涉及的领域而选择一组有代表性的专家。专家组的知识面必须全面地覆盖政府绩效评估所有的领域及相关的领域。承担政府绩效评估的专家成员都应该具有高度的责任感,具有比较宽广的知识视野,熟悉政府绩效评估程序和评估方法,具有相应的经济学、管理学和政治学等方面的基础知识,具有比较强的判断力和观察力,能客观公正地分析和判断问题。在这一要求下,对于不同的评估项目,专家结构也应有所不同,如在评估政府的经济发展绩效时,要侧重选择经济学的专家;在评估政治绩效时,可侧重选择政治学或公共管理学方面的专家;在评估社会发展绩效时,则可以选择社会学方面的专家。为保证评估结果的科学性、客观性和公正性,对专家的素质和职业道德也应有很高要求。总之,政府绩效评估专家组成员间在知识结构、专业结构、年龄结构等方面都应该保持适当的比例,形成均匀分布的格局,避免专家队伍因结构失衡而造成支配性的误差倾向。当然,与评估对象有直接利害关系的专家也可以申请回避。在评估期间,专家不得有影响评估结果公正性的一切行为。

第三,引导独立于政府的社会中介机构参与政府绩效评估。一些发达国家的政府绩效评估往往是由民间自发进行,特别是在一些大的基金会的资助下,由一些大学、研究机构或媒体来组织进行。而政府往往只是对由其提供经费支持的项目进行绩效审计。美国民间机构锡拉丘兹大学坎贝尔研究所自1998年以来就与美国《政府管理》杂志合作,每年对各州或市的政府绩效进行评估,并发布评估报告,引起了政府和民众的广泛关注,一些州政府在对其部门年终业绩进行评估时,也往往请专门的社会评估机构参与。

因此,可以借鉴国外的经验,允许社会中介机构的加入,尝试由政府部门以外的社会组织或中介机构对政府绩效进行评估。社会中介机构参与政府绩效评估的重要意义在于:一方面,由于其独立于政府,使得评估结果更具有公正性和可信性,而评估结果的公正性和可信性是绩效评估发挥作用的基础;另一方面,社会中介机构评估的存在,可以弥补完全由政府主导的政府绩效评估的不足,尤其是当政府绩效评估本身存在较大缺陷的时候。而且,社会评估还具有及时反映公众需求、促进地方政府创新的独特功能。今后中国需要大力培育和发展更多社会评估机构,既可以鼓励大学、科研机构成立评估研究中心,也可以鼓励社会成立非营利性的评估机构,并给予非营利性的评估机构适当的登记及减免税的优惠政策,从而促进政府绩效评估的多元化。

当然,社会评估机构的评估结果并没有法定约束力,评估的结果也很难直接运用于地方政府的绩效管理之中。因此,社会评估机构要发挥作用,最重要的就是树立评估机构自身的公信力。这就要求社会评估机构必须坚持评估的独立性、评估内容与方法的科学性、评估过程的公开透明性和评估结果的客观公正性,并通过相互竞争优胜劣汰、通过历史实践逐步赢得评估的权威性。另一方面,社会评估机构要发挥作用,还应当充分利用网络资源,加强与媒体的联系,甚至与媒体合作来扩大评估的影响力,增强评估的导向功能,并通过社会评估来推动地方政府的创新,提高地方政府的效率与质量,促进地方政府创造更多的公共价值。

三、对评估主体进行系统的培训

规避评估主体误差最首要的方法就是通过对评估主体的培训使他们认识可以产生的各种心理误差，从而使他们有意识地尽可能地避免这些误差的产生。评估主体误差实际上是评估主体主观上发生的错误，因此通过使评估主体了解这些误差来避免它们的发生是最直接也是最有效的方法。

第一，宽大化、严格化和中心化倾向产生的重要原因是评估主体对评估目的缺乏足够的了解而使他们对政府绩效评估缺乏信心。因此，通过培训使评估主体正确认识政府绩效评估的目的和评估的科学性，是减少由于宽大化、严格化和中心化倾向等产生的心理误差的重要措施。

第二，让每一个评估主体十分明确地掌握政府绩效评估指标的内涵和外延，以降低绩效评估主体可能产生的晕轮效应、逻辑效应等心理误差，要训练评估主体能够根据所要评估的指标的含义有针对性地作出评估；让评估主体切实掌握评估技术，把握评估标准、评估程序，并能熟练运用，建立起对评估工作的自信心。

第三，让评估主体充分了解评估过程中容易出现的误差及其规避措施，做到心中有数，评估时密切注意。实际操作时，可以为受训者放映一些专门设计的录像，这些录像应该揭示"晕轮效应"等评估误差是怎样产生的，然后让受训者进行绩效评估并讨论误差影响绩效评估的途径和方式。最后根据每个人掌握误差规避方法的程度评定培训分数。实际情况表明，这种方法对于减少评估主体心理误差是非常有效的。

第四，绩效信息是绩效评估的事实依据，首因误差、近因误差和逻辑误差等产生的重要原因是缺乏必要的绩效记录，以及评估主体掌握的评估依据不充分或不准确造成的，通过培训，让评估主体准确地掌握评估中使用的事实依据，学习有效地和被评估对象进行绩效沟通，科学地记录和收集相关的绩效信息，是规避上述三类误差的有效方法。

第五，培训评估主体正确选择评估的时间。由于评估时间选择不合理，很多评估主体的评估工作常常被其他一些事情打断，等到重新回来再做评估时，刚才在脑海中建立起来的评估角度，很可能就发生了偏差，以至于影响到评估结果，所以，在评估之前，一定要把时间选择好，以保证能专心进行评估，不受其他事情的干扰。例如，可以把评估时间选择在工作比较闲的时候，也可采取措施避开其他人事的打搅。另外，由于评估主体的心情、精神状态以及体能状况,都可能影响到评估的结果,因此,在选择评估时间时,还要保证自己在这段时间内,情绪比较稳定,不会大起大落,这样才可能作出公正一致的评估。

第六,让评估主体掌握严格的评估程序。评估开始前,评估主体应广泛地收集相关信息、阅读相关材料并听取委托单位的介绍,同时,还应注重第三方的信息收集和求证。评估主体之间应相互交流看法,目的在于使评估主体形成自我调控的主观能动意识。评估结束后,评估机构还要注意收集委托单位的反馈信息,追踪评估的后续活动信息。比如:发现和分析评估中可能存在的疏忽和遗漏,包括评估过程中心理机制的正常效应和不良效应,以此作为今后改进工作的依据。

四、强化政府绩效评估主体的责任感

心理学研究表明,评估主体在作出判断时所负有的责任感的程度不同,产生的从众等遵从性行为的程度也不一样。在完全没有责任感的条件下,遵从性最高,评估主体很容易同意并附和其他人的意见,随着责任感的提高,遵从性明显下降。在目前实行签字评估主体负责制的情况下,其他团队成员在作出判断时的责任感较小,很容易产生从众等附和现象,影响对于被评估对象真实信息的掌握和判断。

目前,中国绩效评估普遍采用不记名评估形式,目的在于能尽量减少评估者的心理压力,希望评估结果可以因此更客观一些。但在这种情况下,评估者无需对自己的态度作出解释,评估者的责任感较小,使得评估有更大的随意性,从而使得评估结果产生了更大的偏差。绩效评估实践表明,那种公开进行的评估和私下的评估因评估者的责任感不同,所得的结果就会有一定的偏差。因此,可能适当地采用一些公开形式的评估,比如座谈或现场性评定等,增强评估者的责任感,这样就会减少因群体因素产生的误差。

评估主体是决定评估成败的关键,他们要对评估结果负责,对他们管理的规范程度就决定了评估的规范程度。规范管理涉及评估活动的各个环节,如评估主体是如何产生的,程序如何,如何做到透明度更高,评估主体的权利是什么、义务有哪些,评估活动开展过程有哪些具体的行为准则,对违反准则的评估主体如何处置等等。对这一系列的问题都应有相应的制度与之配套。只有这样,评估主体才有共同的行为准则,评估主体之间才会形成彼此约束,整个评估活动的严肃性才有保障。构建评估机构内部责任分担机制,将评估结果与评估主体的收入和职业声誉等挂钩,增强评估主体的责任感,减少因心理

因素产生的误差。

五、采用多种方法互相印证

绩效评估既然是一种主观见之于客观的心理思维活动,心理因素的影响应得到普遍关注。重视评估过程和结果的交叉验证是对上述观点的积极响应。不同的评估方法所采用的信息、切入的角度、推演的技术路线都是不同的,用不同的方法对同一目标进行评估测算,然后将结果互相比较印证,找出使用不同方法所产生结果的差异及其合理解释,可以克服方法、信息等方面给评估主体带来的视野限制,同时也可以识别出评估过程中的心理干扰因素。评估机构内部可以由两个相互独立的评估小组平行作业,然后交叉检验。如果可能,委托单位也可以委托两个以上的评估机构对同一对象进行绩效评估,以克服评估实施过程中出现的团体思维定势和各种心理偏差。

第五节　政府绩效评估主体的培训

训练有素和责任心强的评估主体是保证政府绩效评估结果公正客观的前提。由于中国政府绩效评估起步较晚,理论知识准备和实际操作经验明显不足。参与政府绩效评估的评估主体虽然是各领域的专家,但也十分缺乏政府绩效评估的专业知识和实际经验。因此,加强对评估主体的评估理论指导和培训就十分重要和必要。通过培训达到以下几个基本目的:使评估者认识到政府绩效评估在政府改革中的地位和作用,认识到自身在绩效评估中的作用;使评估者熟练地掌握各种评估方法,熟悉绩效评估中具体的评估程序;了解评估主体可能产生的各种心理误差,掌握减少和规避心理误差的基本方法;学习与评估对象进行绩效沟通的有效方法,并掌握一些基本的绩效沟通技能。

一、减少和规避评估主体误差的培训

绩效评估中发生的不准确的问题最常见的解释就是评估主体的主观错误。因此,评估主体培训的一项重要内容就是通过培训告诉评估主体在评估过程中可能会产生的各种评估误差,以减少和防止这些误差的发生。在评估

与主体误差问题有关的培训课程中,培训者先为评估主体们放映一部反映评估对象实际工作情况的录像带,然后要求他们对这些评估对象的工作绩效作出评估。接着,培训人员将不同评估主体的评估结果展示出来,并且将在工作绩效评估中可能出现的问题(首因效应、近因效应、晕轮效应、从众效应、情绪效应、刻板效应、逻辑效应、宽大化倾向、严格化倾向和中心化倾向等)等逐一进行解释。如果有受训的评估主体对所有评估对象都给出了同样水平的评估结果,培训者可以指出这位评估主体可能是犯了晕轮效应的错误。最后,培训人员将会给出较为客观的评估结果并对评估主体在评估过程中所出现的各种错误一一进行分析。通过这种形式的培训,评估主体能够对种种评估误差有更深刻的认识,从而有效地减少和规避此类问题产生的可能性。

二、政府绩效评估信息收集方法的培训

绩效评估信息是政府绩效评估的事实依据,绩效评估之所以陷入误区,很重要的一个原因是缺乏必要的绩效评估数据。事实上,政府绩效评估是一项长期、复杂的工作,对作为评估基础的数据收集工作要求很高。在这方面,国外的经验是注重长期的跟踪、随时收集相关数据,使信息收集工作形成一种制度。中国政府绩效评估起步较晚,政府绩效评估指标体系很不健全,缺乏必要的政府绩效评估信息和数据的记录,因此,通过培训,使评估主体掌握一定的绩效评估信息收集方法和技能,是政府绩效评估系统的重要环节。

信息收集就是绩效评估取证。绩效评估沿用了一部分传统财务审计的方法,比如审阅法、核对法、函询法、观察法、盘点法、抽样法等,但也有自身独特的方法。常用的方法包括:

1. 实地观察。对整个被评估单位的工作布局情况加以观察,了解经营管理的全过程,看其工作功能的发挥,并获得对组织的整体印象;对存货、设备状况进行实地观察,注意发现是否有多余积压、废弃等浪费现象;对于项目、工作现场进行实地观察,可以了解项目的运作过程。

2. 面谈。向有关人员分别提问并获得回答,采用口头询问同时做文字记录的方式。被询问者可以是被评估单位的高级主管、一般管理人员、当事人,也可以是有关外部人员包括某方面的专家等。

3. 座谈会。也可以把它理解为一种多元式的面谈。在召开座谈会之前,可以事先将有关调查表提交给被审计单位,以便他们有时间适当做些准备,并选择相关的人员参与座谈。

4. 调查问卷。当涉及的人员或单位很多，以致无法进行必要询问时，可以采用调查问卷的方式。关键的环节是设计一整套科学合理的表格，要求所有内容采用问答方式，这些问题应该非常明确，切忌模棱两可或带有某种诱导性。对于受益面比较广的资金支出，特别是具体到某一类公众个体的资金，比较适合这种方法，比如扶贫资金、三峡移民资金等。

5. 审阅法。审查阅读与被评估单位或项目有关的文件资料包括以前年度的审计报告，从中找出有用的信息。

通过评估主体的培训，使评估主体了解绩效信息的收集方法，掌握信息收集的技能，有利于减少各种评估误差，提高评估结果的科学性和有效性。

三、政府绩效评估指标的培训

绩效评估指标决定了对评估对象的哪些方面进行评估。在我们清晰界定政府绩效评估指标的含义基础上，一个不可忽视的重要任务是让绩效评估主体能够根据所要评估的指标的含义有针对性地作出评估。政府绩效评估指标培训指的是通过培训评估主体，让他们熟悉在评估过程中将使用的各个绩效评估指标，了解它们的真正含义，确保各位评估主体对评估指标理解的同质性，以减少和规避晕轮效应、逻辑效应以及其他各种心理效应所产生的评估误差。绩效评估体系中所使用的各个绩效评估指标，只有在评估主体正确理解各个绩效评估指标的基础上，才能将绩效评估体系所要表征的评估信息真实地传达给各位评估主体。因此，对于政府绩效评估主体绩效评估指标的培训，更重要的在于让政府绩效评估领导小组接受专业人员的最终选择，不要由于在制定过程中的矛盾影响了评估过程中对评估指标的理解。

四、政府绩效评估标准的培训

政府绩效评估标准是评估指标的具体化和明细化，是给评估对象在某个具体指标上进行打分的参考尺度和操作细则。在制定绩效评估标准时，要充分考虑标准的合理性，这种合理性主要体现在五个方面：一是评估标准要全面。制定的各种评估标准要相互补充，扬长避短，共同构成一个完整的评估体系；二是标准之间要协调。各种不同标准之间在相关质的规定性方面要互相一致，不能相互冲突；三是关键标准要连贯。特别是关键绩效指标应有一定的连贯性，否则不利于评估工作的开展；四是评估标准应尽可能细化。倘若绩效量度的内容过于笼统,无任何客观标准和实际意义,只不过是形式上"走过场",可能会使评估对象产生不满和抵抗情绪;五是要根据评估对象总的目标来制定评估标准。通过政府绩效评估标准培训,让评估主体充分了解和把握评估指标的具体评估准则和参考标准,有利于改善绩效评估结果的质量。

五、政府绩效评估方法的培训

为了选择科学的绩效评估方法,绩效评估专家对此进行了大量的研究,开发了一系列的绩效评估方法。这些方法有的各具特色,有的则十分相似,各有优劣。迄今为止,还没有一种方法能够满足实践中的所有要求。目前常用的方法包括:

1. 书面描述法:最简单的绩效评估方法,即写一份记叙性材料,描述一个员工的所长、所短、过去的绩效和潜能等,然后提出改进和提高的建议;

2. 关键事件法:评估者将注意力集中在那些区分有效和无效的工作业绩的关键行为方面;

3. 评分表法:是一种最古老的也是最常用的绩效评估方法。评分尺度通常为5分制,如对职务知识这一因素进行评分时可以是从1分("对职务职责了解很差")到5分("对职务的各方面有充分的了解")。各种因素得分相加最高者,为最优秀的员工;

4. 行为定位评分法:近几年来日益得到重视的一种业绩评估方法。此种方法综合了关键事件法和评分表法的主要要素:考评者按某一序数值尺度对各项指标打分,不过,评分项目是某人从事某项职务的具体行为事例,而不是一般的个人特质描述;

5. 多人比较法:将一个员工的工作绩效与一个或多个其他人作比较。它是一种相对的而不是绝对的衡量方法。此类方法最常用的三种形式是:分组排序法、个体排序法、配对比较法。评估者记下一些细节但能说明员工所做的是特别有效果和无效果的事件。要点是只述及具体的行为,而不笼统评估一个人的个性特质。

每种评估方法都有其优点和缺陷。应该通过评估主体培训使评估主体充分掌握在实际进行评估时需要采用的各种评估方法,以充分发挥该评估方法所具有的优势,并使评估主体对评估方法产生认同感和信任感。规范的评估方法和科学地安排评估时间,是减少和规避评估误差产生的一个重要因素。

六、政府绩效评估结果反馈培训

研究人类行为的心理学家发现,反馈是使人产生优秀表现的最重要的条件之一。如果没有及时、具体的反馈,人们往往会表现得越来越差。如何分析并运用绩效评估所获得的结果与实施绩效评估工作之前对绩效评估目标的预期有极大的关系。目前,中国绩效评估还是仅仅停留在对过去一个时期的总结的层面上,忽视了评估结果对将来绩效改进的作用。反馈的不及时,造成评估对象不知道自己做得好不好,就无从进一步改进;如果评估对象一直以为自己做得很好,而事实上不是,他们就不会改变长期以来的错误做法,造成越来越糟糕的结果。因此,加强对评估工作的总结与反馈工作,及时将评估结果反馈给评估对象,让评估对象知道自身的优缺点,并加以改进,这是政府绩效评估活动极其重要的内容。实践证明,反馈结果处理得当,对实现和强化参评者的内心需要,改善其认知态度,有着极其重要的意义。

绩效反馈培训是评估主体培训中的一个重要内容,它关系到绩效管理系统能否达到预期的目标。政府绩效评估结果应及时反馈给评估对象,并比较主管评估和自我评估是否有明显差异,对明显差异之处应相互沟通,尽力达成一致意见。绩效反馈是一个评估主体与评估对象之间的沟通过程。通过这一沟通过程,评估主体将绩效信息反馈给评估对象,从而帮助他们纠正自身工作的不足。绩效反馈并不是一个简单的谈话,评估主体应该通过这样一个沟通的过程帮助评估对象更好地认识自身工作业已取得的成就和所存在的主要问题。

根据反馈的内容和态度,一般我们将绩效反馈分为三类:正面反馈、负面反馈和中立反馈。其中,中立反馈和负面反馈都是针对政府绩效评估中不足的问题进行的反馈;而正面反馈则是针对政府绩效评估中表现良好的指标进行的反馈。通过评估主体培训,评估主体应该掌握各种绩效反馈面谈中可以运用的技巧。

本章小结

本章重点考察了国外政府绩效评估的主体以及中国政府绩效评估主体的缺陷问题,并就政府绩效评估主体的类型、政府绩效评估主体的心理误差、减少政府绩效评估主体心理误差的措施,以及政府绩效评估主体的培训等问题进行了详细论述。

1. 政府绩效评估主体是一个由多元主体组成的治理结构,评估主体多元化是保证政府绩效评估有效性和绩效评估信度的基本原则。我们要注意政府绩效评估主体的"主体资格"问题。

2. 根据政府绩效评估主体的不同,湘潭大学彭国甫教授把中国政府绩效评估主体归纳为外部评估主体体系和内部评估主体体系两大类。

3. 外部评估主体体系是指政府机关以外的评估主体所构成的评估主体体系,包括政党评估、国家权力机关评估和社会评估等。

4. 内部评估主体体系是指政府机关自身作为评估主体所构成的评估主体体系,主要包括政府机关内部的自我评估和专门评估两部分。政府机关内部的自我评估,是指政府机关按隶属关系上下级之间相互实施的评估。它主要包括一般评估、职能评估和主管评估。政府机关内部的专门评估,是指政府设立专门机关对所有的绩效实行全面的评估,主要包括人事部门的评估和审计机关的评估。

5. 从理论上看,在一般情况下,政府绩效评估系统中可以有六种类型的绩效评估模式,即上级评估、自我评估、同事(同级)评估、下属(下级)评估、顾客(公众)评估和专家评估等。与此相对应,也有六类评估主体可供选择:上级评估、同级评估、自我评估、下级评估、公众评估和专家评估。

6. 政府绩效评估主体的心理因素在评估过程中不能不发生作用。政府绩效评估主体的心理误差:首因效应、近因效应、晕轮效应、从众效应、情绪效应、刻板效应、逻辑效应、宽大化倾向、严格化倾向和中心化倾向等都将影响和干扰绩效评估的结果,从而造成绩效评估结果的偏差。

7. 针对政府绩效评估主体存在的心理误差,必须采取有效的措施和方法调控评估参与者在评估过程中的心理状态,使评估的误差降至最低限度,主要包括:完善政府绩效评估系统、健全政府绩效评估组织、对政府绩效评估主体进行系统的培训、强化政府绩效评估主体的责任感和采用多种政府绩效评估方法互相印证。

8. 训练有素和责任心强的评估主体是保证政府绩效评估结果公正客观的前提,加强对评估主体的评估理论指导和培训十分重要和必要,包括:减少和规避政府绩效评估主体误差培训、政府绩效评估信息收集方法培训、政府绩效评估指标培训、政府绩效评估标准培训、政府绩效评估方法培训和政府绩效评估结果反馈培训。

本章基本术语

政府绩效评估主体　政府绩效评估主体资格　外部评估主体体系　国家权力机关评估　社会评估　内部评估主体体系　自我评估　专门评估　一般评估　职能评估　主管评估　上级评估　同级评估　下级评估　公众评估　专家评估　首因效应　近因效应　晕轮效应　从众效应　情绪效应　刻板效应　逻辑效应　宽大化倾向　严格化倾向　中心化倾向

复习思考题

1. 政府绩效评估主体的内涵是什么？
2. 试分析英美两国政府绩效评估主体的特点及对中国的借鉴作用。
3. 中国目前的政府绩效评估主体有哪些缺陷？
4. 简述政府绩效评估主体的类型并比较它们各自的优缺点。
5. 试举例说明评估主体的心理误差对政府绩效评估结果的影响。
6. 简述减少评估主体心理误差的主要措施。
7. 试分析政府绩效评估主体培训对减少评估主体心理误差的作用。

第七章　政府绩效评估指标

　　要全面、正确衡量政府绩效，就必须选择一些有代表性的绩效指标，形成一个完整的政府绩效评估体系。科学的评估体系不仅限于定量指标，还包括定性指标。科学的评估体系将对政府绩效的不同方面、不同角度进行衡量，做到既通观全局，又重点突出。各政府部门的绩效评估指标虽然各有不同，但也有一些共通之处。各个政府部门可以在一定指标体系的指导下，根据自己的特点与实际制定自己的指标，既保持特性又能实现数据共享。

　　党的十一届三中全会以来，中国各级政府确立了以经济建设为中心的战略方针。层层的经济目标责任制逐渐成为各级政府推动经济发展的主要手段。在地方利益和官员追求"政绩"的共同驱使下，GDP及GDP增长率等经济指标实际上成为衡量政府绩效的主要甚至是唯一的刚性指标。GDP指标简单直观，但不全面，没有深刻揭示政府绩效的内涵，很难满足政府绩效评估的需要。实践表明，以GDP至上的政府绩效评估办法对政府行为的误导作用十分明显，其负面效应日趋凸显：一是助长了政府过多、过细地参与或干预微观经济活动，淡化了企业的市场竞争意识和市场竞争能力，延滞了现代企业制度和市场经济体制的建立；二是助长了一些政府官员"只对上负责、不对下负责和不对人民负责"的从政理念，忽视了政府的公共服务能力建设，降低了政府的服务意识和服务质量；三是助长了一些政府官员弄虚作假和浮夸风，滋生了很多"形象工程"和"政绩工程"，损害了人民的根本利益和政府的威信；四是助长了政府官员不计代价追求短期利益、局部利益和个人利益，加快了自然资源的枯竭，加剧生态环境的破坏，影响了经济、社会与环境的可持续发展。因此，要促进中国国民经济和社会的可持续发展，必须建立一套科学的政府绩效评估指标体系。

第一节　政府绩效评估指标的考察

运用科学的政府绩效评价指标,对政府绩效进行科学的评价,依据评价的结果对政府及相关人员进行科学的奖惩,是世界上很多国家的普遍做法。这种做法不仅有利于发现和找出政府工作中的缺陷和不足,引导、规范、监督和激励政府行为,促进政府职能的转变,提高政府的服务能力和服务质量,增强公民对政府的认同和信任,更重要的是它如同"指挥棒",决定着政府的工作方向。

一、美国国家绩效评估委员会的评估指标

美国政府会计标准委员会(the Government Accounting Standards Board)认为,在政府系统中建立统一的赏罚分明的绩效评估指标和评估标准,既要照顾各部门工作的特殊性,又要体现公平统一的权威性。在《政府绩效与评估法案》指导下,美国国家绩效评估委员会提出了一整套较为完善的衡量政府部门和个人工作绩效的评估体系,该体系从不同角度不同程度地反映了质量、经济、效率、效果等绩效标准。主要包括以下六大类指标:

第一,投入指标(input indicators)。这些指标衡量某一项目或服务消耗的资源。如提供某一项服务所花费的资金数量或雇员小时数。美国审计总署把其界定为"报告被用于某一项具体服务或项目的资源数量、财政及其他方面(特别是人事)"。

第二,能量指标。这些指标度量一个机构提供服务的能力。可以帮助部门主管评估本部门雇员培训的程度、物质设施状况及系统准备就绪的程度。

第三,产出指标(output indicators)。这些指标衡量为服务人口提供的产品数量或服务单位。同时也包括"工作量"指标,反映在为生产一个产品或提供一项服务所消耗的努力程度,如一个医院医护病人的数量、警察逮捕罪犯的人数等。

第四,结果指标(output indicators)。这些指标衡量项目和服务的结果,具有定量和定性的特征。如:参加工作培训项目六个月后受雇佣的人数、经常享用一个公园的居民人数的百分比等。

第五,效率和成本效益指标(efficiency and cost-effectiveness indicators)。

这些指标集中于一个项目是如何实现的。效率指标反映服务的程度与提供服务所需资金与人力资源的成本之比,用来衡量单位产出或结果的成本。如:收集每吨垃圾所花费的成本。

第六,生产力指标。按照美国学者戴维德·N·阿曼斯(Ammolls)的理解,生产力指标是一个融效率和效益为一体的指标。如:"每单位劳动时间修补路程数"反映效率;"高质量地修补的路程数的百分比"(如6个月内不需要重新修补)反映效益;"有效修补每千米路所需的单位成本(或劳动小时)"则反映生产力。

这些只是基本的评估指标,在实际操作过程中,许多市与县政府使用了150种到1 500种不等的评估指标,并且各州、各机构都根据自己的特点设置了各具特色的评估指标和评估标准。

二、英国的政府绩效评估指标

20世纪80年代,英国效率小组在财务管理新方案的改革中设立了经济性(economy)、效率性(efficiency)、效果性(effectiveness)的3E评估方案。后来,英国财政部对3E的含义进行了明确的界定。

经济性:在保证适当质量的前提下,以最低的成本取得所需要的人力和物力资源并提供合格的服务。它是从获取资源的角度来说的,强调的是节省程度,追求花费最小化。

效率性:以一定数量的资源投入获得最大的产出,或者说是以最小的资源投入获得一定数量的产出,强调的是产出与投入之间的比例关系,追求产出投入比的最大化。

效果性:事业、项目、组织的执行是否达到了预定的目标,实现程度如何,产生了哪些影响和效果,强调的是实际效果与预期目标之间的关系,追求效果的最优化。

(一)经济性评估

经济性评估目的是促进英国政府部门树立成本意识、降低成本、节约开支,实现"资金的价值"。经济性评估的内容通常包括以下几个方面的指标。

1. 成本与投入的比率。其主要目的是在获得特定水平的投入时,使成本降低到最低水平,或者说充分利用确定资金获得最大限度的投入。

资金是行政管理活动的血液。然而,一个行政组织从事管理活动时实际投入的并不是金钱,而是由金钱转化而来的人力、物力、设备等等。即使在一些涉及金钱直接付出的活动中(如救济金的发放),也需要人力、物力和固定资产来处理个案申请。这些人力、物力、设备等构成了行政组织对特定管理活动的投入,而获得和维持这些人力、物力、设备所花的资金,就是投入的成本。不经济既可以表现为获得某一投入(如购买一台设备)花了高于市场最低价的资金,又可以表现为超量投入,如办公条件过于豪华、设备闲置等等。

为了使投入成本的计算更为全面科学,英国财政部于 20 世纪 90 年代初成立了一个工作小组,探讨如何计算各部门所使用的固定资产的成本。其要点是:实行固定资产注册制度;建立统一的固定资产计费标准,然后按照这一标准把固定资产的占用列入成本;拟定一些指标来显示固定资产使用情况。

2. 行政开支与业务开支的比率。对于政府而言,直接用于服务对象的开支为业务开支,服务机构的运营开支为行政开支。两种开支之间的比率是可以用来测定经济水平的。英国效率小组对森林保护专项资金的使用状况进行了评审,结果发现专款中实际运用树木修复的每 100 英镑支出中有相应的行政开支为 90 英镑。

3. 人均开支评估。人均开支是指社区所有成员在特定领域的人均开支。例如,英国警察工作绩效指标中有"警察工作上的居民的人均净投入"入不敷出内容并采取分项计算的方式。通过人均开支测定,既能为公民提供一个监督政府机构的有效工具,也能比较不同警察局在不同方面的净投入,以实现资源的有效利用。

4. 资源浪费评估。资源浪费评估是指计算各种工作的失误(如工作程序设计不当、个人工作方面的失误)所造成的经济损失。英国 20 世纪 90 年代,开展了一项"为失误计价"研究。研究者通过对某公立医院的一个小病房工作方面的失误进行计价,发现内部失误成本高达 56 720 英镑,约占该病房总开支的 10% ~ 12% ,其中不包括外部单位造成的损失、给病人带来的痛苦以及一些失误造成的没有计价的损失。

(二)效率性评估

效率指一种活动或一个部门组织投入(使用的资源如人员、设备、资金等)和产出(所提供的服务)之间的比率关系。低投入高产出即为高效率,反之则为低效率。为达到高效率,就必须使一定量的投入实现尽可能多的产出,或是用尽可能少的投入实现某种量的产出。效率与经济理性同义,它关心的是手段问题,而且这种手段是以货币方式加以表达与比较的。效率的计量方法有单位产品成本和服务成本(如每次医疗检查的成本),或者单位成本能提供的产品和服务数量(如花费 100 美元可做 50 次医疗检查)。最低成本实现最大效益就是有效率。

英国政府部门和社会科学界在长期的实践中,设计和开发了一套复杂的效率测定技术方法。它涉及一些专门概念如"技术效率"、"配置效率",包括不同的分析技术如回归分析、数据包络分析、参照系与非参照系比较技术等等。

(三)效果性评估

效果一般指的是产出和目标之间的关系,换句话说也就是产出对最终目标实现所作贡献的大小,政策目标的实现程度如何。有关效益评估的系列指标应当包括质量指标、顾客指标和目标实现度指标等。通常,商业组织中上述指标的获得比较容易,如产品合格率,顾客满意度,年销售额等等。但对于政府组织来说,效益指标的设计则十分的困难和复杂。原因主要有三个:首先,政府组织的财务目标与私人组织相比明显不同,政府组织不可能像私人组织一样用诸如利润率、资本市场绩效等纯粹的利益指标来衡量效益;其次,政府组织的目标往往不能量化,时间上又有滞后性;最后,政府组织工作赖以建立的基础——社会价值体系日趋多元化和多样化,使得社会效果的统一标准难以确定。

在实践中,行政管理工作包罗万象,不同部门的工作性质差别很大,因而其效益的表现方式也不尽相同。对某些行政管理活动而言,其效益只能通过产出的质来体现。而有的行政管理活动的效益则只能体现为产出的社会效果方面。对社会效果的测定可以从两方面着手:一是管理活动的产出是否满足了社会或公众的需求;二是这一活动的产出对既定目标的实现作出多大贡献。前者是直接测定,后者是间接测定,因为既定目标并不总是等同于客观效果,尽管人们正是追求特定社会效果才选择这些目标的。总体上看,英国的效果性评估仍处在探索阶段,其主要做法涉及以下三个方面:

第一,质的量化指标。在卫生与社会保险部为医疗卫生系统拟定的评估方案中,曾经为医院的服务质量提出了一些指标,如手术前后死亡人数,非计划重新入院人次,病人在院感染率,免疫接种率等等。可见,质的量化即通过一系列量的分析综合来反映一个事物的质。

第二,用民意测验测定效益和服务质量既然是行政管理活动的目的,是满足社会或公众的需求,那么测定社会效果和质量的最佳方法,就是面向服务对象,了解他们的评价,他们的满意程度。民意测验法虽很受欢迎,但也有局限性,如成本高,受公众判断力的影响而难以准确可靠。

第三,质量保证体系。质量保证是一套完整的质量控制过程,主要应用于那些从事量的处理工作的行政部门和业务性质单一的公共服务机构。对于那些应用了质量保证系统的部门来说,其绩效评估只注意效率和经济就可以了。

三、瑞士洛桑国际管理发展学院(简称 IMD)政府绩效评估指标

IMD 作为全球研究国家竞争力的权威机构,全部评价体系均建立在企业竞争力和国家竞争力及其相互关系的理论框架之上。IMD 假定财富的创造根本上来自企业层面,明确提出企业是在国家的环境中运作的,这种环境增强或者阻碍企业在国内或国际上竞争的能力,它把这个领域的研究称为国家竞争力研究。同时,IMD 指出了企业竞争力与国家竞争力的相互关系。而在此基础上确立的国家环境的四个方面,即经济表现、政府绩效、企业效率和基础设施,构成了一个比较完整的支撑企业竞争力的国家竞争力评价体系。

按照 IMD 的评价体系,政府绩效是由公共财政、财政政策、组织机构、企业法规和教育五个评价要素决定的,这些要素又可细分为 84 个具体评价指标(如表 7 - 1 所示)。

表 7 - 1　IMD 政府绩效评估指标

要　素	评　估　指　标
公共财政	**硬指标**:中央政府预算盈余或赤字、中央政府预算盈余或赤字占 GDP 的百分比、中央政府国内负债、中央政府国内负债占 GDP 的百分比、中央政府国外负债、中央政府国外负债占 GDP 的百分比、中央政府总负债实际增长率、利息支付额占当前收入的百分比、国家总储备(包括黄金储备和官方储备)、一般政府支出占 GDP 的百分比。 **软指标**:公共财政管理。
财政政策	**硬指标**:税收收入占 GDP 的百分比、个人收入税有效税率占人均 GDP 的百分比、个人收入税、雇员社会保障缴款率、雇员的社会保障缴款、对利润征收的平均公司税率、公司税、雇主的社会保障缴款率、雇主的社会保障缴款、资本和财产税、间接税。 **软指标**:实际个人税、实际公司税、逃税。
组织机构	(1)中央银行。它含有短期实际利率、利率差、国家信用等级、汇率稳定度 4 个硬指标,以及资本成本、中央银行政策、汇率政策 3 个软指标。 (2)狭义政府效率。它只有 10 个软指标,即关于政策方向的一致性、法律体系、新立法、政府经济政策、政府决策、政治团体、透明度、公共服务、官僚主义、受贿和腐败。 (3)公平与安全。它含有 1 个硬指标即严重犯罪和 4 个软指标即公平、个人安全与个人财产、政策不稳定性风险、社会凝聚力。

续　表

要　素	评　估　指　标
企业法规	（1）开放度。它仅有5个软指标：贵国参与区域贸易集团的程度、海关职权、保护主义、公共部门合同、出口信用和保险。 （2）竞争法规。它有1个硬指标：政府补贴；另有6个软指标：竞争立法、产品和服务立法、价格控制、地下经济、外国公司、新企业。 （3）劳动法规。它有3个软指标：劳动法规、失业立法、移民法。 （4）资本市场法规。它含有9个软指标：即金融机构法规、金融交易的机密性、跨国经营风险、外国投资者、外国金融机构、进入国内资本市场、进入国外资本市场、投资激励、投资保护计划。
教育	**硬指标**：全部公共教育支出、初等教育学生－教师比、中等教育学生－教师比、中等学校入学人数、高等教育成绩、教育评估、文盲率。 **软指标**：教育体系、大学教育、经济知识普及、教育基金、合格工程师、知识转让。

一是公共财政（硬指标10个、软指标1个）。硬指标包括中央政府预算盈余或赤字、中央政府预算盈余或赤字占GDP的百分比、中央政府国内负债、中央政府国内负债占GDP的百分比、中央政府国外负债、中央政府国外负债占GDP的百分比、中央政府总负债实际增长率、利息支付额占当前收入的百分比、国家总储备（包括黄金储备和官方储备）、一般政府支出占GDP的百分比；软指标是公共财政管理。

二是财政政策（硬指标11个、软指标3个）。硬指标包括税收收入占GDP的百分比、个人收入税有效税率占人均GDP的百分比、个人收入税、雇员社会保障缴款率、雇员的社会保障缴款、对利润征收的平均公司税率、公司税、雇主的社会保障缴款率、雇主的社会保障缴款、资本和财产税、间接税；软指标是实际个人税、实际公司税、逃税。

三是组织机构（包含3个子要素、5个硬指标和17个软指标）。具体有：（1）中央银行。它含有短期实际利率、利率差、国家信用等级、汇率稳定度4个硬指标，以及资本成本、中央银行政策、汇率政策3个软指标。（2）狭义政府效率。它只有10个软指标，即关于政策方向的一致性、法律体系、新立法、政府经济政策、政府决策、政治团体、透明度、公共服务、官僚主义、受贿和腐败。（3）公平与安全。它含有1个硬指标即严重犯罪和4个软指标即公平、个人安全与个人财产、政策不稳定性风险、社会凝聚力。

四是企业法规（有子要素4个、硬指标1个、软指标23个）。具体有：

（1）开放度。它仅有 5 个软指标：贵国参与区域贸易集团的程度、海关职权、保护主义、公共部门合同、出口信用和保险。（2）竞争法规。它有 1 个硬指标：政府补贴；另有 6 个软指标：竞争立法、产品和服务立法、价格控制、地下经济、外国公司、新企业。（3）劳动法规。它有 3 个软指标：劳动法规、失业立法、移民法。（4）资本市场法规。它包含 9 个软指标：即金融机构法规、金融交易的机密性、跨国经营风险、外国投资者、外国金融机构、进入国内资本市场、进入国外资本市场、投资激励、投资保护计划。

五是教育（硬指标 7 个、软指标 6 个）。硬指标是全部公共教育支出、初等教育学生-教师比、中等教育学生-教师比、中等学校入学人数、高等教育成绩、教育评估、文盲率；软指标有教育体系、大学教育、经济知识普及、教育基金、合格工程师、知识转让。

测度政府绩效的指标体系包括以上五个要素，这些要素在结果计算时具有相同的权重，即在最后计算政府绩效的标准化值和排序结果时各占 20%。

四、中国国家人事部推出的政府绩效评估指标

国家人事部《中国政府绩效评估研究》课题组在总结国内外相关指标体系设计思想和方法技术的基础上，经过深入调查，组织有关专家论证分析，提出了一套中国政府绩效评估指标体系。该评估体系由职能指标、影响指标和潜力指标 3 个一级指标、11 个二级指标以及 33 个三级指标构成（如表 7－2 所示）。

（一）职能指标：主体评价工具

针对职能绩效进行测量的指标就是职能指标。职能指标所检验的是政府管理的基本职能，它是绩效指标体系的主体。一般来说，一级政府基本完成了其职能指标的任务，应算合格。

所谓职能绩效，是政府在其职能范围内所表现出的绩效水平，它有直接性和主体性，如社会保障问题、社会稳定问题等是政府应解决的基本问题，这方面出了问题，政府部门要负直接责任。

根据中国政府职能的基本定位，政府的职能指标可分解为经济调节、市场监管、社会管理、公共服务和国有资产管理五项内容。根据现代经济学理论和中国的实际，"经济调节"的成败主要体现在经济增长、社会就业和政府财政收支状况。"市场监管"是一项维持市场经济秩序的执法活动，其绩效水平，

表 7－2　人事部政府绩效评估指标

	一级指标	二级指标	三　级　指　标
政府绩效	影响指标	经济	人均 GDP　劳动生产率　外来投资占 GDP 比重
		社会	人均预期寿命　恩格尔系数　平均受教育程度
		人口与环境	环境与生态　非农业人口比重　人口自然增长率
	职能指标	经济调节	GDP 增长率　城镇登记失业率　财政收支状况
		市场监管	法规的完善程度　执法状况　企业满意度
		社会管理	贫困人口占总人口比重　刑事案件发案率　生产和交通事故死亡率
		公共服务	基础设施建设　信息公开程度　公民满意度
		国有资产管理	国有企业资产保值增值率　其他国有资产占 GDP 的比重　国有企业实现利润增长率
	潜力指标	人力资源状况	行政人员中本科以上学历者所占比例　领导班子团队建设　人力资源开发战略规划
		廉洁状况	腐败案件涉案人数占行政人员比率　机关工作作风　公民评议状况
		行政效率	行政经费占财政支出的比重　行政人员占总人口的比重　信息管理水平

首先表现在法规的完善程度,其次是执法的规范和效率问题,最终要体现在执法和服务对象(企业)的满意程度上。社会管理的内容很多,但解决贫困问题、维护社会稳定和避免恶性生产和交通事故的发生应是各级政府的基本职责。公共服务是现代政府要着力加强的职能,基础设施建设是硬件,信息公开程度是建设服务型政府的标志,公民满意度是检测公共服务质量的最终标准。在"国有资产管理"上,一方面是国有企业实现的利润和国有资产的保值增值,另一方面也要评估非经营性国有资产所占用和消耗的比重,办同样的事占用国有资产越少越好。

（二）影响指标：体现效果为本

影响指标用来测量政府管理活动对整个社会经济发展成效的影响和贡献，具有间接性和根本性。这一指标直接考察的是政府的所有作为，反映其人民生活中的实实在在的效果。

政府的绩效最终要表现在经济的增长、社会的进步和人们生活质量的提高上，要恰如其分地评估社会经济发展中政府的地位和作用，既不能夸大，将所有成就和失败都归功或归罪于政府，也不能低估政府在促进和影响社会经济发展中的巨大功能，特别是中国在计划经济体制下形成的大政府和全能政府的管理模式，在相当长时期内还将保持强势政府的态势。所以社会经济发展指标与政府的绩效指标，有一定的重叠性是符合中国实际的。

影响指标反映的是社会经济发展的最终成果，按照全面发展的思路，应包括经济、社会和人口与环境等内容。在经济方面，人均 GDP 是人们物质生活水平高低的标志；劳动生产率衡量社会技术发达程度；外来投资是一个地区经济活力的表现，特别是在中国现阶段，各地都将外来投资列入政绩考核的重要方面，根据未来发展的具体情况可以考虑去除这一项。社会方面，人均寿命是社会进步的综合反映，同时健康长寿也是人类自身发展的目标追求，恩格尔系数通常用来测量社会发展的不同阶段，平均受教育程度是社会文明的尺度。在人口与环境方面，将环境与生态状况、非农人口比重和人口增长率并列，突出以人为本，人与自然的协调发展，突出农业城镇化建设的要求。

（三）潜力指标：测量潜在发展动力

潜力指标，反映的是政府内部的管理水平，它是政府履行职能的基础，也是政府绩效持续发展的保证，同时也是政府管理廉洁、公正、高效的政治要求的体现，因此潜力指标在整个体系中占有相当地位，与影响指标一样是职能指标的重要补充和提高。潜力指标实际上就是用于测量政府在自身建设和内部管理方面的工作效果。

政府管理的绩效既体现在外部社会经济环境的变化上，同时也体现在内部的管理和素质上，潜力指标包括人力资源状况、廉洁状况和行政效率三个方面。人力资源状况，主要反映公务人员的素质和领导班子的团队建设，这是一级政府高绩效的基础和关键。廉洁是对政府管理的基本要求，同时也是政府绩效的一个重要方面，特别是在中国现阶段，反腐倡廉是衡量一届政府工作好坏的重要标准。行政高效一直是政府管理的理想指标，但测量难度较大，因此主要从经济性的角度进行成本和投入产出方面的评估，要求少花钱少用人，同时考评政府信息管理的水平，面对复杂的社会环境和信息社会的挑战，政府管理的信息化是建立高绩效政府的重要技术支撑。

五、中国省级政府效率评估指标

北京师范大学的唐任伍、唐天伟认为,政府效率是各级政府机构(含公、检、法机构)在履行政府职能过程中所涉及的财政投入与财政效果的相对比较,即政府成本与政府收益之间的对比关系,它体现了政府活动过程及结果的相对水平。

为了比较客观地反映中国省级政府的效率特性和水平,唐任伍、唐天伟一律采用国内公开的统计数据(均为硬指标),使测度政府效率建立在可以量化的原始数据基础之上。为此,他们从分析政府投入及其产生的社会经济效果入手,力求通过查阅《中国统计年鉴》、《中国经济年鉴》、《中国环境年鉴》、《中国法律年鉴》等各种出版物寻觅政府投入与收益之间的数量规律。他们发现近年来中国政府财政支出主要集中在十个领域,即文体广播、教育卫生、行政管理、基本建设、农林水利气象、企业改造挖潜、公检法、城市维护、政策性补贴、抚恤社会福利和社会保障、科技。这些领域是中国省级政府履行职能的主要范围,也是体现政府效率水平的重要方面,他们从中精心寻找那些主要由财政支出引起的、有完整统计数据的、反映政府投入效果(即政府收益或政府产出)的主要指标(共47个)。然后根据公共经济学、行政学、统计学等学科原理,结合中国政府实际构建了一个由指标因素、子因素和具体评价指标构成的测度省级政府效率的完整指标体系。

参照IMD对政府效率的测度原理,他们设计了一套评价中国省级政府效率的指标体系,它由政府公共服务、公共物品、政府规模、居民经济福利四个因素及其子因素组成,共计47个评估指标(如表7－3所示)。

表7－3　中国省级政府效率评估指标

因　素	子因素	具　体　评　估　指　标
政府公共服务	科教文卫服务	1. 人均科技三项费用(元) 2. 产品优等品率(%) 3. 三种专利申请批准量(项/每10万人) 4. 人均技术市场成交额(元) 5. 初等教育学生-教师比 6. 中等教育学生-教师比 7. 文盲半文盲率(%) 8. 国家财政性教育经费占GDP的比例(%) 9. 文艺出版单位(个/每10万人) 10. 卫生床位(张/每10万人) 11. 卫生人员(人/每10万人)

因　素	子因素	具 体 评 估 指 标
政府公共服务	公共安全服务	12. 三种事故发生率(起/每10万人) 13. 三种事故人均损失(元) 14. 立法(新立法、修正或清理的旧法,含法规、法案、条例等)(部) 15. 法院一审受理案件(件) 16. 法院一审案件审结(件) 17. 检察院批捕犯罪嫌疑人数(人) 18. 公安局破获或立案刑事案件(起) 19. 刑事案件发生率(起/每10万人)
	气象服务	20. 农业气象业务站点(个/每10万人) 21. 地震监测台(个/每10万人)
	社会保障服务	22. 年末职业介绍机构(个/每10万人) 23. 城镇社区服务设施(个/每10万人) 24. 农村社会保障网络(个/每10万人)
公共物品	社会基础设施	25. 国家预算内基本建设和更新改造投资(亿元) 26. 基本建设和更新改造投资中地方项目与中央项目之比(%) 27. 基本建设和更新改造项目建成投产率(%) 28. 工业"三废"治理效率(%) 29. 每万人拥有水库容量(亿立方米/每万人) 30. 自然保护区面积与辖区面积之比(%)
	城市基本设施	31. 城市煤气普及率(%) 32. 城市每万人拥有公共交通车辆(标台) 33. 城市人均拥有铺装道路面积(平方米) 34. 城市人均公共绿地面积(平方米) 35. 城市每万人拥有公共厕所(座)
政府规模		36. 行政就业人员占总人口比重(人/每万人) 37. 行政就业人员占总就业人员比重(%) 38. 政府消费与最终消费之比(%) 39. 政府消费与GDP之比(%) 40. 罚没收入及行政性收费占财政收入的比例(%)
居民经济福利		41. 农村居民家庭人均纯收入(元) 42. 城镇居民家庭人均可支配收入(元) 43. 农村居民家庭恩格尔系数(%) 44. 城镇居民家庭恩格尔系数(%) 45. 居民消费价格指数(上年=100) 46. 人均GDP(元) 47. 政策性补贴与财政支出之比(%)

第二节　政府绩效评估指标的理论遴选

国外尤其是美国的政府绩效评估的理论研究与实践工作可以说是比较发达的,但从目前的结果来看,仍然处在襁褓时期。相比之下,中国的政府绩效评估还晚近20年。正如北京大学周志忍教授指出,中国的政府绩效评估还处在原始的手工业水平上,评估制度具有"半自发性"、"盲目性"、"随意性"、"单向性"、"消极被动性"和"封闭神秘性"等特征。深入地分析国内外现行的政府绩效评估体系的设计与实践,可以发现存在着若干明显的缺陷:一是没有对政府绩效概念进行严格的定义,极大地降低了政府绩效评价的表面效度;二是没有对政府绩效评价体系进行严密的理论构思,评价指标的选择主观随意性很强,极大地降低了政府绩效评价的内容效度;三是没有对评价指标进行相关分析,一些评价指标之间存在着高度的相关性,极大地降低了政府绩效评价的有效性;四是没有对评价指标进行鉴别力分析,评价指标缺乏足够的鉴别力,极大地降低了绩效评价对政府的实际工作成效的解释能力。因此,很有必要在国内外政府绩效评估指标的已有研究成果的基础上,结合中国的国情,探索一套既具有较高信度和效度,又具有较强可操作性的政府绩效评估体系。

一、政府绩效的内涵与结构分析

我们认为,对政府绩效内涵的科学界定,首先必须科学地界定政府的基本职能。党的十六届三中全会在《中共中央关于完善社会主义市场经济体制若干问题的决定》中指出的要"按照中央统一领导,充分发挥地方主动性积极性的原则,明确中央和地方对经济调节、市场监管、社会管理、公共服务方面的管理责权"。即在具体的职权划分上,凡属于中央政府职能范围,必须以国家作为整体来管理、决定的公共事务和重大事项,例如外交、国际、货币铸造与发行、宏观经济调控、国家经济安全等,由中央政府统一管理或者垂直管理;凡属于政府职能范围的地区经济和社会发展相关的公共事务和事项,例如经济结构调整、城市管理、教育、科学文化、卫生、体育等,由政府根据法律、法规分级自主进行管理,与国家整体利益相关需中央统一管理,但其任务需在地方执行的事务和事项,例如民政、人事、带动、计划生育等,可由中央政府制定统一规范,由地方政府负责实施。

在市场经济条件下,我们认为,中国政府的基本职能可以概括为行政管理、加快经济发展、维护社会稳定、发展教育科技、提高人们的生活质量水平和保护生态环境等五项内容。因此,本研究把政府绩效界定为:政府绩效是指政府在一定时期内行使其功能、实现其意志过程中体现出的行政管理能力,是对国民经济和社会事务进行宏观规划、引导和管理所取得的效果和效益,集中表现在行政管理、经济发展、社会稳定、教育科技、生活质量和生态环境等方面的绩效(如图7-1所示)。

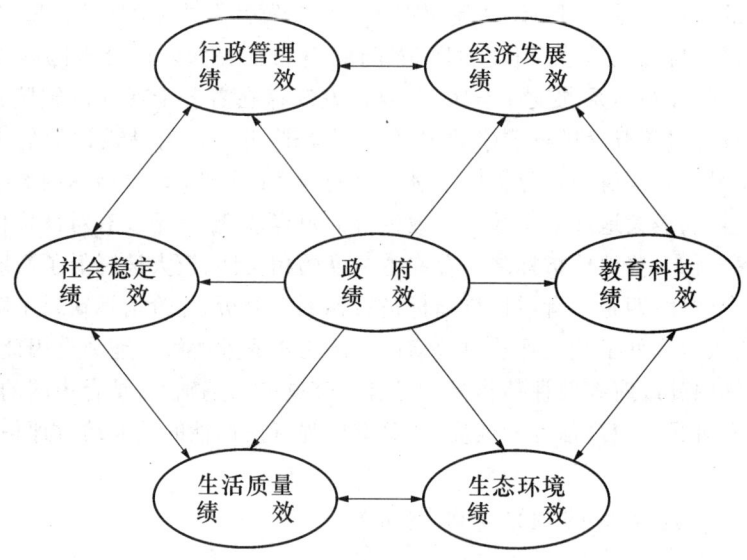

图7-1 政府绩效内涵与结构

第一,经济发展绩效。经济发展绩效是评判政府实现经济职能的重要依据。市场经济条件下,政府作为一种资源配置机制,通过提供公共物品、管理公共事务,消除或减少市场失灵,解决外部效应,提高资源配置效率,促进经济的可持续发展。坚持以经济建设为中心,大力发展生产力,加快经济结构调整,提升和优化产业结构,促进地区经济增长和繁荣,是中国政府重要的经济职能。评估政府的经济发展绩效可以从一个地区经济发展的数量和质量指标来衡量,包括:GDP总量、GDP增长率、第三产业增加值占GDP比重、原材料消耗强度、人均GDP、城乡居民储蓄存款余额、财政总收入、单位能耗产出GDP、能源消费弹性系数和全员劳动生产率等。

第二,行政管理绩效。行政管理绩效是评判政府实现行政管理职能的重要依据。降低行政管理成本,提高政府的服务效率、服务质量和服务能力,为社会经济发展及时提供有效的法律制度,是中国政府行政管理职能的重要表现。政府行政管理绩效的评估指标主要包括：政府开支占 GDP 比重、公务员占总人口比重、本科以上学历占公务员比重、制度的完备性、政策的稳定性、政务的公开性、决策的民主性、执法的公正性、对假冒伪劣产品打击力度、公民对政府管理的满意度。

第三,社会稳定绩效。社会稳定绩效是评判政府实现维护社会稳定职能的重要依据。打击犯罪,促进安全生产,抑制通货膨胀,创造更多的工作岗位,降低失业率,缩小贫富差距,维护社会的公正和公平,保障人们生命和财产安全,是政府的重要职能。评估政府社会稳定绩效的主要指标包括：基尼系数、城镇登记失业率、每万人刑事案件立案数、刑事案件侦破率、人口自然增长率、居民消费价格指数、固定资产投资价格指数、生产事故死亡人数、交通事故死亡人数、社会保险覆盖率。

第四,教育科技绩效。教育科技绩效是评判政府实现发展教育科技职能的重要依据。增加教育投入,提高公民的素质,繁荣文化事业,促进科技进步,推动科技创新是政府的重要职能。评估政府教育科技绩效的主要指标可以包括：教育经费占 GDP 比重、学龄儿童入学率、小学毕业生升学率、初中毕业生升学率、大专以上学历占总人口比重、成人平均受教育年限、科技经费占 GDP 比重、万人专利申请量、万人专利授权量和科技进步贡献率等。

第五,生活质量绩效。生活质量绩效是评判政府实现提高人们生活质量职能的重要依据。经过 20 多年的改革开放,国民经济取得了持续快速发展,人民的生活水平显著提高,中国不仅从根本上解决了一个十三亿人口大国的贫困问题,而且使城乡居民总体上实现了由贫困到温饱、再由温饱到小康的两大历史性跨越,整个社会面貌焕然一新,政府和社会开始关注生活质量问题。因此,坚持以人为本,不断改善和提高人们的生活质量是政府的重要职能。衡量政府的生活质量绩效主要指标包括：恩格尔系数、城镇居民人均可支配收入、农村居民人均纯收入、人均居住面积、人均道路面积、万人公交车拥有量、万人国际互联网用户数、万人电脑拥有量、百人固定电话机拥有量、百人移动电话拥有量、百人彩色电视机拥有量、广播电视覆盖率、燃气普及率和人均年生活用电量等。

第六,生态环境绩效。生态环境绩效是评判政府实现保护生态环境职能的重要依据。随着经济和社会的快速发展、人口增长以及工业化、城市化进程的加快,水资源、森林资源、草场资源、土地资源等自然资源破坏严重,大气污染、水污染等环境污染问题日趋突出,资源环境保护压力越来越重。因此,保护生态环境也是政府的重要职能之一。衡量政府生态环境绩效主要指标包括：环保资金投入占 GDP 比重、工业废水处理率、工业废气净化率、工业固体废物处理率、人均二氧化硫排放量、饮用水达标率、城市空气质量达标率、城市噪声达标率、土地资源利用效率、人均绿地面积、人均耕地面积和森林覆盖率等。

因此,对政府绩效的评估应该是全方位的评估,指标体系应构成一个多层次的系统,不仅要包括经济方面的指标,还要包括社会稳定、教育科技、生活质量和生态环境等方面的指标;不仅要反映国民经济整体的运行状况,还要体现经济、社会和环境发展的协调性。政府绩效评估,就是通过政府部门自我评估、专家评估、公民及舆论评估等多重评估体制,运用科学的评估体系、评估方法、评估标准和评估程序,对政府这一行为主体在行政管理、经济发展、社会稳定、教育科技、生活质量和生态环境等方面的表现进行全面的分析与评估,对其管理社会和社会活动过程中所体现出的业绩和实际水平做尽可能客观的评估,以提供政府绩效方面的有效信息,诊断政府组织所存在的问题,进而提高服务质量、改善公共责任机制和增强政府公共部门的号召力与公众的凝聚力。

二、政府绩效评估指标的功能

按评估的功能和目的来分,评估可以分为分析性评估、预测性评估、调节性评估三种基本类型。分析性评估是指在某项活动终结时,对这项活动所取得的最终成果或成就所作出的价值判断;预测性评估是指在某项活动开始前(或下一阶段活动开始前),为了解和把握这项活动的发展趋势而进行的评估;调节性评估是指在某项活动进行中,为了调节活动过程,保证目标实现而进行的评估。分析性评估具有事后总结的性质,其主要功能是对评估对象当前的发展状态和水平作出合理的价值判断。预测性评估的主要功能则是为了把握评估对象的发展趋势,寻找解决问题的办法。调节性评估主要功能是及时反馈评估对象的活动信息,并进行及时地调节控制,以缩小活动过程与目标实现之间的差距。分析性评估是评估的最基本功能,预测性评估和调节性评估是评估的高级功能。

建立政府绩效评估指标体系的基本出发点是把政府绩效结构系统中所涉及的所有领域的复杂关系简单化,用简化的评估指标获取尽可能多的评估信息,为把握和了解政府绩效建设现状提供科学的判断依据。同时,完整的政府绩效评估指标体系还应对政府绩效结构的各个方面发生的变化趋势和变化程度进行反映,由此发现阻碍和影响政府绩效持续提高的不利因素,分析原因,并采取积极有效的对策。因此,科学、合理的政府绩效评估指标体系应当具有分析、预测和调节等基本功能。

1. 分析功能。政府绩效结构系统是若干能力要素的综合和集成。根据统计资料和实际调查所获得的数据,并结合专家评判意见,运用现代统计手段,可以计算出政府绩效系统的综合得分,据此对政府绩效作出综合性判断,并对不同城市的技术创新能力进行比较分析,这样可以使政府有关部门较为准确地把握中国目前政府绩效的现状及潜力。同时,通过测评和分析各个能力要素指标的具体得分,可以了解各个能力要素对政府绩效的影响状况,并发现技术创新能力系统中的哪个能力要素最强,哪个能力要素最弱,以及哪个能力要素起主导作用。由此可见,通过对政府绩效的评估,可以帮助政府了解政府绩效建设的现状,及时总结经验,发现所存在的问题,并制定积极有效的应对策略。

2. 预测功能。在政府绩效研究过程中,我们可以借助各种统计资料(如《统计年鉴》、《统计公报》和《政府工作报告》等),获得大部分政府绩效评估指标的实际数据,根据统计数据计算出某一政府在一定发展时期各个年份的各个层面绩效的实际得分(也可以用能力指数来表示),并把这些得分按时间顺序进行排列,形成政府绩效得分的时间序列。例如,我们可以借助浙江省统计年鉴和浙江省政府公布的其他一些统计资料,计算获得浙江省1994—2004年这10年间各年的政府绩效建设的实际得分。政府绩效时间序列分析,不仅可以帮助我们正确认识和了解政府绩效的积累过程和发展现状,而且可以把握政府绩效的发展规律,预测和描绘未来的发展趋势,分析和判断政府绩效对地方经济发展的近期、中期乃至远期的影响,实现政府绩效评估的预测功能,为政府政策提供理论和事实依据。

3. 调节功能。政府绩效系统是一个复杂的多元的非线性系统,政府绩效的发展水平要受到行政管理、经济发展、科技教育、社会稳定、生活质量和生态环境等众多因素的综合影响,因此在政府绩效的建设和培育过程中,现实发展状况和预定发展目标发生偏离是难以避免的。我们通过对政府绩效实测指标在一定时期内持续的整理和分析,不仅可以从不同的角度反映政府绩效的现状、潜力以及变化趋势,而且还能发现政府绩效建设现状与预定发展目标的偏离状况,找出产生偏离的原因,采取积极有效的对策,以实现对政府绩效系统的监控和调节功能。

三、政府绩效评估指标的遴选原则

政府绩效评估指标是度量一个政府绩效强弱的工具,要使这种测度工具有效而可信,测评结果全面、客观、准确地反映政府绩效的实际水平与发展趋势,评估指标的遴选应该遵守以下五项基本原则:

1. 系统性原则。政府绩效系统是由行政管理、经济发展、社会稳定、教育科技、生活质量和生态环境等方面的绩效子系统综合集成的,各个绩效子系统必须采取一些相应指标才能反映出来,这就要求所建立的评估指标体系具有足够的涵盖面,能够充分反映政府绩效的系统性特征。同时评估体系并不是评估指标的简单堆积,为了清晰而便于评估,应该按某些原则合理地将评估指标分为目标层、准则层与指标层等若干层次。系统性原则意味着评估指标体系要能够反映充分的信息量,n 个评估指标相互独立,构成一个 n 维空间,空间中的每个点都对应着政府绩效的一个状态;由若干个相互独立的指标构成一个指标群,反映政府绩效某一个层面的实质内容;若干个相互独立的评估指标群综合成一个完整的评估指标体系,用来测度和评估政府绩效的整体水平。

2. 可操作性原则。评估指标体系建立的目的主要是在政府绩效评估中得到应用。这就要求所建立的指标体系具有可行性和可操作性,指标的数据易采集,计算公式科学合理,评估过程简单,利于掌握和操作。主要包括三方面的内容:一是数据资料的可获得性,数据资料尽可能通过查阅全国性和地方性统计年鉴和各种专业年鉴(如地区统计年鉴、教育统计年鉴、科技统计年鉴、工业统计年鉴等)获得,或者是在现有资料上通过简单加工整理获得;或者通过对研究对象进行问卷调查和现场访谈获得;二是数据资料可量化,定量指标数据要保证其真实、可靠和有效,而定性指标和经验指标应尽量少用,或尽量选取那些能通过专家间接赋值或测算予以转化定量数据的定性指标(如等级);三是指标体系的设置应尽量避免形成庞大的指标群或层次复杂的指标树,指标尽可能少而精。

3. 有效性原则。有效性原则是指所构建的评估指标体系必须与所评估对象的内涵与结构相符合,能够真正反映中国政府的实际,体现政府绩效的本质或主要特征。如果我们所设计的政府绩效评估体系反映的是政府管理能力,而不是政府绩效,那么这种评估体系可以说是无效的。在心理测量学上,人们通常用效度来表示评估体系的有效性好坏。所谓效度就是指用该评估指标体系究竟在多大程度上能够真正测量到想要测量的特质(东西),即测量的有效程度。从统计学上讲,效度是指测量结果与某种外部标准(即效标)之间的相关程度,相关程度越高,则表明测量结果越有效。根据研究目的不同,效度评定通常有多种方法,常用的方法有内容效度、预测效度、构思效度、聚合效度、辨别效度和效标关联效度等。

4. 可比性原则。必须明确评估指标体系中每个指标的含义、统计口径、时间、地点和适用范围,以确保评估结果能够进行横向与纵向比较,以便更好地了解和把握不同政府(或者同一政府在不同发展阶段)绩效的实际水平和变化趋势。在进行政府绩效的评估时,为了确保可比性,评估指标应尽量采用相对指标,少用绝对指标。

5. 动态性原则。政府绩效是一个动态的积累过程,它对整个社会经济影响的滞后性及其他因素的影响,不易在较短的时间内取得其真实值,因此在选择评估指标时,既要有测度政府绩效活动结果(即政府绩效实际水平)的现实指标(静态指标),又要有反映政府绩效活动过程(即政府绩效发展趋势)的过程指标(动态指标),能综合反映政府绩效发展的现状和未来趋势。此外,由于在政府绩效系统的运行过程中,系统内部的各种因素及外部环境总是处于不断的发展变化之中,导致政府绩效的内涵与结构也会不断发生变化,因此其评估指标也不能保持长期不变,应根据政府所处的发展阶段的不同对评估指标进行适当的调整。

6. 导向性原则。政府绩效评估的目的就是通过绩效评估,获得有效的绩效信息,了解和把握政府绩效建设现状,发现问题,找出差距,降低政府行为成本,改进和提高服务效率和服务能力,促进地方经济社会全面协调和可持续发展。因此,评估指标的选择必须有利于实现政府绩效评估的目的。

7. 独立性原则。即选入指标体系的各项指标都具有独立的信息,相互不能代替。要选择反映信息多、能最恰当地反映目标工作特点和完成程度的指标。

四、中国政府绩效评估体系的理论构建

结合国内外政府绩效的评估指标,在对浙江大学200多名MPA学员的问卷调查和召开多个专家会议的基础上,研究人员以中国政府提出的"科学发展观"和"执政为民"为指导原则,根据公共经济学、行政学、统计学等学科原理,结合中国政府实际构建了一个由评估目标、评估因素和具体评估指标构成的测度中国政府绩效的第一轮评估体系 $X^{(1)}$。它由行政管理、经济发展、社会稳定、教育科技、

生活质量和生态环境6个评估因素,66个评估指标构成(如表7-4所示)。

表7-4　中国政府绩效第一轮评估体系 $X^{(1)}$

目标层	领域层	指标层(评估指标)	变量标识	单　位
中国地方政府绩效评估	行政管理	1. 政府开支占 GDP 比重	X_1	%
		2. 公务员占总人口比重	X_2	%
		3. 本科以上学历占公务员比重	X_3	%
		4. 制度的完备性	X_4	等级
		5. 政策的稳定性	X_5	等级
		6. 政务的公开性	X_6	等级
		7. 决策的民主性	X_7	等级
		8. 执法的公正性	X_8	等级
		9. 对假冒伪劣产品打击力度	X_9	等级
		10. 公民对政府管理的满意度	X_{10}	等级
	经济发展	11. GDP 总量	X_{11}	万元
		12. GDP 增长率	X_{12}	%
		13. 第三产业增加值占 GDP 比重	X_{13}	%
		14. 原材料消耗强度	X_{14}	%
		15. 人均 GDP	X_{15}	万元
		16. 城乡居民储蓄存款余额	X_{16}	万元
		17. 财政总收入	X_{17}	万元
		18. 单位能耗产出 GDP	X_{18}	元/吨标准煤
		19. 能源消费弹性系数	X_{19}	—
		20. 全员劳动生产率	X_{20}	元/人·年
	社会稳定	21. 基尼系数	X_{21}	—
		22. 城镇登记失业率	X_{22}	%
		23. 每万人刑事案件立案数	X_{23}	件
		24. 刑事案件侦破率	X_{24}	%
		25. 人口自然增长率	X_{25}	%
		26. 居民消费价格指数	X_{26}	—
		27. 固定资产投资价格指数	X_{27}	—
		28. 生产事故死亡人数	X_{28}	人
		29. 交通事故死亡人数	X_{29}	人
		30. 社会保险覆盖率	X_{30}	%

目标层	领域层	指标层（评估指标）	变量标识	单　位
中国地方政府绩效评估	教育科技	31. 教育经费占 GDP 比重	X_{31}	%
		32. 学龄儿童入学率	X_{32}	%
		33. 小学毕业生升学率	X_{33}	%
		34. 初中毕业生升学率	X_{34}	%
		35. 大专以上学历占总人口比重	X_{35}	%
		36. 成人平均受教育年限	X_{36}	年
		37. 科技经费占 GDP 比重	X_{37}	%
		38. 万人专利申请量	X_{38}	件
		39. 万人专利授权量	X_{39}	件
		40. 科技进步贡献率	X_{40}	%
	生活质量	41. 恩格尔系数	X_{41}	—
		42. 城镇居民人均可支配收入	X_{42}	元
		43. 农村居民人均纯收入	X_{43}	元
		44. 人均居住面积	X_{44}	平方米
		45. 人均道路面积	X_{45}	平方米
		46. 万人公交车拥有量	X_{46}	辆
		47. 万人国际互联网用户数	X_{47}	户
		48. 万人电脑拥有量	X_{48}	台
		49. 百人固定电话机拥有量	X_{49}	门
		50. 百人移动电话拥有量	X_{50}	门
		51. 百人彩色电视机拥有量	X_{51}	台
		52. 广播电视覆盖率	X_{52}	%
		53. 燃气普及率	X_{53}	%
		54. 人均年生活用电量	X_{54}	度
	生态环境	55. 环保资金投入占 GDP 比重	X_{55}	%
		56. 工业废水处理率	X_{56}	%
		57. 工业废气净化率	X_{57}	%
		58. 工业固体废物处理率	X_{58}	%
		59. 人均二氧化硫排放量	X_{59}	立方米
		60. 饮用水达标率	X_{60}	%
		61. 城市空气质量达标率	X_{61}	%
		62. 城市噪声达标率	X_{62}	%
		63. 土地资源利用效率	X_{63}	%
		64. 人均绿地面积	X_{64}	平方米
		65. 人均耕地面积	X_{65}	平方米
		66. 森林覆盖率	X_{66}	%

第三节 政府绩效评估指标的实证筛选

政府绩效的理论评估体系 $X^{(1)}$，是依据政府绩效的内涵和特征，并参阅国内外政府绩效评估研究的大量成果后构建的，集中体现了相关研究人员的专业知识和对政府绩效评估体系的理论构思，具有较强的主观色彩，因此很有必要对理论遴选的指标进行隶属度分析、相关分析和辨别力分析等实证筛选，以增强评估指标的科学性、合理性和可操作性。

一、中国政府绩效评估指标的隶属度分析

研究人员在浙江、广东、福建、上海、江苏、北京、山东、天津、陕西、辽宁等全国10个省市选择了400位专家进行咨询。这些专家主要来自高等学校、研究机构和政府机关。有的从事行政管理的教学工作，有的从事绩效评估的研究工作，有的从事组织人事的管理工作。这些专家不仅具有较为丰富的行政管理专业知识和实践经验，而且对政府绩效有深入的认识和理解。虽然专家在判断和选择政府绩效评估指标时具有个人主观性，是专家本人知识和经验的反映，但集成多数专家的意见，可以化主观为客观。根据专家的意见，删除一些不能较好地反映政府绩效的评估指标，可以极大地改善评估指标的质量，增强评估指标的科学性和合理性。

研究人员将理论遴选的评估指标制成专家咨询表，采用电子邮件、邮局邮寄、现场访谈和专家会议等多种方式，把专家咨询表送给专家，要求专家根据自身的专业知识，从66个评估指标中选出30个最理想的政府绩效的评估指标。研究人员共发送了400份专家咨询表，回收220份，有效专家咨询表180份。

为了深入分析各位专家对理论遴选评估指标的总体看法，研究人员以有效的专家咨询表为基础，对评估指标进行隶属度分析。隶属度这个概念来自模糊数学。模糊数学认为，社会经济生活中存在着大量模糊现象，其概念的外延不是很清楚，无法用经典集合论来描述。某个元素对于某个集合（概念）来说，不能说是否属于，只能说在多大程度上属于。元素属于某个集合的程度称之为隶属度。如果把政府绩效评估体系 $\{X\}$ 视为一个模糊集

合,把每个评估指标视为一个元素,对每个评估指标进行隶属度分析。假设在第 i 个评估指标 X_i 上,专家选择总次数为 M_i,即总共有 M_i 位专家认为 X_i 是评估政府绩效的最理想指标,那么该评估指标的隶属度为:$R_i = M_i/180$,若 R_i 值很大,表明该指标在很大程度上属于模糊集合,即评估指标 X_i 在评估体系中很重要,可以保留下来进入第二轮评估体系 $X^{(2)}$;反之,该评估指标则必须予以删除。通过对 180 份有效专家咨询表的统计分析,分别得到了 66 个评估指标的隶属度,删除了隶属度低于 0.3 的 15 个评估指标(如表 7-5 所示),保留了其中的 51 个评估指标,构成了中国政府绩效第二轮评估体系 $X^{(2)}$。

表 7-5　第一轮评估体系 $X^{(1)}$ 中被删除的隶属度低于 0.3 的 15 个评估指标

目标层	领域层	指标层(评估指标)	变量标识	隶属度
中国地方政府绩效评估	行政管理	制度的完备性	X_4	0.186
		决策的民主性	X_7	0.193
		公民对政府管理的满意度	X_{10}	0.268
	经济发展	GDP 总量	X_{13}	0.287
		第三产业增加值占 GDP 比重	X_{16}	0.182
		城乡居民储蓄存款余额	X_{19}	0.196
	社会稳定	基尼系数	X_{21}	0.278
		每万人刑事案件立案数	X_{23}	0.213
		刑事案件侦破率	X_{24}	0.269
		交通事故死亡人数	X_{29}	0.168
	生活质量	恩格尔系数	X_{41}	0.288
		广播电视覆盖率	X_{52}	0.194
		燃气普及率	X_{53}	0.185
	生态环境	饮用水达标率	X_{60}	0.262
		土地资源利用效率	X_{63}	0.291

二、中国政府绩效评估指标的相关分析

经过专家筛选的第二轮评估指标 $X^{(2)}$ 中,一些评估指标之间很可能存在着高度的相关性,这种高度的相关性会导致被评估对象信息的过度重复

使用,从而极大地降低评估结果的科学性和合理性。相关分析是通过对评估指标之间的相关分析,删除一些隶属度偏低而与其他评估指标高度相关的指标,以消除或降低评估指标重复反映评估对象信息而带来的对评估结果的影响。

评估指标相关分析通常包括以下三个基本过程:

第一,评估指标的标准化处理。由于评估指标的量纲不同,需要对原始数据进行无量纲处理,以减少评估指标的不同计量单位对分析结果的影响。设 X_i 为评估指标的原始数据,S_i 为评估指标的标准差,Z_i 为标准化值,则有:

$$Z_i = \frac{X_i - \overline{X}}{S_i}$$

第二,计算各个评估指标之间的简单相关系数 R_{ij}。计算公式为:

$$R_{ij} = \frac{\sum_{k=1}^{n} (Z_{ki} - \overline{Z}_i)(Z_{kj} - \overline{Z}_j)}{\sqrt{\sum_{k=1}^{n} (Z_{ki} - \overline{Z}_i)^2 (Z_{kj} - \overline{Z}_j)^2}}$$

第三,根据研究需求,确定一个临界值 $M(0 < M < 1)$,如果 $R_{ij} > M$,则可以删除其中的一个评估指标(X_i 或 X_j);如果 $R_{ij} < M$,则同时保留两个评估指标。

研究人员通过查阅浙江省及各县市统计年鉴以及政府统计公报,采集了浙江省 30 个县市第二轮评估体系 $X^{(2)}$ 中 47 个统计(硬性)指标的数据;通过问卷调查获得第二轮评估体系 $X^{(2)}$ 中 4 个调查(软性)指标的数据。运用 SPSS 统计软件包对第二轮评估指标 $X^{(2)}$ 进行相关分析,得到各个评估指标的相关系数矩阵。给定临界值 M 为 0.8,在相关系数矩阵中共有 7 对评估指标的相关系数大于该临界值,删除了其中隶属度相对较低的 7 个评估指标(如表 7-6 所示),保留其余的 44 个评估指标构成了中国政府绩效的第三轮评估指标 $X^{(3)}$。

表 7-6 相关系数大于临界值(0.8)的评估指标

保留的评估指标(X_i)	删除的评估指标(X_j)	相 关 系 数
GDP 总量	财政总收入	0.904
小学毕业生升学率	学龄儿童入学率	0.851
小学毕业生升学率	初中毕业生升学率	0.823

续　表

保留的评估指标(X_i)	删除的评估指标(X_j)	相 关 系 数
万人专利授权量	万人专利申请量	0.925
万人电脑拥有量	万人国际互联网用户数	0.862
百人固定电话拥有量	百人移动电话拥有量	0.946
百人固定电话拥有量	百人彩色电视机拥有量	0.868

三、中国政府绩效评估指标的鉴别力分析

在构建评估体系中所遇到的一个不可回避的问题是评估指标的鉴别力分析。所谓评估指标的鉴别力是指评估指标区分评估对象特征差异的能力。政府绩效评估指标的鉴别力则是评估指标区分和鉴别中国不同政府绩效强弱的能力。如果所有被评估的地方在某个评估指标上几乎一致地呈现很高(或很低)的得分,那么就可以认为这个评估指标几乎没有鉴别力,不能诊断和识别出不同政府绩效的强弱;相反,如果被评估的地方在某个指标上的得分出现明显的不同,则表明这个评估指标具有较高的鉴别力,它能够诊断和识别不同政府绩效的强弱。在评估的指标反应理论(index response theory)中,通常用指标的特征曲线的斜率作为评估指标的鉴别力参数,斜率越大表明其鉴别力就越高。图7-2给出了三个评估指标的特征曲线,指标C曲线的斜率最大,其次是指标B,而指标A曲线的斜率最小,则可以判断:在这三个评估指标中,评估指标C的鉴别力最强,评估指标A的鉴别力最差。

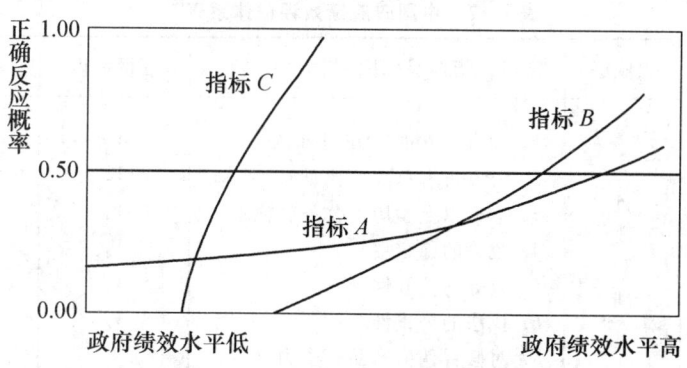

图7-2　三个评估指标的特征曲线

构造上述的特征曲线需要获取较多的实际资料,这是一件有相当难度的事情,在实际应用中,人们通常用变差系数来描述评估指标的鉴别力:

$$V_i = \frac{S_i}{\overline{X}}$$

其中 $\overline{X} = \frac{1}{n}\sum_{i=1}^{n} X_i$ 平均值,$S_i = \sqrt{\frac{1}{n-1}\sum (X_i - \overline{X})^2}$ 为标准差。变差系数越大,该指标的鉴别能力越强;反之,鉴别能力则越差。根据实际需要,可以删除变差系数相对较小(即鉴别力较差)的评估指标。

根据上述原理,运用 SPSS 统计软件包对这些评估指标进行方差分析,在方差分析基础上计算第三轮评估体系 $X^{(3)}$ 中各个评估指标的变差系数,删除了变差系数较小的"能源消费弹性系数"、"固定资产投资价格指数"、"小学毕业生升学率"、"成人平均受教育年限"、"万人电脑拥有量"和"城市空气质量达标率"和"城市噪声达标率"7 个指标,保留其余的指标构成第四轮评估体系 $X^{(4)}$。

第四轮评估体系 $X^{(4)}$ 由目标层、领域层和指标层三个层面构成,共有 37 个评估指标。在 37 个评估指标当中,31 个指标属于正向指标,即指标值越高,政府绩效越高;6 个指标属于逆向指标(指标后边注有"＊"),即指标值越高,政府绩效越低(如表 7－7 所示)。

1. 评估行政管理绩效的指标有 7 个,主要包括:政府开支占 GDP 比重、公务员占总人口比重、本科以上学历占公务员比重、政策的稳定性、政务的公开性、执法的公正性、对假冒伪劣产品打击力度。

表 7－7　中国政府绩效评估体系 $X^{(4)}$

目标层	领域层	指标层(评估指标)	变量标识	单　位
中国地方政府绩效评估	行政管理	1. 政府开支占 GDP 比重 ＊	V_1	%
		2. 公务员占总人口比重 ＊	V_2	%
		3. 本科以上学历占公务员比重	V_3	%
		4. 政策的稳定性	V_4	等级
		5. 政务的公开性	V_5	等级
		6. 执法的公正性	V_6	等级
		7. 对假冒伪劣产品打击力度	V_7	等级

续 表

目标层	领域层	指标层（评估指标）	变量标识	单 位
中国地方政府绩效评估	经济发展	8. GDP 增长率	V_8	%
		9. 原材料消耗强度	V_9	%
		10. 人均 GDP	V_{10}	万元
		11. 单位能耗产出 GDP	V_{11}	元/吨标准煤
		12. 全员劳动生产率	V_{12}	元/人·年
	社会稳定	13. 城镇登记失业率*	V_{13}	%
		14. 人口自然增长率*	V_{14}	%
		15. 居民消费价格指数*	V_{15}	—
		16. 生产事故死亡人数*	V_{16}	人
		17. 社会保险覆盖率	V_{17}	%
	教育科技	18. 教育经费占 GDP 比重	V_{18}	%
		19. 大专以上学历总占人口比重	V_{19}	%
		20. 科技经费占 GDP 比重	V_{20}	%
		21. 万人专利授权量	V_{21}	件
		22. 科技进步贡献率	V_{22}	%
	生活质量	23. 城镇居民人均可支配收入	V_{23}	元
		24. 农村居民人均纯收入	V_{24}	元
		25. 人均居住面积	V_{25}	平方米
		26. 人均道路面积	V_{26}	平方米
		27. 万人公交车拥有量	V_{27}	辆
		28. 百人固定电话拥有量	V_{28}	门
		29. 人均年生活用电量	V_{29}	度
	生态环境	30. 环保资金投入占 GDP 比重	V_{30}	%
		31. 工业废水处理率	V_{31}	%
		32. 工业废气净化率	V_{32}	%
		33. 工业固体废物处理率	V_{33}	%
		34. 人均二氧化硫排放量	V_{34}	立方米
		35. 人均绿地面积	V_{35}	公顷
		36. 人均耕地面积	V_{36}	公顷
		37. 森林覆盖率	V_{37}	%

2. 评估经济发展绩效的指标有 5 个,主要包括:GDP 增长率、原材料消耗强度、人均 GDP、单位能耗产出 GDP、全员劳动生产率;其评估指标分别包括:教育科技、生活质量和生态环境。

3. 评估社会稳定绩效的指标有 5 个,主要包括:城镇登记失业率、人口自然增长率、居民消费价格指数、生产事故死亡人数、社会保险覆盖率。

4. 评估教育科技绩效的指标有 5 个,主要包括:教育经费占 GDP 比重、大专以上学历占总人口比重、科技经费占 GDP 比重、万人专利授权量、科技进步贡献率。

5. 评估生活质量绩效的指标有 7 个,主要包括:城镇居民人均可支配收入、农村居民人均纯收入、人均居住面积、人均道路面积、万人公交车拥有量、百人固定电话拥有量、人均年生活用电量。

6. 评估生态环境绩效的指标有 8 个,主要包括:环保资金投入占 GDP 比重、工业废水处理率、工业废气净化率、工业固体废物处理率、人均二氧化硫排放量、人均绿地面积、人均耕地面积、森林覆盖率。

由于政府绩效是指政府在一定时期内行使其功能、实现其意志过程中体现出的行政管理能力,是对国民经济和社会事务进行宏观规划、引导和管理所取得的效果和效益,因此,政府绩效的综合评估,仅简单地通过计算某一时点上各项指标的加权平均值的传统做法是不合理的,而应该采用某一时期内各项指标的"增量值"的加权平均来反映政府绩效。为此,我们提出了"指数增量法"的新思路,即用指数值来表征政府在某一时期内各项指标的绩效"增量值"。

设 V_i^0 为第 i 项指标的期初值,V_i^1 为第 i 项指标的期终值,则政府在第 i 项指标的绩效增量值 I_i 则为:

$$I_i - \frac{V_i^1}{V_i^0} \times 100 \text{(当 } V_i \text{ 为正向指标时)}$$

$$I_i = \frac{V_i^0}{V_i^1} \times 100 \text{(当 } V_i \text{ 为逆向指标时)}$$

通过对各项指标的指数值的计算,不仅获得了各项指标的"增量值",而且将不同性质、不同量纲的指标换算为可以进行同度量的指标。

设 W_{ij} 为第 j 领域层第 i 项指标的权重值,I_{ij} 为第 j 领域层第 i 项指标的指数值,Q_j 为政府在第 j 领域层的绩效分值,则:

$$Q_j = \sum_j \sum_i W_{ij} I_{ij}$$

设 F 为政府绩效的综合评估，W_j 为第 j 领域层的权重值，则：

$$F = \sum_j^6 W_j Q_j$$

根据综合评估结果 F 值的大小，可以判断政府绩效的高低，并对参与评估的所有政府进行排序和分类。

第四节　政府绩效评估体系的
信度与效度检验

政府绩效评估作为组织控制的手段、人事决策的依据、政府绩效改进的动力和创造公平的杠杆，在世界各国和地区受到了广泛的关注和重视。然而在各国政府绩效评估的实际工作中却出现了一种虚化趋势。导致这种虚化趋势的根本原因是传统评估缺乏足够的精确度，从而不能有效地将绩效好与绩效差的政府区分开来，也不能将每个被评估者的强项和弱项体现出来。这样的政府绩效评估失去了公信力，不能为管理决策提供有价值的信息，最终只能沦为"走过场"。

绩效评估结果的可信性和评估内容的有效性决定着绩效评估的精确性，绩效评估的信度和绩效评估的效度是衡量绩效评估精确性的两项重要指标。根据绩效评估理论的要求，政府评估体系（测量工具）的指标内容与结构是否合理、良好，结果是否可信、有效，最终需要进行信度和效度的检验。

（一）信度检验

信度（reliability）是指测量工具反映被测量对象特征的可靠程度，或者是测量结果在不同条件下的一致性程度的指标，它是衡量测量工具可靠性和一致性的基本指针。从统计学上讲，信度是指测量结果反映出系统变异的程度。评定测量工具信度的方法有很多，常用的有内部一致性信度、折半信度、重测信度和平行信度等。通常使用相关系数（R）来估算测量工具的信度。若 $R = 1.00$ 即表明测量结果完全可信、可靠，$R = 0.00$ 则表明测量结果完全不可信、不可靠。经验表明,当 R 达到了 0.70 水平,测量工具就基本上符合了测量学的要求。我们采用内部一致性信度和折半信度两种不同方法来检验该评估体系的信度。

内部一致性信度(internal consistent reliability)是根据评估体系内部结构的一致性程度,对测量信度作出评定。

内部一致性信度主要有两种:库德—理查森(Kuder-Richardson)和克劳伯克(Cronbach)α 系数。

本研究运用克劳伯克 α 系数来评定评估体系的内部一致性信度,α 系数的计算公式如下:

$$R_\alpha = \frac{K}{K-1}\left(1 - \frac{\sum S_i^2}{S^2}\right)$$

式中 K 为评估体系所包含的评估指标数量(该评估体系 $K = 37$),S_i 为第 i 个评估指标的标准差,S_i^2 即为第 i 个评估指标的方差,S 是整个评估总得分的标准差,S^2 是评估总得分的方差。

通过查阅浙江省及各县市统计年鉴以及政府统计公报,采集了浙江省 30 个县市中国政府绩效评估体系 $X^{(4)}$ 中 33 个统计(硬性)指标的数据;通过问卷调查获得 4 个调查(软性)指标的数据。运用 SPSS 统计软件计算得到 37 个评估指标的方差和总体方差,进而得到评估体系总体及各类指标的 α 系数(如表 7 – 8 所示)。结果表明,除了行政管理类评估指标的 α 系数尚未达到 0.7 外,其他 5 类评估指标的 α 系数都超过了 0.70,说明该评估体系内部结构是基本一致的,达到了评估理论的基本要求。由于该评估体系是由六大类不同评估指标组成的,从理论上讲,它们应该是相对独立的,即不同类别评估指标之间的 α 系数不应该太高。中国政府绩效评估体系 $X^{(4)}$ 的总体 α 系数为 0.673,该结果应该说是比较理想的。

表 7 – 8 中国政府绩效评估体系 $X^{(4)}$ 的内部一致性信度(α 系数)

	总体	行政管理	经济发展	社会稳定	教育科技	生活质量	生态环境
α	0.673	0.656	0.789	0.875	0.792	0.754	0.871

此外,再运用折半信度来检验中国政府绩效评估体系 $X^{(4)}$ 的信度指标,其具体方法是先把评估体系的前 36 个评估指标按奇、偶项分成两半,分别记分,求出两半分数之间的相关系数(r_{xx}),再根据斯皮尔曼—布朗公

式（Spearman-Brown formula）确定整个评估体系的信度系数（R_{XX}），计算公式为：$R_{XX} = 2r_{xx}/(1 + r_{xx})$。经计算得该评估体系的折半信度系数为0.721，这从另一个侧面说明中国政府绩效评估体系 $X^{(4)}$ 具有可接受的信度水平。

（二）效度检验

效度（validity）是指测量工具究竟在多大程度上测量到了真正想要测量的特质（或东西），即测量的有效程度。从统计学上讲，效度是指测量结果与某种外部标准（即效标）之间的相关程度，相关程度越高即表明测量结果越有效。根据研究目的的不同，效度评定有多种方法。常用的方法有内容效度、预测效度、构思效度、聚合效度、辨别效度、效标关联效度等。

衡量政府绩效评估效度的最重要指标是内容效度（content validity）。内容效度是用来说明在绩效测试中所设置的测试项目、设计的测试问题在多大程度上能代表被测试对象实际的工作情境或者反映出被测试对象实际工作中所存在的典型问题。具有较高内容效度的绩效评估系统能够把被测试对象置身于与实际工作非常类似的情境之中，能尽可能地避免绩效缺失和绩效污染，然后再来评估被测试对象目前是否具有足够的知识、技能、经验来处理该情境中的典型问题。

如图 7 - 3 所示，右边的圆代表政府实际的或真实的绩效水平，左边的圆代表运用绩效评估系统测得的绩效水平。测得的绩效水平一般既包括了真实绩效内容的一部分，同时也包括了非真实绩效的内容。其中没有被纳入绩效评估系统的真实绩效，称之为绩效缺失；与此相反，不是真实绩效的内容却被纳入绩效评估系统中的部分，称之为绩效污染。科学而有效的绩效评估系统必须是没有或尽可能地减少绩效缺失和绩效污染，所建立的绩效评估系统与真实绩效内容愈是吻合，则该绩效评估系统的内容效度愈高。

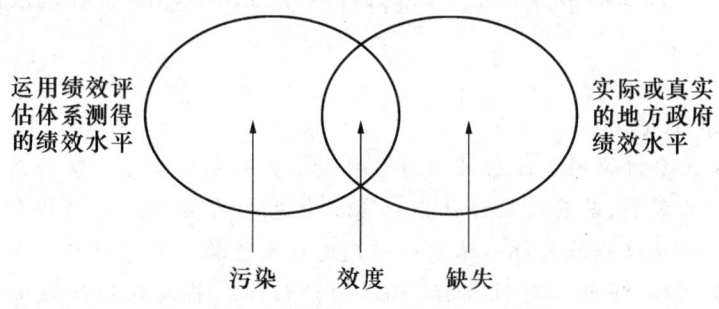

图 7 - 3　政府评估体系的缺失和污染

在实践中,内容效度主要是通过经验判断的方法进行评审,请一些熟悉该评估内容的专家来评判,确定评估项目与所需要测量的内容范畴之间的关系密切程度。内容效度评定的一个常用指标是"内容效度比"(content validity ratio,简称 CVR),其计算公式为:

$$CVR = \frac{n_e - \dfrac{n}{2}}{\dfrac{n}{2}}$$

式中 n_e 为评判中认为某评估指标很好地表示了测量内容范畴的评判者人数;n 为评判者总人数。当认为项目内容适当的评判者不到半数时,CVR 为负值,如果所有人认为内容不当,$CVR = -1.00$;当认为项目合适和不合适的人数对半时,CVR 值为零;当所有评判者认为项目内容很好时,$CVR = 1.00$。

研究人员在杭州选择了 140 位专家和政府官员来作判断,确定该评估体系的 37 个评估指标与政府绩效之间关系的密切程度。结果有 120 位评判人员认为 37 个评估指标很好地反映了政府绩效评估体系的内容。计算得内容效度比 CVR 为 0.70,这说明中国政府绩效评估体系 $X^{(4)}$ 具有较高的效度。

综上所述,由于政府的特殊性,使研究政府绩效具有重要的实践意义和学术魅力,根据政治学、行政学、经济学、统计学等学科的相关理论,紧密结合中国政府的实际情况,科学地遴选和筛选指标并建立中国政府绩效评估体系,有利于提高测评结果的可信性和可靠性。本研究建立的中国政府绩效评估体系的指标涵盖面广,数量繁简适中,较好地体现了中国政府提出的"科学发展观"和"执政为民"的指导原则,而且既具有较高的信度和效度,同时又具有较强的可操作性。因此,可以作为评估中国政府绩效的测评工具。

本章小结

本章主要讨论的是政府绩效评估指标,涉及的内容包括现行政府绩效评估指标的考察、政府绩效评估指标的理论遴选、中国政府绩效评估指标的实证筛选以及政府绩效评估体系的信度与效度检验。科学的评估体系不仅限于定量指标,还包括定性指标;科学的评估体系将对政府绩效的不同方面、不同角度进行衡量,做到既通观全局又重点突出。全面、正确地衡量政府绩效,就必须选择一些有代表性的绩效指标,形成一个完整的政府绩效评估体系。

1. 运用科学的政府绩效评价指标对政府绩效进行科学的评价,依据评价的结果对政府及相关人员进行科学的奖惩,是世界上很多国家的普遍做法。这种做法不仅有利于发现和找出政府工作中的缺陷和不足,引导、规范、监督和激励政府行为,促进政府职能的转变,提高政府的服务能力和服务质量,增强公民对政府的认同和信任,更重要的是它如同"指挥棒",决定着政府的工作方向。

2. 政府绩效是指政府在一定时期内行使其功能、实现其意志过程中体现出的行政管理能力,是对国民经济和社会事务进行宏观规划、引导和管理所取得的效果和效益,集中表现在行政管理、经济发展、社会稳定、教育科技、生活质量和生态环境等方面的绩效。

3. 按评估的功能和目的来分,政府绩效评估可以分为分析性评估、预测性评估、调节性评估三种基本类型。

4. 政府绩效评估指标是度量一个政府绩效强弱的工具,要使这种测度工具有效而可信,测评结果全面、客观、准确地反映政府绩效的实际水平与发展趋势,评估指标的遴选应该遵守五项基本原则,包括系统性原则、可操作性原则、有效性原则、可比性原则、动态性原则。

5. 政府绩效的理论评估体系是依据政府绩效的内涵和特征,并参阅国内外政府绩效评估研究的大量成果后构建的,集中体现了相关研究人员的专业知识和对政府绩效评估体系的理论构思,具有较强的主观色彩。利用隶属度分析、相关分析和辨别力分析等方法对评估体系的指标进行实证筛选,以增强评估指标的科学性、合理性和可操作性。

6. 绩效评估结果的可信性和评估内容的有效性,决定着绩效评估的精确性,绩效评估的信度和绩效评估的效度是衡量绩效评估精确性的两项重要指标。根据绩效评估理论的要求,政府评估体系的指标内容与结构是否合理良好,结果是否可信、有效,最终需要进行信度和效度的检验。

本章基本术语

3E 评估方案　IMD 政府绩效评估体系　职能绩效　影响指标　潜力指标　分析性评估　预测性评估　调节性评估　鉴别力分析　信度　内部一致性信度　克劳伯克 α 系数　效度　内容效度

复习思考题

1. 试分析美国政府绩效评估指标的特点及对中国的借鉴意义。

2. 简述政府绩效的内涵及构成要素。

3. 政府绩效评估指标有哪些主要功能？

4. 理论遴选政府绩效评估指标应该遵循哪些原则？

5. 对理论遴选的政府绩效评估指标有哪些实证筛选方法？

6. 为什么要对理论遴选的政府绩效评估指标进行相关分析？

7. 什么叫鉴别力？为什么要对理论遴选的政府绩效评估指标进行鉴别力分析？

8. 什么是信度？如何对政府绩效评估体系进行信度分析？

9. 什么是效度？如何对政府绩效评估体系进行效度分析？

第八章　政府绩效评估的定量分析

为了科学地评估绩效,提高评估结果的可靠性和有效性,必须选择一种适当的定量分析方法。在绩效评估的实践中,常用的定量分析方法有10多种,这些方法各具特点,各有不足之处。迄今为止,还没有能够满足绩效评估实践所有要求的定量分析方法。在人们明确评估目的和评估对象之后,如果能够有针对性地选择一种恰当的定量分析方法,那么绩效评估系统将能发挥更加有效的作用。政府绩效评估的目的是降低服务成本,提高政府效率,因而在选择定量分析方法时,必须考虑应用成本的因素。一般说来,在其他方面相似的情形下,应选择比较容易实施的定量分析方法,因为这不仅可以减少评估误差,还可以减少评估成本和评估实施的难度,提高评估的可靠性和有效性。

政府绩效评估的定量分析方法主要有主成分分析法、层次分析法和数据包络分析、模糊数学分析、神经网络分析和遗传算法等。本章重点讨论主成分分析法、层次分析法和数据包络分析法三种方法在政府绩效评估中的应用。

第一节　基于主成分分析的政府绩效评估

主成分分析法(principal component analysis)是多元统计分析的重要组成部分,是英国著名的心理学家、统计学家斯皮尔曼(Chales Spearman)于1904年发明的。它是将多个变量通过线性变换以选出较少个数重要变量的一种多元统计分析方法,又称主分量分析。在进行多变量的绩效评估的实践和研究时,获得所有变量的样本观测数据以后,首先遇到的一个问题是变量个数和观测数据很多。如何对这些变量和观测数据进行有效处理,并从中得到尽可能多的有用信息,是绩效评估研究中面临的一个必须解决的重要问题。

一、主成分分析的原理及几何解释

在实际课题中,为了全面分析问题,往往提出很多与此有关的变量(或因素),因为每个变量都在不同程度上反映这个课题的某些信息。但是,在用统计分析方法研究这个多变量的课题时,变量个数太多就会增加课题的复杂性。人们自然希望变量个数较少而得到的信息较多。在很多情形,变量之间是有一定的相关关系的,当两个变量之间有 定相关关系时,可以解释为这两个变量反映此课题的信息有一定的重叠。主成分分析使各个测量相同本质的变量归入一个因子,建立尽可能少的新变量,使得这些新变量是两两不相关的,而且这些新变量在反映课题的信息方面尽可能保持原有的信息。通过主成分分析使分散而复杂的测量趋向整体和简单化,同时,便于掌握各个测量要素背后隐含的内在因素,从而找出各复杂因子的主要成分,实现评估指标的简化和降维。该方法抓住有代表性的少数指标去进行评价,达到了评估指标筛选的科学化。这样主成分分析既解决了多指标综合评价研究的指标赋权和相关性问题,同时又实现简化指标的目的。

设有 n 个观测点 (x_{i1}, x_{i2}), $i = 1, 2, 3, \cdots, n$。这 n 个观测点的分布如图 8 - 1 所示。

由回归分析知道,线性回归的问题就是要找到一条对 n 个观测值 (x_{i1}, x_{i2})拟合直线:$\hat{x}_{i2} = a + bx_{i1}$,使得离差平方和 $Q = \sum_{i=1}^{n} (x_{i2} - \hat{x}_{i2})^2 = \sum_{i=1}^{n} (x_{i2} - a - bx_{i1})^2$ 最小。

主成分分析原理:先对 n 个观测点 (x_{i1}, x_{i2})求出第一条"最佳"拟合直线,使得这 n 个观测点到该直线的垂直距离的平方和最小,这时称此直线为第一个主成分,然后再求与第一个主成分相互独立(在此表现为相互垂直)的,且与 n 个观测点 (x_{i1}, x_{i2})的垂直距离平方和最小的第二个主

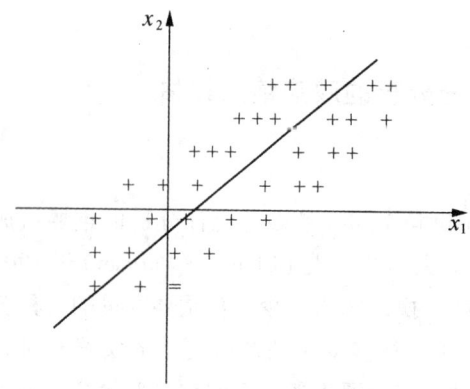

图 8 - 1 主成分分析示意图

成分,如图8－2所示。

在此情况下,我们可以把此原理推广到有 p 个变量的情况。

假如有 p 个变量,共得到 n 个点 $(x_{i1}, x_{i2}, \cdots, x_{ip})$,此时,若要求第 k 个主成分,就必须使它与前 $k-1$ 个主成分不相关,且使它与 n 个观测点的垂直距离平方和为最小。如此继续,直到求出 p 个主成分。

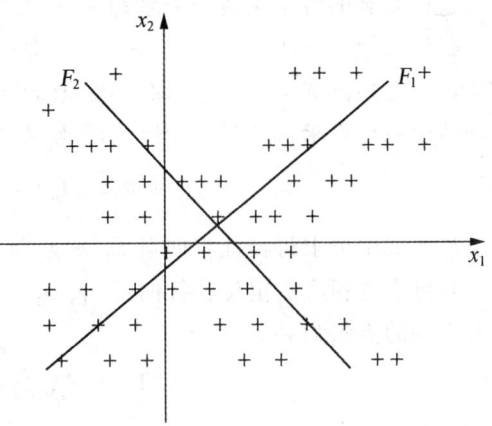

图 8－2 线性回归直线示意图

二、主成分的求解过程

求解主成分的主要数学工具是特征方程。通过求解观测变量相关矩阵的特征方程,得到 k 个特征值和对应的 k 个单位特征向量,把 k 个特征值按从大到小的顺序排列,它们分别代表 k 个主成分所解释的观测变量的方差,主成分是观测变量的线性组合,线性组合的权数即为相应的单位特征向量中的元素。

设有 p 个相关的观测变量 $(x_1, x_2, x_3, \cdots, x_p)$,现要求由它们线性组合成 p 个正交的主成分 $(F_1, F_2, F_3, \cdots, F_p)$,即

$$Y_1 = u_{11}x_1 + u_{12}x_2 + \cdots + u_{1p}x_p$$
$$Y_2 = u_{21}x_1 + u_{22}x_2 + \cdots + u_{2p}x_p$$
$$\cdots\cdots\cdots\cdots\cdots\cdots$$
$$Y_p = u_{p1}x_1 + u_{p2}x_2 + \cdots + u_{pp}x_p$$

这里 u_{ij} 要求满足以下条件:

(1) Y_i 与 $Y_j(i, j = 1, 2, \cdots, p, i \neq j)$ 是相互独立的,

$$u_{i1}^2 + u_{i2}^2 + \cdots + u_{ip}^2 = 1 \ (i = 1, 2, \cdots, p)$$

(2) Y_1 是 $x_1, x_2, x_3, \cdots, x_p$ 的一切线性组合中方差最大的;Y_2 是与 Y_1 不相关的 $x_1, x_2, x_3, \cdots, x_p$ 所有线性组合中方差最大的,Y_3 是与 Y_1,Y_2 不相关的 $x_1, x_2, x_3, \cdots, x_p$ 所有线性组合中方差最大的,如此依次类推。

249

这样得到的各个主成分分别称为第一、第二、第 P 个主成分。

我们假设 $X = (x_1, x_2, x_3, \cdots, x_p)$ 是一个 P 维向量时,则可以得到 X 的样本协方差矩阵 $R = (r_{ij})_{p \times p}$。$(r_{ij})$ 是把 $x_i (i = 1, 2, \cdots, p)$ 经过标准化转换后两两成对计算求得的相关矩阵。因此,这时则可以求得特征根

$$| R - \lambda I_p | = 0$$

从上式中可求得特征根向量 $\lambda_1 \geqslant \lambda_2 \geqslant \cdots \geqslant \lambda_p \geqslant 0$

并可求得相应的定位特征向量 $\partial_1, \partial_2, \cdots, \partial_p$,为了使各主成分 Y_j 对变量的总方差的贡献为 λ_j,

$$Y_j = \partial'_j \sqrt{\lambda_j} X$$

设 $X = (x_1, x_2, \cdots, x_p)'$ 是一个 P 维随机向量,并假设 X 的数学期望 $E(X) = 0$,记 X 的协方差矩阵 $E(XX') = \sum$,令 $A = (\partial_1, \partial_2, \cdots, \partial_P)'$ 是一个 P 维向量,且满足 $W = A'A = I$,则 X 的第 i 个主成分定义为:

$$Y_i = \partial'_i X \ (i = 1, 2, \cdots, p)$$

这样的主成分具有以下一些性质:

（1）主成分 $Y_1, Y_2, \cdots, Y_k$ 之间是不相关的,且 Y_p 的方差等于 λ_p。

（2）$\sum_p \lambda_p = k$,即特征值的和等于变量的个数。因为假设变量经过标准化处理,方差等于 1,所以 k 个变量的方差之和等于 k,λ_p / k 表示了第 p 个主成分所解释的方差的比例;

（3）变量 x_i 与主成分 Y_p 之间的相关系数,即因子负载为:

$$b_{ip} = \partial_{ip} \sqrt{\lambda_p}$$

（4）每个主成分所解释的方差等于所有变量在该主成分上负载的平方和,即:

$$\lambda_p = \sum_i b_{ip}^2$$

三、主成分分析在政府绩效评估中的应用

第一,对评价指标的原始数据进行标准化处理。

设 $X = \{x_1, x_2, x_3, \cdots, x_p\}$ 为政府绩效评估的指标集,$Z = \{z_1, z_2,$

z_3, …, z_p} 为经过标准化处理后的评价指标集，x_{ij} 为第 i 个政府的第 j 项评价指标的原始数据，z_{ij} 为相应的经过标准化处理的评价指标数据值，其中：

$$z_{ij} = \frac{x_{ij} - \overline{x_j}}{s_j}, \quad \overline{x_j} = \frac{1}{n} \sum_{i=1}^{n} x_{ij}, \quad s_j^2 = \frac{1}{n-1} \sum_{i=1}^{n} (x_{ij} - \overline{x_j})^2 \, (i = 1, 2, 3, \cdots, n,$$

$j = 1, 2, 3, \cdots, p)$

第二，根据标准化的数据值，建立评价指标数据集的相关系数矩阵 R：

$$R = \begin{bmatrix} r_{11} & r_{12} & \cdots & r_{1p} \\ r_{21} & r_{22} & \cdots & r_{2p} \\ \cdots\cdots\cdots\cdots\cdots\cdots \\ r_{p1} & r_{p2} & \cdots & r_{pp} \end{bmatrix}$$

第三，求相关系数的特征值和贡献率。

由 R 的特征方程 $|R - \lambda I| = 0$，求得 P 个特征值 $\lambda_1 \geqslant \lambda_2 \geqslant \cdots \geqslant \lambda_p$，对应的特征向量 u_1, u_2, u_3, $\cdots$, u_p 其中 $u_i = (u_{i1}, u_{i2}, u_{i3}, \cdots, u_{ip})$ $(i = 1, 2, 3, \cdots, p)$，

于是得到 p 个主成分：

$$Y_i = u_{i1}x_1 + u_{i2}x_2 + u_{i3}x_3 + \cdots + u_{ip}x_p \, (i = 1, 2, 3, \cdots, p) \qquad ①$$

第 i 个主成分 Y_i 的特征值 λ_i 即为该主成分的方差，方差越大，对总变差的贡献也越大，其贡献率为 $\alpha_i = \lambda_i \Big/ \sum_{j=1}^{p} \lambda_j$，它反映了第 i 个主成分综合原始变量信息的百分比。与特征值 λ_i 对应的特征向量 u_i 的 P 个分量就是第 i 个主成分 Y_i 中 P 个标准化变量的系数，它们的绝对值大小和正负号反映了该主成分与相应变量的相关程度和方向。

第四，以每个主成分的贡献率为权数，构造综合评价函数

$$F = \alpha_1 Y_1 + \alpha_2 Y_2 + \alpha_3 Y_3 + \cdots + \alpha_P Y_P \qquad ②$$

综合评价函数即为政府绩效的综合评价指标。

将每个政府的 P 项指标得分标准化后代入①式，求出其主成分值，即主成分得分，再由②式即可得到该政府绩效的综合评价函数值，综合得分越高，表明该政府绩效就越高；反之，则越低。

四、运用 SPSS 进行政府绩效评估

SPSS(statistical package for the social sciences)即社会科学统计软件包,是国际上最优秀的统计软件之一。SPSS 由美国斯坦福大学的三位研究生于 20 世纪 60 年代末研制,同时成立了 SPSS 公司,并于 1975 年在芝加哥组建了 SPSS 总部。1984 年,SPSS 总部首先推出了世界上第一个统计分析软件微机版本——SPSS/PC +,开创了 SPSS 微机系列产品的开发方向,极大地扩充了它的应用范围,并使其能很快地应用于自然科学、技术科学、社会科学的各个领域,世界上许多有影响的报纸杂志纷纷就 SPSS 的自动统计绘图、数据的深入分析、使用方便、功能齐全等方面给予了高度的评价与称赞。

我们选择浙江省 20 个县级市一级政府为绩效评估对象(分别用 G1 ~ G20 代表各个县级市的名称),以第七章构建的 37 个指标组成的评估体系为工具,假设 1998 年为政府施政的起点(期初),2002 年为施政终点(期终),运用 SPSS 对 20 个县级市政府五年期间的施政绩效进行评估通常应该涉及以下一些基本步骤:

第一步,通过查阅统计年鉴和政府公报,获得绩效评估体系中硬指标的期初和期终的评估数据,通过调查获得通过统计年鉴、政府公报难以获得的硬指标和全部软指标的期初和期终的评估数据。

第二步,将评估指标期初和期终的原始数据,转化为政府在某一时期内各项指标绩效的"增量值"。设 V_i^0 为第 i 项指标的期初值,V_i^1 为第 i 项指标的期终值,则政府在第 i 项指标的绩效增量值 I_i 则为:

$$I_i = \frac{V_i^1}{V_i^0} \times 100 \ (\text{当 } V_i \text{ 为正向指标时,即数据值越大绩效越高})$$

$$I_i = \frac{V_i^0}{V_i^1} \times 100 \ (\text{当 } V_i \text{ 为逆向指标时,即数据值越小绩效越高})$$

第三步,把所有评估指标设置为相应的分析变量,输入第二步得到的数据,建立 SPSS 数据文件。

第四步,打开 SPSS,依次进入 Analyze-Data Reduction-Factor,把需要分析的变量送入变量(variables)框,并在对话框中相应选择"principal component"(主成分分析)、"number of factors"(输入 3,即提取三个主成分)、"varimax"(最大方差旋转法)、"save as variables"(把主成分保存到数据文件当中)、

"replace with mean"（用平均数代替缺失值）、"sorted by size"（因子负荷从大到小排列）等。

第五步，根据同一主成分上负荷较大的变量性质，对主成分进行因子命名。

表8－1　政府绩效评估的主成分分析表

评　估　指　标	第一主成分	第二主成分	第三主成分
1. 城镇登记失业率	0.965	0.117	0.056
2. 社会保险覆盖率	0.962	－ 0.125	－ 0.013
3. 人均耕地面积	0.956	－ 0.113	0.148
4. 森林覆盖率	0.953	0.269	0.011
5. 农村居民人均纯收入	0.942	－ 0.107	0.227
6. 人均居住面积	0.938	－ 0.190	0.137
7. 人口自然增长率	0.930	0.182	0.066
8. 人均道路面积	0.908	0.284	0.051
9. 万人公交车拥有量	0.904	0.292	0.156
10. 城镇居民人均可支配收入	0.900	0.385	－ 0.018
11. 人均绿地面积	0.893	0.370	0.063
12. 百人固定电话拥有量	0.885	－ 0.176	0.034
13. 人均年生活用电量	0.867	0.422	－ 0.020
14. 环保资金投入占 GDP 比重	0.573	0.501	－ 0.341
15. 居民消费价格指数	－ 0.302	0.057	－ 0.040
16. 原材料消耗强度	0.112	0.935	－ 0.035
17. 人均 GDP	0.137	0.933	－ 0.023
18. 科技经费占 GDP 比重	0.230	0.915	0.056
19. 万人专利授权量	0.108	0.913	0.128
20. 科技进步贡献率	0.098	0.814	0.392

253

评　估　指　标	第一主成分	第二主成分	第三主成分
21. 工业废气净化率	0.194	0.731	−0.139
22. 单位能耗产出 GDP	0.194	0.731	−0.139
23. 工业固体废物处理率	0.141	−0.673	0.085
24. GDP 增长率	0.131	0.649	−0.516
25. 人均二氧化硫排放量	−0.041	0.476	0.063
26. 教育经费占 GDP 比重	−0.151	0.376	−0.068
27. 工业废水处理率	−0.001	−0.170	0.011
28. 全员劳动生产率	−0.072	−0.141	0.037
29. 公务员占总人口比重	0.095	0.278	−0.741
30. 本科以上学历占公务员比重	0.180	−0.027	0.738
31. 政务的公开性	−0.111	0.086	−0.633
32. 对假冒伪劣产品打击力度	0.384	−0.354	0.556
33. 生产事故死亡人数	−0.093	0.190	0.551
34. 大专以上学历占总人口比重	−0.087	0.034	−0.494
35. 政府开支占 GDP 比重	−0.083	0.038	0.454
36. 政策的稳定性	0.126	−0.033	0.381
37. 执法的公正性	−0.084	−0.043	−0.102

　　表 8-1 给出了 37 个政府绩效评价指标的主成分分析结果。由表 8-1 可知,在第一主成分上因子负荷较大的指标主要是社会稳定、生活质量和生态环境三大类指标,所以可以将第一主成分命名为社会生活与环境主成分;在第二主成分上因子负荷较大的指标主要是经济发展和教育科技两大类指标,所以可以将第二主成分命名为经济与教育科技主成分;在第三主成分上因子负荷较大的指标主要是行政管理类指标,所以可以将第三主成分命名为行政管理主成分。

表 8 - 2　三个主成分的方差贡献率

Com-ponent	Initial Eigenvalues			Rotation Sums of Squared Loadings		
	Total	% of Variance	Cumulative %	Total	% of Variance	Cumulative %
1	13.126	35.474	35.474	12.008	32.454	32.454
2	7.017	18.966	54.440	7.801	21.084	53.538
3	3.129	8.456	62.896	3.462	9.358	62.896
4	2.318	6.264	69.160			
5	2.010	5.433	74.593			
6	1.736	4.691	79.283			
7	1.402	3.790	83.074			
8	1.169	3.160	86.234			
9	0.975	2.635	88.869			
10	0.856	2.312	91.182			
11	0.627	1.694	92.876			
12	0.525	1.419	94.295			
13	0.508	1.373	95.667			
14	0.437	1.181	96.849			
15	0.318	0.860	97.709			
16	0.191	0.517	98.226			
17	0.168	0.455	98.681			
18	0.110	0.297	98.977			
19	0.095	0.256	99.233			
20	0.069	0.188	99.421			
21	0.053	0.143	99.564			
22	0.044	0.118	99.682			
23	0.032	0.087	99.768			
24	0.020	0.055	99.823			
25	0.016	0.043	99.866			
26	0.013	0.035	99.901			
27	0.011	0.030	99.932			

Com-ponent	Initial Eigenvalues			Rotation Sums of Squared Loadings		
	Total	% of Variance	Cumulative %	Total	% of Variance	Cumulative %
28	0.009	0.023	99.955			
29	0.006	0.017	99.972			
30	0.004	0.011	99.984			
31	0.003	0.007	99.991			
32	0.002	0.005	99.996			
33	0.001	0.002	99.998			
34	0.000	0.001	99.999			
35	0.000	0.001	100.000			
36	0.000	0.000	100.000			
37	0.000	0.000	100.000			

Extraction Method: Principal Component Analysis.

表 8 - 2 是主成分分析的方差分析表, 表明三个主成分的累积方差贡献率为 62.896% , 其中第一主成分、第二主成分和第三主成分的方差贡献率分别为 32.454% 、21.084% 和 9.358% 。

第六步, 依次进入 Transform-Computer, 以三个主成分的方差贡献率为权重系数, 构造政府绩效综合评价函数: $F = 0.324\,54F_1 + 0.210\,84F_2 + 0.093\,58F_3$ 。

第七步, 计算参与评估的 20 个县级市政府绩效综合得分的标准化分数。

第八步, 为了便于对比分析, 用效用值表征各个政府绩效的高低, 并规定效用值的取值区域范围为[0,100], 即绩效最高的政府效用值为 100, 最低的政府效用值为 0。如果用 X_i 表示第 i 个政府绩效的综合得分, X_{imax} 表示政府绩效综合得分的最大值, X_{imin} 表示政府绩效得分的最小值, 则第 i 个政府绩效的效用值 Y_i 可以表示为: $Y_i = \dfrac{X_i - X_{imin}}{X_{imax} - X_{imin}} \times 100$。20 个县级市一级政府绩效评估结果的效用值排序如图 8 - 3 所示。

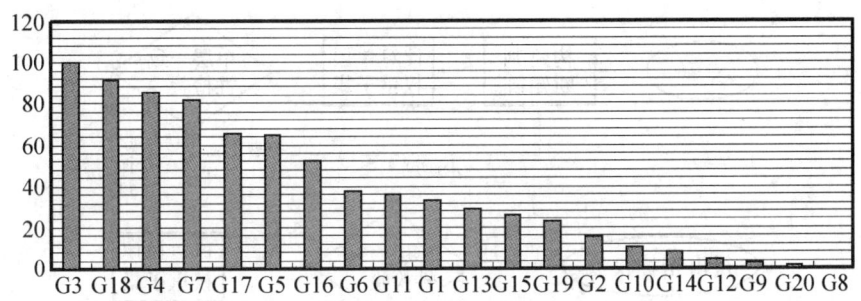

图 8 - 3　20 个县级市政府绩效评估的效用值(主成分分析)

第二节　基于层次分析的政府绩效评估

层次分析法(analytic hierarchy process,AHP 法)是美国运筹学家、匹兹堡大学教授 T. L. Saaty 提出的一种在处理复杂的评价(决策)问题中,进行方案比较排序的方法,其核心思想是把复杂的评价问题层次化,把评价问题按评价目标、评价领域、评价指标的顺序分解为不同层次的结构。上一层元素对相邻的下一层次的全部或部分元素起支配作用。然后通过求判断矩阵特征向量的办法,求得每一层的各元素对上一层次某元素的权重,再利用加权和的方法递阶归并,求出最低层(评价指标)相对于最高层(评价总目标)的相对重要性,从而对最低层各元素进行优劣等级的排序。

AHP 方法的基本思路:把复杂问题中各种因素通过划分相互联系的有序层次使之条理化;根据对一定客观现实的判断就每一层次的相对重要性给予定量表示;利用数学方法确定表达每一层次的全部元素相对重要性次序的权值;通过排序结果分析、解决问题。

AHP 方法的基本过程:建立递阶层次结构模型;构造出各层次中的所有判断矩阵;层次单排序及一致性检验;层次总排序及一致性检验(如图 8 - 4 所示)。

政府绩效评估指标体系是一个具有多层次、多指标的复合体系,在这个复合体系中,各层次、各指标的相对重要性各不相同,难以科学确定,常用的经验估值法、专家确定法等方法存在着较大的局限性。层次分析法通过构造判断矩阵,先对单层指标进行权重计算,然后再进行层次间的指标总排序,来确定

257

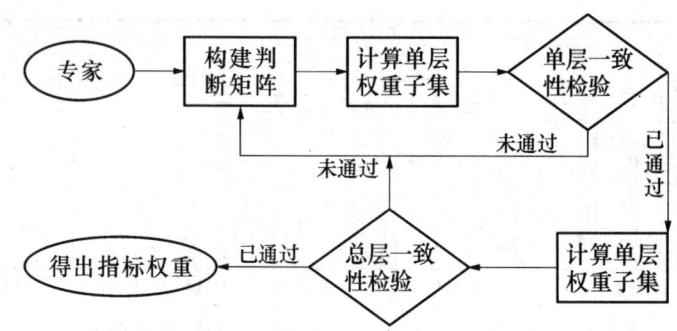

图 8-4　层次分析的操作程序

所有指标因素相对于总指标的相对权重,为确定类似指标体系权重提供了一种很好的解决途径。利用层次分析法,不仅可以降低工作难度,提高指标权重的精确度和科学性,而且通过采取对判断矩阵进行一致性检验等措施,有利于提高权重确定的信度和效度,同时,计算矩阵特征向量时,可以利用和积法、幂法和方根法等多种思路,并可以应用计算机来处理数据,具有较强的可操作性。

一、建立递阶层次结构模型

应用 AHP 分析评估问题时,首先要把问题条理化、层次化,构造出一个有层次的结构模型。在这个模型下,复杂问题被分解为元素的组成部分。这些元素又按其属性及关系形成若干层次。上一层次的元素作为准则对下一层次有关元素起支配作用。这些层次可以分为三类:

1. 最高层:这一层次中只有一个元素,一般它是分析问题的评价目标或理想结果,因此也称为目标层。

2. 中间层:这一层次中包含了为实现评价目标所涉及的中间环节,它可以由若干个层次组成,包括所需考虑的准则、子准则,因此也称为准则层。

3. 最底层:这一层次包括了为实现目标可供选择的各种具体评价指标或措施、决策方案等,因此也称为指标层或措施层、方案层等。

递阶层次结构中的层次数与问题的复杂程度及需要达到目标的详尽程度有关,一般的层次数没有受限制,但每一层次中各元素所支配的元素不宜过多,一般不要超过 9 个。这是因为支配的元素过多会给两两比较判断带来困难。

下面结合一个实例来说明递阶层次结构的建立。

中国政府绩效评估指标体系分三层,第一层(目标层)为政府绩效这一评估目标(A);第二层(领域层)包括行政管理绩效(B_1)、经济发展绩效(B_2)、社会稳定绩效(B_3)、教育科技绩效(B_4)、生活质量绩效(B_5)和生态环境绩效(B_6)6个评价因素;第三层(指标层)共包含了37个具体的评价指标。中国政府绩效评估的层次结构模型如图8-5所示。

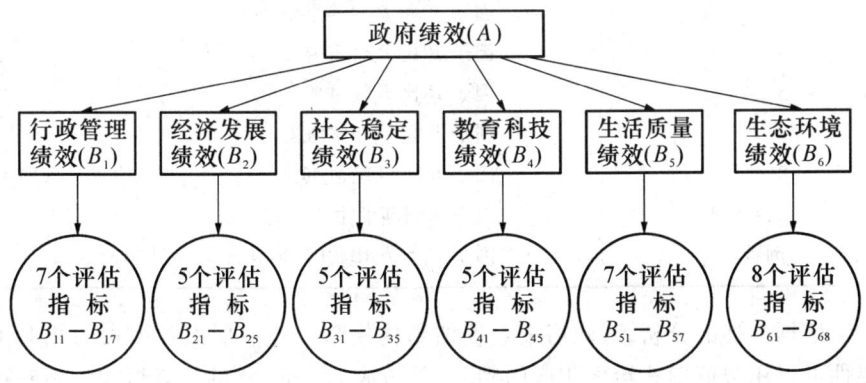

图8-5　中国政府绩效评估的层次结构模型

二、构造两两比较判断矩阵

层次结构反映了因素之间的关系,但领域层中的各评价因素在目标衡量中所占的比重并不一定相同,在决策者的心目中,它们各占有一定的比例。

在确定影响某因素的诸因子在该因素中所占的比重时,遇到的主要困难是这些比重常常不易定量化。此外,当影响某因素的因子较多时,直接考虑各因子对该因素有多大程度的影响时,常常会因考虑不周全、顾此失彼而使决策者提出与他实际认为的重要性程度不相一致的数据,甚至可能提出一组隐含矛盾的数据。

如果需要比较 n 个因子 B_1, B_2, $\cdots$, B_n 对某因素 A 的影响大小,通常采取对因子进行两两比较的办法,建立成对比较矩阵。设 a_{ij} 表示因子 B_i 和 B_j 对因素 F 的影响大小之比,再设矩阵 $A = (a_{ij})_{n \times n}$,称 A 为判断矩阵或成对比较矩阵。显然,矩阵 A 具有性质:

$$(1)\ a_{ij} > 0;\ (2)\ a_{ji} = \frac{1}{a_{ij}}.\ (i, j = 1, 2, \cdots, n)$$

满足这两个性质的矩阵称为正互反矩阵。

根据心理学的研究结果,若分级太多,则会超越人们的判断能力,因此通常用数字 1~9 及其倒数作为矩阵 A 的标度(如表 8-3 所示)。

表 8-3　Saaty 标度说明表

标　度 a_{ij}	含　义
1	因子 B_i 和 B_j 同等重要
3	因子 B_i 比 B_j 略重要
5	因子 B_i 比 B_j 较重要
7	因子 B_i 比 B_j 非常重要
9	因子 B_i 比 B_j 绝对重要
2,4,6,8	以上两判断的中间状态
倒数	因子 B_j 与 B_i 比较时,标度为 $a_{ji} = 1/a_{ij}$

依据上述的分析,对政府绩效评估结构模型中每一层次各因素的相对重要性可以用数值形式给出相应的判断,并写成如表 8-4 的矩阵形式。判断矩阵中的指标数值可以根据调研数据、统计资料、政府报告以及专家意见综合权衡后得出。

表 8-4　两两比较判别矩阵

A_k	B_1	B_2	$\cdots$	B_{n-1}	B_n
B_1	b_{11}	b_{12}	$\cdots$	$b_{1(n-1)}$	b_{1n}
B_2	b_{21}	b_{22}	$\cdots$	$b_{2(n-1)}$	b_{2n}
$\vdots$	$\vdots$	$\vdots$	$\vdots$	$\vdots$	$\vdots$
B_{n-1}	$b_{(n-1)1}$	$b_{(n-1)2}$	$\cdots$	$b_{(n-1)(n-1)}$	$b_{(n-1)n}$
B_n	b_{n1}	b_{n2}	$\cdots$	$b_{n(n-1)}$	b_{nn}

三、层次单排序和一致性检验

层次单排序是根据判断矩阵计算对于上一层某因素而言,本层次与之有联系的因素的重要性次序的权值,它可以归结为计算判断矩阵的特征根和特征权向量问题,即对判断矩阵 A,计算满足 $AW = \lambda_{\max}W$ 的特征根和特征权向量,并将特征权向量归一化。一般地说,判断矩阵 A 的关于最大特征值 $\lambda_{\max}$ 的

归一化特征权向量 $W_i = (b_{i1}, b_{i2}, \cdots, b_{in})^{\mathrm{T}}$ 反映了各因子对某因素的影响权重,即单排序权值。

由于受诸种主客观因素的影响,判断矩阵很难出现严格一致性的情况。因此,在得到最大特征值 $\lambda_{\max}$ 后,还需要对判断矩阵的一致性进行检验。

设 $\lambda_{\max}$ 为判断矩阵 A 的最大特征值,当 A 是一致矩阵时,$\lambda_{\max} = n$,否则,$\lambda_{\max} > n$,$\lambda_{\max}$ 比 n 大得越多,判断矩阵 A 的非一致程度越严重。对判断矩阵的一致性检验的步骤如下:

1. 计算一致性指标 CI

$$CI = \frac{\lambda_{\max} - n}{n - 1}$$

2. 查找相应的平均随机一致性指标 RI。对 $n = 1, \cdots, 9$,Saaty 给出了 RI 的值,如表 8-5 所示:

表 8-5　n 与 RI 的关系

n	1	2	3	4	5	6	7	8	9
RI	0	0	0.58	0.90	1.12	1.24	1.32	1.41	1.45

RI 的值是这样得到的,用随机方法构造 500 个样本矩阵:随机地从 1~9 及其倒数中抽取数字构造正互反矩阵,求得最大特征根的平均值 $\lambda'_{\max}$,并定义

$$RI = \frac{\lambda'_{\max} - n}{n - 1}$$

3. 计算一致性比例 CR

$$CR = \frac{CI}{RI}$$

4. 判断判别矩阵是否一致性。

当 $CR < 0.10$ 时,认为判断矩阵的一致性是可以接受的,否则应对判断矩阵作适当修正。

根据专家咨询法,可以得到中国政府绩效评估结构模型中领域层(评价因素)和指标层(评价指标)的两两比较判别矩阵,再运用数学软件 Mathematica 计算得到各自的权向量,并对其进行一致性检验。结果如表(8-6)~(8-12)所示。

表8-6 判断矩阵 *A—B*(相对于评价目标而言，
各领域之间相对重要性比较)

A	*B₁*	*B₂*	*B₃*	*B₄*	*B₅*	*B₆*	*W*
B₁	1	1	2	2	2	1	0.224 9
B₂	1	1	1	1	1	2	0.189 1
B₃	1/2	1	1	2	2	1	0.178 3
B₄	1/2	1	1/2	1	1	1/2	0.113 3
B₅	1/2	1	1/2	1	1	1/2	0.113 3
B₆	1	1/2	1	2	2	1	0.181 2

$\lambda_{max} = 6.247\,9$ $CI = 0.049\,6$ $RI = 1.24$ $CR = 0.039\,9 \leqslant 0.10$

表8-7 判断矩阵 *B₁—P*(相对于行政管理绩效而言，
各指标之间相对重要性比较)

B₁	*B₁₁*	*B₁₂*	*B₁₃*	*B₁₄*	*B₁₅*	*B₁₆*	*B₁₇*	*W*
B₁₁	1	4	3	2	3	3	2	0.292 1
B₁₂	1/4	1	1/2	1/3	2	3	3	0.115 7
B₁₃	1/3	2	1	1/2	3	4	2	0.161 1
B₁₄	1/2	3	2	1	4	2	3	0.219 0
B₁₅	1/3	1/2	1/3	1/4	1	2	3	0.085 8
B₁₆	1/3	1/3	1/4	1/2	1/2	1	2	0.066 7
B₁₇	1/2	1/3	1/2	1/3	1/3	1/2	1	0.059 6

$\lambda_{max} = 7.714\,0$ $CI = 0.119\,0$ $RI = 1.32$ $CR = 0.090\,1 \leqslant 0.10$

表 8-8 判断矩阵 B_2—P(相对于经济发展绩效而言，各指标之间相对重要性比较)

B_2	B_{21}	B_{22}	B_{23}	B_{24}	B_{25}	W
B_{21}	1	2	2	1	3	0.305 7
B_{22}	1/2	1	1/3	1/2	1/2	0.095 4
B_{23}	1/2	3	1	2	3	0.280 2
B_{24}	1	2	1/2	1	2	0.203 8
B_{25}	1/3	2	1/3	1/2	1	0.114 8

$\lambda_{max} = 5.250\ 7$ $CI = 0.062\ 6$ $RI = 1.12$ $CR = 0.055\ 9 \leqslant 0.10$

表 8-9 判断矩阵 B_3—P(相对于社会稳定绩效而言，各指标之间相对重要性比较)

B_3	B_{31}	B_{32}	B_{33}	B_{34}	B_{35}	W
B_{31}	1	1	2	2	1	0.233 4
B_{32}	1	1	1	2	2	0.258 6
B_{33}	1/2	1	1	1/2	1/3	0.120 6
B_{34}	1/2	1/2	2	1	1/3	0.131 2
B_{35}	1	1/2	3	3	1	0.256 2

$\lambda_{max} = 5.364\ 2$ $CI = 0.091\ 1$ $RI = 1.12$ $CR = 0.081\ 3 \leqslant 0.10$

表 8-10 判断矩阵 B_4—P(相对于教育科技绩效而言，各指标之间相对重要性比较)

B_4	B_{41}	B_{42}	B_{43}	B_{44}	B_{45}	W
B_{41}	1	2	1	2	1	0.255 7
B_{42}	1/2	1	2	1	1	0.199 4
B_{43}	1	1/2	1	2	1	0.200 0

B_4	B_{41}	B_{42}	B_{43}	B_{44}	B_{45}	W
B_{44}	1/2	1	1/2	1	2	0.175 2
B_{45}	1	1	1	1/2	1	0.169 7

$\lambda_{\max} = 5.376\ 5\quad CI = 0.094\ 1\quad RI = 1.12\quad CR = 0.084\ 0 \leqslant 0.10$

表 8 – 11　判断矩阵 B_5—P（相对于生活质量绩效而言，
各指标之间相对重要性比较）

B_5	B_{51}	B_{52}	B_{53}	B_{54}	B_{55}	B_{56}	B_{57}	W
B_{51}	1	2	1	2	1	2	1	0.183 9
B_{52}	1/2	1	2	1	1	1	1	0.157 4
B_{53}	1	1/2	1	2	2	1	3	0.177 2
B_{54}	1/2	1	1/2	1	1	1	3	0.132 9
B_{55}	1	1	1/2	1	1	1/2	1	0.108 9
B_{56}	1/2	1/2	1	1	2	1	2	0.134 6
B_{57}	1	1	1/3	1	1	1/2	1	0.105 1

$\lambda_{\max} = 7.749\ 8\quad CI = 0.125\ 0\quad RI = 1.32\quad CR = 0.094\ 7 \leqslant 0.10$

表 8 – 12　判断矩阵 B_6—P（相对于生态环境绩效而言，
各指标之间相对重要性比较）

B_6	B_{61}	B_{62}	B_{63}	B_{64}	B_{65}	B_{66}	B_{67}	B_{68}	W
B_{61}	1	1	3	1	3	3	1	1	0.167 1
B_{62}	1	1	1	3	3	1	1	2	0.175 8
B_{63}	1/3	1	1	1/2	1/2	1	1	1/3	0.081 3
B_{64}	1	1/3	2	1	2	3	1/2	1	0.125 8

B_6	B_{61}	B_{62}	B_{63}	B_{64}	B_{65}	B_{66}	B_{67}	B_{68}	W
B_{65}	1/3	1/3	2	1/2	1	1	1/3	1/2	0.070 0
B_{66}	1/3	1	1	1/3	1	1	1/3	1/2	0.071 8
B_{67}	1	1	1	2	3	3	1	2	0.177 9
B_{68}	1	1/2	3	1	2	2	1/2	1	0.130 3

$\lambda_{max} = 8.654\,9 \quad CI = 0.093\,6 \quad RI = 1.41 \quad CR = 0.066\,4 \leqslant 0.10$

四、层次总排序及一致性检验

设上一层次(A 层)包含 A_1，$\cdots$，A_m 共 m 个因素，它们的层次总排序权重分别为 a_1，$\cdots$，a_m。又设其后的下一层次(B 层)包含 n 个因素 B_1，$\cdots$，B_n，它们关于 A_j 的层次单排序权重分别为 b_{1j}，$\cdots$，b_{nj}(当 B_i 与 A_j 无关联时，$b_{ij} = 0$)。现求 B 层中各因素关于总目标的权重，即求 B 层各因素的层次总排序权重 b_1，$\cdots$，b_n，即 $b_i = \sum_{j=1}^{m} b_{ij}a_j$，$i = 1$，$\cdots$，$n$。计算方法如表 8 - 13 所示。

在应用 AHP 法解决重大决策问题时，除了要对每个判断矩阵作一致性检验外，还需作组合一致性检验和总体一致性检验。

表 8 - 13　层次总排序计算方法

A 层　＼　B 层	B_1	B_2	$\cdots$	B_n
$A_1 \quad a_1$	b_{11}	b_{12}	$\cdots$	b_{1n}
$A_2 \quad a_2$	b_{21}	b_{22}	$\cdots$	b_{2n}
$\cdots$	$\cdots$	$\cdots$		$\cdots$
$A_m \quad a_m$	b_{m1}	b_{m2}	$\cdots$	b_{mn}
B 层对于目标的权重	$\sum_{i=1}^{m} a_i b_{i1}$	$\sum_{i=1}^{m} a_i b_{i2}$	$\cdots$	$\sum_{i=1}^{m} a_i b_{in}$

组合一致性检验是逐层进行的。设第 $k-1$ 层有 t 个因素,共 s 层,第 k 层的各判断矩阵一致性指标分别为 $CI_1^{(k)}$, $\cdots$, $CI_t^{(k)}$,随机一致性指标分别为 $RI_1^{(k)}$, $\cdots$, $RI_t^{(k)}$,第 $k-1$ 层对目标 O 的权向量为 $W^{(k-1)} = (a_1, \cdots, a_t)^T W^{(k-1)}$,则第 k 层组合一致性比率定义为:

$$CR^{(k)} = \frac{\sum_{j=1}^{t} a_j CI_j^{(k)}}{\sum_{j=1}^{t} a_j RI_j^{(k)}}, \; k = 3, 4, \cdots, s$$

$CR^{(1)} = 0$, $CR^{(2)}$ 为准则层判断矩阵的一致性比率。第 k 层通过组合一致性检验的条件一般为 $CR^{(k)} < 0.1$。

总体一致性比率定义为:

$$CR^* = \sum_{k=2}^{s} CR^{(k)},$$

对于重大的决策问题,CR^* 适当地小,才能认为总体上通过一致性检验。

表 8-14　各判别矩阵的相关数字

判别矩阵	n	λ_{max}	CI	RI	CR
A	6	6.535 8	0.107 2	1.24	0.039 9
B_1	7	7.714 0	0.119 0	1.32	
B_2	5	5.250 7	0.062 6	1.12	
B_3	5	5.364 2	0.091 1	1.12	
B_4	5	5.376 5	0.094 1	1.12	
B_5	7	7.749 8	0.125 0	1.32	
B_6	8	8.654 9	0.093 6	1.41	

$CR^{(2)} = 0.039\ 9$

根据公式 $CR^{(k)} = \dfrac{\sum_{j=1}^{t} a_i CI_j^{(k)}}{\sum_{j=1}^{t} a_j RI_j^{(k)}}$ 求得:$CR^{(3)} = 0.059\ 3$

则得：$CR^* = CR^{(2)} + CR^{(3)} = 0.039\ 9 + 0.059\ 3 = 0.099\ 2 \leqslant 0.1$

可见,总排序的结果具有满意的一致性。

以上各指标特征向量就是政府绩效评估指标权重,它为政府绩效评估指标的量化及政府绩效评估实践的开展提供了前提条件。如果获得评估对象各个评估指标的原始数据,并对其进行标准化处理,这样就很容易求得被评估政府的绩效值,并可以对其进一步比较和排序。

表 8−15　中国政府绩效评估体系各个评估指标层次总排序

	B_1	B_2	B_3	B_4	B_5	B_6	总权重
	0.224 9	0.189 1	0.178 3	0.113 3	0.113 3	0.181 2	
B_{11}	0.292 1						0.065 7
B_{12}	0.115 7						0.026
B_{13}	0.161 1						0.036 2
B_{14}	0.219 0						0.049 3
B_{15}	0.085 8						0.019 3
B_{16}	0.066 7						0.015
B_{17}	0.059 6						0.013 4
B_{21}		0.305 7					0.055 6
B_{22}		0.095 4					0.017 4
B_{23}		0.280 2					0.051
B_{24}		0.203 8					0.037 1
B_{25}		0.114 8					0.020 9
B_{31}			0.233 4				0.041 6
B_{32}			0.258 6				0.046 1
B_{33}			0.120 6				0.021 5
B_{34}			0.131 2				0.023 4

	B_1	B_2	B_3	B_4	B_5	B_6	总权重
	0.224 9	0.189 1	0.178 3	0.113 3	0.113 3	0.181 2	
B_{35}			0.256 2				0.045 7
B_{41}				0.255 7			0.029
B_{42}				0.199 4			0.022 6
B_{43}				0.200 0			0.022 7
B_{44}				0.175 2			0.019 9
B_{45}				0.169 7			0.019 2
B_{51}					0.183 9		0.020 8
B_{52}					0.157 4		0.017 8
B_{53}					0.177 2		0.020 1
B_{54}					0.132 9		0.051 1
B_{55}					0.108 9		0.012 3
B_{56}					0.134 6		0.015 3
B_{57}					0.105 1		0.011 9
B_{61}						0.167 1	0.030 3
B_{62}						0.175 8	0.031 9
B_{63}						0.081 3	0.014 7
B_{64}						0.125 8	0.022 8
B_{65}						0.070 0	0.012 7
B_{66}						0.071 8	0.013
B_{67}						0.177 9	0.032 2
B_{68}						0.130 3	0.023 6

五、政府绩效的综合评价

通过领域层对指标层的权重,计算领域层中各因素的综合评价值,然后通过领域层中各因素的评价值和对总目标的权重,计算总目标最终评价值。具体计算公式如下:

$$F = \sum_{i=1}^{n} (W_i \times V_i)$$

其中 F 为政府绩效的综合评价值;W_i 为第 i 个评价指标的权重;V_i 为第 i 个评价指标的增量值(具体计算方法参见第六章);n 为政府绩效评价指标的个数。

用上述公式分别计算得到浙江省 20 个县级市政府绩效的综合评价值,为了便于对比分析,再把综合评价值转化为效用值(效用值计算方法如同第一节方法)。图 8 - 6 是采用层次分析法得到的 20 个县级市政府绩效评估结果的效用值排序。

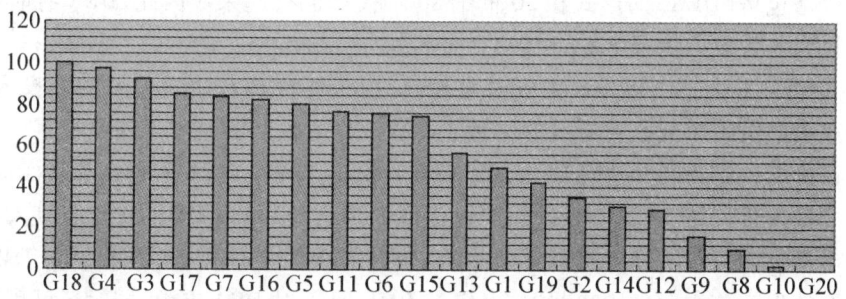

图 8 - 6　20 个县级市政府绩效评估的效用值(层次分析法)

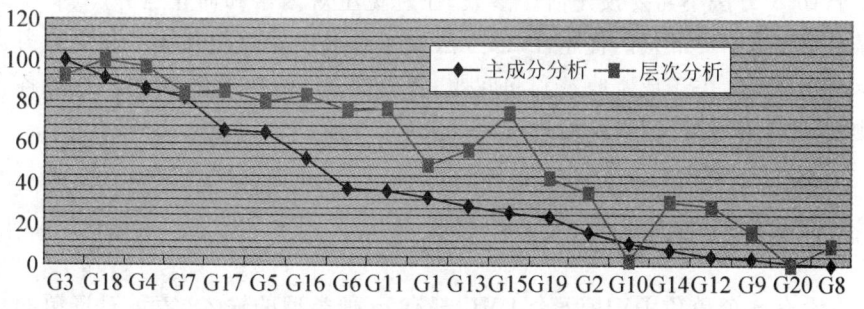

图 8 - 7　20 个县级市政府绩效评估的效用值对比(两种不同定量法)

图 8-7 是采用主成分分析法和采用层分析法两种不同方法计算得到 20 个县级市政府绩效评估结果的效用值的对比情况。可见,同样的评估对象和同样评估指标,采用不同定量分析方法,其评估结果是有一定差异的。

第三节　基于数据包络分析的政府绩效评估

数据包络分析法(data envelopment analysis, DEA)是美国著名运筹学家查恩斯(A. Charnes)于 1978 年提出以相对有效概念为基础发展起来的效果评价方法。DEA 原型可以追溯到 1957 年,英国学者费莱尔(Farrell)在对英国农业生产力进行分析时提出的包络思想。此后,在运用和发展运筹学理论与实践的基础上,逐渐形成了主要依赖线性规划技术并常常用于经济定量分析的非参数方法。经过美国运筹学家查恩斯和库珀等人的努力,使得非参数方法以数据包络(DEA)的形式在 20 世纪 80 年代初流行起来。因此,DEA 有时也被称为非参数方法或 Farrell 型有效分析法。

DEA 方法是以相对效率概念为基础,用于评价具有相同类型的多投入、多产出的决策单元是否有效的一种非参数统计方法。其基本思路是把每一个被评价单位作为一个决策单元(decision making units, DMU),再由众多 DMU 构成被评价群体,通过对投入和产出比率的综合分析,以 DMU 的各个投入和产出指标的权重为变量进行评价运算,确定有效生产前沿面,并根据各 DMU 与有效生产前沿面的距离状况,确定各 DMU 是否对 DEA 有效,同时还可用投影方法指出非 DEA 有效或弱 DEA 有效 DMU 的原因及应改进的方向和程度。由于 DEA 方法不需要预先估计参数,在避免主观因素和简化运算、减少误差等方面有着不可低估的优越性,该方法近年来被广泛运用到技术和生产力进步、技术创新、关于成本收益利润问题、资源配置、金融投资、非生产性等各个领域,进行有效性分析,从而进行评价决策。

一、数据包络分析的数学模型

设有 n 个单位 DMU,每个 DMU 都有 m 种类型的输入(表示对资源的耗费)以及 s 种类型的输出(表明成效的信息量),其形式为:

$$X = \begin{bmatrix} x_{11} & x_{12} & \cdots & x_{1j} & \cdots & x_{1n} \\ x_{21} & x_{22} & \cdots & x_{2j} & \cdots & x_{2n} \\ \vdots & \vdots & & \vdots & & \vdots \\ x_{i1} & x_{i2} & \cdots & x_{ij} & \cdots & x_{in} \\ \vdots & \vdots & & \vdots & & \vdots \\ x_{m1} & x_{m2} & \cdots & x_{mj} & \cdots & x_{mn} \end{bmatrix}, \quad Y = \begin{bmatrix} y_{11} & y_{12} & \cdots & y_{1j} & \cdots & y_{1n} \\ y_{21} & y_{22} & \cdots & y_{2j} & \cdots & y_{2n} \\ \vdots & \vdots & & \vdots & & \vdots \\ y_{r1} & y_{r2} & \cdots & y_{rj} & \cdots & y_{rn} \\ \vdots & \vdots & & \vdots & & \vdots \\ y_{s1} & y_{s2} & \cdots & y_{sj} & \cdots & y_{sn} \end{bmatrix}$$

再设 m 种输入和 s 种输出的权重向量分别为：$v = (v_1, v_2, \cdots, v_m)^{\mathrm{T}}$ 和 $u = (u_1, u_2, \cdots, u_s)^{\mathrm{T}}$。

其中：每个决策单元 $j(j = 1, 2, \cdots, n)$ 对应一个输入向量 $X_j = (x_{1j}, x_{2j}, \cdots, x_{mj})^{\mathrm{T}}$ 和一个输出向量 $Y_j = (y_{1j}, y_{2j}, \cdots, y_{sj})^{\mathrm{T}}$。$x_{ij}$ 为第 j 个决策单元对第 i 种类型输入的投入总量，$x_{ij} > 0$；y_{rj} 为第 j 个决策单元对第 r 种类型输出的产出总量，$y_{rj} > 0$；v_i 为对第 i 种输入的一种度量；u_r 为对第 r 种类型输出的一种度量；$i = 1, 2, \cdots, m$；$j = 1, 2, \cdots, n$；$r = 1, \cdots, s$。

每一个决策单元 (DMU_j) 都有相应的效率评价指数：$E_{ij} = \dfrac{y_i^{\mathrm{T}} u}{x_i^{\mathrm{T}} u}$，在该式中权重 u 和 v 都是待定的。对于每一个 DMU_j，我们求使 E_{ij} 达到最大值的权向量，就得到 DEA 的 C^2R 模型。

对于每一个 DMU_j，解以下极大值问题：

$$\begin{cases} \max \dfrac{y_i^{\mathrm{T}} u}{x_i^{\mathrm{T}} u} = E_{ij} \\ s.t. \dfrac{y_i^{\mathrm{T}} u}{x_i^{\mathrm{T}} u} \leqslant 1 \end{cases}$$

若令 $t = \dfrac{1}{x_i^{\mathrm{T}} v}$，则上式可以转化（Charnes-Cooper 变换）为等价的线性规划问题：

$$\begin{cases} \max y_i^{\mathrm{T}} t u = E_{ij} \\ s.t. y_i^{\mathrm{T}} t u \leqslant 1 \end{cases}$$

上式线性规划的解称为 DMU_j 的最佳权向量，它们是使 DMU_j 的效率值 E_{ij} 达到最大值的权向量。为了便于检验 DEA 的有效性，一般考虑将上式转换为线性规划对偶模型（加入松弛变量）：

271

$$
\begin{cases}
\theta_j^* = \min \theta \\
s.t. \displaystyle\sum_{j=1}^{n} x_{ij}\lambda_j + S_i^- \leqslant \theta x_{i0}, \ i = 1, 2, \cdots, m \\
\displaystyle\sum_{j=1}^{n} y_{rj}\lambda_j - S_r^+ \geqslant y_{r0}, \ r = 1, 2, \cdots, s \\
\lambda_j \geqslant 0, \ S_i^- \geqslant 0, \ S_r^+ \geqslant 0, \ \theta \text{ 自由}
\end{cases}
$$

其中 x_{i_0} 表示第 j_0 个 DMU 输入向量，y_{r_0} 表示第 j_0 个 DMU 输出向量，θ 表示投入产出的效率系数，λ 表示决策单元线性组合的系数，S_r^+ 和 S_i^- 分别为加入的松弛变量，S^- 为未利用资源变量数值，S^+ 为产出不足变量数值，带 $*$ 表示最优解。

上式的数学意义是：λ_j 将各个有效点连接起来，形成有效前沿面。非零的过剩量 S^{-*} 或不足量 S^{-*} 使有效前沿面可以沿水平和垂直方向延伸，形成包络面。θ^* 表示 DMU 距离包络面的投影。

将有关数据代入上式，可得到一组 $(\theta_j^*, \lambda^*, S^{-*}, S^{+*})$，判定方法是：

1. 若 $\theta^* = 1$，$S^{-*} = S^{+*} = 0$，则称 j_0 单元(DMU_{j_0})为 DEA 有效；

2. 若 $\theta^* = 1$，$S^{-*} \neq 0$，$S^{+*} \neq 0$，则称 j_0 单元(DMU_{j_0})为 DEA 弱有效；

3. 若 $\theta^* < 1$，则称 j_0 单元(DMU_{j_0})为 DEA 无效。

若 DMU_{j_0} 为 DEA 无效，此时可以通过对输入指标 x_{ij_0} 进行适当调整，即对投入指标进行适量调整，进而使 DMU_{j_0} 趋向相对有效。这种对投入的调整量，可以为决策者提供决策参考信息，通过调整投入指标 x_{ij_0} 来提高政府的综合绩效。

二、数据包络分析的基本程序

根据应用经验，数据包络分析的基本程序如图 8-8 所示：

1. 明确评价目标。数据包络分析（DEA）方法的基本功能是"评价"，特别是进行多个同类样本间的"相对优劣性"的评价。应用数据包络分析（DEA）模型对政府绩效进行评估，可以以地方及政府某个时期的数据为基础进行自我测评，也可以以其他地方及政府的已知数据为基础进行对比测评。

2. 选择决策单位。选择 DMU 就是确定参考集。由于数据包络分析（DEA）方法是在同类型的 DMU 之间进行相对有效性的评价，因此选择 DMU 的一个基本要求是 DMU 的同类型。实际工作中，通常要考虑以下两种情况：

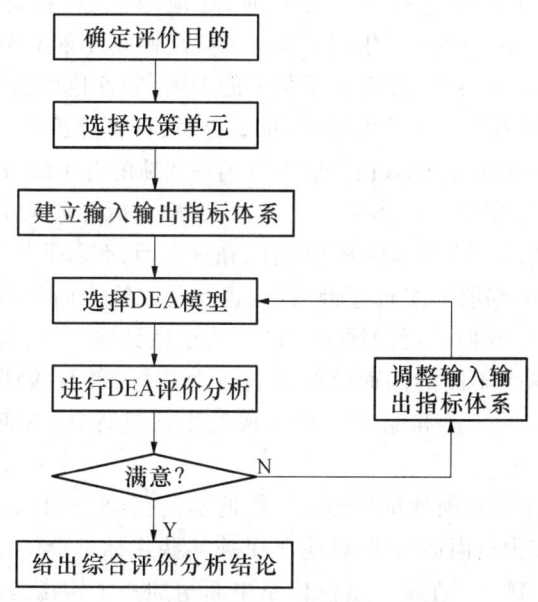

图 8－8　数据包络分析的操作程序

　　第一,用 DMU 的物理背景来判别,即 DMU 具有相同的环境、相同的输入和相同的任务(相同的产品与服务内容)等。

　　第二,用 DMU 活动的时间间隔来构造,例如有一个政府任职期限的时间间隔为 $[T,0]$,现将 $[T,0]$ q 等分,由于每个等分中的任职过程都是原过程的一部分(一个时段),因此如果将每个等分视为一个 DMU,则可认为我们一共得到 q 个同类型的 DMU。也有这样的情况,原有 p 个 DMU。具有相同的活动时间间隔,现将整个间隔 q 等分,并假设依次把 r 个等分归为一组,称为一个"窗口"("窗口"长为 r),再把每个"窗口"内的 pxr 个 DMU 组成一个参考集。通过向前移动"窗口",一共可得到 $q-r+1$ 个各包含 pxr 个 DMU 的参考集,在此基础上,可根据需要对一部分或全体参考集进行数据包络分析(DEA)。

　　但是,确定"窗口"的长度要适宜,因为若长度过长,会由于 DMU 物理背景的变化过大而影响 pxr 个 DMU 之间的同类性;若长度过短,则又可能使DMU 之间显示不出差异。具体操作时,应向有关方面的专家咨询,在专家的帮助下加以判定。人们常常希望参考集包含的 DMU 的个数越多越好,但过多的要求或者难以做到或者会使 DMU 的同类性受到影响,根据经验,通常认为参考集元素的个数不少于输入、输出指标总数的 2 倍为好,例如有 6 个输入、7 个输出时,参考集中的 DMU 个数宜不少于 26。

另外,在运用 DEA 进行数据分析时,还应当注意,就是如果将较多的 DMU 放在一起组成一个参考集时,"同类型"反映得不够充分。但若将它们按一定特性分成几个子集,则每个子集内的 DMU 较好地体现出"同类型",这样,我们可以分别对这几个子集进行 DMU 分析,再将分析结果或者独立地或者综合地进行再分析,这样做往往能够得到一些新的有用的信息。

3. 建立输入/输出指标体系。建立输入/输出指标体系是应用数据包络分析(DEA)方法的一项基础性前提工作,在这方面,有以下几点值得注意:

第一,要考虑到能够实现评价目的,也就是说输入向量与输出向量的选择要服务、服从于我们确定的评价目的。为了做到这一点,需要把评价目的从输入和输出两个不同的侧面分解成若干个指标,并且该评价目的的确能够通过以这些输入向量和输出向量构成的生产过程在"黑箱"意义下加以描述。

第二,要能全面反映评价目的。一般地说,一个评价目的需要多个输入和多个输出才能较为全面地描述,缺少某个或某些指标常会使评价目的不能完整地得以实现。例如:在某个指标体系中新增加一个输出指标,原来的非有效 DMU 变成了有效的 DMU,或是在原指标体系中去掉一个输出指标,原来有效的 DMU 变成非有效的了,这都表明这些变动的指标对这些 DMU 来说都是"生产过程"中的"强项",同时也可以看出,它们对评价目的的反映具有较大的影响,换言之,缺少了这些指标,也就不能够全面地反映评价目的。

第三,要考虑到输入向量、输出向量之间的联系。由于在生产过程中,DMU 各输入与各输出之间往往不是孤立的,因此某些指标被确定为输入或输出后,会对其他指标的认定产生影响。例如,某指标与几个已确定作为输入(出)量的指标之间呈现较强的相关关系,我们可认为该指标的信息已在很大程度上被这几个指标所包含。因此就不一定再把它作为输入(出)指标了。又如,某指标若与诸输入相关关系较强而同时又与诸输出相关关系较弱,则可将该指标归为输出,反之则归为输入。另外,输入(出)集内部的指标要尽可能避免有较强的线性关系。在实际中,通过统计分析可以帮助我们做到以上这些,也可以在初步确定了输入输出指标体系后,进行试探性的 DEA 分析。如果在用了几组样本数据进行分析后,个别指标对应的权重总是很小,这说明这样的指标对 DMU 有效性的影响不大,因此可以考虑删除这些指标。

第四,关于输入/输出指标体系的选择,不能仅局限于生产过程,或者说,在运用 DEA 方法进行评估时,我们必须要能构造广义的"生产过程"。实际上,根据 DEA 模型的实质要求,所有遵循"越少越能反映效果"的都可以作为输入指标,遵循"越多越能反映效果"的都可以作为输出指标。

此外,在输入/输出指标体系的建立过程中,相对性指标与绝对性指标的搭配、指标数据的可获取性、定性指标的"可度量性"、指标总量究竟多少较为适宜等问题也是我们在实际工作中会遇到并且要逐一加以解决的。

4. DEA 模型的选择。采用 DEA 方法进行测评,对不同的测评目的和内容,DEA 有许多种模型可供选择。除了经典的 C^2R 模型和 C^2GS^2 模型,近年来许多学者对 DEA 方法进行了拓展,提出了许多有用的模型:在权重的改进方面有 C^2WH 模型、C^2WHL 模型;在输入和输出的改进方面有能处理既含有可控输入(出)又含有不可控输入(出)的 DEA 模型,有要素在有限范围内变化的 DEA 模型,更有只有输出(入)指标的 DEA 模型;在决策单元的改进方面有针对无限个决策单元的 C^2W 模型。此外,还有发展 DEA 模型、动态 DEA 模型等等。模型的选择取决于企业测评的实际需求,也决定着测评的结果。一般而言,从以下几个方面考虑问题有助于我们选择合适的 DEA 模型。

第一,是选用基于输入的 DEA 模型,还是选用基于输出的 DEA 模型,这主要看对输入(出)指标的可控性和可处理性。例如,若输入指标不易有较大变动或基本维持在一定水平上,这时选用基于输出的 DEA 模型较为适合;反之,若输出指标不宜有较大变动,如把环境指标作为一种输出,由于对其有较严格的限制,这时选用基于输入的 DEA 模型较为适合。

第二,由于具有非阿基米德无穷小的 DEA 模型在判定 DMU 是否为 DEA(弱)有效以及将原来无效的 DMU"投影"到相对有效面上均有方便之处,所以在实际中这一模型常被应用。至于若对某些有特定要求的生产过程进行DEA 分析,则需根据这些要求选择适当的 DEA 模型。

第三,就有效性本身而言,C^2R 模型是同时针对规模有效性和技术有效性而言的"总体"有效性,而 C^2GS^2 模型只能评价技术有效性。此外,C^2R 模型的生产可能集为闭凸锥,并且是建立在规模收益不变的假设下,而 C^2GS^2 模型则反映了规模收益可变的情况,对应的生产可能集仅为凸集。注意这些不同之处,并结合我们的评价目的与实际背景,也可帮助我们选择较适合的模型。

第四,特别地,如果生产可能集为凸锥、输入、输出指标数目较多,特别是由于决策者对输入、输出指标之间的相对重要性有所规定(契约、限制、偏好),并要在评价中对此规定(契约、限制、偏好)有所体现,这时,选用具有锥

结构的 C^2WH 模型就比较适合了。

第五，为了得到不同侧面的评价信息，在可能情况下，尽量选用不同类型的 DEA 模型同时进行分析，再把分析结果相互比较，无疑会使评价结果更全面、更深刻、更准确。

5. 进行实际测评。运用所选择的 DEA 模型对数据进行处理，得出测评结果，发现问题，找出应对策略。

三、基于 DEA 方法的政府绩效评估案例分析[①]

维护社会治安是政府的重要职责，社会治安状况的优劣是反映政府绩效高低的重要方面。下面选取某地 15 个公安部门为决策单元，运用 DEA 方法对其工作绩效相对有效性进行评估。

根据数据口径的统一性、可比性原则，同时考虑数据可得性，在专家讨论的基础上，尽量选用具有代表性和一般性的重要指标，设置如下输入、输出指标和决策单元：

1. 输入指标。输入指标公安部门对所属的人、财、物等资源的占用或使用成本。包括警员人数 X1，警员素质 X2，普用器械数 X3，公务车辆数 X4，通讯设备数 X5，管辖范围 X6，使用经费 X7，等等。

2. 输出指标。输出指标是指治安管理、行业管理、人口管理、消防管理、指挥管理、队伍教育与管理等业务工作与队伍建设等方面所取得的成果与效率。包括：外来人口登记率 Y1，重点人口监管控制率 Y2，打击处理数 Y3，行业整治巩固率 Y4，发生火灾数 Y5，破获盗窃、投毒案数 Y6，抓获卖淫嫖娼、聚众赌博数 Y7，人防、物防、计防落实 Y8，被投诉次数 Y9，群众满意率 Y10，所获嘉奖等级、次数 Y11，违纪等级、次数 Y12 等（如表 8 – 17）。

由于评估指标有 19 个，根据 DEA 分析的通用规则决策单元应该不少于 38 个，但实际中只有 15 个决策单元可供评估。因此有必要对上述 19 个指标再进行降维处理，采集 19 个评估指标的数据后，用主成分分析方法对其进行降维，以期满足 DEA 算法的基本要求。

通过主成分分析后，5 个输入指标被归并为 3 个指标，12 个输出指标被归并为 5 个指标。主成分分析后的输入/输出指标如表 8 – 16 ~ 表 8 – 18 所示。

---

① 本案例引自于周卓儒："政府部门绩效考核理论与方法研究"，硕士论文，2004 年。

表 8-16　公安部门绩效相对有效性评估指标

输　入　指　标	输　出　指　标
警员人数 X_1	外来人口登记率 Y_1
警员素质 X_2	重点人口监督控制率 Y_2
警用器械数 X_3	打击处理数 Y_3
公务车辆数 X_4	行业整治巩固率 Y_4
通讯设备数 X_5	发生火灾数 Y_5
管辖范围 X_6	破获盗窃、投毒案数 Y_6
使用经费 X_7	抓获卖淫嫖娼、聚众赌博数 Y_7
	人防、物防、计防落实 Y_8
	被投诉次数 Y_9
	群众满意率 Y_{10}
	所获嘉奖等级、次数 Y_{11}
	违纪等级、次数 Y_{12}

表 8-17　3 个输入指标的数据表

部　　门	I_1	I_2	I_3
DMU_1	0.298 9	27.4	15
DMU_2	0.345 9	30.8	16
DMU_3	0.311 7	42.1	14
DMU_4	0.488 9	29	20
DMU_5	0.254	41	12
DMU_6	0.3	43	12

续　表

部　　门	I_1	I_2	I_3
DMU_7	0. 348 7	29. 6	14
DMU_8	0. 229 1	38. 5	10
DMU_9	0. 374 7	40	13
DMU_{10}	0. 484 5	20	22
DMU_{11}	0. 466 9	46	23
DMU_{12}	0. 231 5	31	11
DMU_{13}	0. 107 9	24	5
DMU_{14}	0. 433 2	43. 6	14
DMU_{15}	0. 324 1	46. 7	16

表 8 - 18　5 个输出指标的数据表

部　　门	O_1	O_2	O_3	O_4	O_5
DMU_1	0. 832 8	0. 064 1	0. 072 1	0. 060 2	0. 059 2
DMU_2	0. 796	0. 060 1	0. 073 7	0. 081 6	0. 037 2
DMU_3	0. 794 3	0. 060 1	0. 057 7	0. 058 4	0. 022 2
DMU_4	0. 846	0. 066 1	0. 067 2	0. 070 7	0. 066 5
DMU_5	0. 774 6	0. 049 8	0. 054 1	0. 073 2	0. 088
DMU_6	0. 690 5	0. 085 3	0. 072 3	0. 063 1	0. 053 6
DMU_7	0. 637 2	0. 049 8	0. 068 8	0. 122	0. 088 6
DMU_8	0. 817 7	0. 077 6	0. 063 4	0. 057 4	0. 062 8
DMU_9	0. 776	0. 052 35	0. 067 4	0. 083 4	0. 069 7

续　表

部　　门	O_1	O_2	O_3	O_4	O_5
DMU_{10}	0. 809 7	0. 059 4	0. 081 9	0. 057 7	0. 158 1
DMU_{11}	0. 680 2	0. 065 9	0. 067 5	0. 067 4	0. 067 4
DMU_{12}	0. 896 3	0. 085	0. 061	0. 058 7	0. 120 8
DMU_{13}	0. 698 5	0. 097	0. 057 2	0. 038 4	0. 033 7
DMU_{14}	0. 564 3	0. 067 35	0. 068 15	0. 055 7	0. 05
DMU_{15}	0. 712 6	0. 060 1	0. 067 55	0. 052 1	0. 022 2

利用 C^2R 模型分别对上述决策单元建立相应的线性规划模型,对于决策单元 DMU_1 可以建立如下的目标决策模型:

$$\min[\theta - s(s_1^+ + s_2^+ + s_3^+ + s_4^+ + s_5^+ + s_1^- + s_2^- + s_3^-)]$$

$$s.t. \begin{cases} 0.298\,9\lambda_1 + 0.345\,9\lambda_2 + 0.311\,7\lambda_3 + 0.488\,9\lambda_4 + 0.254\lambda_5 \\ \quad + 0.3\lambda_6 + 0.348\,7\lambda_7 + 0.229\,1\lambda_8 + 0.374\,7\lambda_9 + 0.484\,5\lambda_{10} \\ \quad + 0.466\,9\lambda_{11} + 0.231\,5\lambda_{12} + 0.107\,9\lambda_{13} + 0.433\,2\lambda_{14} \\ \quad + 0.324\,1\lambda_{15} + s_1^- = 0.298\,9\theta, \\ 27.4\lambda_1 + 30.8\lambda_2 + 42.1\lambda_3 + 29\lambda_4 + 41\lambda_5 + 43\lambda_6 + 29.6\lambda_7 \\ \quad + 38.5\lambda_8 + 40\lambda_9 + 20\lambda_{10} + 46\lambda_{11} + 31\lambda_{12} + 24\lambda_{13} + 43.6\lambda_{14} \\ \quad + 46.7\lambda_{15} + s_2^- = 27.4\theta, \\ 15\lambda_1 + 16\lambda_2 + 14\lambda_3 + 20\lambda_4 + 12\lambda_5 + 12\lambda_6 + 14\lambda_7 + 10\lambda_8 + 13\lambda_9 \\ \quad + 22\lambda_{10} + 23\lambda_{11} + 11\lambda_{12} + 5\lambda_{13} + 14\lambda_{14} + 15\lambda_{15} + s_3^- = 15\theta, \\ 0.832\,8\lambda_1 + 0.796\lambda_2 + 0.794\,9\lambda_3 + 0.846\lambda_4 + 0.774\,6\lambda_5 \\ \quad + 0.690\,5\lambda_6 + 0.637\,2\lambda_7 + 0.817\,7\lambda_8 + 0.776\lambda_9 + 0.809\,7\lambda_{10} \\ \quad + 0.680\,2\lambda_{11} + 0.896\,3\lambda_{12} + 0.698\,5\lambda_{13} + 0.564\,3\lambda_{14} \\ \quad + 0.721\,6\lambda_{15} - s_1^+ = 0.832\,8, \\ 0.064\,1\lambda_1 + 0.060\,1\lambda_2 + 0.060\,1\lambda_3 + 0.066\,1\lambda_4 + 0.049\,8\lambda_5 \\ \quad + 0.085\,3\lambda_6 + 0.049\,8\lambda_7 + 0.077\,6\lambda_8 + 0.052\,35\lambda_9 \\ \quad + 0.059\,4\lambda_{10} + 0.065\,9\lambda_{11} + 0.085\lambda_{12} + 0.097\lambda_{13} + 0.067\,35\lambda_{14} \end{cases}$$

$$s.\,t.\begin{cases}\qquad + 0.060\ 1\lambda_{15} - s_2^+ = 0.064\ 1,\\[4pt]0.072\ 1\lambda_1 + 0.073\ 7\lambda_2 + 0.057\ 7\lambda_3 + 0.067\ 2\lambda_4 + 0.054\ 1\lambda_5\\[2pt]\qquad + 0.072\ 3\lambda_6 + 0.068\ 8\lambda_7 + 0.063\ 4\lambda_8 + 0.067\ 4\lambda_9 + 0.081\ 9\lambda_{10}\\[2pt]\qquad + 0.067\ 5\lambda_{11} + 0.061\lambda_{12} + 0.057\ 2\lambda_{13} + 0.068\ 15\lambda_{14}\\[2pt]\qquad + 0.067\ 55\lambda_{15} - s_3^+ = 0.072\ 1,\\[4pt]0.060\ 2\lambda_1 + 0.081\ 6\lambda_2 + 0.058\ 4\lambda_3 + 0.070\ 7\lambda_4 + 0.073\ 2\lambda_5\\[2pt]\qquad + 0.063\ 1\lambda_6 + 0.012\ 2\lambda_7 + 0.057\ 4\lambda_8 + 0.083\ 4\lambda_9 + 0.057\ 7\lambda_{10}\\[2pt]\qquad + 0.067\ 4\lambda_{11} + 0.058\ 7\lambda_{12} + 0.038\ 4\lambda_{13} + 0.055\ 7\lambda_{14}\\[2pt]\qquad + 0.052\ 1\lambda_{15} - s_4^+ = 0.060\ 2,\\[4pt]0.059\ 2\lambda_1 + 0.037\ 2\lambda_2 + 0.022\ 2\lambda_3 + 0.066\ 5\lambda_4 + 0.088\lambda_5\\[2pt]\qquad + 0.053\ 6\lambda_6 + 0.088\ 6\lambda_7 + 0.062\ 8\lambda_8 + 0.069\ 7\lambda_9 + 0.015\ 81\lambda_{10}\\[2pt]\qquad + 0.067\ 4\lambda_{11} + 0.120\ 8\lambda_{12} + 0.033\ 7\lambda_{13} + 0.05\lambda_{14} + 0.022\ 2\lambda_{15}\\[2pt]\qquad - s_5^+ = 0.059\ 2\\[4pt]\lambda_1 \geqslant 0,\ \lambda_2 \geqslant 0,\ \lambda_3 \geqslant 0,\ \lambda_4 \geqslant 0,\ \lambda_5 \geqslant 0,\ \lambda_6 \geqslant 0,\ \lambda_7 \geqslant 0,\\[2pt]\lambda_8 \geqslant 0,\ \lambda_9 \geqslant 0,\ \lambda_{10} \geqslant 0,\ \lambda_{11} \geqslant 0,\ \lambda_{12} \geqslant 0,\ \lambda_{13} \geqslant 0,\ \lambda_{14} \geqslant 0,\\[2pt]\lambda_{15} \geqslant 0,\ s_1^+ \geqslant 0,\ s_2^+ \geqslant 0,\ s_3^+ \geqslant 0,\ s_4^+ \geqslant 0,\ s_5^+ \geqslant 0,\ s_1^- \geqslant 0,\\[2pt]s_2^- \geqslant 0,\ s_3^- \geqslant 0\end{cases}$$

运用 Mathematica 软件包解上述方程,得到以下的最优解:

$$\theta = 0.969 < 1,\ s_1^- = 0,\ s_2^- = 0,\ s_3^- = 0.946,\ s_1^+ = 0,\ s_2^+ = 0.02,$$
$$s_3^+ = 0.002,\ s_4^+ = 0,\ s_5^+ = 0.032$$

可见决策单元 DMU_1 为非 DEA 有效(C^2R)。同理,分别解出其他 14 个决策单元的最优值。各个决策单元最优解及绩效相对有效性测评结果如表 8 - 19 所示。

从表 8 - 19 可以看出只有决策单元 DMU_{10}, DMU_{13}, DMU_{12} 的最优值为 1,所以为 DEA 有效(C^2R),即相对于整个 15 个决策单位(公安部门)来说,这 3 个公安部门工作综合说来已经是达到了最优。对于其他的 12 个决策单元,通过 θ 值的大小,可以排序,表明它们的工作绩效的相对高低。

表 8－19　15 个决策单位绩效相对有效性测评结果

名次	部门	θ	s^-			s^+				
4	DMU_1	0.969	0	0	1.52	0	0.03	0.004	0	0.032
5	DMU_2	0.919	0	0	0.946	0	0.02	0.002	0	0.056
12	DMU_3	0.654	0	0	0.09	0	0.04	0.012	0	0.039
7	DMU_4	0.886	0.036	0	0	0	0.012	0.015	0	0.058
6	DMU_5	0.912	0	0	0.394	0.282	0.077	0.03	0	0
11	DMU_6	0.697	0.019	0	0	0.147	0.022	0	0	0.002
8	DMU_7	0.838	0.067	0	0	0.16	0.038	0	0.037 3	0
9	DMU_8	0.8	0.006	1.569	0	0	0.023	0.003	0	0
10	DMU_9	0.787	0.053	1.262	0	0	0.035	0.003	0	0
1	DMU_{10}	1	0.001	0	0	0	0	0	0.002	0
15	DMU_{11}	0.555	0	0	1.464	0.046	0.013	0	0	0.009
1	DMU_{12}	1	0	0	0	0	0	0	0	0
1	DMU_{13}	1	0	0	0	0	0	0	0	0
13	DMU_{14}	0.62	0.074	0	0	0.22	0.031	0	0	0.009
14	DMU_{15}	0.572	0	0	0.8	0.063	0.039	0	0	0.035

本章小结

本章主要讨论的是政府绩效评估的定量分析，为了科学地评估绩效，提高评估结果的可靠性和有效性，必须选择一种适当的定量分析方法。迄今为止，还没有能够满足绩效评估实践所有要求的定量分析方法；在人们明确评估目的和评估对象之后，如果能够有针对性地选择一种恰当的定量分析方法，那么绩效评估系统将能发挥更加有效的作用。政府绩效评估的定量分析方法主要有主成分分析法、层次分析法、数据包络分析法、模糊数学分析法、神经网络分析和遗传算法等。本章重点讨论主成分分析法、层次分析法和数据包络分析法三种方法在政府绩效评估中的应用。

1. 在获得所有变量的样本观测数据以后，首先遇到的一个问题是变量个数和观测数据很多,如何对这些变量和观测数据进行有效处理,并从中得到尽可能多的有用信息,这是绩效评估研究中面临的一个重要问题。主成分分析法是多元统计分析的重要组成部分,它将多个变量作线性变换,以选出较少个数重要变量。

2. 层次分析法的核心思想是把复杂的评价问题层次化,把评价问题按评价目标、评价领域、评价指标的顺序分解为不同层次的结构。通过求判断矩阵特征向量的办法,求得每一层的各元素对上一层次某元素的权重,再利用加权和的方法递阶归并,求出最低层相对于最高层的相对重要性,从而对最低层各元素进行优劣等级的排序。

3. 层次分析法的基本过程:建立递阶层次结构模型,构造出各层次中的所有判断矩阵,层次单排序及一致性检验,层次总排序及一致性检验。

4. 利用层次分析法,不仅可以降低工作难度,提高指标权重的精确度和科学性,而且通过采取对判断矩阵进行一致性检验等措施,有利于提高权重确定的信度和效度,同时,计算矩阵特征向量时,可以利用和积法、幂法和方根法等多种思路,并可以应用计算机来处理数据,具有较强的可操作性。

5. 数据包络分析法是以相对效率概念为基础,用于评价具有相同类型的多投入、多产出的决策单元是否有效的一种非参数统计方法。由于数据包络分析法不需要预先估计参数,在避免主观因素和简化运算、减少误差等方面有着不可低估的优越性。

本章基本术语

主成分分析法　层次分析法　数据包络分析法　特征方程　递阶层次结构模型　判断矩阵　层次单排序及一致性检验　层次总排序及一致性检验

复习思考题

1. 政府绩效评估有哪些常用的定量分析方法?
2. 简述主成分分析法的基本思想。
3. 试结合实例分析说明主成分分析法在政府绩效评估中的运用。
4. 简述层次分析法的基本思想。
5. 试结合实例分析说明层次分析法在政府绩效评估中的运用。
6. 简述数据包络分析法的基本思想。
7. 试结合实例分析数据包络分析法在政府绩效评估中的运用。
8. 试比较主成分分析、层次分析和数据包络分析三种方法的优缺点。

第九章　政府绩效审计

政府绩效审计是审计发展到一定阶段的必然产物,它是一种特殊形式的政府绩效评估活动,是政府绩效管理的重要组成部分。1968年,第六届最高审计机关国际组织会议提出,如果除了合规性审计外,还要对其他方面,特别是对经济状况和管理效益进行评价时,应实行就地审计。1977年,第九届最高审计机关国际组织会议《利马宣言——审计规则指南》指出:除了其重要性和意义都毋庸置疑的财务审计之外,还有另一类的审计,即对政府的效率、效果和经济性进行审计。这种审计的范围不仅包括各个具体的管理活动,而且还包括政府当局的组织和管理系统的全部活动。国外政府绩效审计的实践经验和理论表明,政府绩效审计应当成为政府审计的重点。

第一节　政府绩效审计的产生与发展

绩效审计产生于20世纪上半叶的西方国家。在西方发达国家,"绩效审计"这一概念首见于1948年3月阿瑟·肯特在美国《内部审计师》杂志上发表的"经营审计"一文。1961年,美国学者罗伯特·莫茨和侯赛因·夏拉夫合著出版了《审计理论结构》一书,第一次从哲学的高度系统地、科学地探求审计理论,开创了审计里程碑。据相关文献记载,最早有关绩效审计的论著,当属美国管理咨询师威廉·伦纳德(William P. Leonard)于1962年撰写的《管理审计》。随后,也有一些述及该方面的文章和专著,如1966年美国学者尼尔·C·丘吉尔(Neil C. Chuchill)和理查德·M·赛尔特(Richard M. Cyert)发表的"An Experiment in Management Auditing"(*The Journal of Accountancy*, February,1966)及1972年美国管理协会出版的《经营审计》一书等。20世纪六七十年代,现代形式的绩效审计形成;20世纪七八十年代,绩效审计得到迅速发展;20世纪90年代,绩效审计日趋走向完善。

一、政府绩效审计产生的动因

审计产生于受托经济责任,并且随着评价受托经济责任的扩展而有所发展。传统的财务审计,主要是对被审计人所负财务(会计)责任进行的审查和评价。随着社会经济的发展,经济竞争日趋激烈,为了加强经济的管理和监督,审计人员仅评价被审计人所负财务责任已不能满足委托者的需要了,还必须评价在经营管理中讲求经济、效率、效果的责任。于是,绩效审计应运而生。

1985年5月,在东京举行的最高审计机关亚洲组织第三次大会上,发表了题为《关于公共受托经济责任指导方针》的东京宣言,该宣言指出:"一是公共部门和政府追求发展所用的开支不断增加,公共部门的发展,地方行政当局自主权的扩大,这种公共开支的成倍增加和公营企业的大批涌现,一方面使得中央政府和地方各级政府所承担的受托经济责任的内容和范围已扩大到更加广泛的领域;另一方面,随着社会民主意识的加深,人们对提高公共部门支出的效益和明确支出的受托责任的要求愈来愈高。"

最高审计机关亚洲组织第七届大会和第六届研讨会文件都指出:"由于经济和社会的发展,以及政府支出的迅速增加和多样化,导致了公共经济责任范围的扩大;随着对公共经济责任要求的提高,政府运作的节约、效率、效果如何,更为大众所关注,对政府的压力也越来越大,在这样的环境中,各国国家审计机关应该大力加强绩效审计的力度。"

虽然,不同学者和组织对政府绩效审计产生和发展的背景认识并不一致,但总体而言可以归纳为以下三个方面的原因。

(一)公共受托责任是政府绩效审计产生的社会基础

和其他类型审计一样,绩效审计产生的基础也是受托责任。不同之处在于这是一种存在于公共领域的受托责任,即政府接受国家立法机构或全体公民的委托对公共资源进行经营和管理,从而对公共资源所有者负有的责任。公众作为资源提供者,享有监督政府运营效率、考察政府受托责任履行情况的权力。现实世界里,出于成本效益的考虑,公众自然不可能亲历地进行监督和考察,而是通过将审计权力赋予立法部门、司法系统或独立机构来达到对政府使用资源情况的最终控制。因此,绩效审计也就成了对政府权力进行监督的一种制约机制。

政府作为一个特殊的公共组织,其内外存在着多层的委托代理关系:第一层委托代理关系存在于公众与政府之间,政府是受公众委托管理国家公共事务的组织,在这一层面上公众是委托人,政府是代理人,第二层委托代理关系存在于政府与政府官员之间,政府官员作为政府意图的具体实施人,政府必须对其进行有效的控制,在这一层面上政府是委托人,政府官员是代理人。通常所说的公众与政府之间的委托代理关系是指第一层面的委托代理关系。

从经济学的观点来看,存在委托代理关系,难免会产生道德风险和逆向选择,特别是在政府工作人员所获报酬不足以弥补其付出的努力时,"经济人"的属性将诱使他们在相关物质利益的驱动下谋求个人效用最大化。公共选择理论表明,政府完全以公共利益为导向是不现实的,结果是公共选择的结果偏离公共目标,公共机构不能够代表公众利益,这又会造成巨大的交易费用。

要从制度上减少政府道德风险和逆向选择引发的交易费用,在事前就必须对其拥有的权力进行某种制约;事中保证权力行使过程受到监督;事后则需要对权力行使的结果进行评价,或论功行赏,或追究责任,形成有效的激励机制。在现实中,事前的权力制约演化为立法机关拥有社会重大事务决策权,政府拥有社会重大事务执行权和日常管理事务决策权;事中通过政府对外报告体系保持权力行使过程的公开和透明;事后的结果评价和处理主要有赖于对权力资源受托情况进行考察的绩效审计。为了有效地预防和纠正政府官员的不负责任和舞弊等行为,唯一可行的办法就是通过建立对他们的约束机制来加强监督,促使他们最大限度地履行公共受托责任,政府绩效审计便应运而生。通过政府绩效审计,可以对公共资源使用的经济性、效率性和效果性进行有效的监督。同时,也可以让有关各方和其他利害关系人了解和获得公共资源运用情况的信息。

政府是依法行使国家行政管理事务的权力机关,政府实现其职能需要有充足的资源作保证。由于政府代表国家意志执行公共财政资源的筹集、使用和管理,所以必然要受到资源提供者(社会公众)及其代表、国家法令、合同协议及其他约定的制约。政府必须对资源使用的经济性、有效性和使用效果负责,这就是广泛存在于政府及其当局与社会公众之间的公共受托责任。

（二）民主政治的发展是政府绩效审计产生和发展的政治基础

公众民主意识的增强扩大了对政府绩效审计的政治需求。在现代民主政治中,人民是国家的主人,是公共权力的所有者。人民直接通过政治选举和全民公决等形式决定国家大事,而在国家具体事务的处理上,则由人民委托的经选举产生的政府负责,形成国家管理权上的委托代理关系,此时人民是所有者和委托人,政府是代理人。

政府官员是接受人民委托的代理人,并不享有特权,他们行使公共权力的过程只不过是在履行向人民承担的受托责任。因而人民委托给政府的只是一种管理权。在这个层次上可以说,民主政治中的委托代理关系的直接后果是造成了公共权力的所有权与管理权相分离,分离的目的是为了增加公共利益和实现民主。

政府绩效审计之所以产生于 20 世纪三四十年代,与公众民主意识的增强有很大的关系。随着公众民主意识的增强,传统的财务信息已不能满足公众的期望和要求。作为委托人的公众对政府的要求也日益提高,不仅要求其合法收支、依法管理公共资源,而且要求其经济而有效地利用资源,以实现公共资源使用效果方面的责任,包括运营、使用公共资源的经济性、效率性和效果性。

在当今民主社会里,政府负有以最经济、最有效的办法使用和管理各项资源,并使其最大限度地达到目的的责任。人民作为公共资源的所有者,具有获取政府使用和管理公共资源的效率和效果信息这一社会公共需求的权利。随着民主制度的发展,人民或纳税人就不仅仅要求政府及公职人员"取之于民、用之于民",并且要追究政府及公职人员在"用之于民"时所发生的浪费,不经济的支出和低效率的责任,要求进一步追究货币的代价,经济地用之于民。随着民主制度的更进一步发展,人民或纳税人不但要求一切开支要经济地用之于民,而且要求一切开支要严格按照人民的意志而不是责任人随心所欲的"赐予"来用之于民,不仅要求开支必须合法、经济,而且要求开支必须达到人民预定的目标,充分体现人民或纳税人的意志……随着民主制度的更进一步发展,人民不但将关心政府支出的合法性、经济性、效果性,而且将更关心它的连带作用,即社会的福利性。

(三) 新公共管理理论是政府绩效审计产生的学科基础

20 世纪 70 年代末 80 年代初,伴随着全球化、信息化以及知识经济时代的到来,西方各国相继掀起政府改革浪潮。进入 90 年代后,一些新兴工业化国家和发展中国家也出现了同样的改革趋势。各国的政府改革均表现出一个相同或相似的基本取向,即采用企业管理的理论、方法和技术,引入市场竞争机制,提高公共管理水平和公共服务质量。这被称为"新公共管理"(NPM)运动。新公共管理的实质是:在公共责任与顾客至上理念的指导下,政府部分职能和公共服务输出市场化以及政府责任机制的改变和再造。在这种新的责任机制下,公共管理实践中又逐渐引入竞争机制、绩效管理与评估等灵活有效的管理方式。

新公共管理变革的突出特点就是克服传统公共行政模式下责任机制的模

糊不清,行政系统的管理责任上升成为主导责任并相应地落实到对结果的实现上。这极大地激励了政府组织内部的创新意识、效率意识和成本意识,具体表现为采用私营部门的成功经验来改善公共部门的运作绩效。新公共管理给政府责任机制带来的另一个显著变化是增加了政府对公民的直接政治责任,要求政府倾听公众意见、增加行政透明度、接受公众监督,从而为公众利益表达和参与政府管理提供了重要的途径与方法。为突出行政系统与公众的直接责任关系,更是把公众喻为公共服务的"顾客",并提出政府在公共管理中要做到"以顾客为中心"。

新公共管理运动是一个公共行政模式由权力至上发展到责任至上的进化历程。其核心特征是对政府责任的高度关注,又主要体现为以"三 E"为标准的、市场化的绩效评价,以"三 E"为标准绩效评价和绩效审计的目标形成耦合,极大地推动了绩效审计的发展。

具体而言,新公共管理运动对绩效审计的促进作用主要体现在以下两个方面:

首先,新公共管理运动改善了政府与社会的关系,提高了公众对政府的信任,对两者关系进行了重新调整。治理者与被治理者的关系转变成为服务提供者与消费者的关系。政府被界定为公共服务提供者,相应的也就更加重视服务提供的效率与质量,并在实践中引入竞争机制,使得成本效益观念、绩效管理与评估的做法得到广泛认可。例如,1993 年美国颁布的《政府绩效与结果法案》开宗明义,指出:进行政府绩效评估的目的就是为了提高政府效率和管理能力,提高公共服务质量,建立和发展公共责任机制,改善社会公众对政府部门的信任。为提高公共服务供给能力,政府部门内部也进行了以放松规制和引入竞争为取向的改革,广泛采取政府职能和公共服务输出市场化的措施,进行以结果为本的控制。一方面根据"日落法"(sunset law)对存在价值不大的机构进行审查和调整;另一方面通过合同、政府招标等形式将部分公共服务职能交由社会承担。同时,为配合"日落法"的实施,确保公共服务提供的质量与效率,进行严明地绩效管理。

其次,虽然社会需求对绩效审计的发展起着根本性的导向作用,但这种发展要落到实处,还取决于审计自身的供给能力,后者是决定性的平衡力量。历史上,绩效评价标准难以确定、审计规范建设难度大、审计人员胜任能力不足等都严重制约了绩效审计的发展。新公共管理运动源起于 20 世纪 70 年代末,这正是绩效审计快速发展的时期。如果以法律赋予审计机关绩效审计的职责为其兴起的标志,那么加拿大是 1977 年、澳大利亚是 1979 年、英国是

1983 年,这有力地佐证了新公共管理运动对绩效审计的促进作用。此外,如果说 20 世纪 70 年代以前的绩效审计仅仅是作为一种权力制衡工具出现的话,那么新公共管理背景下的绩效审计则更多地体现为一种消费者对公共服务进行直接控制和选择的市场责任机制。也就是说,新公共管理运动在推动绩效审计发展的同时,也导致其从一种政治意义上的权力制约机制转变为一个市场化的绩效评估工具。

二、国外政府绩效审计的发展

最高审计机关国际组织于 1977 年发布的《利马宣言》,明确将绩效审计作为各国政府审计的重要工作。当今有近 160 个国家和地区建立了审计机构。根据对绩效审计的研究情况,陈宋生(2006)将国外绩效审计研究划分为萌芽阶段、起步阶段、成长阶段和发展阶段。① 从世界范围看,绩效审计已经成为大部分国家政府审计的主流,许多国家已经制定了专门的绩效审计制度。在工业发达国家,一般有比较健全的传统审计制度,有的还具有审计司法的职能,在维护社会经济秩序中发挥了重要作用。在政府绩效审计领域内,美国、英国、加拿大、瑞典这四个国家无论在理论上还是在实践上均处于世界领先水平。

(一)美国绩效审计的发展

美国是世界上最早开展政府绩效审计的国家,也是世界上政府绩效审计最先进的国家之一。1945 年,美国国会通过了《联邦公司控制法案》,该法案要求审计总署能够直接评价公营企业的合规性,并且应对管理效率和内部控制系统的效率加以评价,并向国会报告,由此确立了联邦审计总署对公营企业开展绩效审计的权力;1946 年,美国国会颁布了《立法机构改组条例》并规定:"审计长应向国会提供充分资料,以判断公款是否得到经济、有效的处理",等等,这些都可以看成是绩效审计的萌芽。

20 世纪 50 年代后期,随着美国审计总署(General Accounting Office, GAO)对绩效审计的职责范围的拓展,审计业务量急剧增加,但与此同时,政府审计人员却因政府的大幅度裁员而逐年减少。于是审计总署开始按注册会计师行业的要求培训现有审计师,或直接从会计公司聘用注册会计师。注册会计师的加入壮大了审计总署的力量,进一步发展了政府审计,这集中表现在

---

① 陈宋生:《政府绩效审计研究》,北京:经济管理出版社,2006 年,第 29~31 页。

审计业务范围趋向确定被审事项的经济性和效率性上。在这样的环境作用下，产生了综合审计的概念。综合审计是指既包含对财务的检查又包含对经济性和效率性检查的审计类型，后者即是通常所称的"2E"审计（economy 经济性；efficiency 效率性）。

进入 60 年代，针对国防项目中出现的抬高报价、超额支付的问题，美国审计总署进一步注意了在政府审计中推行政策评价和项目评估，并以此为出发点，对国防部门的维护费支出、不动产管理、人事管理等展开了一系列项目效果审计。至此，美国审计总署基本形成了以受托管理责任的经济性、效率性、效果性为主要审计内容的绩效审计框架，俗称"3E"审计（economy 经济性；efficiency 效率性；effectiveness 效果性）。

70 年代以后，美国的绩效审计进入成熟阶段。1972 年，美国审计总署颁布了世界上第一个国家审计准则，该准则的第六章和第七章内容对绩效审计的现场工作准则和报告准则进行了明确规范，这标志着美国政府审计从 20 世纪 70 年代就开始由财务审计向绩效审计的实质性转变。在这之后的十多年间，审计总署三次修订政府审计准则，将绩效审计从传统的财务审计体系中分立出来，并根据受托责任的演进和委托者要求，不断修订完善包括审计内容、评价标准、审计程序、操作指南在内的各类审计要件，迅速实现了绩效审计的规范化和制度化。整个 20 世纪 70 年代，在审计总署的业务总量中，从事经济性与效率性审计的业务量约占 51%，从事项目效果审计的占 37%，从事财务审计的仅占 12%。

进入 20 世纪 80 年代，美国审计总署开展了包括从导弹到药品、从航空安全到食物安全、从国家安全到社会保障的所有项目的绩效审计，对每个政府项目的资金使用情况进行跟踪和监督，检查政府运作的高风险领域，改进联邦财政管理，促进政府更好、更可信地工作。通过绩效审计和其他服务，美国审计总署每年为联邦政府节约了大量资金。2000 年财政年度，美国审计总署的工作带来了 230.2 亿美元的直接财政收益，经费投入的每美元都带来了 61 美元的收益。美国审计总署在开展绩效审计方面取得的惊人业绩，对世界范围内政府绩效审计的开展起到了巨大的推动作用。仅 2003 年，美国审计署通过绩效审计工作，就为国家和政府带来了 354 亿美元直接的财政收入。

2004 年，美国审计总署更名为"美国政府责任署"（名称缩写仍为 GAO）。该变化反映了美国审计总署近年来审计业务范围的不断扩大，也预示着美国审计总署未来的发展方向——强化政府责任，改进政府绩效。美国总审计长大卫·沃克指出："我们的使命主要是提高政府的工作绩效，保证联邦政府尽到对国会和美国公众应尽的责任"。事实上,GAO 对联邦政府财务活动的审计量只占目前业务总量的 15% ,而 85% 是对联邦政府项目的绩效审核和政策分析等。

目前,美国的绩效审计工作量占整个审计工作量的比重已超过 90% 。

在审计程序上,根据美国审计总署 1994 年修订的《美国政府审计准则》,我们可以把美国的政府绩效审计划分为制定计划、初步调查、管理控制、详细审查、编写报告和提交报告等六个程序,如图 9-1 所示。

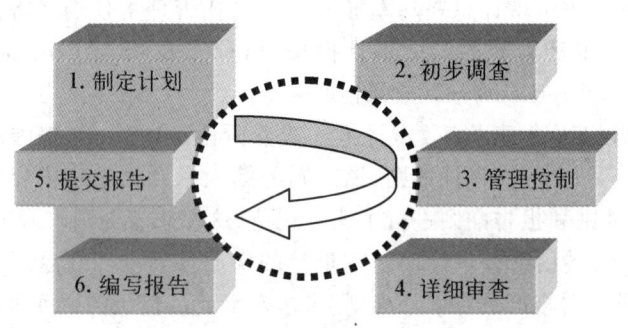

图 9-1　美国政府绩效审计程序

(二) 英国绩效审计的发展

英国是目前世界上开展绩效审计水平较高、较成熟的国家,每年绩效审计业务量占其业务总量的 40% 。英国开展绩效审计以来,在提高政府及公共部门服务质量,提高公共资金的使用效率方面发挥了积极作用。经过 20 多年的实践,英国的绩效审计在方法上和内容上都日渐成熟,并且形成了一套比较完整的绩效审计体系。

英国程序委员会在 1977 年至 1978 年度的报告中指出:"议会现有的程序不适合控制公共支出,不适合确保公共资金的有效使用。当时的公共决算委员会和主计审计长的权限并不充分,无法对接受国家捐助的团体进行监督"。1983 年,英国通过了《国家审计法》,首次正式为审计署开展绩效审计提供了法律基础。这部法律不仅规定了国家审计部门相对独立的地位,而且还赋予了英国主计审计长对政府部门和其他公共部门公共资源利用的经济性(economy)、效率性(efficiency)和效果性(effectiveness)进行审计的权力,即以所谓的"3E"标准(是否花得少、是否花得好、是否花得正确)作为绩效审计的新标准。之后,诸如公正性、专业性、质量等也都逐渐融入政府绩效审计的参考标准之中。

　　1997 年,英国国家审计署首次发布了《绩效审计手册》,确立了绩效审计准则;并于 2003 年发布了新版绩效审计手册。2000 年的《政府资源和会计法》从法律上确定了政府会计制度从收付实现制到权责发生制的转变,要求所有的政府部门、机构及其他公共团体都要在权责发生制的基础上,编制年度资源会计报表。同时,该法也规定了主计审计长对资源会计报表的审计职责。[①]

　　英国的官方审计机构,一是隶属于英国国会的英国国家审计署,二是审计委员会。国家审计署是专司英国中央政府各组成部门财务审计、绩效审计的官方审计机构,审计结果向国会的账目委员会汇报。审计长由无党派人士担任,由英国女王任命,审计长一经任命,没有任期限制,职务的解除须经议会三分之二以上的议员认可。审计署的职能是对政府部门和公共项目进行财务审计和绩效审计。

　　英国国家审计署和审计委员会属于非政府的官方审计机构,各地方议会中的账目委员会属于国会的专门委员会。英国法律规定,国会账目委员会中的主席必须由反对党担任,且账目委员会中的反对党人数必须占多数,这种审计管理体制为英国审计的独立性提供了保障,并且这种管理体制和独立性为英国审计机构开展绩效审计,并取得较大成果奠定了基础。

　　英国政府依据宪法设有审计委员会,负责对地方政府(英格兰、威尔士)、教育机构、医疗卫生机构、警察机构、消防机构、社会救济机构、住宅服务机构等公共部门和教会、社区委员会等进行审计监督,每年监督财政资金规模高达1 200 亿英镑。

　　根据英国国家审计署公布的数据,在 1994 年至 1996 年的 3 年时间里,通过开展绩效审计,英国国家审计署为英国增加各项收入或节约各项费用72 900.1 万英镑。其中,节约采购费用 34 100.1 万英镑,增加税收等 1 600.6万英镑,在房地产和资产管理方面节约开支 3 300.5 万英镑,在公用事业、邮电通讯业节约费用 1 600.3 万英镑,节约库存管理费用 550 万英镑,在人力资源方面节约支出 200 万英镑。英国国家审计署确认,2000 年绩效审计的投入产出比为1∶7;2001 年英国国家审计署确认的这一比例已经达到了1∶8。由于公共部门的很多工作是无法以价值多少加以衡量的,所以,英国绩效审计的许多成果还表现为政府服务质量的提高、工作效率的提高、各种资源的节约等方面。

[①]　罗美富:《英国绩效审计》,北京:中国时代经济出版社,2005 年,第 13 页。

（三）加拿大绩效审计的发展

1973 年前,加拿大审计长公署一直从事的是传统的财务审计,直到詹姆斯·麦克唐纳出任审计长。麦克唐纳设立了威尔逊委员会负责检查审计长公署的职责及其与政府部门和机关的关系、报告程序和确保公署独立性的手段。1975 年威尔逊委员会提出了第一份威尔逊报告,建议:审计长应关心所花费的公共资金是否获得了效益;他应该向议会报告所发现的不良结果。1977 年,议会通过了《审计长法》,要求审计长就发现的下述情况向议会提出报告:"资金使用不符合经济性和效率性时,或者虽有条件但未能建立其衡量和报告项目效果的合适程序时。"

1977 年《审计长法》颁布以后,绩效审计开始成为加拿大审计公署的主要业务。在国家审计机构大力开展绩效审计的同时,民间审计组织也进行了公共部门效益审计的研究。1978 年加拿大特许会计师协会成立了一个由约翰·亚当斯为主任的特别委员会,该委员会在一份报告中指出:"在非盈利领域里缺少诸如盈利性、竞争环境之类的刺激因素,因此,扩大对这种机构的审计范围,使之包括企业经营的经济性、效率性和效果性等内容,可能是适宜的。"在国家审计和民间审计的共同推动下,加拿大出现了一种名为"综合审计"的现代审计方法。此时的综合审计与美国的"3E 审计"内容大致相仿。

1989 年,丹尼斯·普瑞斯波尔提出,综合审计还应审查对自然资源的有效利用和对生态环境的维护情况,还应审查政府项目及政府活动所产生的利润分配与再分配的不公平以及对社会秩序稳定的影响,把"3E 审计"拓展到"5E 审计",即在"3E 审计"的基础上增加"环境审计"和"公平性审计"。

尽管加拿大政府审计中没有绩效审计的审计类型,但在其综合审计中已包括了绩效审计的基本内容。综合审计是以系统的方式检查和报告责任及管理人员为完成其职责所采取的活动、系统及控制。综合审计包括两项主要内容:一是对财务系统内部控制进行检查和测试,以便能对财务报表表示审计意见;二是检查管理人员为达到货币价值(value for money)是否建立了系统和程序。这里所说的货币价值是指以下两个方面:(1)公款开销时,经济性、效率性达到什么程度?(2)有关项目达成其目标的效果性如何?在 1992 年审计长年度报告中,综合审计涉及的部门达到 17 个,其中包括财政部、地质资源部等,报告中 80% 以上的篇幅都是讨论综合审计,特别是货币价值审计中所发现的问题及提出的建议。目前,加拿大审计公署的资源中用于绩效审计的约占 65%,其中用于货币价值部分约占 43%。

（四）瑞典绩效审计的发展

从审计内容来看,长期以来,瑞典国家审计局主要开展财务审计,自 20 世纪 60 年代以来,绩效审计日益受到重视;80 年代以后,绩效审计与财务审计比翼齐飞,共同构成瑞典国家审计局审计工作的主要内容。瑞典审计局与美、英、澳、日等国一道共同推动世界范围内绩效审计的发展。

瑞典政府于 1967 年引入政府绩效审计。瑞典中央和地方审计机构都开展绩效审计,其中国家审计局开展绩效审计已有 20 多年的历史,在绩效审计方面已积累了丰富的经验,已经形成一套比较规范的审计方式。在国家审计局的工作中,绩效审计与财务审计、财政管理已形成了三分天下的局面。

从审计程序上看,瑞典的绩效审计程序通常包括以下步骤,如图 9－2 所示:

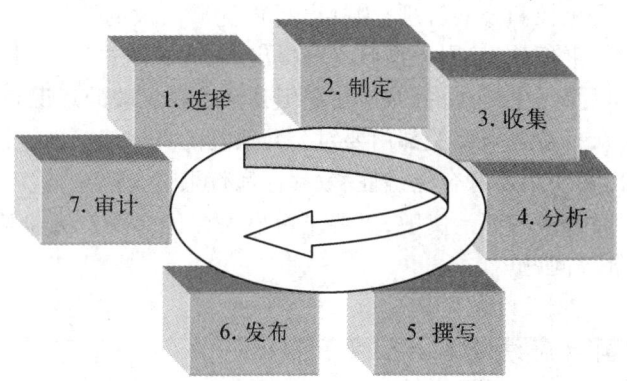

图 9－2　瑞典政府绩效审计程序

2003 年 7 月 1 日,瑞典新的国家审计署(The Swedish National Audit Office,SNAO)建立,取代了原来的审计署和议会审计,新机构有效地利用了资源和公共管理。新的机构作为民主制度的一个重要组成部分,其主要任务是完成议会控制税收使用任务;新机构拥有一个独立的地位,受宪法保障,类似于其他国家审计机构拥有的独立地位。绩效审计的主要任务有八项,包括审计政府和内阁。

根据瑞典国家审计局绩效审计的程序和内容,瑞典国家审计局的绩效审计与英、澳、日等国家的绩效审计及美国"3E"审计的内容是基本相近的,但它们有自己的侧重点,主要强调业务活动的效果性、效率性和组织、管理制度的健全性和合理性。从效果性而言,瑞典国家审计局的绩效审计比美国"3E"审计中对效果性的界定要宽,美国"3E"审计中的效果性仅仅是计划项目效果,而瑞典绩效审计的效果性则涵盖了生产活动的效果性和行政管理过程的效果性。

第二节　中国政府绩效审计的理论与实务

在过去的计划经济体制下,中国的行政机关是整个社会运转的中心,掌握着政治、经济、社会几乎全部的权力,政府通过层层设置机构和发布大量详尽的计划、指令、规定进行管理,而机构膨胀、人浮于事和滥用权力成为伴生的现象。加入 WTO 以后,政府开始由权力型向责任型转变,由管制型向服务型转变,致力于宏观调控和公共管理,为社会提供优质高效的服务。近年来,随着经济体制转折,责任政府、服务型政府的提出,政府职能的转型,财政体制改革的逐步推进,以及民主与法治的进步,中国公众参政议政的意识和能力也日益增强,社会公众日益要求有关部门要对公共项目的具体情况进行说明、公共财政资金的支出和使用要符合经济性、效率性和效果性,等等。这不仅要求政府转变作风、提高效率和惩治腐败,更要求政府关注国有资产大量流失、行政经费不断增加等等问题。

一、中国政府绩效审计的实践探索

与西方发达国家相比,中国开展绩效审计较晚。1983 年,国家审计署成立,同年 9 月在全国各地相继成立政府审计部门,政府审计制度开始恢复和重建。也就是说,中国从 20 世纪 80 年代初才开始在理论和实践上探索绩效审计问题。实践上,中国各级审计机关、一些地方和部门在不同层面开展了经济责任审计和效益审计的探索和实践;理论上,以"经济效益审计"作为绩效审计研究的切入点。目前,中国正处于全面开展绩效审计的初期。

在 1983 年发布的《国务院批转审计署关于开展审计工作的几个问题》中规定:"对国营企业、基本建设单位、金融保险机构,以及县以上人民政府管理的相当于国营的集体组织的财务收支,进行审计监督,并考核其经济效益。维护国家财经政法,对严重的贪污盗窃,侵占国家资源,并损失浪费、损害国家利益等行为,进行专案审计。"这里提出了国家审计"考核经济效益"的要求。

根据国家审计署资料,1984 年,全国有 22 个省、市、自治区的 270 个县以上审计局,对 1 263 个部门和被审计单位进行了试审,试审中充分注意到经济效益问题,诸如天津钢铁厂经济效益审计报告、山西小氮肥行业经济效益审计报告和山东省审计局关于企业内部控制制度评价报告,都是当时比较典型的经济效益审计的实例。当年,全国审计机关共审计出各类问题资金总额达30 692万元,其中属于经济效益差的是 9 195 万元。通过试审,对改善企业经营管理,提高经济效益,增收节支起了积极作用。

1985 年,中国发布的第一个审计法规《国务院关于审计工作的暂行规定》明确规定:"对财政金融机构、企事业组织以及其他与国家财政有关的单位的财务收支及其经济效益,进行审计监督"。此时,经济效益的审计对象得到了扩展。

在 1991 年全国审计工作会议上,国家审计署首次提出:"各级审计机关都要确定一批大中型企业进行经常审计,既要审计财务收支的真实性、合法性,又要逐步向检查有关内部控制制度和经济效益方面延伸,并作出适当的审计评价,推动经济效益的提高。"这是中国政府部门首次提出绩效审计的概念,标志着中国将绩效审计引入了审计实务领域。自提出两个延伸后,一些地方审计机关继续实施了经济效益审计试点。当时,试点工作较有成效的包括湖北、山东、天津、辽宁等省、市审计机关。据不完全统计,在审计署成立后十几年的经济效益审计中,提出改善经营管理的建议,使企业经济效益增加约 211亿元。

1993 年 3 月审计署制定的《中华人民共和国政府审计准则(征求意见稿)》和 1996 年底发布的 38 个国家审计规范,没有制定针对绩效审计的准则。[①]

1995 年《中华人民共和国审计法》颁布实施,中国的审计工作转入以政府财政收支特别是预算执行审计为主导的轨道,审计对象的重点发生了变化。《审计法》明确规定,对财政收支的真实、合法和效益,依法进行审计监督,就已经包含了绩效审计的内容。财政预算执行审计的深入和发展,不断提出了对财政资金使用绩效审计的要求,部门预算执行情况的审计,专项资金的审计,政府投资项目的审计,都可以在真实性的基础上,进一步做经济性、效率性和效果性的检查和评价。1999 年,中共中央办公厅、国务院办公厅联合印发了《县级以下党政领导干部任期经济责任审计暂行规定》,对党政领导干部任期经济责任审计的目的、对象、范围、内容、程序等进行了规定。2000 年,审计署发布了《国家审计基本准则》,在审计机关及其人员应当具备的资格条件和

①　宋常:"中国特色绩效审计制度体系探索",《审计与经济研究》,2010 年第 6 期,第 5 页。

职业要求、作业准则,报告准则,处理、处罚准则方面都有具体规定,将《审计法》的内容具体化。

1995—2000 年这段时期,中国审计机关结合宏观经济财务收入审计,开展了一些带有宏观经济效益审计性质的经济监督活动。比如,全国审计机关同时开展了建设项目开工前审计,共审计 20 000 多个项目,总投资额 105 815 亿元,审计后对 716 个不具备开工条件的建设项目提出了意见,压缩建设规模的总资金达 128.5 亿元;同时,还在全国范围内组织对 165 个国家重点建设项目审计,共审计项目总投资 2 007 亿元,经审计处理后,为国家节省投资 38 亿元。另外,国家审计机关开展的行业审计,对五省市公路养路费审计等都带有宏观经济效益审计性质,针对审计中发现的带有普遍性的问题,从宏观上提出加强管理、提高效益的建议,并会同有关部门及时研究制定了一些解决问题的办法和制度,在一定程度上,发挥了审计在改善宏观经济管理中的积极作用,促进了被审单位经济效益和管理水平的提高。进入 21 世纪,政府绩效审计全面拓展。

2001 年,国家审计署组织的退耕还林还草试点工程资金审计的目的有三:一是监督退耕还林还草专项资金的合法合规使用;二是对退耕还林还草资金的使用效果进行审计,就是开展绩效审计;三是就退耕还林还草的各项政策是否完善进行调查,为在更大范围内推行退耕还林还草积累经验。

国家审计署 2003 年制定的《审计署 2003 年至 2007 年审计工作发展规划》提出今后五年要积极开展效益审计,促进提高财政资金的管理水平和使用效益,并且争取到 2007 年投入效益审计力量占整个审计力量的一半左右。这标志着中国国家审计工作将在落实《审计法》所赋予的职责、全面监督财政收支的真实、合法和效益方面迈开新的步伐。

据统计,到 2006 年底,中国审计机关投入绩效审计的力量已达到整个审计力量的 40% 左右。2007 年,全国审计机关又开展了如重点风沙区生态环境综合治理工程项目效益审计调查、福建救灾资金效益审计项目、宁夏义务教育效益审计项目等。①

2008 年,国家审计署制定的《审计署 2008 至 2012 年审计工作发展规划》提出:"全面推进绩效审计,促进转变经济发展方式,提高财政资金和公共资源配置、使用、利用的经济性、效率性和效果性,促进建设资源节约型和环境友

---

① 王素梅:"我国政府绩效审计发展的国际比较研究",《中南财经政法大学学报》,2011 年第 3 期,第 117 页。

好型社会,推动建立健全政府绩效管理制度,促进提高政府绩效管理水平和建立健全政府机关责任追究制。2009年建立起中央部门预算执行绩效审计评价体系,2010年建立起财政绩效审计评价体系,到2012年基本建立起符合中国发展实际的绩效审计方法体系"。①

《2006至2010年审计工作发展规划》中提出将全面推进绩效审计作为审计工作的主要任务。

2011年,审计署制定出台了《审计署"十二五"审计工作发展规划》(简称《规划》),并提出,对关系国计民生的重大建设项目、特殊资源开发与环境保护事项、重大突发性公共事项、国家重大政策措施的执行实行全过程跟踪审计;积极开展信息系统审计;认真落实中共中央办公厅、国务院办公厅关于《党政主要领导干部和国有企业领导人员经济责任审计规定》,进一步深化经济责任审计。《规划》的出台,表明今后审计署将对领导人的经济责任、贯彻党和国家经济政策情况、关于民生的重大项目的执行情况加强审计。

从更广泛的意义上讲,这些法律和规划的相继出台,将中国绩效审计提到战略高度,标志着中国绩效审计工作由财政财务收支审计与效益审计并重,提升到全面推进绩效审计层次。

二、中国政府绩效审计的试点推广

中国最早制定法规并开始财政绩效审计的是深圳市审计局。2001年2月,深圳市人大三届五次会议通过并颁布了《深圳经济特区审计监督条例》。《条例》根据《审计法》关于对财政收支效果性审计的规定,提出了绩效审计的概念:"审计机关在对政府各部门财务收支及其经济活动的真实性、合法性进行审计的基础上,审查其在履行职务时财政资金使用的经济、效率和效果程度,并进行分析、评价和提出改进意见的专项审计行为。"《条例》规定审计机关每年第四季度提交绩效审计报告,使之成为深圳审计机关每年的法定审计项目,把绩效审计提到了与预算执行审计相同的地位。

深圳市2002年开展的绩效审计预示着中国政府审计进入了新的历史阶段。2002年,深圳市审计局把市卫生系统医疗设备采购及大型医疗设备使用和管理情况作为深圳市审计机关的第一个绩效审计项目。审计结果显示,一些医院存在重购置、轻管理,医疗主管部门对医疗设备配置使用缺乏统一规范

297

---

① 中华人民共和国审计署:"审计署2008至2012年审计工作发展规划",2008年。

的评价分配体系等问题。为此,深圳市审计局提出了建立全市统一的医疗设备申购管理办法、建立医疗设备管理数据库等建议。审计报告上报市政府审核同意后形成《深圳市 2002 年度绩效审计工作报告》,提交市人大常委会。报告首先由市人大计划预算委员会进行审议,并向市人大常委会提出初审报告,指出"这是我市乃至全国政府审计系统的一项创新工作,对于科学评价财政资金使用所达到的经济、效率和效果的程度,规范预算执行,转变部门和单位使用财政资金的观念,不断改善部门和行业的管理水平,提高财政资金使用效益,具有重要意义"。

2003 年,深圳市审计局分别对市海上田园风光旅游区、深圳经济特区污水处理厂、市经济合作发展基金、市福利彩票公益金 4 个项目进行了绩效审计。市人大常委会审议 2003 年度绩效审计工作报告,要求"对在审计中发现有问题的单位,市监察部门要介入调查,依法依纪严肃查处,追究责任单位和责任人的行政、法律责任。要进一步加强绩效审计工作,逐步建立审计公示制度,同时建立预算绩效评价体系"。市人大计划预算委员《关于深圳市 2003 年度绩效审计情况的初审报告》首次在当地媒体全文刊登,4 个项目的审计报告摘要首次在当地媒体公布。

2004 年,深圳市审计局对市科技三项费用、市环保局部门预算、深圳大学城、市客货运场站建设及运营、大沙河整治工程、市城管局下属 13 家市政公园建设及管养情况、城市生活垃圾无害化处理、市东湖医院建设 8 个项目进行了绩效审计。人大常委会审议 2004 年度绩效审计工作报告,要求"对于相关责任单位和人员应当依法追究其行政、经济和法律责任"、"进一步深化绩效审计工作,逐步实现绩效审计规范化、法制化"。《深圳市 2004 年度绩效审计工作报告》在当地媒体全文刊登,并发布了 8 个项目的审计结果公告,审计透明度进一步增强。

2005 年,深圳市审计局对市本级 2003 年至 2004 年政府采购、深圳大学 2004 年度部门预算、市教育局直属 8 所中小学教育经费管理使用、市电子警察及道路交通设施管理使用、市政府投资公共交通场站、市城市绿化管理处绿化建设和管养、市裸露山体缺口整治、市青少年活动中心运作与管理、市银湖旅游中心经营、市妇儿发展中心大厦 10 个项目进行了绩效审计。市人大常委会审议 2005 年度绩效审计工作报告,要求市政府组织各有关部门和单位认真做好本年度绩效审计发现问题的整改和责任追究工作,对审计发现的问题跟踪到底,追究责任。

到 2007 年底,深圳市审计机关累计完成了 100 多个独立类型的绩效审计项目。

近年来,在深圳市委、市人大、市政府和上级审计机关的正确领导以及社会各方的大力支持下,市审计局坚持务实创新,努力向现代审计迈进,探索性地开展了政府绩效审计,形成了以绩效审计为主导,预算执行审计、政府投资审计、经济责任审计、金融和国企审计一起推进的审计业务格局;以审计项目动态跟踪为主导,全面控制审计质量的审计业务管理模式;以审计报告直接公开为主导,多渠道推动审计整改的审计结果利用机制。现代审计架构初步形成,努力走出一条具有中国特色的绩效审计之路。① 此外,上海、青岛等市审计局在绩效审计方面也作出了有益的尝试和实践。

三、中国政府绩效审计面临的挑战

中国绩效审计起步较晚,从中国恢复审计制度20多年的审计实践来看,基本上没有摆脱传统审计的旧框架,即财政财务收支审计、财经法纪审计、资产负债和损益审计、预算执行审计和经济责任审计等仍然是审计的主要类型。绩效审计(或者说是经济效益审计)在一些地方也有尝试,但充其量也只能说试点或者说是其他类型审计的延伸,还没有成为独立的审计形态。

虽然中国中央和地方政府在绩效审计方面进行了一些探索,但不容忽视的是,绩效审计在中国仍处于研究和探索的阶段,并且,绩效审计实践存在发展不平衡的现象,经济发达地区绩效审计发展要快于经济相对落后的地区;在同一省市或地区中,按照行政级次的高低,绩效审计工作的发展也呈现出由强到弱的状态。② 作为一种较高层次的审计监督活动,中国政府绩效审计依然面临诸多困境。具体而言,中国政府绩效审计还面临着以下一些挑战。

(一) 现行政府绩效审计体制仍不完善,绩效审计机关缺乏独立性

《审计法》规定,国务院设立审计署,在国务院总理领导下主持管理全国的审计工作。地方各级审计机关对本级人民政府和上一级审计机关负责并报告工作。审计业务以上一级审计机关领导为主。中国的政府审计监督体制采用的仍是一种行政监督模式,审计机关同时接受本级人民政府和上一级审计机关的领导。在这种审计体制下,国务院是最高权力机关的执行机关,审计署隶属

---

① 参见:"绩效审计　深圳开全国先河",中国网络电视台,2011年11月23日,http://news.cntv.cn/20101123/101134.shtml。

② 翟熙贵:《中国审计发展战略研究》,北京:中国时代经济出版社,2009年。

国务院,在国务院总理领导下,主持管理全国的审计工作,地方各级审计机关对本级人民政府和上一级审计机关负责并报告工作。同时,中国《审计法》规定,审计机关履行审计责任所必需的经费由同级政府的财政保证,审计经费由同级财政部门审批。因此,在这种审计的双重领导管理体制下,从委托者、被审计者及审计者的关系看,作为被审计者的国务院各部门、地方各级政府部门与审计者同属于一个领导,具有同一隶属关系和共同利益。审计机关作为执行机关(政府)的组成部门去监督执行机关,审计机关与政府的财政部门处于一种监督与被监督的关系之中。由此,政府自己使用公共资金并审查自己的关系,势必会影响到审计机关对财政部门的监督力度,它所开展的绩效审计必然会遭到重重阻力,无法有效地保障审计机关的独立性,难以做到客观公正。政府绩效审计机关的双重领导管理体制在很大程度上削弱了审计机关的独立性。

(二) 缺乏政府绩效审计的法律法规和评价标准

在前面对国外政府绩效审计实践的介绍中,我们发现,良好的绩效审计法律法规环境伴随着国外政府绩效审计的发展,如美国的《政府绩效和成果法案》、《政府审计准则》;瑞典的《绩效审计准则》、《效益审计手册》;等等。政府绩效审计应当在一定的法律法规和评价标准指导下进行,如果缺少相应的法规与绩效审计标准,绩效评价无据可依,无章可循,那么,将会影响政府绩效审计的质量与审计结论的可信度。

自1989年起,国家审计署开始着手制定中国政府审计准则。比如,1993年3月,审计署印发了《中华人民共和国政府审计准则(征求意见稿)》;1996年1月,审计署提出了《审计工作规范化建设规划方案》,并于1996年底发布了38个国家审计规范。但是,这些文件主要针对财务审计,而没有一个专门的规范或准则来规定政府绩效审计;虽然在许多规范中也有"对效益进行审计监督"等字句,但却没有具体的条文内容;现行的法规也未涉及评价被审事项绩效的指标体系。国家财政部于1995年发布了一套企业绩效评价指标体系,但该指标体系也只是针对评价企业绩效而制定;1999年6月1日,财政部等有关部门联合印发了《国有资本金效绩评价规则》、《国有资本金效绩评价操作细则》,同年6月29日财政部印发的《国有资本金效绩评价指标解释》(后均经修订),等等,这些都属于企业绩效审计的配套法规,有助于规范企业的绩效评价行为。但是,这些法规都没有考虑社会、生态、环境等可持续发展指标,对于政府部门和非营利组织机构的绩效评价不仅没有一个明确的规范,也没有可供参考的指标评价体系,更缺乏政府绩效审计方面的可操作性指导文件,即使是2010年新修订的《中华人民共和国审计法实施条例》,仅在第二条增加了"审计对象包括审计机关依法监督财政收支、财务收支效益的行为",在第五条增加了"审计评价依据包括国家有关政策、标准、项目目标等方面的规定",这种对政府绩效审计原则上的规定,缺乏可操作性。

目前,虽然政府绩效审计标准由传统的"3E"(经济性、效率性、效果性)拓展为"4E"(加入公平性标准),之后又拓展为"5E"(加入公平性与环保性标准),但是,审计标准的拓展并没有在审计实践上得到有效运用,并没有体现出政府绩效审计的特殊性,滞后于政府职能的转变,导致政府绩效审计难以走向深入。

(三)政府绩效审计的基础比较薄弱,不易获取准确充分的绩效审计证据

绩效审计的基础是要求被审计单位提供的资料数据真实完整,包括财务资料数据和非财务资料数据。审计证据是证实被审计单位经济效益状况的载体,绩效审计具体分析工作的安排建立在评价所收集资料的基础之上。[1] 只有真实、可靠和合法的数据和资料,才能真正发挥作用,否则任何评价都将失去意义。当前,虽然行政单位通过会计集中核算、资金集中收付、"收支两条线"以及罚缴分离等制度的施行,财政监督监管的力度已大大加强,但是同时也出现新的问题,行政单位将职能和专项资金分解到二级、三级事业单位运作,这些下属事业单位成为真正的财政资金使用者。审计实践表明,这些单位往往还存在大量违法违规、弄虚作假情况,有些在一定范围内还很严重,如做假账、"小金库"等,这必然会影响到绩效审计的顺利开展。因此,保障公众对公共资源使用的知情权,提高公共财政资金及资源使用的透明度,政府审计机关就必须及时、完整、高质量地提供政府审计信息,获取准确充分的绩效审计证据。

(四)政府审计人员结构单一,缺少高素质的符合绩效审计需要的专门人才

绩效审计属于难度较高的审计,专业性和综合性都比较强,审计技术与方法更趋复杂,作为审计工作的具体执行者,绩效审计对审计人员的要求更高,既要有懂财务的审计师、会计师,又要有精通工程项目的设计师、工程师,还要有懂经济、会管理的经济师、评估师等,如此才能满足绩效审计的需要,并且其还需要缜密的逻辑思维和良好的沟通能力等相关素质。审计人员结构的多元化是各国政府绩效审计发展的必然要求,也是绩效审计得以顺利开展的根本前提之一。但从中国目前审计队伍的组成来看,由于20多年来,中国政府审计机关主要以财务审计为主,因而,懂财务的审计师、会计师占了大多数,精通工程项目的

---

[1] 李远明:"我国'新公共管理'模式下政府绩效审计的问题与对策",《行政事业资产与财务》,2011年第4期,第27页。

设计师、工程师所占比例较少,而懂经济、会管理的经济师、评估师更少;审计观念落后,对绩效审计的重要性还认识不足并存在误区;实践经验较多,但审计人员缺乏对绩效审计理论的掌握;对传统绩效审计技术和方法较熟悉,但缺乏对现代绩效审计方法的掌握和运用。尽管各级审计机关在人员培训、提高人员业务素质方面都下了很大功夫,审计人员的素质,特别是查账水平确实有了很大程度的提高,但离绩效审计的要求还相差很远,造成审计资源的较大浪费,这成为影响绩效审计发展的关键因素。

四、中国发展政府绩效审计的战略思考

(一) 改革和完善现行政府审计管理体制,确立政府绩效审计的法律地位

中国应尽快完善绩效审计的理论体系,在分配审计资源时,应坚持绩效审计和财务收支并重。随着中国财政逐渐退出竞争领域,还应注重将绩效审计的重点放在对综合经济管理部门的审计上,包括政府部门财政预决算的审计、财政信用资金的审计;工商、税务等部门的审计;对掌握国家资金较多的政府部门开展各种基金审计,如待业、养老保险基金的审计;对重点建设项目实施全过程审计。如果条件成熟,也可借鉴西方国家的做法,甚至将国有大中型企业也纳入民间审计的范围,但政府审计机关保留抽查权和复审权;政府审计机关可根据实际情况,适当确定抽查比例,以便监督审计质量。

处于市场经济条件下的中国政府审计管理模式应向立法模式发展,让审计机关隶属于人民代表大会;政府是受人民代表大会委托从事国家管理的,是被审计人,应受到审计监督。具体的改革措施是:中央审计署归属于全国人大常委会领导,负责组织和领导全国的审计工作,对全国人大常委会负责并报告工作,在法律中明确审计长的任免、任期、经费来源等确保政府审计独立性的条款;地方各级政府审计机关由地方各级人大常委会直接领导,对地方人大常委会负责并报告工作,在地方法规中明确规定审计局长的任免、任期、经费来源等确保审计独立性的条款;上下级审计机关保持一定的业务领导关系;中央审计署也可分设派出机构对地方政府实施监督。

(二) 完善绩效审计的法律法规和评价标准,推进政府绩效审计规范建设

在前面对国外政府绩效审计实践的介绍中,我们发现,美国、英国、瑞典三国均明确制定了与政府绩效审计相关的法律法规,确立了政府绩效审计的法律地位和权威性。这种立法先行的审计发展模式值得中国借鉴。绩效审计法规体系是指现行的绩效审计法律、法规、规章和其他规范性文件,依据一定的标准、

原则、功能、层次所组成的相互配合、相互补充、相互协调的规范性文件系统。①依法审计是审计的基本原则,法律法规是开展政府绩效审计的保障,只有以法律、法规的形式把绩效审计确定下来,审计人员在进行审计时才有法可依。政府绩效审计法规不仅要从宏观上对政府绩效审计的法律地位作出规定,而且更要注重政府绩效审计的专门性和可操作性。

　　除了完善政府绩效审计的法律法规之外,中国在发展政府绩效审计过程中,也要注意完善审计准则体系。从前面对西方国家政府绩效审计实践的介绍来看,英国、美国、瑞典等西方国家比较注重制定详细的绩效审计准则或指南,在发展政府绩效审计的过程中,其都制定了一整套科学的绩效审计评价标准。比如美国于1972年颁布了《政府的机构、计划项目、活动和职责的审计准则》,并先后于1981年、1988年、1994年、2003年和2007年对之分别进行了五次修订。完善政府绩效准则体系,为绩效审计的具体执行提供可操作的依据,是这些国家政府绩效审计成效显著的重要原因之一。

　　我们要认真总结在政府经济责任和专项资金审计中取得的绩效评价经验,结合财务收支审计的审计准则,制定比较系统、操作性较强的政府绩效审计准则;在准则中要对绩效审计对象、审计目的、审计程序、审计报告基本形式等作出规定;鉴于政府绩效审计具体情况比较复杂,可分门别类制定出具有各个部门特点的准则。同时,应建立一套科学的政府绩效评价指标体系,指标的科学性可以在一定程度上体现公平。政府绩效审计标准由早期的经济性、效率性和效果性(3E)扩展到经济性、效率性、效果性、公平性(4E),后来又发展到经济性、效率性、效果性、公平性、环保性(5E);②随着"以人为本"这种政府服务理念的形成,政府绩效审计还应关注公众满意度评价标准的运用。③ 有学者提出,政府需加强社会建设的绩效评估。中国的社会建设主要涉及以下领域:教育发展与教育公平、社会保障、医疗卫生、就业与分配、公共安全与社会管理等。④ 由此可见,这些领域都涉及到民生和社会发展,加强这些领域的绩效评估和绩效审计,

---

① 余霞、程志英:"加强和完善绩效审计法规体系的设想建议",《审计与理财》,2011年第4期。

② 宋常:"中国特色绩效审计制度体系探索",《审计与经济研究》,2010年第6期,第3~9页。秦晓晶:"浅谈我国绩效审计的现状和展望——基于'5E'审计的思考",《中国经贸导刊》,2010年第3期,第82页。

③ 赵保卿、李文娟:"基于审计角度的政府绩效公众满意度分析",《审计与经济研究》,2011年第5期,第14页。

④ 有关社会建设绩效评估的内容,请参见陈天祥:"'十二五'时期政府需加强社会建设的绩效评估",2011年第3期,第17页。陈天祥:"政府社会建设绩效评估框架体系探讨",《中山大学学报(社会科学版)》,2009年第2期。

构建政府社会建设绩效审计评价标准和指标体系,应该成为中国政府绩效审计发展的重要方向。政府绩效审计评价标准的拓展,体现了政府绩效审计的特殊性。这里需要注意的一点是,虽然政府绩效审计评价标准得到拓展,但是我们更要将这种评价标准切实运用到政府绩效审计实践中去,规范政府绩效审计的发展。

政府绩效审计指标内容包括对经济效益和社会效益的评价。经济效益的评价可以参考企业的经济效益评价指标,对于社会效益的评价可以根据不同的行业、不同性质的内容而定。由于社会效益是一个很难用定量指标来衡量的,而定性指标有时难以保证公平。因此,在制定社会效益评价指标时,可以给出一些原则性较强的定性规定。另外,针对弹性较大的、容易使公平性受到损害的项目或领域,要通过认真总结经验再作一些补充性的规定。

(三)加强审计人员培训,建立一支高素质的绩效审计队伍

最高审计机关国际组织《世界审计组织审计准则》中明确规定了对绩效审计师的总体要求:绩效审计师必须拥有具体的专业技术,还应拥有足够的专业熟练程度,以便于开展工作。

当前,中国审计行业人员结构和素质不合要求,使得绩效审计缺少必要的人才支持。因此,对现有审计人员必须进行专门的培训,至少先使一部分人理解并能够操作绩效审计,让绩效审计的理念深入人心。培训的方式可以多样化,讲座、办班、考察和读书,都可以得到绩效审计的知识和技能,有条件也可以选派人员到发达国家和地区培训实习,具体体会绩效审计的操作,积累实战的经验,使之具备相应的独立性和胜任能力。这里的胜任能力除了传统财务审计所要求的能力之外,还要求审计人员具有不同于一般的政府工作人员的才能和更加专门的专业知识,能够深刻地理解政府审计工作,在评议政府业绩时形成深刻而中肯的判断。在职培训的同时,也要适应绩效审计多元化的需要,逐步调整改善审计人员的结构,储备许多专业的人才,包括经济、法律、财会与工程方面的人才等,多元化的审计人员结构是绩效审计得以顺利开展的根本前提之一。

(四)加强政府绩效审计方法及其应用研究

《审计署"十二五"审计工作发展规划》提出,要着力构建财政审计大格局,对关系国计民生的重大建设项目、特殊资源开发与环境保护事项、重大突发性公共事项、国家重大政策措施的执行实行全过程跟踪审计。绩效审计方法的选择是决定一个审计项目是否成功的关键,这不仅是当前公众需求的多样性、政府行为目标的多元化所需要的,而且也是由绩效审计的多样性、复杂性决定的。

绩效审计是以一种不重复方式进行的独立检查。与传统的财务收支审计相比,绩效审计涉及的范围广泛,需要大量的分析和判断,必须运用更多的调查和评价方法。除了常规的财务审计方法对绩效审计同样适用外,绩效审计有时还需要采用一些独特的方法。中国审计机关成立以来,虽然在绩效审计方面进行过多种形式的探索和尝试,积累了不少经验,但尚未对绩效审计方法进行系统的总结,也没有对国外绩效审计方法进行系统的研究。因此,在结合中国实际和借鉴国外经验的基础上,对绩效审计方法及其应用进行系统的研究,具有重要的现实意义和理论价值。

(五) 明确政府绩效审计战略地位,确立审计重点领域

目前的社会环境和条件不宜在所有领域全面开展绩效审计,应坚持"全面审计、突出重点"的方针,因此,选择好绩效审计的重点领域是当务之急。如:选择公共财政、投资等方面的重点领域、重点部门,对社会关注的焦点项目积极开展绩效审计。财政支出方面的重点是行政管理、国家安全、政权建设等政府运转和维护国家利益的领域;投资方面的重点是基础设施、环保、公共服务设施的领域。

第三节　政府绩效审计的基础理论

政府绩效审计理论来源于绩效审计实践,受绩效审计实践的检验,同时又不断在绩效审计实践中修正与完善。政府绩效审计理论是绩效审计实践的科学总结,是通过实践将客观的、合乎逻辑的、符合事物发展规律的内容加以概括、抽象而形成的一个完整的知识体系。同时,绩效审计理论具有指导作用,它将揭示关于绩效审计实践的本质和规律,是为绩效审计实践服务的。但是无论如何,绩效审计同其他任何一门学科一样,也有自身的理论体系,对于何为绩效审计基础理论,理论界的表述不一。但多数学者认为,绩效审计基本理论就是统率绩效审计理论的核心内容,是反映绩效审计本质属性的内在规律,同时也是解决高层次绩效审计理论的基本问题。绩效审计的基本理论的主要问题有:绩效审计的定义、绩效审计主体、绩效审计客体、绩效审计目标和绩效审计程序等。

一、政府绩效审计的定义

(一) 政府绩效审计的定义

绩效审计(performance audit),从它产生以来,经过各国的实践,至今已形

成了一系列概念。世界各国的政治、经济、文化等因素决定了国家审计制度的差异,各国最高审计机关对于绩效审计内涵的认识和理解,甚至在称谓上也有较大的差异。比如,美国审计总署(GAO)使用"绩效审计"这一称谓;加拿大审计长公署(OAG)则将绩效审计称为"综合审计"(comprehensive auditing);英国称"货币价值审计"(value-for-money audit),有的翻译为"价值为本审计"。澳大利亚为"效率审计"(Efficiency Auditing);瑞典为"效益审计"(Effectiveness Auditing);等等。中国有不少学者将这种类型的审计称为"经济效益审计",认为"在国外的3E(经济、效率、效果)审计、管理审计、价值为本审计尽管名称不同,各有重点,但也都属于经济效益审计范畴"。

第九届最高审计机关国际组织会议《利马宣言——审计规则指南》总则中称,"除了其重要性和意义都不容置疑的财务审计外,还有另一种类型的审计,即对政府当局的绩效、经济性和效益进行的审计。这种审计的范围不仅包括各种具体的管理活动,而且还包括政府当局的组织和管理系统的全部活动。"

美国审计总署将政府绩效审计定义为:"审计人员通过对证据的客观和系统的检查,以实现对政府部门工作和职责履行情况的业绩提供独立评价为目的,从而改善政府部门受托责任的履行情况,并为其改进措施提供信息的活动。"

国际会计师联合会(IFAC)认为:绩效审计的目标是向用户提供独立的业绩信息和系统认证保证。具体而言包括:确定被审计单位的系统与控制措施是否具备以及其良好的程度,是否有有效的管理信息系统来监控其作业;寻找改进业绩信息系统和先进价值途径,提出必要与可能并且费效比改进措施;审查业绩信息的切题、可靠、可懂和可比程序等。

为了解决绩效审计的术语使用问题,1986年4月,在悉尼召开了最高审计机关第十二届国际会议,"绩效审计"列入了正式议题。会议建议以"绩效审计"这一术语统一各种有关绩效型审计的名称,并在最后会议文件《关于绩效审计、公营企业审计和审计质量的总声明》中正式使用了"绩效审计"这个叫法。第十二届大会指出:"除了合规性审计,还有另一种类型的审计,它涉及对公营部门管理的经济性、效率性和效果性的评价,这就是绩效审计。"

中国国家审计署副审计长刘家义把绩效审计定义为:"绩效审计,是独立的审计机关和审计人员,依照国家法律规定和人们认知的共同标准,对政府履行公共责任,配置、管理、利用经济社会公共资源的合理性、有效性、科学性进行的审查、考量、分析和评价,其目的是促进经济社会全面、协调、高效、持续的发展"。

从各国以及国际组织对政府绩效审计含义的探讨看,多为描述性定义,而且从实质内容上看多无太大差别,基本上是围绕"3E"即经济性(economics)、效率性(efficiency)和效果性(effectiveness)这三个要素进行的检查和评价。

根据《世界审计组织绩效审计指南》和《亚洲审计组织绩效审计指南》,所谓经济性是指"从事一项活动并使其达到合格质量的条件下耗费资源的最小化",它主要关注的是投入和整个过程中的成本。具体而言,经济性关注的中心问题是,在所处的政治和社会条件下,资源的采购、维持和应用是否经济?所选方式是否代表了对公共资金的最经济(或至少是最合理)的应用?

效率性是指"投入资源和产出的产品、服务或其他成果之间的关系"。如果我们把投入视作是"成本",产出视作是一种"效益",那么"效率性"可以看做成本既定条件下的效益最大化,或者效益既定条件下的成本最小化。对效率性的审计包括许多方面,如:人、财、物和信息资源等是否得到有效应用?政府服务是否及时提供?政府项目目标的实现是否符合成本—效益原则?等等。

效果性是指,"目标实现的程度和从事一项活动时期望取得的成果和实际取得的成果之间的关系"。它主要包含两部分内容:其一,政策目标是否得到了实现?其二,所发生的结果是否全部可以归属于所使用的政策?在检查效果性时,一般需要评价活动的成果或影响,尤其是负面的影响,并且要求分析造成这种影响的原因。

(二) 政府绩效审计的特点

通过比较以上有代表性和有影响的国家或国际组织关于绩效审计的定义,我们认为绩效审计与传统的财务审计相比有以下四个特点:

1. 在审计目的上,传统的财务审计主要是为了查错防弊,保证财务收支的真实合法性;而绩效审计则是为了评价各项投入资源的经济和有效程度,并借以寻求进一步提高绩效的途径,实现由查处达到控制和提高的目的。

2. 在审计对象上,财务审计主要是审计被审计单位的财务收支及其有关的经济活动;而绩效审计除此之外还包括被审计单位的各项业务活动及其他非经济范畴的管理活动。

3. 在审计方法上,财务审计主要采用的是会计资料的检查法,如逆查法、抽查法、核对法、盘点法等;而绩效审计不仅要采用这些方法,而且还要采用分析法、系统法、论证评价法甚至模糊综合法等。

4. 在审计作用上,财务审计主要保证会计资料的真实、正确、合法,保护国家、集体和个人资财的安全完整,其职能是保护性的,作用有限;而绩效审计不仅要监督被审计单位的财务收支及其有关经济活动的真实、合法,更重要的要全面评价其经济活动和业务活动的经济、有效程度,揭示影响绩效高低的原因所在,向被审计单位提出改进建议,指出进一步提高绩效的具体途径和方法。其建议性作用尤为突出,而且由于这一种审计已扩展到经济、社会、政治等诸多方面,因而作用是无限的。

二、政府绩效审计主体

政府绩效审计的主体指的是开展政府绩效审计的组织和人员。根据政府绩效审计产生发展的轨迹,政府绩效审计的主体主要包括以下三个。

(一) 管理职业界及其成员——独立咨询师

从政府绩效审计思想的起源看,管理职业界及其独立咨询师是其最初主要的倡导者。率先建立效益评价标准、规范效益审计程序的是 20 世纪 50 年代活跃于管理职业界的美国独立咨询师。70 年代开始,他们积极地在公用事业单位开展经济性、效率性和效果性审计,并创造性地提出了"访谈式调查法"。他们在这一领域的成功实践为政府审计师开展绩效审计积累了丰富的经验。政府绩效审计与管理职能密不可分,管理职业界的独立咨询师以其超然独立性和对管理控制的丰富经验使其成为开展政府绩效审计业务的基本成员之一。

(二) 政府审计机关及其成员——政府审计师

政府绩效审计是政府审计的一个重要分支,作为政府审计的主体,国家审计机关如国家审计署、审计局及其成员——政府审计师,理应成为政府绩效审计业务的主要执行人。由于他们已对政府财务及合规性进行了充分的审计,所以进而执行绩效审计业务可以认为是合乎逻辑的拓展。但是这一拓展又对政府审计师提出了许多新的要求,他们不仅应通晓财务、会计、审计等相关知识,而且应掌握管理理论、统计学、运筹学、数学等方面的知识。正因为如此,西方许多国家大都形成了多元化审计人员结构,经济师、律师、工程师、数学家、电子计算机专家比重超过 50%。相比之下,中国审计机关则以"财会型"人员为主,这种单一的审计人员结构成了制约政府绩效审计在中国开展的瓶颈。中国的政府绩效审计有着比西方各国更为广泛的审计领域,实现审计人员结构的多元化也就显得格外迫切。中国对政府审计师在存量方面应加强培训,促进现有人员素质的提高;在增量方面严把人员招聘关,有意识地向非财会专业领域扩展。

（三）民间审计机构及其成员——注册会计师

虽然民间审计与政府审计是两种不同的审计,他们在不同领域泾渭分明地发挥各自的职责,但这并不排斥民间审计机构和注册会计师来完成政府绩效审计的某些任务。政府审计的范围正逐步缩小,并把重点放在有决策权的政府部门,以增强对公共受托责任的重点审查。政府绩效审计作为政府审计的一个分支,其审计范围亦随之缩小,除了关系国计民生的大型国有企业,接受财政补贴数额较大、亏损数额较大的国有企业外,由于市场经济条件下,民间审计具有政府审计无法替代的公正作用,政府审计机关可将这个部分的绩效审计任务委托给社会中介审计机构完成。另外,注册会计师作为熟练的审计专家,受过正规的训练,经过考试具有较强的观察能力和分析能力,虽然缺乏某些管理技能,但他们利用以往培训所掌握的审计专业知识能很快地胜任绩效审计业务。民间审计机构和注册会计师是政府绩效审计主体的重要成员之一。

三、政府绩效审计的客体

政府绩效审计的客体是指审计机关将要对哪些项目、哪些内容开展政府绩效审计。概括地说,可以分为两大领域。

（一）政府财政支出中的非收益性投资部分

非收益性投资支出是政府财政支出中最具特色的部分,也是政府绩效审计的重点内容,它是由政府部门的特殊职能决定的。这部分支出不以盈利为目的,没有明确的受益人,支出的目的一方面是为维持政府等公共管理部门自身的正常运转,另一方面是改善公共投资环境,为整个社会的经济发展作好铺垫。具体包括以下几个方面。

1. 政府各部门预算支出和其他财政支出。对这部分支出的审计主要审查各项支出是否符合效率性、效果性的标准,是否取得预期效果。例如,国家行政支出的增加是否与国家机关办事效率的提高成正比,是否存在贪污、浪费现象。

2. 财政投入多的重点项目和公共工程的支出。对一些规模庞大、技术复杂、投资巨大的工程项目进行审计,主要审核工程的投资决策及效果,审计的目的不是评价项目和工程资金需要量,而是审查是否节约和避免对社会公共资金的浪费,工程项目是否达到预期目的。例如对"三峡"项目组织的绩效审计。

3. 专项资金支出、各种基金支出以及国际金融组织和国外政府贷款的支出。在中国,专项基金主要有教育资金、农业资金、财政补贴及捐赠款项等。审计这部分支出,主要是评价对它们的利用和管理情况:安排是否妥当,是否发挥了效益。

(二) 政府支出中的收益性投资部分

这部分支出主要表现为国家授权的投资部门对国有企业的投资部分和其他所有制企业中的国有股投资部分。政府收益性投资支出的结果是产生了一个独立的经济实体——企业。绩效审计的重点是对这部分投资活动的立项、投资过程的经济节约性、投资后产生的经济效果和社会效果是否与预期的效果相一致进行审计,是投入与产出的比较,而且投入和产出不仅包括以货币衡量的经济价值,还包括非货币衡量的社会价值因素。它并不涉及企业投产运营后其运营情况的审计,也不涉及国有资本金保值增值情况的评价,因为对这部分的审计是成本与利润的比较,属于企业经济效益审计的内容。

四、政府绩效审计的目标

一个时代的审计目标概括出了该时代的社会对审计的需求,同时也清晰地反映出社会中的人们对审计在功能和内容上的认可程度,审计目标是社会需求与认可程度的高度统一。社会对于审计的需求随着社会经济、政治、文化的发展而发展,而人们对审计功能和内容的认可程度也随着审计的供给能力的提高而不断加深。因此,审计目标并不是固定不变的,它随着审计理论、审计主体、审计客体等条件的变化而发展,表现出多样性、复杂性和不确定性。作为一种特殊的审计目标,政府绩效审计目标也是如此。

在决定政府绩效审计目标的两个因素中,社会需求对政府绩效审计目标的发展起着决定性的导向作用,社会认可推动了政府绩效审计目标的最终确立。目标的产生与社会需求是密切相关的,只有社会中出现了确切的需求,供给的出现才变得有意义。为了加强对政府日常活动的管理和监督,审计人员必须对政府在经营、管理过程中表现出的责任进行准确评价,政府绩效审计应运而生。社会需求决定了政府绩效审计职业的产生,同时也根本性引导着审计目标的变更与发展。另一方面,社会认可是对应社会需求产生的政府绩效审计的审计能力的评价,社会认可的具体内容确定了政府绩效审计能做什么。只有当政府绩效审计的能力达到足以获得社会成员的认可时,社会需求才有可能真正地被确立并内化为政府绩效审计的目标。可见,社会需求和社会认可共同对政府绩效审计目标的确立施加影响,而由于影响社会认可的审计能力发展的滞后性,审计能力落后于社会需求成为政府绩效审计目标确立过程中的主要矛盾。

（一）政府绩效审计目标的分类：总体目标与具体目标

为了便于政府绩效审计目标的实现,通常将审计目标分为总体目标和具体目标两个层次。政府绩效审计总体目标的范围取决于每个最高审计机关的使命和特定环境。在决定审计范围尤其是制定审计政策时可能存在着某些敏感性,为了更好地实现事先的决策目标,需进行分析和判断。

最高审计机关国际组织为了指导和促进政府绩效审计的发展,对其总体目标的规定如下：（1）为公营部门改善一切资源管理奠定基础；（2）力求使决策者、立法者和公众所利用的公营部门管理成果的信息质量得到提高；（3）促使公营部门管理人员采用一定程序对绩效审计提出报告；（4）确定较为适当的经济责任。

具体目标则着重反映出政府绩效审计目标的具体实现途径。它往往是总体目标在特定的社会经济政治环境下的产物。绩效审计的环境、主体、客体不同,相对应的绩效审计的具体目标也会不同。因此,具体目标会随着绩效审计的环境、主体和客体的不断进步而发展。对一个特定的政府绩效审计过程来说,其具体目标不是单一的,而是一个动态的目标体系：各个阶段的具体目标最终都是为总体目标而服务的。

政府绩效审计的总体目标和具体目标是一个统一的整体。总体目标决定了绩效审计活动的既定方向和预期结果,它决定了具体目标的确立；具体目标是总体目标在实施过程中的具体化,是实现总体目标的基本途径和基础保障。政府绩效审计人员在实际审计过程当中,需要从更长远的角度来审视总体目标和具体目标；二者需紧密结合在一起分析,不能割裂开来。

（二）政府绩效审计总体目标：背景与内容

与政府绩效审计的范围相类似,绩效审计的总体目标也是在不断发展过程中逐步丰富起来的。伴随着"新公共管理运动"的开展,整个社会对公共部门市场化和公共责任明确化表现出了前所未有的关注；公共部门的管理形式和方法发生了很大变化,其中一个重要特征便是政府绩效管理中结果导向型管理的出现。这使得政府绩效审计得以在促进公共管理部门的绩效改善,以及公共资金、资源的有效利用等方面发挥重要作用。

由于国情不同,世界主要国家的审计机关实施绩效审计所确立的目标和范围也是各不相同的。但综合来看,各国主要是对政府的各部门进行审计,具体涉及政府部门中的采购、旅行,现金管理和人力资源管理等日常活动；与此同时,各国有关部门还发起了一系列的专题审计。通过专题审计,审计部门以项目审查的方式查明公共资金是否被政府合理支出以及支出之后是否达到预期目标。一些国家和地区的审计机关往往会对财政资金和资助资金预算的支出做事前的绩效审计,如德国联邦审计院会对政府各部门所提出的支出建议进行绩效审计。

应当注意到,在不同的国家(发达国家和发展中国家)或者同一国家的不同发展阶段,政府绩效审计的总体目标也都是不同的。英国是实施政府绩效审计比较成功的国家,其政府绩效审计的目标是对主要收支项目和资源管理的经济性、效率性和效果性向议会提供独立的资料、保证和建议,以及确定提高效益的途径,从而帮助被审计单位采取必要的措施改进控制系统。而对发展中国家而言,政府绩效审计的总体目标多集中在发现和揭露政府部门在公共项目投资建设中存在的问题上,进而对发现的问题提出改进建议。

随着经济的飞速发展和社会个体政治生活参与意识的不断提高,整个公共领域对政府绩效审计的要求也越来越高,这必然促使政府绩效审计的理论越来越成熟,相应的实践经验越来越丰富。在这种情况下,政府绩效审计目标出现了新的发展和进步。中国政府绩效审计正在向更高一级的阶段发展,在总体目标层面上,政府绩效审计人员需要在为立法机构和公共决策部门提供对被审计单位是否经济高效地执行有关政策、是否按照预期执行公共财政预算的信息等方面发挥更为关键的作用。

(三) 政府绩效审计具体目标

政府绩效审计的具体目标主要是指对政府部门在日常运作过程中运用社会公共资源的经济性(Economy)、效果性(Efficiency)和效率性(Effectiveness)等方面进行度量。在政府绩效审计具体目标的实施过程中,相关的审计人员需要出具关于公共项目经济性、效率性和效果性的独立审计意见,为纳税人、投资人和立法机构深入了解政府活动的运作和成果提供信息。

经济性强调的是集体或个人在从事一项活动时为达到预期目标而使成本最小化的状态,主要关注点集中在资源的投入和整个过程的成本上,即在公共决策所处经济、政治、文化环境确定的前提下,考察公共项目执行过程中资源的使用和维护是否是经济的,公共项目的执行过程是否是成本最低的。

效率性关注的是如何使成本既定条件下的收益最大化,或者是收益既定条件下的成本最小化。效率性通过资源的投入与产出的因果关系,即所谓的成本与产出的比例来反映。

效果性是指预期目标和目标完成情况之间的关系,是一种对结果的审计。应当注意的是,在对效果性的衡量过程中,要从微观与宏观相结合的角度衡量其对社会产生的净效益,尤其是要关注目标对社会产生的负面影响,以及产生这种影响的原因。

根据审计准则,一个具体的政府绩效审计目标可以对经济性、效率性和效果性中的一个或多个方面进行考察,有时候没有必要对全部三方面都得出结论。但审计人员应当明白如果孤立地考虑其中一个原则而忽视其他原则,审计效果可能并不理想。所以,一个具体目标的三个组成要素之间是辩证统一的,可以有所侧重,但却不能割裂来看。

根据政府绩效审计的总体目标和具体目标辩证统一的原则,具体目标会随着审计环境、审计主体、审计客体以及绩效审计总体目标的发展而发展。在新的历史时期,结合中国国情,在如何确定被审者的公共经济责任并为完善经济责任审计制度提出建议,以及如何确定并分析政府负责的项目在经济性、效率性和效果性方面存在的问题等方面,绩效审计还需体现出更大的影响力,从而帮助具体的被审计单位更有针对性地改善从事公共经济活动过程中在经济性、效率性和效果性方面的不足。

五、政府绩效审计程序

政府绩效审计作为政府审计的一种,其程序和财务审计一样要包括计划阶段、实施阶段和报告阶段。但是绩效审计又有自身的特点,即需要非常慎重地选择审计项目和进行详细的审前调查,这两个环节是绩效审计项目取得成功的基础。审计机关必须选择其有能力完成的项目,而且在正式审计之前必须进行详细的审前调查,这样才能保证审计的质量。由此,可将绩效审计程序分为五个基本阶段:选择绩效审计项目;绩效审计前调查;编制绩效审计实施方案;实施绩效审计方案;报告绩效审计结果。

(一)政府绩效审计程序

1. 选择绩效审计项目。开展绩效审计不像财务审计那样,每年都必须对审计管辖范围内的单位进行审计,而是应该利用有限的审计资源选择一些最有价值的项目实施绩效审计,所以如何选择好的审计项目就成了一项重要的工作。如何选择确定绩效审计项目,各国的做法各不相同。

英国绩效审计项目的确定采用自由上报项目、平等竞争的方式。每年,在制定审计工作计划时,有关审计小组通过调查社会焦点、国家建设项目、议会的关注重点,学习过去审计工作经验,查阅有关文件和资料,了解有关单位情况等方式,针对通过审计可能发现问题的领域及通过审计可以大大改善或提高项目效益的领域提出申报项目。

加拿大审计署选择审计项目时主要有三条标准:审计风险;是否围绕审计署的工作中心;审计对象的可审性。审计署设立常务委员会,该委员会每年春季召开例会,围绕当年审计的中心工作确定以后年度的绩效审计对象,在当年的秋季例会修订审计计划,并且确定明年绩效审计的资金预算。

2. 绩效审计前调查。在绩效审计中,审前调查的目的是使审计人员在较短的时间内,获得与被审计事项有关的背景资料和一般信息,以便对被审计单位及被审计事项有深入的了解,从而为编制审计方案做好准备。

在初步调查中所了解的资料只是一般的信息,如对一个政府部门调查,要了解其地址、管理部门、历史沿革、职工人数、审计的类型、组织机构的方针、法律要求、章程(合同)及其变动情况、所负义务和责任等,一般不能作为正式的审计证据;如对一项活动的调查,主要调查活动类型、活动区域、负责完成该项活动的人员、与该项活动有关的方针、完成该项活动的特定程序等;如对一项规划调查时,主要调查规划的目的和目标,为实现目标各个有关组织机构之间的相互关系,为完成该项规划而制订的方针和程序,及与该项规划有关的行政管理条例等。

3. 编制绩效审计实施方案。绩效审计实施方案是实施政府绩效审计的具体安排,包括审计目标、审计范围和重点内容、审计方法、审计程序、时间安排和人员分工等。

与其他财务审计相比,政府绩效审计特别强调以下两点:(1)审计方案要经过审计机关审核。审计方案应在审计组成员充分讨论并详细了解的基础上,报审计机关审核批准;(2)审计方案的编制尽可能细化,可操作性强。审计步骤要具有逻辑性;审计中采取何种审计方法和技术手段应尽量详细;以审计报告的编写为最终目标,详细列出每个阶段应搜集的资料;明确审计工作底稿和审计取证的基本要求;审计内容既要详细又要有一定的弹性,便于按照实际情况灵活操作。

4. 绩效审计方案的实施。审计实施包括收集审计证据和分析评价审计证据、得出审计结论两项工作。

(1)收集审计证据,即按照审计工作方案,通过访谈、调查问卷、观察、审阅书面文件和案例研究,收集描述审计对象、评估和衡量产出与效果并说明被审计对象不良运转情况所需要的各种资料。

（2）分析评价审计证据、得出审计结果，即运用比较、回归分析、时间序列分析等方法对收集到的审计资料进行数量和性质方面的分析，以达到评估有关单位或项目运转情况经济性、效率性和有效性的目的，找出影响经济性、效率性和有效性的原因，最终形成支持审计发现问题、审计结论和审计建议的证据。

5. 绩效审计结果的报告。绩效审计报告是审计机关集中体现审计结果、反映审计目标实现程度的一种书面文件。报告的写作应当行文简练，突出重点，体现实质。与传统财务审计不同的是，绩效审计的报告没有统一的格式，报告的格式和内容因审计评价的对象、内容的不同而不同。一般来说审计报告的内容应包括被审计对象的一般情况、运用评价方法和得出的结论、建议等。

绩效审计报告格式可以是多种多样的。绩效审计报告应完整、准确、客观、有说服力，并做到清楚、简明、扼要，以完整体现审计成果，保证审计质量。报告应包括引言、主体、附录三个部分。

（1）引言：应写明审计依据、审计实施期间、审计目标、审计内容和范围、审计方法等事项。

（2）主体，由五部分内容组成：① 基本情况。主要介绍与绩效相关的基本情况，如总结审计活动发生的环境（包括历史环境）、介绍被审计活动的目的或总体目标、所涉及的被审计单位的主要职责及其管理机构、占有资源等。② 审计评价。围绕审计目标，运用相关的绩效评价指标体系，通过定量和定性分析，对被审计单位履行职责时利用资源的绩效进行评价。评价要客观、公正、准确、清楚、易懂。如果审计包括两个以上内容时，除总体评价外，还可以分别作出评价。③ 主要问题。要从绩效的角度给问题定性，写明审计发现问题所依据的事实、数据及分析等。一般按对绩效的影响程度大小之顺序排列，可将违反财经法纪问题放在后面。④ 审计建议。围绕改进管理、完善法制、提高绩效、解决问题提出建议。建议要有针对性和可操作性，不要超出审计的职责范围。⑤ 审计单位反馈意见。

（3）附录：有关的信息资料、数据、文件和评价分析结果。如与评价绩效直接相关的分析图表或资料。

（二）政府绩效审计程序实例——加拿大的综合审计①

加拿大的综合审计程序分为三个阶段：计划、实施和报告，并按照指出的

---

① 邢俊芳：《最新国外绩效审计》，北京：中国审计出版社，2004 年，第 220～222，225～239 页。

秩序进行。这三个阶段及其内部的不同步骤是全部过程的一部分,实际上,它们是紧密联系的。例如,对被审单位进行了解是编制计划的一个步骤,但是实际上了解这个单位乃贯穿于全部审计工作之中。再者,在编制计划阶段必须把注意力放在考虑审计报告的完成方面。

1. 编制计划阶段。编制审计计划又包括两个阶段,即一般观察阶段和调查阶段。图9-3是编制计划阶段的过程图,它开始于把被审单位列入审查进度。

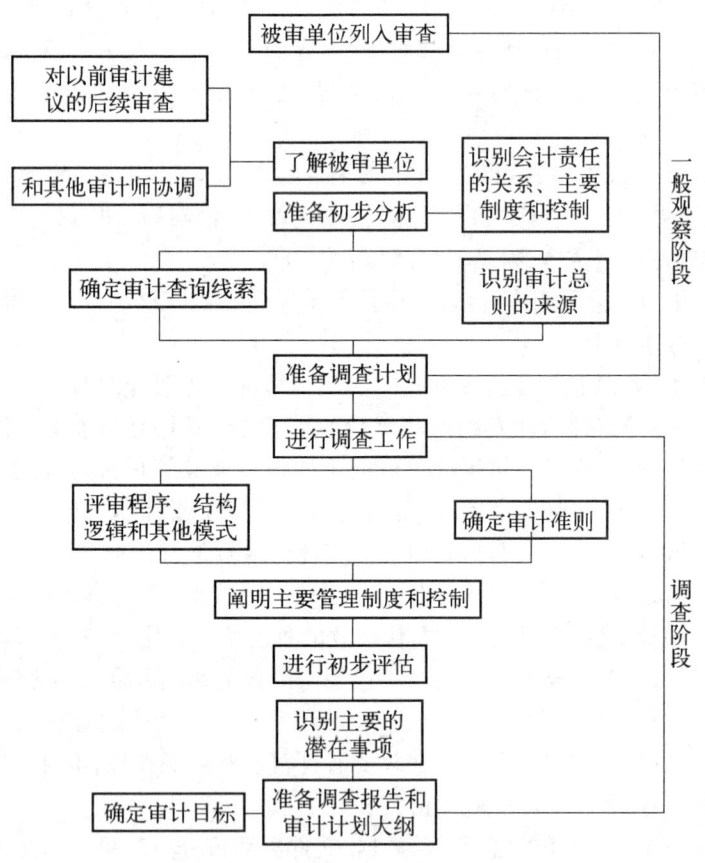

图9-3 审计程序:编制计划

由于审计长公署选择的被审单位的广泛和复杂,所以进行审计实务的责任,在正常情况下,指定由审计主任负责。一个小型审计"调查"工作队,充其量包括审计主任、一至两名高级审计人员,从事搜集必要的信息,对被审单位做到基本了解并制定调查计划。

（1）一般观察阶段。编制综合审计计划的关键是了解被审单位及其经营管理的情况。审计工作队必须了解被审单位做些什么工作、经营管理根据什么职权,它的目标、产品以及它的财力和其他资源。在一般观察阶段,既要收集信息,又要对被审单位进行了解,收集信息旨在提供证明和对以下情况进行全面了解:① 被审单位会计责任关系的重要计划(即谁是会计责任承担者,达到什么目的);② 关键的管理活动、制度和控制(即哪些在计划完成和经营管理方面具有主要影响);③ 对这些关键的主要活动、制度和控制等方面适用的审计准则的来源。

根据对一般观察阶段时收集的信息的评审,审计主任进行初步分析如下:确定审计查询的线索;确定审计阶段审查范围内采用的审计准则;概述审计目标并准备进行审查的计划。

（2）调查阶段。调查计划是审计过程中一个很重要的环节,并成为审计工作进行和管理、控制的要点。调查阶段的目的,主要是:以有效方式探索已确定的查询线索,扩大了解初步掌握的基本情况、会计责任关系、主要管理活动以及制度和控制办法。调查报告是审计过程中的一个重要里程碑和管理控制点。它应由审计主任编制,并应与此项审计有关的项目负责人共同商讨,提出审计报告。

应该注意的是,编制计划阶段对完成全部审计工作非常重要,其不同于制定传统审计计划,因而对编制计划应仔细地加以考虑。这些考虑的细节可能耗费一定的时间。事实上,在短暂的时期内通过有关的一些渠道能够完成许多步骤。例如,根据以往对被审计单位所作详尽了解的程度,可以确定计划程序中的许多步骤是否还需要。

2. 审计实施阶段。审计实施阶段包括:制定详细审计计划;选择或制定详细审计程序;实际检验和控制评估;考虑原因和效果;研究审计中发现的问题;准备重点报告;研究结论和建议;完成和审阅审计文件(如图9-4所示)。作为审计期间工作的结果,如果初步评估表明,基本的控制确实存在,那么在实施阶段就要检验这些控制,以便据此使之完善。如果基本的控制不能令人满意,那么就需收集证据确定存在哪些薄弱环节,对之加以补救,使之健全。

3. 审计报告阶段。审计报告阶段是审计过程的最后阶段(如图9-5所示)。这一阶段包括同被审单位的高级管理部门讨论报告,并向议员、审计委员会或审计理事会进行报告。这一部分的重点在于阐述审计报告的最终评审和批准过程。

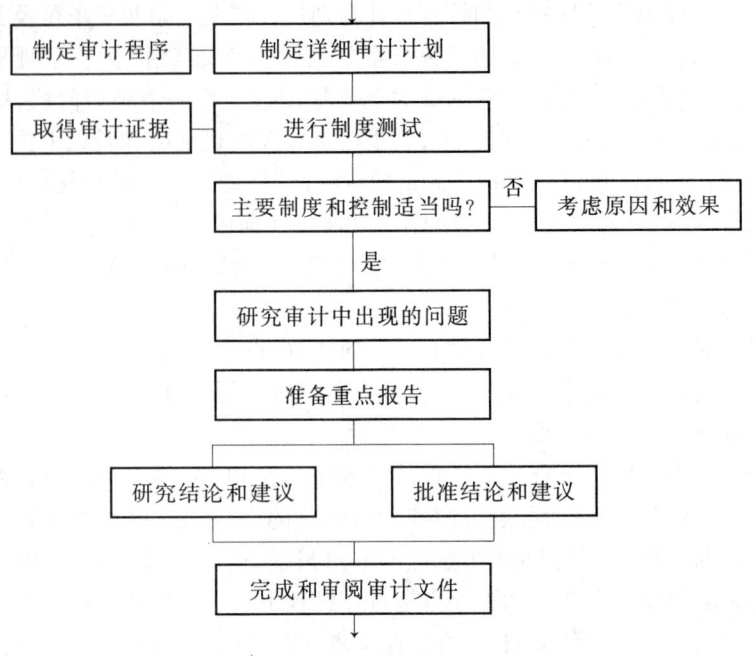

图 9-4　审计实施过程

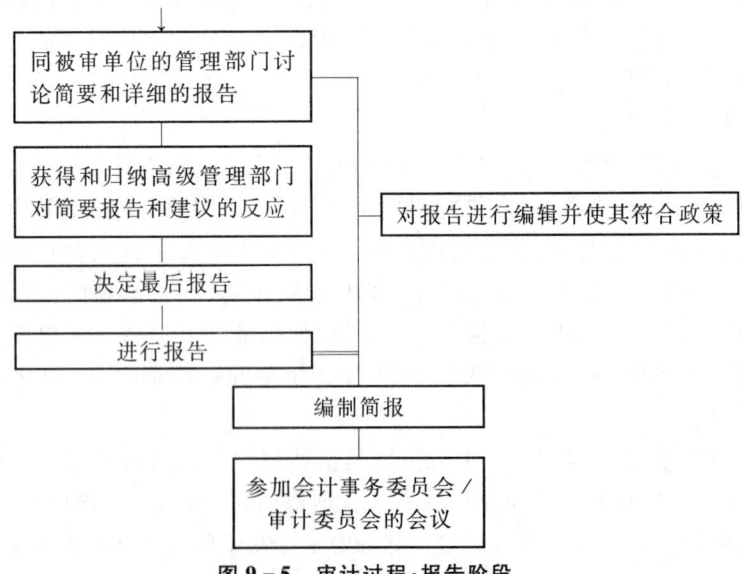

图 9-5　审计过程:报告阶段

在编制计划阶段和整个实施阶段期间,即应对编制报告的方法加以考虑。审计主任应该保证所采用的报告方法的确是一种适当的方法,并应在详细的报告草稿和所有简报中使其得到适当的反映。

审计的总结报告通常包含下列内容:情况介绍;有关被审单位的背景资料(即审计目标、组织机构、收入与支出的种类、环境等等);审计范围;审计观察的概况;观察和建议;建议及管理部门意见的摘要。

第四节　政府绩效审计方法

政府绩效审计,不仅继承和发展了传统审计方法的合理内核,而且还吸收了大量管理学、计量经济学、统计学、运筹学、数学等领域的先进技术,为广泛开展政府绩效审计提供了具体操作规程和工具。

一、政府绩效审计方法体系

绩效审计同其他任何一门学科一样,也有自身的方法体系。政府绩效的审计方法,在国内并没有形成比较规范、统一的方法体系,在审计实践中主要是借鉴和沿用财务审计的技术和方法。而在国外,一些发达国家由于绩效审计开展得比较早,其审计界进行了长期而持续的审计理论与方法方面的研究,西方国家的绩效审计方法主要指收集或分析数据的技术方法,即审计取证方法,并且已形成比较规范、科学、系统的方法体系,值得我们去研究和借鉴。

关于绩效审计方法体系的讨论,主要有以下一些观点:

李敦嘉(1996)认为,绩效审计方法包括四类:第一类是核实的方法,如审阅法;第二类是对比的方法,如将实绩与计划标准进行对比;第三类是分析的方法,如因素分析法等;第四类是评价的方法,如现值法等。

竹德操、吴云飞、达世华(1997)认为,效益审计方法体系包括审计方法基础、一般方法或效益审计模式、审计技术方法三部分。[1]

审计署科研所《效益审计程序与方法研究》课题组认为,效益审计常用的

---

[1]　竹德操、吴云飞、达世华:《经济效益审计》,北京:中国审计出版社,1997年。

方法包括审阅、访谈、抽样调查、观察、分析等 5 种。①

陈煦江、汤凤林(2006)认为,完整的效益审计方法包括技术方法、思想方法和工作方法。②

有一种观点将绩效审计方法体系分为两大类:一类是认识方法,旨在认识绩效审计这一社会行为(活动);一类是实践方法,旨在解决绩效审计现实问题。从纵向抽象层次分类,绩效审计方法可以分为三个层次。最高层是哲学方法,主要是研究绩效审计问题的思维方式和思维原则;基本层是一般方法,对于不同审计领域的社会活动、现象的认识具有通用性,或者对于多数审计领域的现实问题的解决具有普遍适用性;最低层为具体的专门方法和适用于局部领域或者特殊行业的方法。综合起来,便形成了绩效审计方法体系的"大厦"(如图 9 - 6 所示)③。

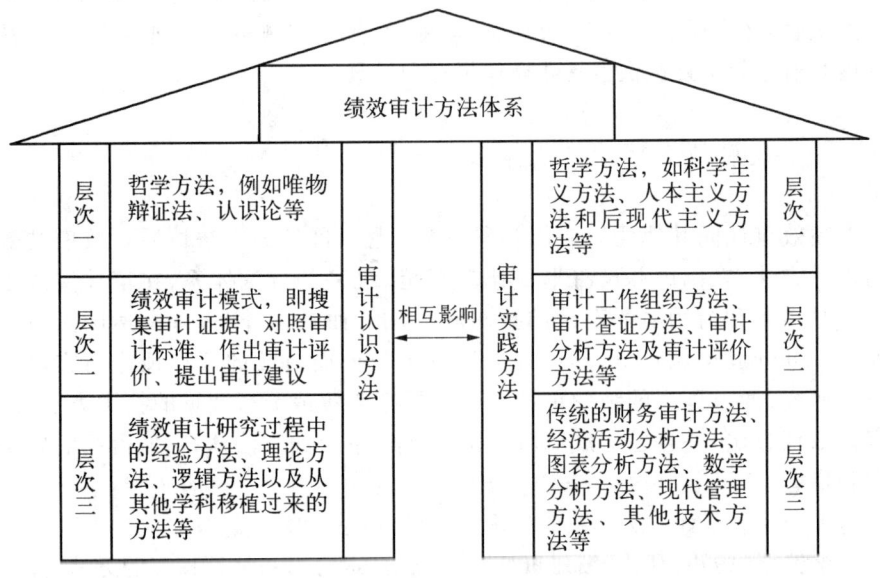

图 9 - 6　绩效审计方法体系

另一种观点认为:绩效审计的方法,不仅包括常规审计方法,还包括一些独特的专门审计方法。其中,绩效审计的专门方法主要可分两大类:一类是绩

---

① 审计署科研所:"效益审计程序与方法研究",《审计研究报告》,2004 年。
② 陈煦江、汤凤林:"浅谈战略成本管理方法",《财会月刊(综合版)》,2006 年第 3 期。
③ 周国彪、黄小忠:"绩效审计方法体系的构建",《广西财经学院学报》,2010 年第 6 期,第 118 ~ 119 页。

效审计的基本模式,即以财政财务收支活动为基础,与财政财务收支活动紧密相连的绩效审计模式;另一类是绩效审计的技术方法,包括相关资料阅读法、实绩与计划对比法、现值绩效评价法等。原则上讲,只要有利于绩效审计的方法,都应纳入绩效审计方法体系[①]。

还有一种观点认为,开展绩效审计既可以借鉴传统财务审计中的方法,也可以广泛运用绩效审计特有的方法,具体主要包括:取证方法、分析方法、评价方法、计算机审计技术方法等[②]。

通过以上对国内有关绩效审计方法体系的论述,我们发现,从宏观上讲,绩效审计方法体系涉及绩效审计的哲学层面;从中观上讲,绩效审计方法体系涉及适用于一般绩效审计领域的一般方法;从微观上讲,绩效审计方法体系涉及绩效审计具体的操作层面,涉及适用于具体绩效审计领域的专门绩效审计方法。

根据《最高审计机关国际组织效益审计准则实施指南附录》及其他有关文献,绩效审计的一般方法可以分为两类:数据和信息的收集方法、数据和信息的分析方法。本节以下部分重点论述这两部分的内容。

二、绩效审计数据和信息的收集方法

绩效审计中应用的信息和数据既有定量的也有定性的,或者两者兼有。获取这些数据和信息的方法很多,在绩效审计中通常会使用以下一些方法。

(一) 观察法(observation)

观察法是指绩效审计人员根据一定的绩效审计目的、绩效审计提纲或观察表,用自己的感官和辅助工具去直接观察被审计对象,从而获得绩效审计资料和信息的一种方法。

实施观察法一般应包括以下主要步骤:(1)确定完整的观察目的和选定观察的对象;(2)做好观察前的准备工作,如准备观察工具,设计、印刷观察记录表等;(3)进入观察场所,获得观察对象的信赖;(4)进行观察并做记录;(5)整理观察结果;(6)分析资料并撰写观察报告。

观察法的主要优点:(1)它能通过观察直接获得资料,不需其他中间环

---

① 陈英智:“创新中国特色绩效审计模式的几点思考”,《审计与理财》,2011年第3期,第20页。
② 周荣青:“我国绩效审计的规范性研究”,《审计月刊》,2011年第3期。

节。因此,观察的资料比较真实。(2)在自然状态下的观察,能获得生动的资料。(3)观察具有及时性的优点,它能捕捉到正在发生的现象。(4)观察能搜集到一些无法用言语表现的材料。

当然,观察法也同其他方法一样,有自身的局限性:(1)受时间的限制。某些事件的发生是有一定时间限制的,过了这段时间就不会再发生。(2)受观察对象限制。观察法适用于对呈现在外面的表象及事物的外部联系进行观察,而不适宜于对较为隐蔽的事物进行观察。(3)受观察者本身限制。一方面人的感官都有生理限制,超出这个限度就很难直接对观察对象进行观察。另一方面,观察结果也会受到主观意识的影响。(4)观察者只能观察外表现象和某些物质结构,不能直接观察到事物的本质和人们的思想意识。(5)观察法不适用于大面积调查。

根据研究的目的、内容、对象的不同,可采用不同的观察方法,表9-1依照不同的分类标准,把观察法分为10种类型。

表 9-1 观 察 法 的 分 类

分 类 标 准	类　型	特　　　点
以 是 否 通 过 中 介 物 为 标 准	直 接 观 察	指通过感官(眼、耳、鼻、舌、身)在事发现场直接观察客体的方法。
	间 接 观 察	一指以感官通过某些仪器来观察客体的方法,二指对某事发后留下的痕迹(如照片、录像)进行推测的观察。
以 观 察 者 是 否 参 与 被 观 察 者 的 活 动 为 标 准	参 与 观 察	观察者不同程度参与观察者的群体和组织中,共同生活并参与日常活动,从内部观察并记录观察对象的行为表现与活动过程。
	非 参 与 观 察	观察者不参与观察者活动,不干预其发展变化,以局外人身份从外部观察并记录观察对象的行为表现与活动过程。
以 观 察 对 象 是 否 受 控 制 为 标 准	实 验 观 察	观察者对周围条件、观察环境、观察对象等观察变量作出一定的人为控制,并采用标准化手段进行观察,观察的标准化程度较高。
	自 然 观 察	对观察对象不施加影响和控制,在完全自然条件下精心地观察。

续　表

分 类 标 准	类 型	特　　　点
以 是 否 有 目 的、计 划 为 标 准	随 机 观 察	偶然地、无目的地、无计划地发现与记录一些事实,观察所得资料不全面、不完整、不系统,科学性不强。
	系 统 观 察	有目的、有计划、有规律地观察与记录一定时间内观察对象的行为。
以 观 察 的 历 时 与 频 率 为 标 准	抽 样 观 察	在大面积对象中抽取某一样本进行定向的观察,包括时间抽样、场面抽样、阶段抽样。
	跟 踪 观 察	长期地、定向地观察对象的发展演变过程。

（二）访谈法（interviews）

访谈法是通过绩效审计人员与受访者的直接接触、直接交谈的方式来收集审计资料和信息的方法。与观察法相比,访谈可以直接了解到受访者的思想、心理、观念等深层内容;与问卷法相比,访谈可以直接询问受访者本人对问题的看法,并提供机会让他们用自己的语言和概念来表达他们的观点。

根据访谈进程的标准化程度的不同,可将访谈法分为结构型访谈和非结构型访谈;根据访谈规模的不同,可分为个别访谈与团体访谈两种类型;根据搜集资料的内容划分,可分为一般性访谈与深度访谈;根据访谈次数的不同,可分为横向访谈(一次性访谈)与纵向访谈(多次性访谈或重复性访谈)。

访谈法通常包括以下五个基本程序:

(1)设计访谈提纲。无论是哪一种形式的访谈,一般在访谈之前都要设计一个访谈提纲,明确访谈的目的和所要获得的信息,列出所要访谈的内容和提问的主要问题。

(2)恰当进行提问。要想通过访谈获取所需资料,对提问有特殊的要求。表述上要求尽可能的简单、清楚、明了、准确,并适合受访者;在类型上可以有开放型与封闭型、具体型与抽象型、清晰型与混合型之分;另外,适时、适度的追问也十分重要。

(3)准确捕捉信息,及时收集有关资料。访谈法收集资料的主要形式是"倾听"。"倾听"可以在不同的层面上进行:在态度上,审计人员应该是"积极关注地听",而不应该是"表面地或消极地听";在情感层面上,审计人员要"有感情地听",避免"无感情地听";在认知层面,要随时将受访者所说的话或信息迅速地纳入自己的认知结构中加以理解和同化,必要时还要与对方进行对话,与对方进行平等的交流,共同建构新的认识和意义。另外,"倾听"还需要特别遵循两个原则:不要轻易地打断对方和容忍沉默。

(4)适当地作出回应。审计人员不只是提问和倾听,还需要将自己的态度、意向和想法及时地传递给对方。回应的方式多种多样,可以是诸如"对吗"、"是吗"、"很好"等言语行为,也可以是点头、微笑等非言语行为,还可以是重复、重组和总结受访者刚才所说的话。

(5)及时作好访谈记录,一般还要录音或录像,但是,进行录音、录像的前提是要征得受访者的同意。

绩效审计人员在实施访谈时应注意下列八点:(1)使受访人有轻松愉快的心情;(2)创设恰当的谈话情境;(3)不使受访人感到有社会压力;(4)应具备正确的预备知识;(5)应具备细致的洞察力、耐心和责任感;(6)不对受访人进行暗示和诱导;(7)对相同的事情会从不同的角度提问;(8)能如实准确地记录访谈资料,不曲解受访人的回答。

(三)问卷法(questionaires)

问卷法是通过书面形式,以严格设计的问题向绩效审计的调查对象收集审计信息和资料的一种方法。问卷法的特点主要有三种:

(1)标准化。问卷是严格按照统一原则和固定结构进行设计的,标准化程度较高,从而保证了问卷法的科学性和标准性。

(2)定量化。由于问卷中的问题和答案都预先进行操作化和标准化设计,因此所得到的资料也便于定量处理和分析。

(3)效率高。由于问卷的传递方式多,传递速度快,因此能在短时间内收到大量的数据资料,这是其他方法不能相比的。

问卷的形式主要也有三种:

(1)结构问卷:这是一种限制式的问卷,被调查人员要按照绩效审计人员设计的备选答案作答。

(2)非结构问卷:这种问卷的问题是统一的,但是绩效审计人员没有事先列出备选答案,被调查人员可以自由作答。

(3)混合式问卷:这是经常采用的一种问卷形式,它一般根据绩效审计人员的需要,部分采用结构问卷的形式收集资料,部分采用非结构问卷的形式来扩充信息。

问卷法收集绩效审计资料的关键是编制问卷,选择被调查对象,分析结果。问卷结构一般包括标题、说明语、问卷题目、结束语等内容。(1)标题主要反映绩效审计的主题和内容。拟订标题时要注意既简明概括、又能吸引被调查人员。（2）说明通常要包括两部分：一是对绩效审计目的的简要说明；二是指导被调查人员如何填写问卷及相应的注意事项。必要时可以给出样题，说明回答方法。（3）问卷题目是问卷的主体，包括问题及待选答案（封闭）和说明性的问题（开放）。封闭式问卷最好将答案按标准化格式编拟。（4）结束语一般表示对被调查人员的感谢。问卷的编制通常包括以下步骤：（1）明确绩效审计调查的目的，确定调查对象；（2）列出要调查的问题、收集的信息和问卷类型；（3）草拟问卷，征求专家的意见，修订问卷；（4）进行试测，计算信度、效度，考虑有关社会影响；（5）根据试测的结果，再次修订问卷，形成最终问卷。

运用问卷法通常需要注意六个方面的问题：

（1）问卷中的题数不宜过多，必须紧紧围绕绩效审计调查的主题；

（2）问卷中题目的内容应该是被调查人员熟悉的；

（3）大规模的问卷调查，必须在预测的基础上进行；

（4）问卷法的形式，多以封闭式为主，开放式为辅，以便于答案的归类和统计分析；

（5）问卷法选取的被调查人员应达到一定的数量，具体要根据问卷的回收率和有效率考虑；

（6）尽量采用匿名回答。

（四）个案调查法

也叫"个案研究"或"个案历史法"，是指绩效审计人员依靠详尽地搜集被审计项目（也可以是政府组织或公共部门）的绩效信息，以审查项目执行者是否按照项目规划的目标来实施项目，以及是否达到了预期结果，如果没有完成，要分析没有完成的原因，并要认真总结项目实施的成功经验。然后，审计人员总结和分析全部证据，对被审计项目的经济性、效率与效益作出判断的一种方法。个案调查的主要目的是对被审计的对象做一个广泛深入的考察。

实施个案调查的主要步骤包括：（1）立案。即确定调查个案。（2）规划。即制订调查计划。（3）实施。包括收集资料、交谈、观察、测量等。（4）诊断。不仅包括资料或证据的核实、修订、整理分类和分析，而且还包括通过分析调查后针对存在问题，提出解决的建设方案。

个案调查的资料主要来源于：一是文献资料，即有关个案的文字记载，包括通信、传记、笔记、日记、讲稿、书籍、文章及档案等；二是口问、眼观、耳闻，即通过访问、观察、座谈、填表等方法获得的第一手材料；三是录音、录像、照片等。

这里还需注意，个案调查不等同于典型调查。首先，典型调查强调被选对象必须具有代表性或典型性；个案调查则不太强调这一点。其次，典型调查要通过少数典型总结出一般规律，指导全面工作，是一个从个别（特殊）到一般的过程；个案调查则着重于本身的分析研究。再次，个案调查一般以被审计的某一个单位为调查对象；而典型调查则以被审计的某一类单位为调查对象。最后，个案调查通常是无选择的，如应绩效审计的要求立案而进行调查；而典型调查则都是有选择的，它是根据一定的目的，选择有代表性典型进行调查的。

（五）审阅法

审阅法是通过对被审计单位的书面资料进行审查阅读取得绩效信息的一种调查方法。根据有关法规、政策、理论、方法等审计标准或依据对书面资料进行审阅，借以鉴别资料本身所反映的经济活动是否真实、正确、合法、合理及有效。

审阅法是一种十分有效的绩效审计方法，不仅可以取得一些直接绩效信息，同时还可以取得一些间接绩效信息，如通过审阅可以找出可能存在的问题和疑点，作为进一步审计的线索。审阅法主要用于对各种书面资料的审查，以取得书面证据。书面资料主要包括会计资料和其他经济信息资料及管理资料。

审阅法主要用于各种书面资料的审查。从审计的书面资料内容看，大致可分为两类：一类是与会计核算组织有关的会计资料。虽然绩效审计不是稽查，但稽查仍然是绩效审计的重要内容。因此，会计资料是审阅的重要内容。另一类是除会计资料以外的其他经济信息资料及相关资料。绩效审计除了进行传统的财务审计以外，还要进行经济效益审计。因此，若只对会计资料进行稽查，则难以实现绩效审计的目标。所以，会计资料以外的其他资料，亦是审阅的重要内容。

当然，要有效地运用审阅法，必须结合使用复核、核对的方法，以便及时证实审阅中发现的问题。审阅时应认真仔细，不要放过一个要素，更不要放过一个数字，边审阅、边思考，善于发现疑点和线索，并要进行完整的记录。为了避免重复和疏漏，审阅时应运用符号，以区别已审阅和未审阅的资料。

除了前面介绍的在政府绩效审计中使用较多的几种数据资料收集方法之外，由于公共需求的日益多样化，政府行为目标的多元化，使得政府绩效审计对象范围较广,政府绩效审计对象不同,涉及的专业知识不同,审计方法不同。同时,由于目前中国缺少高素质的政府绩效审计人员、审计队伍结构不尽合理、专业知识储备等综合条件上存在的先天不足,单凭审计人员的知识、经验和技能,往往无法完全满足绩效审计工作的需要,因此,可以利用其他途径,比如外部专家的工作等获得绩效评价的依据和标准需要的外部信息。比如,"综合审计"是加拿大审计长公署和其他有关部门所使用的一个术语,用以阐明广义的审计方法,而综合审计的广泛范围要求有整套各种不同的专业技术。综合审计经为数众多的专家的帮助,已经不断发展,超过了那些局限于财务会计范围的审计,那些专家包括工程师、经济师、统计师、效果评审家、电子数据处理专家、律师、社会学家等等。①

三、绩效审计数据和信息的分析方法

通过前一部分的介绍,借助绩效审计数据和信息的收集方法,我们已经收集到绩效审计的相关数据和信息,但是,在数据收集工作结束后,对已经取得的证据,需要运用一定的技术方法进行再加工,以形成新的证据即从分析原证据中得出结论。在绩效审计时,常用的数据和信息分析方法主要有下列几种。

(一)统计学分析法(statistical analysis)

统计分析方法是指人们在研究某一问题时,为了作出准确、具有说服力的结论,在收集、整理和分析数据资料时,所采用的一整套数理技术方法,具有客观、准确的特征。因此,在绩效审计中,运用统计分析方法具有重要意义:(1)为形成准确的审计结论提供充分的依据。在绩效审计中,要形成全面的审计结论和意见,除了定性资料外,也需要大量的定量数据的支持。(2)提高审计结论的科学性和准确性。由于统计分析方法是一种数理技术方法,其客观、准确的特性,可以避免审计中的主观臆断,减少差错,从而使审计结论更加科学和准确。(3)节省审计资源。由于社会经济现象的错综复杂性,以及受到时间、人力和财力的限制,绩效审计往往难以对所有被审计单位进行调查和分析。利用统计分析方法中的抽样分析,可以通过少量样本的数据推断总体特征,获得所需要的结论。因此,可以减少数据资料的收集和分析量,从而节省审计资源。

当数据收集工作结束后,审计人员应运用相应的统计方法进行分析。在

---

① 邢俊芳:《最新国外绩效审计》,北京:中国审计出版社,2004年,第212、218页。

绩效审计数据分析初期,可以选择一些简单的、直观的分析方法,以便取得初步的结论。然后,根据实际情况,再利用较为复杂的数理统计或计量经济学的方法,对有关问题进行深入和精确的分析。在绩效审计中,常用的数据分析方法包括初步分析法、统计推断法、统计检验法和数据关联分析法等。(1)初步分析法。数据初步分析法是一种常用的统计分析方法,目的在于通过对一些关键指标的初步分析,发现变量之间的差异和联系,了解所研究问题的特征,并得出初步的结论。这种方法不需要掌握太深的统计理论和分析技术。(2)统计推断法。统计推断法是运用抽样统计技术,通过对样本的研究,来推断总体情况的一种数据分析方法。在绩效审计中,审计目标所包含的数据常常是大量的,由于审计资源的限制,一般不可能或不必要对每个观察单位逐一进行研究。因此,从总体中抽取一部分样本加以实际观察或调查研究,根据对这部分样本的观察研究结果,再去推断和估计总体情况,是一种重要的数据分析方法。(3)统计检验法。统计检验法的基本原理是根据已掌握的情况,先对研究对象总体的某一指标作出某种假设,然后通过抽样研究,对此假设成立与否作出判断。(4)数据关联分析法。绩效审计常常遇到在同一问题中两个或多个变量之间存在着相互联系、相互制约的情况,分析数据的方法就需要进行拓展。在数据分析方法中,通常运用回归分析方法来研究不同变量之间的这种关系。

通过统计分析,审计人员可以作出相应的审计结论。在这个阶段,审计人员应考虑:审计结论是否能够回答预先提出的问题,是否需要其他辅助的分析,提出的建议是否恰当;同时,审计人员还应回顾数据收集和分析过程,确定所运用的分析方法确实能够检查出项目的效益情况,分析产生的数据能够帮助被审计单位认识和改进所存在的问题。

(二) 比较分析法(comparatively analysis)

比较分析法也叫趋势分析法,主要是通过对财务报表中各类相关的数字进行分析比较,尤其是将一个时期的报表同另一个或几个时期的比较,以判断一个被审计单位的财务状况和经营业绩的演变趋势以及在同行业中地位的变化情况。比较分析法的目的在于:确定引起被审计单位财务状况和经营成果变动的主要原因;确定被审计单位财务状况和经营成果的发展趋势对投资者是否有利;预测被审计单位未来发展趋势。

比较分析法可以分为绝对数比较分析、绝对数增减变动比较分析和百分比增减变动分析三种类型。

1. 绝对数比较分析法。绝对数比较分析法是将各有关会计报表项目的数额与比较对象进行比较。绝对数比较分析一般通过编制比较财务报表进行,包括比较资产负债表和损益表。比较资产负债表是将两期或两期以上的资产负债表项目予以并列,以直接观察资产、负债及所有者权益每一项目增减变化的绝对数。比较损益表是将两期或两期以上的损益表各有关项目的绝对数予以并列,直接分析损益表内每一项目的增减变化情况。

2. 绝对数增减变动比较分析法。从上述绝对数字对资产负债表、损益表和现金流量表的比较中,会计报表的使用者很难获得各项目增减变动的明确概念,为了使比较进一步明晰化,可以在比较会计报表内,增添绝对数字"增减金额"一栏,以便计算比较对象各有关项目之间的差额,借以帮助会计报表使用者获得比较明确的增减变动数字。

3. 百分比增减变动分析法。通过计算增减变动百分比,并列示于比较会计报表中,可以反映其不同年度增减变动的相关性,使会计报表使用者更能一目了然,便于更好地了解有关财务情况。

绩效审计人员在使用比较分析法时,要注意对比指标之间的可比性,这是用好比较分析法的必要条件,否则就不能正确地说明问题,甚至得出错误的结论。所谓对比指标之间的可比性是指相互比较的指标,必须在指标内容、计价基础、计算口径和时间长度等方面保持高度的一致性。

(三) 量-本-利分析法(volume-cost-profit analysis)

量-本-利分析(VCPA)又称"盈亏分析",是根据业务量(产量、销售量)、成本和利润三者之间的相互关系,运用数学的方法,分析、研究业务量、成本、销售单价等因素的变化对利润的影响程度,用以确定企业的盈亏平衡点,预测利润、控制成本的一种分析方法(见图 9-7)。目前,这种方法已被广泛地用于绩效审计领域。

量-本-利分析法摆脱了传统财务会计计算成本的全部成本法,而采用现代管理会计计算成本的变动成本法,将全部成本按照成本的习性划分为固定成本和变动成本。所谓固定成本是指成本总额在一定时期和一定业务量范围内,不受业务量增减变化影响而相对固定的成本。变动成本是指成本总额与业务量成正比例变化的成本。变动成本总额与业务量之商就是单位变动成本。

量-本-利分析是依据边际贡献的原理来建立数学模型的。边际贡献是指产品的销售收入超过变动成本的金额,反映了一定时期产品的获利能力。产品提供的边际贡献不是企业的利润,边际贡献首先用来补偿固定成本,若补偿后尚有余,才能为企业提供利润。反之,则亏损。边际贡献总额等于固定成本

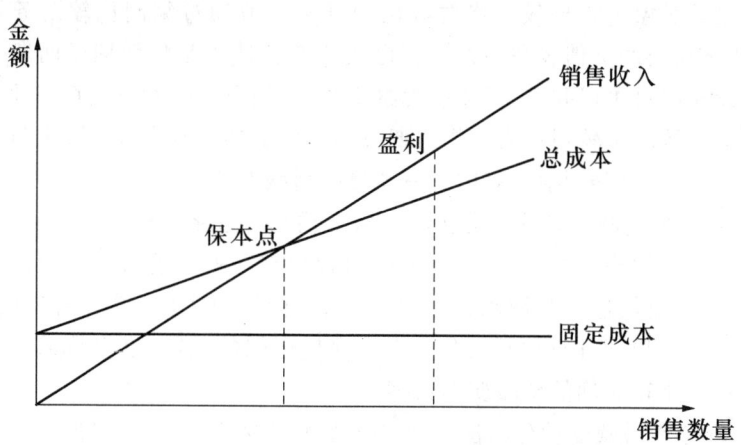

图9-7 量-本-利分析图

则企业不亏不盈,即达到盈亏平衡点,或称"保本点"。

在量-本-利分析中,绩效审计人员可以根据被审计单位的各年度数据,计算出固定成本、可变成本、费用等成本价值,以及不同产量下不同售价的利润,并进行总结归纳,生成利润成本合理曲线图。绩效审计人员可以参考量-本-利的分析结果,结合其他评价结果,对被审计单位的经济性、效率和效果作出评价。

(四) 净现值法(net present value,NPV)

所谓净现值法,是指在投资项目的寿命期内,将所有的成本和效益按照一定的贴现率折算为成本现值和效益现值,如果效益现值减去成本现值后的差额大于零,则该投资项目就是可行的。这是一项决策技术,它融入了货币时间价值的概念,也就是说,今天支出的一元钱与明天收回的一元钱是不等值的。

$$净现值 = \sum_{k=1}^{n} \frac{I_k}{(1+i)^k} - \sum_{k=1}^{n} \frac{O_k}{(1+i)^k}$$

式中: n——投资项目的寿命期;

I_k——第 k 年的现金流入量;

O_k——第 k 年的现金流出量;

i——预定的贴现率。

(五) 综合指数分析法(comprehensive index analysis)

综合指数分析方法是对企业财务状况进行综合评价的重要方法之一,是对各种财务比率标注重要性的等级,以便定量地判断企业财务状况的优劣。在评价财务状况时,根据各项指标对财务状况的决定程度不同,标注重要性等级,并在此基础上对财务状况进行分析。

综合指数分析法的基本步骤是:

1. 选定影响企业财务状况的各项指标。通常可选择流动比率、速动比率、资本利润率、负债比率、应收账款周转率、存货周转率、利息保障倍数、销售增长率等。因企业的具体情况不同,在选择评价指标时也应有所不同,对分析期财务状况影响较大的指标都应选入。

2. 根据重要性程度,对各种比率标注重要性系数,并使各系数之和等于1。

3. 确定各项指标的标准值。如果企业各项财务比率的实际数达到了标准值,便意味着财务状况最优。

4. 计算确定企业分析期各项财务比率的实际数值。

5. 计算求出实际比率和标准比率的百分比,即相对比率。

6. 用相对比率乘以重要性系数,求出各比率的评分,即综合指数,并求出各比率综合指数的合计数,即总评分,以此作为对企业财务状况的评价依据。

绩效审计没有统一的方法和技术,具有多样性和灵活性,审计人员在绩效审计中,不仅要明确每种绩效审计方法的优缺点和适用条件,审计环境的特点,审计人员的专业素质,注意政府绩效审计方法的选择要遵循的原则,而且还需要根据不同的绩效审计目标和绩效审计对象适当、灵活地选择与审计项目相适应的技术、方法和程序进行审计。同时,由于绩效审计环境的复杂性,我们在运用绩效审计方法时,也要注意多种方法的交叉或同时使用。另外,绩效审计需要多学科的知识和创新的方法,只具备财务知识的审计人员不具备开展绩效审计所需的胜任能力,这就要求审计人员深刻地理解政府绩效审计工作,掌握经济学、社会学、法律、管理、财会与工程等知识。

本章小结

本章主要介绍了政府绩效审计的产生与发展、中国和国外政府绩效审计实践、政府绩效审计的基础理论以及政府绩效审计方法及其选择等有关问题。

1. 政府绩效审计的产生动因包括:公共受托责任是政府绩效审计产生的社会基础、民主政治的发展是政府绩效审计产生和发展的政治基础以及新公共管理理论是政府绩效审计产生的学科基础。

2. 在政府绩效审计领域,美国、英国、加拿大、瑞典这四个国家,无论在理论上还是在实践上均处于世界领先水平。

3. 中国政府绩效审计在发展过程中面临着诸多挑战,主要是:现行政府绩效审计体制仍不完善,绩效审计机关缺乏独立性;缺乏政府绩效审计的法律法规和评价标准;政府绩效审计的基础比较薄弱,不易获取准确充分的绩效审计证据;政府审计人员结构单一,缺少高素质的符合绩效审计需要的专门人才等。因此,在中国政府绩效审计的发展战略中,需要改革和完善现行政府审计管理体制,确立政府绩效审计的法律地位;完善政府绩效审计的法规体系和评价标准,深化政府绩效审计规范建设;加强政府审计人员培训,建立一支高素质的政府绩效审计队伍;加强政府绩效审计方法及其应用研究;明确绩效审计战略地位,确立审计重点领域等。

4. 绩效审计的基础理论主要涉及:绩效审计的定义、绩效审计主体、绩效审计客体、绩效审计目标和绩效审计程序等。

5. 政府绩效审计的主体指的是开展政府绩效审计的组织和人员。根据政府绩效审计产生发展的轨迹,政府绩效审计的主体主要包括:独立咨询师、政府审计师和注册会计师。

6. 政府绩效审计的客体是指审计机关将要对哪些项目、哪些内容开展政府绩效审计,可以分为两大领域:政府财政支出中的非收益性投资部分和政府支出中的收益性投资部分。

7. 不同性质的审计,其审计目标是不相同的。绩效审计的目标分为一般目标与具体目标两类。一般目标由绩效审计的本质决定,是所有的绩效审计所共有的,体现绩效审计的普遍性。"3E"构成绩效审计一般目标的主要内容。具体目标反映绩效审计的个性或特殊性,是一般目标在特定社会、政治、经济环境下的产物;对于不同的绩效审计来说,其具体目标往往是不同的。

8. 绩效审计程序分为五个基本阶段,即:选择绩效审计项目;绩效审计前调查;编制绩效审计实施方案;实施绩效审计方案;报告绩效审计结果。

9. 绩效审计的一般方法可以分为两类:数据和信息的收集方法、数据和信息的分析方法。政府绩效审计数据和信息的收集方法包括:观察法、访谈法、问卷法、个案调查法和审阅法。它们有各自的特点和适用范围。政府绩效审计数据和信息的分析方法主要有:统计分析法、比较分析法、量-本-利分析法、净现值法和综合指数分析法。

10. 绩效审计没有统一的方法和技术,具有多样性和灵活性。审计人员在绩效审计中,不仅要明确每种绩效审计方法的优缺点和适用条件,而且需要根据不同的绩效审计对象适当、灵活地选择与审计项目相适应的技术、方法和程序进行审计。

本章基本术语

绩效审计　政府绩效审计　政府绩效审计法规体系　政府绩效审计主体　政府绩效审计客体　绩效审计目标　政府绩效审计程序　政府绩效审计方法体系　观察法　访谈法　问卷法　个案调查法　审阅法　统计分析法　比较分析法　量-本-利分析法　净现值法　综合指数分析法

复习思考题

1. 如何理解"政府绩效审计"？

2. 试分析政府绩效审计与政府绩效评估的关系。

3. 试分析政府绩效审计产生的背景与动因。

4. 试比较分析美国、英国、加拿大和瑞典四国政府绩效审计的现状与特点。

5. 试分析中国政府绩效审计的现状、面临的挑战及发展战略。

6. 政府绩效审计的基础理论涉及哪些基本内容？试对这些基本内容进行解释和举例说明。

7. 如何理解政府绩效审计方法体系？

8. 对于具体的绩效审计领域，应如何选择合适的绩效审计方法，试举例说明。

9. 试说明政府绩效审计的一些常用方法的内涵、特点、优缺点及适用性，并进行比较分析。

10. 试举例说明统计分析法在政府绩效审计中的应用。

11. 试举例说明综合指数分析法在政府绩效审计中的应用。

12. 试举例说明量-本-利分析法在政府绩效审计中的应用。

13. 试分析政府绩效审计与传统财务审计的区别与联系。

第十章 政府绩效预算

20 世纪 80 年代以来,许多发达国家在宏观经济失衡和持续的财政压力背景下,纷纷开始反思传统预算管理制度并主导了一场全球预算改革浪潮。为了提高财政透明度和公共治理效果,解决预算管理中总量控制与支出效益两大核心课题,发达国家采用了以产出预算替代投入预算为核心的"新公共管理模式"。在这种理念指导下,人们日益重视支出绩效并进而改进公共部门的运行效率。"规划—计划—预算"(PPBS)、"零基预算"(ZBB)和"绩效预算"(PB)是这一产出导向改革的重要组成部分,尤其是绩效预算,它集中反映了产出预算的理念,在各种产出预算模式中居于核心地位。

第一节 国外政府绩效预算的兴起

绩效预算(Performance Budgeting,PB)是美国政府于 1949 年首次提出的一种预算方法。1951 年,美国联邦预算局据此编制了基于政府职能的联邦政府预算,第一次明确使用了"绩效预算"这一概念。但由于当时缺乏相应的理论支撑和合理的技术方法,因而绩效预算一直处于探索之中。20 世纪 90 年代后,信息技术得到了突飞猛进的发展,并直接被应用于社会经济各个领域,不仅为民间经济活动创造了无限商机,明显改善了其经济效益,而且也使政府为提高财政资源的使用效率而积极推行绩效预算活动,创造了适用的技术条件。

一、政府绩效预算产生的动因

20 世纪 90 年代以来,以美国、澳大利亚和新西兰为代表的 OECD(经济合作与发展组织)国家纷纷推行了"以绩效为基础的预算"(Performance Based

Budgeting,PBB)的改革运动。这场改革运动的核心做法是根据活动结果来进行资源分配,为立法人员提供更充分的信息并决定如何以有效资源来回应复杂化和竞争性的预算需求。从 OECD 国家近十几年的实践来看,绩效预算改革已取得了显著成效。具体而言,绩效预算的产生是有其特定背景和动因的。

(一)控制财政赤字和政府债务是推动绩效预算改革的直接动因

20 世纪 70 年代至 80 年代初期,由于经济恶化,那些长期奉行凯恩斯主义财政政策的国家普遍出现了财政恶化,这清楚地表明传统的预算管理模式存在严重缺陷。为了应对这种挑战,早在 1988 年,英国政府就率先在预算管理方面进行了大刀阔斧的改革,英国财政部允许各机关以预算总额来代替人事总额,各机关可以自行在预算额度内决定人员与设备的组合,但同时必须建立起一套绩效评估的方法。1989 年新西兰的《公共财务法》学习企业的会计架构,将政府预算由过去投入为基础改为按产出的方式来编列,并且希望能更好地掌握施政绩效的衡量技术。在美国,1993 年,戈尔副总统支持的全国绩效评估委员会提出重视施政结果的衡量、加强财务管理、授权管理者和执行人员、采用企业弹性做法以及改进预算流程等财务预算改革的议题。随后,法国、德国等在预算管理方面也相继进行了改革。

(二)经济全球化浪潮是推动 OECD 国家预算管理改革的重要动力

20 世纪 90 年代以后迅速兴起的经济全球化浪潮有力地推动了 OECD 国家的预算管理的改革。经济全球化环境下的国际竞争,不仅是企业之间的竞争,也是政府之间的竞争。因此,政府管理的效率已日益成为影响国际竞争力的重要因素。各国政府通过预算改革,实施绩效预算管理,促进公共资源的有效利用,带动了政府效率的提高,进而提升了本国的国际竞争力。

(三)新公共管理(new public management)的兴起是绩效预算产生的重要背景

新公共管理是 20 世纪 80 年代以来兴盛于英、美等西方国家的一种新的公共行政理论和管理模式,也是西方行政改革的主体指导思想之一。与传统公共行政只计投入,不计产出不同,新公共管理更加重视政府活动的产出和结果,即重视提供公共服务的效率和质量,由此而重视赋予"一线经理和管理人员"(即中低级文官)以职、权、责,如在计划和预算上,重视组织的战略目标和长期计划,强调对预算的"总量"控制,给一线经理在资源配置、人员安排等方面充分的自主权,以适应变化不定的外部环境和公众日益多样化的需求。因此,我们完全可以这样理解:新公共管理理论的兴起是绩效预算产生的重要背景或动因之一。

335

二、美国政府绩效预算

作为绩效预算的发源地,从 1947 年起,胡佛委员会就提出了要在预算编制中强调产出而不是投入,将成本融入公共财政领域。在尼克松、卡特时期,围绕着如何提高政府的效率与效益,美国在预算管理上进行了一系列改革。

20 世纪 90 年代美国联邦政府放弃零基预算法,再次采用绩效预算法编制政府公共部门财政预算。在过去的十多年里,绩效预算越来越受到美国预算管理办公室(office of management and budget,OMB)的重视,并相继通过了一系列相关法案。美国于 1993 年就颁布了相关法律,就政府预算绩效评价的目的、标准、程序以及具体指标作出规定。此后,美国所有的联邦政府部门都制定了绩效目标并评估其实现绩效目标的结果,同时制定了长期战略规划、年度绩效计划和年度绩效报告。以绩效预算为核心进行的"政府革命",使美国政府在实现国家目标、促进经济持续增长上取得了良好的效果,使美国走上了历史上最长的发展时期。

梅可斯(Melkers)和威纳夫比(Willoughby)在 1998 年的调查发现:全美 50 个州当中有 47 个州实行绩效预算的要求,其中 31 个州经由立法要求实施这项预算改革,其余 16 个州则透过行政命令或预算指导原则来规范预算运作,只有阿肯色、马萨诸塞和纽约三州,尚未建立绩效预算的正式要求。稍后,梅可斯和威纳夫比通过行政和立法机关预算官员的问卷调查,来了解各州政府最近预算改革的实施经验。整体而言,许多州政府推动绩效预算改革最重要的原因是提升计划效能和改进政府的决策制定两项因素;再者,对于绩效资讯在预算过程中的角色,预算官员是有所期待而且是乐观的,多数也将预算决策的改善归功于绩效预算的制度改革。不过,梅可斯和威纳夫比同时指出:绩效预算改革的推动,也面临缺少政治支持和绩效衡量活动等相关问题的挑战。

美国各州立法机关全国会议在 1997 年调查了 50 个州所采用的预算制度,主要的预算方法区分为:传统渐增的、绩效基础的、计划基础的、零基的以及组合的五种形态。调查结果显示:有 3 个州的立法机关实施绩效基础预算,10 个州推动计划基础的预算,另外 10 个州使用各种预算制度混合的途径。因此,从总体来看,约有 1/2 美国立法机关是采用绩效预算的形态。在研究设计上,绩效预算制度是指将绩效衡量运用于预算编制的过程;绩效基金则是根据绩效结果来分配基金的百分比。在问卷调查的 46 个州中,34 个州实行绩效预算,42 个州的行政机关使用绩效指标,只有 13 个州根据绩效指标来分配年度的基金。另外，约有 63% 的受访预算官员表示，在所属的州绩效指标被作为预算决策的一项工具；只有 25% 的受访预算官员同意，绩效基金在自己的州称得上是成功实施，显示了绩效预算在影响政府决策的角色上仍然受到限制，但是高达 86% 受访的预算官员愿意将绩效预算制度推荐给其他州参考。

三、其他国家的政府绩效预算

在加拿大，由于实行高福利的政策，财政预算支出极为庞大。为了改善财政及经济状况，加拿大政府按照绩效预算的编制方法，实施稳健的预算规划。在经历了 27 年预算赤字后，到 2004 年度为止已经连续 7 年实现财政盈余，国民经济也实现了持续、稳定增长。

澳大利亚的绩效预算改革也经历了很长时间，在 20 世纪 70 年代以前，澳大利亚是"支出式"预算，不太重视绩效。在 80 年代到 90 年代，澳大利亚通过引入支出审议委员会程序，发布四年预算展望，提高了预算透明度和问责度；通过引进权责发生制会计制度，实行财政管理改善计划及业务评估计划，将绩效评价结果融入预算决策；通过制订《预算诚实宪章》和《财政管理及问责法案》等预算法律和财政管理法规，将财政管理责任移交各机构。1995—1996 财政年度澳洲联邦政府赤字 200 亿澳元，国债占 GDP 比重高达 20%。1996 年政府换届后，通过绩效预算方面的改革，到 1998 年就迅速实现了财政略有结余。在 1999 年到 2004 年，澳大利亚通过引入机构财政，进一步下放权限，并在各机构引入预算评价绩效目标制度，完成了从支出预算到绩效预算的转变。

在 20 世纪 80 年代，新西兰经济增长进入低谷，公共部门不断亏损，政府支出却不断增长，到 1989 年底，政府净债务达到 GDP 的 50% 左右，财政状况恶化。在各方面的压力之下，新西兰政府进行了大刀阔斧的改革，开始实施绩效预算，从 1994 年以后连续多年保持财政盈余状况，从而成功地消灭了严重的财政赤字。其公共部门支出占 GDP 的比重在 1991—2000 年之间下降了 6.1 个百分点，改变了此前这一比例逐年上升的情形。

第二节 政府绩效预算概述

对绩效预算最早的解释，可以追溯到 1950 年美国总统预算办公室的定义:"绩效预算是这样一种预算,它阐述请求拨款是为了达到目标,为实现这些目标而拟定的计划需要花费多少钱,以及用哪些量化的指标来衡量其在实施每项计划的过程中取得的成绩和完成工作的情况。"我们可以这样理解这个定义:政府提供的每项产品或劳务都是要付钱的,不花钱的事是没有的;政府花的每一分钱都应当有效果,获得相应的产品或劳务,花了钱而没有获得,或者获得的与花的钱不相称,这都是浪费;制造浪费的人应当付出代价。也就是说,绩效预算特别强调预算支出的效率,要求按照一定的标准衡量政府部门工作的绩效,进而按照绩效决定预算支出。预算资金的多少是与部门和具体项目的绩效紧密联系在一起的,是以绩效为前提的。

一、绩效预算的内涵

绩效预算(performance budgeting),亦称为业绩预算、效率预算,其内涵是指政府和政府部门按所完成的各项职能进行预算,将政府预算建立在可衡量的绩效基础上,即干多少事拨多少钱。也可将绩效预算定义为:政府首先制定各部门有关的事业计划和工程项目,并在进行成本-收益分析与绩效评估的基础上确定实施方案所需要的支出费用,然后再来编制预算。政府各种具体的社会、经济职能要通过不同的职能部门来履行,而每个部门都有其各自的项目计划。原则上,对各个部门的各项计划均可以进行相应的成本-收益分析(最终产品成本与预期收益的比较)和绩效评估,通过分析评估大体确定各种项目,进而确定部门的绩效状况,据此分配政府的财政资金。进行绩效预算的规则是依据分析评估衡量绩效,按照绩效决定预算支出,再参照预期收入调整预算成本,最后完成政府预算。

政府绩效预算把市场经济的一些基本理念融入公共管理之中,旨在有效降低政府提供公共品的成本,提高财政支出的效率,又被称为"以结果为导向的预算"。绩效预算与传统预算的不同之处在于,它关注的不是预算的执行过程,而是执行的结果;不是政府的钱够不够花,怎么花,而是政府在哪些地方花了钱,老百姓最终得到了什么;我们以往也对政府部门进行考核,但那种考核往往是以该机构完成了多少工作量为指标,如制定了多少规章制度、出差多少人次等,这样考核的常常是它们的"产出",而对这些规章制度和出差的作用却不予过问。从最终的目标出发,这是制定绩效指标所要遵循的最重要原则。用通俗的话说,就是要为老百姓办实事,如果没有达到什么效果,这些规章制度和出差不仅不是政府绩效,而恰恰是应该取缔的资源浪费。

绩效预算要求政府的每笔支出必须符合"绩"、"效"和"预算"三个基本要素的要求。

第一，"绩"是指申请财政拨款时所要达到的业绩目标，这些业绩目标应当是可量化和可考核的，以便由此来编制财政预算。

第二，"效"是指用来衡量财政支出的业绩目标达成情况的具体评估指标，包括量和质两个标准。其中，有些指标是可以具体量化的。例如，对学校的拨款应当以其在校学生的数量为依据，而不是以其供养的教师人数为依据，但是，这仅仅是其效果的一个方面。另一方面，还应当考核其非量化指标，例如，学生素质的提高情况。即使那些非量化指标，也应当尽可能加以指标化。"效"的考核是对于这一部门拨款的评价的依据，避免"只拿钱，不办事"的情况出现。

第三，"预算"是指业绩预算，它表明公共劳务的成本，具有明确量化的标准，不能量化的支出通过政府公开招标、政府采购或社会实践中产生的标准财务支出来衡量。具体地说，它可以分为两种情况来处理：第一种，凡是可以用实物量指标来衡量其业绩的，按取得这一业绩的单位成本，加上某些变动因素来确定。第二种，若不能用物理来衡量其业绩的，则政府制定某些统一标准来确定。例如，日本政府对于警察的预算，就规定了都、道、县、府的地区类别，各类地区每万人应当配备的警察数量，以及各类地区警察的经费标准等；变动因素包括各类案件的结案率、接案反应的平均时间、群众对于警察提供服务的满意率等指标。

绩效预算产生于政府各部门分配预算指标之中，作用在于解决各单位该得到多少拨款才合理，是实物量与资金供给量相匹配的预算，是实现财政收支平衡的有效手段。从绩效预算制度本身来看，它要求政府的预算职能完整、编制时间充分、支出科目科学、数据资料可靠；从支撑绩效预算的非正式制度而言，它要求民主化程度高、从业人员素质强、法律体系完备与组织文化先进开放等。

二、绩效预算与传统预算的区别

绩效预算不仅是一种预算方法的改变，而且是整个政府管理理念的一次革命。绩效预算与传统预算方法的本质区别在于，它把市场经济的一些基本理念融入公共管理之中，从而有效地降低了政府提供公共产品的成本，提高了财政支出的效率。绩效预算与传统预算的区别具体体现在以下几个方面。

第一，导向不同。传统预算关注投入功能，以投入为导向（input-oriented），以过程为导向（process-oriented），往往忽视产出，强调对财政收支实施控制，力求节省开支，达到预算收支平衡。绩效预算则重视对预算支出的绩效进行考察，以预期收益作为编制预算支出的依据，强调管理的责任和义务，关心预算的产出和效率，是以结果为导向（results-oriented），以绩效为导向（performance-oriented）。

第二，预算基础不同。传统预算是按支出的具体用途分类的，无法表示其计划完成的成本和目的，更无法考核支出的绩效。而绩效预算则要求判断各项支出是否符合经济原则，在部门预算的基础上按职能和项目计划编制，因此它可以提供各项政府支出计划的评价资料，明确实施某项计划的政府部门的职责，有利于保证政府职能范围内各类短期或长期的经费需要。

第三，目标不同。传统预算关注的是合规性问题，而绩效预算关心的是与成本相关的绩效问题。

第四，体现的思想不同。传统预算体现的是集权和外部控制的思想，要想将预算指定用途的资金在科目之间挪用是很困难的，好比对一个淘气的孩子进行严厉管教；绩效预算体现的是分权和管理自由的理念，但是分权和自由的代价是要对结果负责，这好比对一个好孩子，让他进行自我管理。

第五，受托责任不同。传统预算对投入（资金的取得和使用）负责，这好比给一个孩子 100 元钱，买书 80 元，买食品 20 元，不能挪用；绩效预算对结果负责，犹如给一个孩子 100 元钱，怎么使用由孩子决定，但是要保证考试成绩在 90 分以上。

第六，预算的方法不同。传统预算的计算方法是：单位支出标准 × 投入数量；绩效预算的计算方法是：单位服务成本 × 公共服务的数量。

第七，会计支持不同。传统预算采用收付实现制的会计方法；绩效预算采用权责发生制/成本会计的核算方法。

第八，预算的分类不同。传统预算采用基于功能的投入分类方法，例如：教育支出（功能分类）投入 100 万元，在其下再按投入进行分类，如人员费用 20 万元，办公经费 80 万元；绩效预算采用功能-规划分类方法。

第九，预算单元不同。传统预算按照每一个投入项目（item）作为预算单元，这些细项有可能是人头费、纸张费、复印费等等；绩效预算是以目标下的每一个规划（program）为单元。

第十，透明度不同。传统的预算透明度低，不能显示结果；绩效预算透明度高，所得到的结果和为了这个结果而进行的投入都很公开。

三、绩效预算的优点

(一) 从"手段"到"目的"

传统预算模式也有它的绩效追求,但是,它所强调的是一种遵从绩效。在这种模式下,遵守各种财经纪律的支出机构通常就被视为有"绩效"的机构。但是,这种绩效模式最终导致手段替代目的,即预算管理者会将控制的重点集中到对于资金使用规则的遵守,久而久之,无论是预算机构还是支出部门都会忘记或者忽略了使用纳税人税收的真正目的,最后就会形成一种只重视控制投入而忽略支出的最终目的的官僚思维。绩效预算将预算决策的重点从投入(花了多少钱)转向了产出(生产了多少公共服务),从而将效率绩效引入了公共预算。由于绩效预算强调预算资金的配置必须与某种明确的产出相关,这就使得预算资源的配置与公共支出的最终目的更加接近。绩效预算强调的是结果绩效,即一定数量的公共资金支出之后必须实现某种社会期望的结果。在绩效预算中,预算机构放弃了对预算拨款的使用进行控制的传统模式,它要求支出机构必须确保实现某种社会所希望的预算结果。如果资金支出后没有实现预期的结果,支出机构的负责人就要承担管理上的责任。所以,绩效预算使得预算改革最终完成了从手段到目的的转移。

(二) 改变支出机构的动机

过去两百年的预算实践表明,支出部门存在着一种支出冲动。尼斯坎南将这种支出冲动概括为官僚预算最大化理论。在传统预算模式下,这种支出冲动是不可避免的。因为,传统预算模式强调的是一种遵从绩效。资金的供给者(预算机构、政府首脑和议会)并不要求支出机构提供某种"明确的"产出或结果作为回报。于是,支出机构就会倾向于向预算机构和议会要更多的资金。因为,这种"钱"花起来实在很容易。各国的议会和预算机构主要采取两种方式来制约支出机构的这种"要钱"和"花钱"冲动:(1)加强议会和预算机构的监督和审查能力(尤其是信息收集上的能力)来克服预算审查中的信息不对称。(2)为各个部门设置一个预算控制数或者一个定额。但是,这些办法都不是很成功。因为,信息收集是需要成本的。而且,由于支出机构控制了实际的生产过程,支出机构可能仍然还是拥有更多的信息。所以,第一种方法至多只能缩小信息不对称,而并不能消灭这种不对称。同时,设置预算定额的办法也是可以被支出部门突破的,尤其是在缺乏财政总额约束而且预算机构无法抵制政治家的预算要求的环境下更是如此。

正如委托-代理理论所说的,克服代理成本的关键在于设计激励合同来改变代理人的动机。绩效预算正是这样一种旨在改变支出机构动机的预算模式。在绩效预算的资源配置过程中,预算机构与支出机构签订绩效合同,支出机构的预算要求必须与某种和政府目标相关的结果相联系。支出机构在使用了预算经费后必须实现该结果,否则就要承担管理责任。最近的一些研究已经发现,在这种模式下,支出机构将会通过重组机构来更好地实现目标而不是去追求预算最大化。

(三) 鼓励管理者进行创新与节约

预算机构放弃了传统预算中实行的那种严格的"外部控制",在绩效预算下,管理者可以根据环境的变化以及部门的特点来选择最佳的投入组合方式来生产公共服务,可以将资金从一个科目转移到另一个科目,甚至从一个项目转移到另一个项目。因此,支出部门有能力在管理上进行创新。同时,绩效合同中确定的支出部门在结果上的责任也迫使管理者进行管理上的创新。所以,这种预算模式有助于鼓励管理者进行创新。

同时,绩效预算中实施的"利润分享"允许各个部门将一定比例(例如30%到50%)的预算节余转到下一个预算年度去使用,这使得部门管理者不再像以前那样担心他们在这一预算年度没有用完的拨款会被预算机构取走,也使得他们不再担心预算节余的出现会导致预算机构在下一个预算年度削减本部门的预算拨款,因而,绩效预算有助于克服传统预算模式下各国政府都存在的支出部门"年底突击花钱的冲动"。而且,"利润分享"允许将一部分预算节余用于奖励员工,因而也有助于激励管理者节约资金,减少浪费。

(四) 简单易行

与计划-项目预算和零基预算相比,绩效预算比较简单。它不像零基预算那样要求对所有的支出项目进行全面的评估和审查,并进行排序;它也不像计划-项目预算那样在预算编制的过程中要仔细分析和建立项目,而是确定一个支出的总额和大致的分类总额。

四、绩效预算的编制

根据美国预算与管理办公室(OMB)发布的《预算指导》,绩效预算的编制过程大体上可以分为以下三个步骤。

第一步:根据战略计划编制年度绩效计划。年度绩效计划是根据主要服务项目来制定的年度活动计划,包括年度的项目活动及绩效目标(通常用工作量等直接成果表示,又称短期产出目标)。年度目标与项目目标和总目标密切相关,如,假定住房与城市发展部的职责是改善居民的住房条件,战略目标是到 2008 年,使 70% 的美国人拥有满意的住房。由这一目标所确定的主要项目有:(1) 住房投资项目;(2) 老年人住房项目;(3) 伤残人住房项目;(4) 租赁住房建设项目;(5) 土著人居住区资助项目;(6) 优惠购房项目。其中,优惠购房项目的 5 年目标为:在 5 个财政年度内使居住条件最差、需要优惠购房的家庭(低于当地人均收入的 50% ,居住在单元间)减少到 350 万户。由于项目管理效率与优惠购房状况相关,故在编制 2003 年预算时,该部门确定该项目在今后 5 个年度的具体任务是:逐年减少负责优惠购房项目的低效率管理机构的比例,年度目标是:2004 年减少到 30% ,2005 年为 25%……

第二步:根据绩效目标金字塔逐层进行资源分派。OMB 在《预算指导》中强调:"绩效预算在组织上类似目标金字塔,最上层是战略目标……在这一框架内,各部门应按绩效目标的层次来分派资源,资源应按完全成本来计算。"年度预算就是在战略目标指导下,按各项目在各年度的产出目标要求进行资源配置的过程。

为了进一步理解绩效预算的内容,下面分析美国得克萨斯州的新绩效预算(如表 10-1 所示)。得克萨斯州是最早采用结果导向预算的美国州政府之一,1991 年,它采取了"战略计划与预算"的预算改革,州议会要求所有州的机构、部门和项目都要在一个计划和预算体系内运作。该体系要求预算的重点是结果而不是投入与过程,要求各个机构都要发展以结果为核心的绩效测量,建立绩效计划与目标,并将绩效目标与预算联系在一起。在各个机构、部门和项目的绩效测量与目标建立之后,议会将进行"关键性的测量"。州长的"预算和计划办公室"和"议会预算委员会"将运用这些关键性的测量以及其他绩效测量的信息来决定预算。而且,得克萨斯州的州审计办公室也在预算中发挥着非常重要的角色,它有权评估各机构、部门和项目所运用的结果测量指标。虽然得克萨斯州的新绩效预算也运用了传统绩效预算所依赖的产出和效率测量,但是,结果导向的绩效测量已经在该州的预算决策中占有主导地位。

年度资源根据项目总资源、按各年度的具体任务和目标,考虑以往同类任务所需的人工、设备及效率,并估计采用现行方案和运用新技术的效率等情况来决定。资源配置的具体过程要求运用图形、表格和曲线分析等方法来支持或说明。

第三步:按年度资源需求量和相关规定估算资金。年度资金预算是资源的货币表现。在目前联邦政府的部门预算中,人员费用主要根据各类人员

(外籍、行政、薪雇)的国家工资规定,并考虑雇佣成本指数和本地工资率来决定;资本预算主要根据资产的单位成本,考虑价格指数的变化情况来决定。最后,根据项目、资源(人员、资产)和基金账户分类,列出部门的资金预算表。

表 10 − 1　得克萨斯州防止酒精和药品滥用
任务的绩效预算(2002 预算年度)

目标:服务供给。根据州内的需求,在防止滥用、干预和治疗方面提供优质服务。		
	2002 年	2003 年
结果(后果/影响): (1) 在获得服务期间青年人报告说他们戒酒的百分比	85	85
(2) 参加治疗的成年人报告说在获得服务期间他们戒酒的百分比	81	82
(3) 参加治疗的失业成年人报告说在获得服务期间他们被雇佣的百分比	60	60
(4) 青年人报告说在获得服务期间旷课下降的百分比	47	47
产出: (1) 防治项目中接受服务的成年人的数量 (2) 防治项目中接受服务的青年人的数量	98 968 273 207	98 468 273 207
预算:	$30 522 353	$30 522 35
效率(单位产出): (1) 防治服务中每个青年人的平均成本 (2) 防治服务中每个成年人的平均成本	$91.33 $56.51	$91.33 $56.51

　　资料来源　马骏:"新绩效预算",《中央财经大学学报》,2004 年第 8 期。

第三节　美国政府绩效预算实践及效果评价

　　20 世纪 90 年代,严重的财政赤字使美国联邦政府开始发展绩效预算,将绩效管理与预算紧密结合起来。美国的绩效预算要求所有政府部门都要提交五年战略发展计划、年度绩效计划和年度绩效报告。绩效预算管理体制采用"红绿灯"评估系统评估联邦政府所有部门的绩效,用项目评估分级方法,即

PART(program assessment rating tool)评估部门的项目绩效。

一、美国政府绩效预算实践

(一)"红绿灯"评估系统

作为联邦政府的总体战略性计划,布什总统于2001年8月提出了一份雄心勃勃的备忘录——《总统管理备忘录》(*President's Management Agenda*),旨在进一步改善联邦政府的管理,提高政府实施项目的绩效。布什总统发现政府运作当中的许多地方效率低下或者完全失效,并认识到建立一种同时对总统和民众负责的严格的责任制度是改变这种局面的关键。

《总统管理备忘录》的焦点集中在那些迫切需要改进而且改进的可能性最大的领域。该备忘录的目标不仅是为了解决长期以来存在的问题,更是为了提高政府工作的绩效,它主要包括五项创意:(1)加强人力资本战略管理,要求各个部门为即将到来的大量的员工退休做好准备,为雇员技能水平低下采取积极的补救措施。(2)竞争性资源配置,要求各个政府部门尽量通过招标等方式,保证最有效率的供货商或承包商为其提供商品或服务。(3)提高财务效率,旨在提高部门财务信息的质量,从而使各个部门能够确保其运作过程中的清廉和高效。(4)拓展电子政务,希望改进政府部门信息技术的管理,通过使用互联网更便捷地为公众提供服务。(5)预算与绩效统一,要求在预算编制上更直接地反映绩效特点,尽量提高反映项目之经济效果的信息质量,使政府进一步改进预算资源分配决策。

布什政府在2003年的预算报告中公布了一套简单易行的评级体系,即"红绿灯"评估系统。这套系统是为报告和评定政府部门执行《总统管理备忘录》5项创意的工作情况而特别设计的。每个财政年度,联邦政府各个部门都要接受针对其现阶段状态的评定,看它们是否已经达到了"合格的标准",即备忘录中每项创意明确要求的具体目标。因为很多目标的达成需要持续的长时间的努力,所以"红绿灯"评估系统还将对部门的达标进程进行评估。各个部门的各项评估结果将直接影响其下一财政年度的预算资金。以上两个方面的评估工作由联邦政府特设的管理预算办公室(office of management and budget)来完成。

"红绿灯"评估系统的具体标准包括以下两个方面:

第一,针对状态评分的标准:(1)绿灯——该部门完全达到合格的标准;(2)黄灯——该部门达到部分而非所有标准;(3)红灯——该部门出现任何一个严重问题。

第二,针对进程评分的标准:(1)绿灯——正在按照部门制定的计划执行;(2)黄灯——已经偏离执行计划,为了按时达到创意的要求,部门需要调整计划;(3)红灯——创意的执行进程严重受挫,在缺少重大管理介入的条件下,目标已经很难实现。

表 10-2 是美国 2005 财政年度预算报告中"红绿灯"评估系统对联邦政府各个主要部门的评估结果。表中列举了 10 个政府部门,并为了简单直观,用●表示绿灯,用▲表示黄灯,用■表示红灯。

表 10-2　"红绿灯"评估系统对联邦政府各部门的评估结果

	截至 2003 年 12 月 31 日的状态					执行《总统管理备忘录》的进程				
	加强人力资本战略管理	竞争性资源配置	提高财务效率	拓展电子政务	预算与绩效统一	加强人力资本战略管理	竞争性资源配置	提高财务效率	拓展电子政务	预算与绩效统一
农业部	■	▲	●	▲	■	●	●	●	●	●
商务部	▲	▲	■	▲	▲	●	▲	●	●	●
国防部	▲	▲	▲	▲	▲	●	●	●	●	●
教育部	▲	▲	●	▲	■	●	●	●	●	●
能源部	▲	▲	▲	▲	▲	●	●	●	●	●
司法部	■	▲	■	■	■	●	●	●	●	●
劳工部	▲	■	▲	▲	▲	●	●	▲	●	●
国务院	▲	■	▲	●	▲	●	●	●	●	●
财政部	■	■	■	●	●	●	●	●	▲	▲
航空航天局	●	▲	■	▲	●	●	●	▲	●	●

资料来源　孙云:"美国联邦政府推行绩效预算效果评价及其借鉴",《环渤海经济瞭望》,2005 年第 12 期。

"红绿灯"评估系统对联邦政府部门改善内部管理、提高工作绩效形成了强有力的刺激。通过评分表,各个部门可以定期地获得适时的信息反馈,从而能够及时地发现自身的问题并尽快采取措施予以解决。

过去,各个部门都承诺改善自己的管理,并且也很可能确实打算这样去做,但是缺少切实可行的规章制度监督它们的实际工作,缺少切实可行的规章制度促使部门管理者对其能够取得的绩效负责,而具有严格标准的"红绿灯"评估系统恰恰提供了这样一种规章制度。通过明确各个部门的行动目标,引入这套评估系统,布什政府在使政府部门为绩效对公众负责方面迈出了一大步。

(二)项目评估分级方法

2002 年 7 月 12 日,美国联邦政府的管理与预算局(OMB)公布的"项目绩效评估等级确认方法",于 2004 财政年度开始用于联邦政府所有项目的绩效评估和绩效等级确认活动。PART 是一个对与众多绩效影响因素有关的项目进行评估、评级,并根据客观数据披露有事实依据的诊断工具。可以说,PART是一种重点按照每个项目执行结果,试图衡量联邦政府开支项目绩效优劣的会计责任工具,利用 PART 有助于促使政府部门加强和完善基于事实进行决策的工作方法。

PART 是由精心设计的一系列"提问"组成的,设计这些"提问"的目的在于为联邦政府内部确认项目绩效等级提供一种一致性方法。PART 的实用性、适用性在很大程度上取决于"提问"设计的合理性,一般情况下,要求所有的"提问"既能反映人们所熟知的概念,也要和现行的业务管理者或项目监察者所使用的项目绩效评估方法不发生矛盾。这些"提问"要求使用者通过"是/否"格式予以标注,并在答案里(对包括任何支持答案成立的有关事实)做简明的评述性解释。对"提问"的回应强调实事求是,它既不能基于印象作出,也不能过于笼统。在何种情况下才能对"提问"回答"是",即"是"的标准是什么,OMB 对此有明确解释。PART 对项目的绩效评估采取高度事实依据和高期望值方式,不能仅仅满足于考察项目是否具有合法性这种低标准;对项目考察必须反映该项目正在取得它的预期效果,并且在管理上是有效率的(efficient)和令人满意的(effective);联邦政府的项目绩效应该反映出优秀政府的实质,而不能仅仅符合法令要求。不难想象,这一标准使得人们对政府项目绩效判断"是"比"否"更为艰难。

由于影响项目绩效的原因很多,需要多重"提问"才能客观地把握项目的实际绩效程度。不过,这些影响因素对项目绩效决定的意义和作用不同,有些是关键的,有些属于较次要的,为此,还要对不同的"问题组",按照其相对重要性赋予不同的权重。这样有助于突出重要影响因素在绩效决定中的重要作用,有助于根据绩效评估提出工作重点调整的方向。

选择正确的绩效测定对象是评估政府项目绩效的关键,绩效测定对象的

347

选择不仅仅要求它能够提供有用的绩效数据,更重要的是要求它能够反映项目的使命——对项目的重要性程度作出敏感的、有价值的判断。据此,对每个被评项目而言,PART 主要包括四个组成部分,每个部分又由若干有针对性的"提问"组成,用来反映可以用于绩效评估的特殊信息。PART 包括以下四个组成部分:

1. 项目目标与设计:主要评估项目的设计与目标是否明确,是否经得起推敲;作为一个"问题组",这部分的权重为 20%。

2. 战略性规划:主要评估项目执行机构是否对项目的实施制定了合理的年度目标与长期目标;作为一个"问题组",这部分的权重为 10%。

3. 项目管理:主要是对项目的机构管理水平作出评级,其考核对象包括是否存在着财务疏漏和对项目管理的改善作出何等努力;作为一个"问题组",这部分的权重为 20%。

4. 项目效果/会计责任:根据战略性规划和通过其他评估,结合项目目标对项目实施绩效进行评级;作为一个"问题组",这部分的权重最高,达到 50%。

因为联邦政府的各类活动是通过不同机制或手段完成的,为了使"提问"尽可能地符合不同类型项目的性质,对项目进行分类是必要的。项目一般可以划分为 7 类:竞争性上级政府对下级政府的财政补贴项目;上级政府对下级政府的一揽子项目或按照特定公式分配拨付项目;按照法律或政策规定实施的项目;资本性资产与劳务获得项目;信贷项目;直接由联邦政府完成的项目;研究与发展项目。结合项目分类看,PART 的 1、2 和 4 的"问题组"通常适用于对各类别的大部分被评项目,而 3 则适用各类别的所有项目。

表 10 - 3 是 PART 的四个"问题组"的关键提问和对"问题答复"的内容、形式以及同时应该提供的事实资料所做的要求。根据联邦政府管理与预算局的规定,每个季度须对政府各部门、机构所主持实施的所有开支项目的进展情况进行一次常规性评估。按表 10 - 3 中各"问题组"的"提问"顺序,依次考察被评项目并分别打分,并确定评估等级,最后给出综合评价总结。例如,2003 财政年度,OMB 对商务部主管的"经济分析局"(Bureau of Economic Analysis,BEA)的运行绩效进行了一次评估。BEA 作为项目在类型上属于直接由联邦政府拨款的项目,按照表 10 - 3 的四组"提问"进行评估,分别得到 100 分、86 分、100 分、87 分,最终加权平均得分为 92.1(100 × 0.2 + 86 × 0.1 + 100 × 0.2 + 87 × 0.5)。该项目的评估等级被定为:"高绩效项目"。

表 10 - 3　PART"问题组"和对"问题答复"所作规定

单个项目必须回答的关键提问	对"问题答复"所作的基本要求规定
一、项目的立项目的与设计 1．该项目立项目的是否明确？ 2．该项目是否针对特殊利益、问题或需要得以立项？ 3．针对特殊利益、问题或需要而言，该项目的设计是否可以产生重要的影响？ 4．该项目是否能使之在处理特殊利益、问题或需要方面发挥独特作用（即对于联邦、州、地方政府或私人努力而言并非多余的项目）？ 5．就处理特殊利益、问题或需要来说，该项目是否达到了最优设计？	● 这部分"提问"主要用于审查项目立项的明确性，以及该项目是如何设计的。 ● 在回答这些问题时，所有影响因素都要加以考虑，包括那些可能是不可控因素，如立法规定的项目和某些制约因素。回答这部分问题需以所有可能的原始文件和事实为依据，包括正在审批的授权文件，机构的战略计划，年度业绩计划，或其他机构报告。 ● 对这些问题的答复可以选："是"、"否"或"不适用"。
二、战略计划 1．该项目是否规定有为数不多，但直接针对项目效果并充分反映项目立项目的的、明确的、具有显著意义的长期绩效目标？ 2．该项目是否规定有为数不多，但能够证明能在为实现长期绩效目标过程中取得进步的年度绩效目标？ 3．是否所有的项目当事方均以项目长期目标或年度目标承担责任方式，为项目取得预期成就提供支持？ 4．该项目是否与那些具有相似目标的相关项目进行了有效的合作与协调？ 5．为了证明项目实施效果的改进和评价实施效果，是否在常规基础上，或是在需要弥补绩效信息短缺情况下，进行足够范围的独立的和高质量的评估？ 6．是否在充分了解资金筹集、政策以及立法变化对项目绩效的影响情况下，按照项目目标编制项目预算？ 7．针对战略计划存在的欠缺，该项目是否采取了有实质意义的解决步骤？	● 这部分集中考察项目计划，重点安排以及资源配置问题，目的在于评估项目实施是否采取了合适绩效措施，是否制定了为数不多但具有实质意义且能够实现的目标。没有合适的措施安排，任何项目不大可能证明自身可以取得效果。通过绩效数据和定期监测，还可以就项目实施中对于解决发现的问题是否具有灵活性进行评估。 ● 回答这部分问题需以所有可能的原始文件和事实为依据，包括战略计划文件、机构的战略计划报告、项目当事方的报告与有关建议、评估计划、预算建议和其他文件。 ● 对这些问题的答复可以选："是"、"否"或"不适用"。

单个项目必须回答的关键提问	对"问题答复"所作的基本要求规定
三、项目管理 1. 项目负责机构是否规范地收集包括来自于主要项目当事方的信息在内的、适时的、可信的绩效信息,并且把这些信息用于管理项目和改善绩效? 2. 联邦政府管理者和项目当事方是否对项目成本、进度以及绩效结果分担责任? 3. 资金安排是否及时,是否按照既定的目的进行支出? 4. 在项目实施过程中,就测算、获得经济效益和降低成本的活动而言,项目是否具有激励机制和相关的程序安排?	• 这部分内容在于考察项目执行机构能否证明项目是按照项目目标进行了有效管理。考察重点放在财务纪律,项目改进程度的评估,绩效数据的收集以及项目管理者的会计责任方面。 • 回答这部分问题需以广泛的原始文件和事实为依据,包括财务报告、GAO 报告、IG 报告、项目执行计划、预算执行数据、IT 计划、独立的项目评估文件。 • 对这些问题的答复可以选:"是"、"否"或"不适用"。
四、项目效果 1. 该项目在实现其长期产出目标方面是否已证明取得了进展? 2. 该项目是否达到其年度绩效目标? 3. 在实现各年项目目标方面,该项目实施是否表明提高了效率和降低了成本? 4. 与其他目的与目标大体相似的项目相比,该项目的绩效表现是否更为理想? 5. 对该项目进行的独立的严格的评估是否表明该项目是有效的且正在取得积极效果?	• 这部分内容在于考察项目的实施是否表明符合它的长期和年度目标。一般来说,如果项目尚未采取合适措施或尚未确定明确目标,则会出现否定结果。对项目实施效果所进行的分析,还有助于在独立评估基础上,与类似项目进行比较以说明项目的优劣。 • 回答这部分问题需以广泛的原始文件和事实为依据,包括财务报告、GAO 报告、IG 报告、项目执行计划、预算执行数据。要基于最近的会计报告期数据或其他相关数据,对项目效果进行估价。 • 按照具体情况,对这些问题的答复可以划分为四个等级,即"是"、"很大程度上"、"较小程度上"和"否"。

　　资料来源　《2004 财年美国政府预算报告》之"绩效与管理评估",http://www.whitehouse.gov/omb/budintegration/index.html。

　　绩效评估后,OMB 对该项目作出如下综合评价:经济分析局提供用于公共决策与私人决策的经济统计数据,如国内生产总值(GDP)、个人消费与支出、公司利润等。该局在各方面均有出色表现,达到了及时并准确发布包括 GDP 等经济统计数据的大部分年度绩效目标:(1)该局就提高 GDP 与其他经济统计的准确性,确定了新的年度绩效目标。(2)该局有合适的项目管理方法和战略计划。但是,该局的预算要求仍基于各具体工作领域制定,尚未直接与该局的全部产出和长期绩效目标挂钩。(3)该局与其他联邦统计机构保持规范的合作关系以获得高质量的原始数据,并设有独立的咨询机构对该局的统计项目进行评估。然而,人口调查局给该局的产出提供了关键的投入,这种重要影响在该局的绩效表现中并不总是明确的。

根据上述评估总结,最后作出对该局增加预算拨款的建议,以提高经济分析局经济统计数据的质量。

按照同样程序、方法,联邦政府的管理与预算局对某一政府部门或政府机构主持的所有项目进行绩效评估后,就能够对该部门或该机构的开支管理状况作出综合性判断。不言而喻,如果该预算当局严格按照各部门、各机构的绩效评估结果调整其未来的预算规模,既能够达到动态地保持财政支出高效率运作的目标,又能够发挥激励部门或机构领导人主动改善支出管理方式,提高管理质量的作用。

二、美国政府绩效预算实施效果的评价

美国的红绿灯评估体系和 PART 项目对绩效预算起到关键作用。红绿灯评估体系为改革提供了框架,为部门和机构提高绩效提供了明确的导向。而 PART 项目评估分级方法则致力于为改革和改善机构绩效提供机会,并建立了预算程序和 GPRA 有意义的系统联系。

(一)绩效预算实施的总体效果分析

从美国推行绩效预算的实践来看,效果十分明显。首先,绩效预算将联邦一级的预算权下放到州政府,将州政府的部分预算权下放到地方,提高了地方政府的积极性,增加了预算透明度。其次,绩效预算强调了政府行为要以结果为导向。推行绩效预算后,大部分政府部门(机构)要以绩效为依据核定预算权限,绩效不佳者要削减,甚至取消预算拨款。因此,各部门的预算活动都自觉追求绩效和效果。第三,绩效预算有助于减少财政资金浪费,有助于实现政府财政收支长期平衡。由于绩效预算坚持了政府公共预算拨款与绩效相配比原则,使无效率、低效率或者绩效与预算不匹配的项目、部门更容易暴露出来。

推行绩效预算所取得的这些成果与联邦各级政府严格执行《总统管理议程》并推行"红绿灯评估体系"有关。因为《总统管理议程》和"红绿灯评估体系"将预算改革置于联邦政府的改革内,为预算改革提供了行动框架,从而也

为政府部门落实绩效导向型预算活动提供了必要的技术支持和环境氛围。

2003—2006 年的美国预算报告都用"红绿灯评估体系"披露了美国联邦政府行政机构执行《总统管理议程》五项创意的评估结果。结果说明,联邦政府各部门自执行《总统管理议程》以来,以五个创意的"绿灯"要求为目标,努力改善了本部门的预算管理质量。2002 年末,联邦 26 个部门只有 2 项为绿色、20 项为黄色和 108 项为红色。而在 2004 年末,绿色标志在数量上已经接近为 40 项,红色标志在数量上有所减少。这表明了美国联邦政府自全面推行绩效预算管理以来,绩效得到了有效改善。

(二)部门项目绩效预算改善分析

项目绩效改进作为五项创意中的重中之重,预算与绩效整合动议进步明显。联邦政府部门预算项目的绩效得到显著改善。如表 10 - 4 所示,2002 年,接受 PART 考核的 234 个联邦项目仅占全部联邦项目的 20% 左右,且接受 PART 绩效考核的项目,不管其绩效优劣与否,平均预算增长率都达到 11.7%。而到 2005 年,PART 评估的项目达到 607 个,预算管理办公室对其中的 71% 评估作出了明确结果。59% 的被评估项目采纳了有效的衡量方法来管理成本。

美国的实践经验表明:只要明确评估结果,就有助于改善项目的绩效。PART 为预算支出决策提供了宝贵的绩效信息、大量关于项目优缺点和项目重要与否的建设性信息。并且,美国的项目绩效评分明显对项目拨款产生了重要影响。在审查的 607 个项目中,有 154 个联邦项目受项目绩效评分的影响较大,其中有 55 个项目被建议大量减少拨款,99 个项目被建议中止。纵观 PART 实施以来的效果,大部分绩效不佳或不是优先考虑的项目通常被建议减少支出或取消该项目,预算支出更多地流向绩效优良的替代项目。同时,对需要优先考虑但绩效不佳的项目都进行了改革,力求得到最佳结果。

此外,PART 可以促进预算项目绩效的改进。通过绩效与预算整合动议,部门与机构更能关注结果,并根据结果,证明是否应该增加对其项目的拨款。PART 要求每个项目目的明确,管理方法充分有效并实现预期结果,因此,PART 能促使机构改进绩效信息的质量并为其项目绩效承担更多责任。而且,PART 评估要求部门设计好下一步评估步骤以确保机构能改进他们的项目,提高部门绩效。

美国联邦政府通过推行绩效预算改革,在项目、人力资源和投资管理上借助《总统管理备忘录》,全面深入贯彻以绩效为导向的思想,加强了财务管理,降低了不合理的财政支出。

表 10－4　PART 对联邦项目的历年评估结果

评　估　年　度	2002	2003	2004
项目总数	234	407	607
有　　效	6%	11%	15%
比较有效	24%	26%	26%
尚　　可	15%	20%	26%
无　　效	5%	5%	4%
结果不明	50%	38%	29%

资料来源　孙云:"美国联邦政府推行绩效预算效果评价及其借鉴",《环渤海经济瞭望》,2005 年第 12 期。

第四节　发达国家绩效预算的实践经验

20 世纪 80 年代以来,以美国、英国、新西兰和澳大利亚等为代表的发达国家进行了以产出和成果为导向的预算管理改革,实施绩效预算是其中的一项重要改革措施。2003 年开始的部门预算改革,标志着中国预算管理制度改革的正式启动。随着中国公共财政体制的逐步建立,如何提高预算编制的科学性,如何评价预算资金的使用效益等问题开始凸显。因此,分析和借鉴发达国家在政府绩效预算方面的有益经验和做法,对建立一套适合中国国情、有中国特色的绩效预算体系具有重要的理论价值和现实意义。

一、立法保障是推动政府绩效预算的前提和基础

20 世纪 90 年代兴起的新一轮绩效预算改革,无一不是由各国的中央政府发起的,并采用立法手段保障和推进政府绩效预算向前发展。1993年,美国颁布了《政府绩效与结果法案》,该法案主要目的是通过设定财政支出的绩效目标,编制绩效预算,比较绩效目标和实施成果,进行年度绩效评价,提高联邦政府的工作效率和责任心,同时,要求政府各部门每年向国会提交年度绩效报告。澳大利亚通过制订《预算诚实宪章》和《财政管理及

问责法案》等预算法律和财政管理法规,来保障和促进绩效预算的发展。作为单一制国家的英国,在工党 1997 年上台执政后,在中央和地方政府两个层面推出了以提高政府绩效为目标的财政预算改革,相应建立了一套法律法规,保障改革计划的顺利推进。此外,丹麦、挪威、加拿大等国也都进行了政府绩效预算与评价立法工作,并以此为基础建立起较为完善的政府绩效预算与管理体系。

二、政府绩效预算的落脚点是对结果负责

绩效预算的落脚点是对结果负责,而对于政府部门在支出一定数量的资金之后是否实现了承诺的结果,只有公民最有发言权。为了使得公民能够有效地在这一方面作出评价,必须使预算真正透明并且有助于信息沟通,即政府应该尽可能地对选举官员、公民、利益集团等利益相关者开放和透明,应该提供关于项目、结果和成本方面的信息,而且,这些信息应该以一种各利益相关者都能明白的语言表达。预算透明与信息沟通是实现"绩效公共责任"(performance accountability)的关键。一旦利益相关者拥有了容易理解的关于政府项目的结果和成本的信息,他们就能有效地在政治上使得政府项目满足公共责任。目前,西方国家在推进新绩效预算的过程中,为了提高预算的透明度,还逐步引入了权责发生制会计方法。

三、建设有利于推行政府绩效预算的制度环境

推行和实施政府绩效预算需要一些外部条件,需要在预算制度和政治体制方面进行改革,清除那些阻碍绩效预算实施的体制性因素,也需要解决一些技术性困难。首先,采用绩效预算需要有一个支持和强调预算的公共责任与追求绩效和公共支出货币价值最大化的制度环境。该制度环境能够鼓励各行政部门提升施政效率与财务和预算的透明度,有利于各行政部门能对有关计划项目的成本、产出与结果绩效信息作出迅速、简洁与正确的报告。

如何建立诱因机制让各行政部门愿意提供正确的绩效信息,以便能用于预算决策,是一种挑战。因为各行政部门可能是某项特定公共服务的唯一提供者,拥有这种独占力,加上只有其知道产出的真实成本,在信息优势下,作为"代理人"的行政部门提出的预算经常是超过"委托人",即立法机关愿意给予的限度。在传统强调控制的预算制度环境下,行政部门不愿意真实反映成本

与绩效信息,因为行政部门的成本节约,有可能带来的是下一年度预算的裁减。因此在传统预算制度环境下,行政部门会隐藏成本绩效信息,而想办法争取更多预算。

要让代理人愿意真实反映绩效信息给委托人,依照代理人与委托人理论,必须建立诱因机制,让代理人的目标与委托人一致。在预算制度中,可以让各行政部门保留已达成绩效而未使用完的计划经费,移作其他计划用途,甚至计提奖金。这种制度性安排将会促使各行政部门改善其计划过程或进行成本节俭,而且符合委托人的目标。目前,新西兰、英国、澳大利亚与美国部分州政府皆有此类制度设计。此外,为打破各行政部门的独占地位,也可以由委托人将同一事务委托给更多的代理人,以增加彼此的竞争,如将部分公共事务外包给企业,让政府行政部门与企业共同提供。

四、明确政府绩效预算的工作内容和程序

从各国政府绩效预算的实践看,其主要的工作内容包括四个部分:一是计划编制。职能部门根据所要达到的目标编制中长期战略计划和年度计划。二是预算编制。根据职能部门的目标和计划分配资金,编制中长期预算和年度预算。三是绩效评价。由财政部门或专门的绩效评价机构对预算执行的最终成果进行评价。四是预算调整,即根据绩效调整预算。

其工作程序则大体可划分为以下七个主要步骤:

1. 部门提出中长期战略计划。部门中长期战略计划(3~5年)一般是根据国家中长期战略计划制定的,与国家中长期发展战略目标相一致。

2. 部门根据战略计划制定年度计划。

3. 部门根据年度计划提出年度绩效计划指标及年度预算。年度绩效计划包括绩效目标和量化考核指标,使各部门的具体工作与国家的总体发展规划联系起来。年度预算一般采取中长期滚动式预算。

4. 审核并下达年度预算。

5. 预算执行,同时跟踪绩效环境,并根据实际情况予以调整。

6. 年度终了时对实际绩效进行评估。一般都设立专门的绩效评估机构,负责监督和组织各部门绩效指标的制定和年终的绩效评估。

7. 根据绩效完成情况调整下年度预算。

在绩效预算的工作内容和程序中,绩效评价无疑处于核心的位置。工作规划、绩效评价、预算三者相辅相成,有机地构成完整的绩效预算管理体系,共

同服务于提高财政支出效益的目标。

五、实行复式预算,确认可用于政府绩效预算的资源

实行复式预算,确认可用于绩效预算的资源,并就此与部门、议会达成一致意见。目前,西方发达国家普遍实行了复式预算,在预算编制过程中,针对某一部门以"活动"为基础进行编列,并不反映类似于中国部门预算编制中的人员经费、公用经费等项目。除此之外,英国还编制部门资源预算,全面反映政府或其某一部门所占用的政府性资源。这些预算的编制均以权责发生制为基础,而不是现收现付制,这样就反映了服务提供的全部经济成本。当然,成本中还包含非现金成本,诸如折旧、资本费用以及预提费用等等。

这些预算的编制与发布,是美英控制公共支出的基础,提供了有关行政效率的充足信息,激励政府有效管理以前投资形成的资产,也激励了管理者努力降低负债成本。

六、政府绩效信息与预算决策有机结合

绩效信息在预算过程中的主要应用是:在预算编制阶段,各行政部门提出预算需求时须以绩效指标说明计划和项目的预期效益;而立法机构审查预算时,则以行政部门提供的绩效信息作为审核信息;在预算执行与审计阶段,则运用绩效评估明确管理的目标、监测目标的达成度、找出执行不力的原因和提供解决的方法。绩效信息与预算决策可以从以下几个方面加以结合:一是要利用绩效评估确定目标,绩效评估需对不同利害关系人或委托人的目标达成一致,方可确定评估标准。目标的清晰化有助于政策的发展、计划项目的设计以及决策过程与预算资源配置间的结合;二是要利用绩效评估探讨计划、项目成败原因,此方面的信息可以作为未来预算决策的参考;三是要利用绩效信息同时依据预算决策目的,确定评估报告,将绩效评估的结果应用于不同的预算决策;四是要依据行政部门属性与计划绩效测量难易度,决定将绩效报告应用于预算决策的程度和方式。

七、完善的财政支出绩效评价机制

作为绩效预算实现手段的绩效评价,是一个循序渐进的过程,必须根据经

济发展的客观阶段,由易到难地开展。大多数国家实行绩效评价,也是从单位的项目绩效评价开始的,进而选择部门进行绩效评价,最后才会逐步在整个公共服务领域全面推行绩效管理。美国的预算改革就是以项目的绩效评价为核心的,它将有利于资源向有效率的项目转移,保障项目效率的提高。

加快建立预算支出的绩效评价指标,充分利用财政监督、审计监督和社会监督为主体的监督控制体系,加强预算支出的绩效评价工作。对基本支出的绩效评价,主要通过对相关指标的考核,评价政府机构的业绩;对项目支出的绩效评价,应针对项目的不同类别,分别进行考核。通过预算支出的绩效评价,对全面完成业绩指标要求的机构予以奖励,对达不到相应业绩要求的机构追究相关人员的责任并以此作为今后安排预算的重要参考依据。同时,还应依靠公众进行绩效执行情况的评估。

八、重视政府绩效评价结果的实际运用

由于各国政府都建立了比较完善的财政支出绩效评价的制度,因此,财政支出绩效评价的结果都得到了较充分的应用。财政支出绩效评价的结果成为调整政府长期经济目标和计划的依据;各政府部门都要根据每年的绩效评价报告,对各政府部门的经济目标和计划进行相应的调整;对政府支出绩效评价报告中反映出各部门在管理中的问题,及时提出解决方案,供国会和政府参考;绩效评价的结果也成为财政部对各政府部门制定以后年度预算的依据。目前,财政支出绩效评价制度已经成为各国政府公共管理的重要的不可分割的组成部分。

第五节　中国政府绩效预算现状与发展思路

绩效预算逐渐成为公共财政领域的热点,以结果为导向的预算模式被视为中国预算改革的最终目标。[①] 1999 年,中国预算改革启动;2003 年 11 月,党的十六届三中全会提出要建立预算绩效评价体系;十七届二中全会又明确指出"要推行政府绩效管理和行政问责制度";"十二五"期间,中国将进一步

---

① 马骏:《中国公共预算改革:理性化与民主化》,北京:中央编译出版社,2005 年,第 150 页。

完善预算绩效管理制度,逐步建立健全绩效目标设定、绩效跟踪、绩效评价及结果运用有机结合的预算管理机制,实现全过程预算绩效管理。虽然目前中国还不具备实行绩效预算改革的条件,但是各级地方政府已经纷纷开展了绩效预算的理论探索和试点实施工作。

从 20 世纪 90 年代后期开始,中国分步设计、推行了一系列预算制度改革措施,内容包括部门预算、国库集中收付、政府采购、预算外资金和"收支两条线"等。这些改革是从预算的不同侧面进行的,有的是从预算的执行方面进行的,如国库集中支付;有的是从预算的编制方面进行的,如部门预算。这些改革,意味着中国要形成一种新的预算管理模式。实施预算绩效管理是中国预算体制改革的必然选择,也是今后一段时期深化地方预算改革的重中之重。

一、上海浦东先行启动绩效预算改革试点

在财政部关于 2006 年的工作安排中,首次表示今年要积极推进绩效考评等工作,逐步建立以结果为导向的财政资金使用新模式。此前的 2 月 21 日,上海浦东新区政府常务会议原则通过了《浦东新区绩效预算改革试点方案》,标志着这项改革在上海浦东新区先行开始试点。

根据《浦东新区绩效预算改革试点方案》,2006 年列入浦东新区绩效预算试点的项目包括义务教育、中小学校舍达标、孙桥现代农业专项、招商引资专项、外高桥港区四期配套道路、公交扶持补贴项目、河道整治工程、促进就业专项和物业管理等九项,涉及资金量 38.7 亿元。按照浦东新区财政局拟定的《浦东新区预算绩效评价实施办法》(试行),试点项目的绩效评价标准划分为四档,综合得分在 90 分以上的为"A";80 分至 89 分的为"B";70 分至 79 分的为"C";69 分以下的为"D"。评价指标设置大致包括内在因素(如项目的进度、质量、预算执行情况等)和外在因素(达到预期目标程度、成本效益分析评价、对社会效益实际影响等)两个方面。为了体现这一新预算管理体系的"公开、公平、公正"原则,浦东新区在绩效预算评价中还将引入第三方参与,比如行业协会、民间组织甚至咨询机构都可能为政府的财政项目打分,实现评价主体的多元化,而且评价结果将与政绩挂钩。

为深化绩效预算改革,2007 年 6 月,浦东新区人民政府批转财政局《浦东新区财政预算监督办法(试行)》和《浦东新区财政绩效预算管理办法(试行)》,要求区财政部门、功能区域管委会、主管部门、预算单位、街道办事处按照分级管理原则,结合各自职责,实施绩效预算管理;财政预算应当主动接受

区人大、区政协全过程监督,并按照有关规定向社会公众公开,自觉接受社会监督。浦东新区政府还先后制定和下发了《项目绩效评价工作方案》、《预算绩效评价参考指标》、《预算绩效评价报告》等文件,为预算绩效评价工作的开展提供了制度保障。浦东新区形成了由绩效预算改革联席会议统一领导、财政部门负责组织推进、主管部门负责具体落实的评价工作机制;为加强工作指导和协调,建立了绩效评价联络员工作制度,确保了绩效评价工作的有序开展。①

2008 年,浦东新区政府在总结改革经验的基础上继续推进绩效预算管理改革。按照新区 2008 年综改重点工作要求,浦东新区财政局研究制定了《推进绩效预算改革》计划书,印发《浦东新区财政绩效预算管理行政首长问责办法(试行)》、《浦东新区财政预算绩效评价结果公开管理办法》和《浦东新区预算绩效评价工作操作规程(试行)》等制度,进一步完善绩效评价管理体系。其中,《浦东新区财政绩效预算管理行政首长问责办法(试行)》规定,在年度预算编制、预算执行过程中不履行或不正确履行财政绩效预算管理办法及相关财经管理职责的,依照规定对行政首长问责。②

部门预算改革是财政部近两年力推的一项重要工作,其核心是通过制定公共支出的绩效目标,建立预算绩效评价体系,逐步实现对财政资金从目前注重资金投入的管理转向注重对支出效果的管理。作为国家综合配套改革试点的一项重要内容,浦东新区率先试行绩效预算改革,对推动地方政府财政预算改革、提高财政资金的使用效益具有重大的意义。从浦东新区绩效预算改革模式来看,基本原则是公共预算"从管人转向管事",通过将绩效评估标准分为四档,把原来按照"人员—职能—经费"安排预算的传统模式,转变为"公共品—公共品成本—预算"的模式,改变了原来只考虑政府公共资源存量的做法,体现了预算的约束机制,从制度上强化了政府的内控机制。

二、中国推行政府绩效预算的制约因素

就现阶段中国财政预算管理水平、宏观经济发展水平与社会综合发展程度而言,推行绩效预算也面临着来自改革准备不足、配套改革滞后等方面的阻

---

① 宋芳秀:"我国地方预算改革的实践探索及经验教训",《中国发展研究基金会发展研究项目资助研究课题》,2010 年。
② 同上。

力,这些阻力有的可能在短时期内消除,有的可能还需要经历一个相对较长的时期才能化解。无论如何,这些因素的作用构成了实行绩效预算的现实约束。

一是思想观念滞后。中国传统预算观念中没有向预算管理要效益的思想,人们长期以来形成了如何"把钱分下去"的思维定势,而较少有"如何让有限的资金发挥更大的效益"的意识。而这样的观念在本质上与绩效预算相冲突。

二是从业人员素质较低。绩效预算要求做大量深入、细致、繁杂的调查研究和测算、分析、评估工作,不仅要收集大量基础资料,而且对从业人员提出了较高的筛选、分析、测算能力要求。这些工作技术性强,专业化程度高,工作量也很大,没有一支能熟悉制度框架、了解政策内涵并运用现代化手段处理业务的专业化程度较高的队伍,绩效预算的顺利进行就会受到制约。

三是基础信息资料匮乏。中国绩效预算试点工作中面临的最大问题就是缺少必要的信息资料,实践中的基础信息资料(包括绩效测量结果的相关信息,以及对于实现协商的绩效目标来说应该统计部门多少预算的成本信息)缺失、开支标准定额不科学等一系列基础性难题,影响了绩效预算的方法实施和预期的效果。

四是现行预算分配权过于分散。绩效预算首先要以部门预算的完整性为依托,而目前中国除了财政部门,还有国家发改委、科技部等部门拥有预算分配权,财政部门难以对部门预算进行有效控制。

五是公共预算的透明度差。预算信息公开透明是保证预算信息真实性的最佳手段。提高财政透明度是实行绩效预算制度在形式上的要求,虽然2008年,中国颁布实施了《中华人民共和国政府信息公开条例》,财政部发布了进一步推进财政预算信息公开的指导意见,明确要进一步深化预算管理制度改革,逐步提高财政预算的公开性和透明度,但是中国目前财政透明度还比较低,未完全形成将国家的各项财政政策法规、各部门在财政管理方面的职责权限、财政收支预算的编制和执行及其结果等向全社会公布的惯例。

六是财政风险管理意识不强。绩效预算制度的实施是与加强财政风险管理密不可分的,健全中国公共预算管理制度,就要求相应的全面风险报告和披露制度,进而建立对财政风险进行及时全面的鉴别和控制制度。没有财政风险管理意识或财政风险的观念弱,便会削弱绩效预算在实践中的效力。

七是预算支出科目改革落后。绩效预算的编制内容要求细化到部门、单位和项目,这种要求与中国目前财政资源粗线条分配方式相差甚远。因此,不首先进行科学规范化的预算支出科目改革,就不可能构建以产出为导向的绩效预算。

八是预算会计制度不适应。预算会计权责发生制的改革是绩效预算改革成败的核心和关键。而中国现行预算会计是收付实现制为主,事业单位经营性收支业务核算可采用权责发生制。现金制预算会计无法全面准确地记录和反映政府的负债状况,忽略了预算资金的机会成本,不利于防范财政风险,对政府产出的管理功能也较弱,不能客观、全面地评价和考核政府绩效。

九是部门预算改革尚未到位。部门预算的改革是实现规范化、完整化、科学化的财政管理体制改革的第一步,既是当前财政若干制度创新的核心内容之一,又是未来全面绩效预算管理的起点。而从目前的情况来看,正在进行中的部门预算改革还不完善,进而直接构成实施绩效预算的阻力。

十是法律制度建设滞后。目前,中国的预算法律制度尚不完善,还没有关于预算绩效管理的明确法律规定,难以为绩效预算改革提供强有力的法律支撑和法律保障。现行《预算法》中的内容已经不适应预算体制改革与绩效预算建立的要求,其中,对部门预算编制主体不明确,概念不清晰,编制的原则、内容、方法和程序等缺乏法制规范。

三、中国政府绩效预算的发展思路

近年来,中国进行的部门预算改革已经取得了很大的进展,实现了每个部门有一个统一的预算,为实行绩效预算制度提供了极为有利的基础,使部门的绩效考核成为可能。一些地方和部门在预算编制中还采用了零基预算,各地普遍建立了政府采购制度,这些都为绩效预算的推行创造了良好的条件。中国应抓住已实行部门预算的有利时机,积极推动绩效预算的实施。

(一) 建立正确的激励机制

过去由于预算不考虑绩效,常常是哪里工作问题比较严重,就在哪里增加预算拨款,隐含在这种做法背后的机制不是在奖励成功,而是在奖励失败。在这种机制下,政府各部门都把办事作为讨价还价的"博弈"筹码,扩大自己的困难,谁也不愿意少花钱而把事情办好。实行绩效预算,就是要将各部门的预算与其工作绩效挂钩,建立正确的激励机制。绩效预算的一个重要作用,是较好地解决了精简机构的问题。由于绩效预算实现了预算拨款与绩效挂钩,就使那些实际上无所事事的官僚机构和人员暴露出来,为合理削减财政支出和精简机构提供了依据。另外,在绩效预算的改革中,各国都不同程度地增强了各部门执行预算中的灵活性,使其能根据情况变化及时进行调整,并按照绩效评估的结果,给真正重要而且效率高的部门以更多的预算拨款。另外,一些国家还改变了对节余资金的处理办法,将它留给部门,结转下年使用。这些经验都是值得我们借鉴的。

(二) 建立科学的政府预算绩效评价体系

绩效评价是对政府公共支出所产生效果和影响进行评价的行为。一般意义上的绩效评价,是由政府运行的绩效与政府运行的成本相比较的结果,绩效评价强调的是一种预算支出控制技术,是要通过创设一种公共资源再配置机制和直接的利益制约机制,来引导公共资源的流向与流量。

绩效评价不同于绩效预算,绩效预算是一整套庞大而完善的政府预算系统,不仅包括绩效评价,还包括了绩效战略、成本测算、绩效协议、绩效报告及其应用等许多方面。可以说实施绩效预算的难点就在于绩效评价体系的构建,有了较为完善的绩效评价机制,绩效预算的推行就水到渠成了。在制订部门计划时,可先试编制年度规划,进而摸索适合于部门实践的年度绩效指标;在项目实施过程中,可以制定基于成本-效益分析法的一揽子决策,制定"项目库"并排序是绩效评价的关键,要在大量的实践中积累经验;在构建绩效评价指标体系时,应遵循由易到难、逐步完善、自下而上、内外结合的原则;在对支出单位进行绩效评价的过程中,应有一个评估的法定机构,既依靠公众又重视专家评审,科学地组织项目收益评估活动;在评估报告的使用中,要建立正确的激励机制,使评估真正与部门预算改革挂钩,加入绩效评价指标,提高评估利用率。

(三) 构建实施绩效预算的制度框架

实施绩效预算需要建立与完善一系列的相关配套制度,包括公共支出制度自身的配套和外部监督制度的配套两个方面。在公共支出制度的配套方面,财政部门要把绩效预算制度、绩效评价制度与国库集中收付制度和政府采购制度统一协调起来,不可孤军深入。这四项制度各有优势,各有自身的作用范围和实现的目标,任何一项制度不与其他制度相匹配,其优势都难以发挥出来,甚至无法坚持下去。只有这四项互为条件、相互配套的制度联合实施,中国的公共支出制度的框架才能构建起来。在外部监督制度的配套方面,要逐步建立并强化政府与公共部门的报告制度、问责制度,以及公开的审计制度。这些制度的建立能够保证社会与公众对政府与公共部门的预算及其执行的过程和结果进行有效的监督,从而迫使政府职能部门和公共部门更加关注自身行为与业绩的关联,推动政府部门提高社会资源的使用效率。

（四）引入权责发生制,改革政府会计制度

中国现行的政府会计使用的是收付实现制的会计方法,收付实现制与权责发生制之间最重要的区别在于会计基础不同。前者以款项收付实际发生的时点作为确认收入和费用的标准,后者则以权利和义务的实际形成和发生作为确认标准。在收付实现制会计制度下,可以通过提前或延迟现金支付来人为地操纵各年度的支出,同时也不能将资本性成本在使用年限内进行摊销。这些缺点使得政府在一定时期内提供的公共产品和服务的成本很难客观、准确地反映出来。而权责发生制则可以提供更多的财务信息(包括资产、负债、收入、支出、成本等),特别是公共产品和服务的成本信息,从而更加全面准确地反映政府的财务运作情况和整体状况。因此,实施绩效预算必须改革会计制度,推行权责发生制。权责发生制的推行可以采取逐步引入的办法。首先,对现金收付制进行有限的调整,在原有框架下引入权责发生制的部分要素来弥补收付实现制的缺陷,实行改进的现金收付制。其次,向修正的权责发生制过渡,确立权责发生制的基本概念和制度框架。最后,实行完全的权责发生制,并在预算和政府财务报告中采用。

（五）以绩效审计带动绩效预算的实行

中国在绩效预算的改革中,可以由绩效审计先行一步,以绩效审计推动绩效预算的实施。以绩效审计带动绩效预算的实行,在审计工作中不仅进行合规审计,同时审计政府的支出是否取得了应有的效益。虽然还没有实行绩效预算,但不少审计部门已经先行一步,开始在审计工作中不仅进行合规审计,同时审计政府的支出是否取得了应有的效益。因此,中国在绩效预算的改革中,可以由绩效审计先行一步,以绩效审计推动绩效预算的实施。虽然各部门还没有制定确切的绩效指标,但政府的各项财政支出本来都有一定目的,通过绩效审计可以看出该项支出是否完成了预期的目标,与同类支出相比效率如何。实行绩效预算,人代会上不仅要报告关于财政预算执行情况的审计,还要报告对政府绩效的审计。通过这样的方法可使政府各部门的决策者增加在使用财政资金时的"压力",更多关注如何降低行政成本,提高服务质量。

本章小结

本章主要介绍了政府绩效预算的兴起、基本概念、在发达国家中的实践经验及对中国政府绩效预算改革和发展的启示,同时对中国政府绩效预算的现状与发展思路作了详细阐述。

1. 绩效预算的产生是有其特定背景和动因的:控制财政赤字和政府债务

是推动绩效预算改革的直接动因,此外,经济全球化浪潮的推动以及新公共管理的兴起也起了一定的作用。

2. 绩效预算,亦称为业绩预算、效率预算,其内涵是指政府和政府部门按所完成的各项职能进行预算,将政府预算建立在可衡量的绩效基础上,即干多少事拨多少钱。也可将绩效预算定义为:政府首先制定各部门有关的事业计划和工程项目,并在进行成本-收益分析与绩效评估的基础上确定实施方案所需要的支出费用,然后再来编制预算。

3. 绩效预算要求政府的每笔支出必须符合"绩"、"效"和"预算"三个基本要素的要求。

4. 绩效预算与传统预算的区别具体体现在:导向不同,预算基础不同,目标不同,体现的思想不同,受托责任不同,预算的方法不同,会计支持不同,预算的分类不同,预算单元不同和透明度不同。

5. 从"手段"到"目的"、改变支出机构的动机、鼓励管理者进行创新与节约和简单易行,是绩效预算的优点所在。

6. 政府绩效预算的编制包括:根据战略计划编制年度绩效计划、根据绩效目标金字塔逐层进行资源分派和按年度资源需求量和相关规定估算资金这三个步骤。

7. 分析和借鉴发达国家的有益经验和做法:立法保障是推动政府绩效预算的前提和基础;政府绩效预算的落脚点是对结果负责;建设有利于推行政府绩效预算的制度环境;明确政府绩效预算的工作内容和程序;实行复式预算,确认可用于政府绩效预算的资源;政府绩效信息与预算决策有机结合。完善的财政支出绩效评价机制和重视政府绩效评价结果的实际运用,对建立一套适合中国国情的绩效预算体系具有重要的理论价值和现实意义。

8. 中国推行政府绩效预算的制约因素:思想观念滞后,从业人员素质较低,基础信息资料匮乏,现行预算分配权过于分散,公共预算的透明度差;财政风险管理意识不强,预算支出科目改革落后,预算会计制度不适应,部门预算改革尚未到位,法律制度建设滞后。

9. 中国政府绩效预算的发展思路:建立正确的激励机制;建立科学的政府预算绩效评价体系;构建实施绩效预算的制度框架;引入权责发生制,改革政府会计制度;以绩效审计带动绩效预算的实行。

本章基本术语

绩效预算　传统预算　年度绩效计划　"红绿灯"评估系统　项目评估

分级方法 收付实现制 权责发生制

复习思考题

1. 试分析政府绩效预算兴起的背景与动因。

2. 什么是政府绩效预算?

3. 试说明绩效预算与传统预算的区别。

4. 政府绩效预算有哪些优势?

5. 试分析政府绩效评估与政府绩效预算之间的关系。

6. 试比较发达国家实施政府绩效预算的实践经验及对中国政府绩效预算改革与发展的启示。

7. 试说明政府绩效评价与绩效预算的关系。

8. 在中国实行绩效预算的意义何在?

9. 在中国推行政府绩效预算存在哪些障碍?

10. 在中国如何推行和实施政府绩效预算?

第十一章　政府绩效沟通与反馈

绩效沟通与反馈是绩效管理系统的重要内容,也是实现绩效改进与促成绩效管理系统目标实现的有效途径。在进行政府绩效管理中,人们往往会忽视绩效沟通与反馈的重要作用。实际上,政府绩效管理是一个持续不断的过程,包括:绩效计划的制定、绩效计划的实施、绩效评估、评估结果运用与业绩改善等,而在这个过程中,绩效沟通与反馈一直贯穿始终,对绩效计划的制定、实施、评估和运用都有重要的作用。有效的绩效沟通与反馈是连接绩效计划和绩效评估的重要环节,是实现绩效改进和绩效目标的重要手段。

第一节　沟通的内涵与意义

当社会和经济发展进入 21 世纪后,沟通在人们学习、生活和工作中的作用举足轻重,沟通能力从来没有像现在这样成为个人和组织成功的必要条件。调查表明,一个人成功的因素 75% 靠沟通,25% 靠天才和能力。沟通在我们生活当中无处不在,从某种意义上说,沟通已经不再是一种职业技能,而是一种生存的方式。没有沟通,人与人之间就无法协作;没有沟通,个人就无法融入社会。

一、沟通的内涵与模型

沟通(communication)是人们经常使用的字眼,但究竟什么是沟通,却是众说纷纭。简单地说,沟通是指信息从发送者到接受者的传递过程,是人类社会交往的基本行为过程。美国学者的一项研究结果表明,关于沟通的定义竟然达一两百种之多。表 11 - 1 列出了部分学者对沟通的定义,应该说,每种定义都从某个角度揭示出了沟通的部分真理。

表 11-1 部分学者对沟通的定义

学 者	年 份	定 义
哈罗德·拉斯韦尔	1948	沟通是由某人,借着某种管道,向他人说某些话,并产生了某种效果(Who says what in which channel to whom on what effect)。
香农和维文	1949	沟通包括一个人的意思影响另一个人的所有过程,是一种社会行为,用以分享态度、观点、信息、知识和意见的方法。
施拉姆	1954	沟通是借着分享消息、事实或态度,试图与他人或团体建立共同的了解与看法。
布 朗	1961	沟通在于传递和交换事实、意念、感觉和行动;是一种思考程序、往返式的连续历程,也是一种社会程序符号化的过程。
巴纳德	1968	沟通乃个人与个人间传递有意义符号的历程。
赫伯特·西蒙	1976	沟通是指组织的一分子将自己的意思传达给另一分子的过程。
涂崇俊	1977	沟通是一个动态历程:为个人或团体将观念、意见、态度或感情,利用各种媒介或工具(如语言、符号),传递给他人或其他团体,以建立相互了解的一种心理及社会的历程。
谢安田	1982	沟通,就出发点而言,是在促使意见能协调一致,进而使整体组织目标能协调一致;就程序而言,沟通为发信人将意见(观念、态度、信息等)传达至收信人的一种程序。
谢文全	1988	沟通系个人或团体相互间交换信息的历程,以建立共识、协调行动、集思广益或满足需求,进而达成预期目标,因此沟通包括三项要点:(1)沟通是交换信息的历程;(2)沟通之双方为个人或团体;(3)沟通有其目标。
舒绪纬	1990	沟通系指送信者将语言、符号等信息,经由适当的表达方式,使收讯者表现出预期反应的一种历程。
徐木兰	1994	沟通除了思想与观念交换的过程外,它的最高目的是借回馈的手段,达到彼此了解的境界。
《大英百科全书》		沟通是用任何方法,彼此交换信息,即指一个人与另一个人之间用视觉、符号、电话、电报、收音机、电视或其他工具为媒介,所从事交换信息的方法。
《韦氏大辞典》		沟通就是文字、文句或消息之交换,思想或意见之交换。

综合以上各种理解和定义,笔者将一般沟通定义如下:沟通是为了一个设定的目标,把信息、思想和情感,在个人或群体间传递,并且达成共同协议的过程。

伯侬(Berlo,1960)提出了一种技术性模式来描述沟通过程。该过程模式包括信息源、编码、信息、通路、译码和接受者六个基本要素(如图11-1所示)。

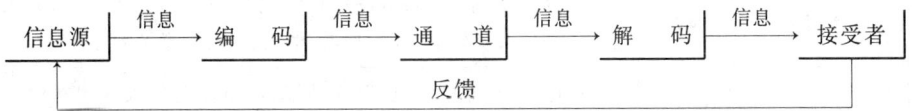

图11-1 Berlo(1960)沟通过程模型

第一,沟通发生之前,必须存在一个意图,我们称之为"要被传递的信息"。它在信息源(发送者)与接受者之间传送。信息首先被编码(转化为信号形式),然后通过媒介物(通道)传送至接受者,由接受者将收到的信号转译回来(解码)。这样,信息的意义就从一个人那里传给了另一个人。

第二,信息源(发送者)把头脑中的想法进行编码(encoding)而生成了信息,被编码的信息受到4个条件影响:技能、态度、知识和社会-文化系统。

第三,信息(message)事实上是经过信息源编码的物理产品。当我们说的时候,说出的话是信息;当我们写的时候,写出的内容是信息;绘画的时候,图画是信息;做手势的时候,胳膊的动作、面部的表情是信息。信息受到3个因素的影响:用于传递意义的编码或信号群;信息本身的内容以及我们对编码和内容的选择与安排。

第四,通道(channel)是指传送信息的媒介物,由信息源选择。信息源必须确定何种通道是正式的,何种通道是非正式的。正式通道由组织建立,它传递那些与工作相关的活动信息,并遵循着组织中的权力网络;另一种信息形式,如个人或社会的信息,在组织中通过非正式通道传递。

第五,接受者是信息指向的客体,但在信息被接收之前,接受者必须先将通道中加载的信息翻译成他理解的形式,这就是对信息的解码(decoding)。与编码者相同,接受者同样受到自己的技能、态度、知识和社会-文化系统的限制。信息源(发送者)应该擅长于写或说,接受者则应擅长于读或听,而且两者均应具备逻辑推理能力。一个人的知识、态度和文化背景不仅影响着他传送信息的能力,同样也影响着他接收信息的能力。

第六,沟通过程的最后一环是反馈环(feedback loop)。如果沟通信息源对他所编码的信息进行解码,信息最后又返回到信息源,这就意味着反馈。反馈对信息的传送是否成功以及传送的信息是否符合原本意图进行核实,这样便可以确定信息是否被理解了。

二、绩效沟通在管理中的地位

绩效沟通,是指在绩效管理过程中管理者和被管理者之间就工作绩效相关问题(比如:有关工作进展情况的信息,工作中存在哪些潜在的问题等等)进行持续沟通的过程。这种持续互动的沟通过程,贯穿于绩效管理的各个环节,能够更好地贯彻绩效计划,实现绩效目标,促进绩效改进。沟通在绩效管理中起着决定性的作用。制定绩效要沟通,帮助员工实现目标要沟通,年终评估要沟通,分析原因寻求进步要沟通,总之,绩效管理的过程就是管理者和被管理者持续不断沟通的过程。离开了沟通,绩效管理将流于形式。

美国国家绩效评估中的绩效衡量小组这样定义绩效管理:"利用绩效信息,协助设定同意的绩效目标进行资源配置与优先顺序安排,以告知管理者维持或改变既定目标计划并且告知成功符合目标管理的过程。"

美国绩效管理专家罗伯特·巴克沃(Robert Bacal)给绩效管理下的定义是:"绩效管理是一个持续的交流过程,该过程由员工和其直接管理者之间达成的协议来保证完成,并在协议中对未来工作达成明确的目标和理解,并将可能受益的组织、经理及员工都融入到绩效管理系统中来。"如果用一句话概括这个定义,便是"绩效管理是一个持续的沟通过程"。在这里,"持续沟通"作为一种管理思想应贯穿于绩效管理过程的始终,从过程意义上讲,行政组织的绩效管理过程应包括:收集绩效信息——制定绩效目标和计划——执行绩效计划——进行绩效衡量和评估——绩效结果的反馈——绩效结果应用和改进,[1]从制定绩效目标和计划开始,一直到绩效结果的应用和改进,整个绩效管理系统的每一个环节都离不开沟通,都需要经由管理者和被管理者之间的有效沟通来达成。

绩效管理中的沟通是非常重要的,不管是目标建立过程的绩效沟通,还是绩效实施过程中的沟通,甚至还是绩效评估时候的绩效沟通,都非常重要。在目标建立阶段,管理者和被管理者经过沟通就目标和计划达成一致,并确定绩效评估的标准,这是非常基础的一个环节,如果缺少了沟通,员工缺乏归属感

---

[1]　陈小林、钱德春:"绩效沟通:政府绩效管理中的重要环节",《西南民族大学学报(人文社科版)》,2005年第1期。

和参与感,心里就可能有抵触甚至根本不认同单独由管理人员提出来的目标和计划,所以这个环节的沟通是不可缺少的。在目标实施的过程中,员工可能会遇到这样或那样的问题,甚至还会遇到一些跨部门的障碍,作为管理人员有义务与员工随时进行沟通,解决他们在权力、技术、资源、经验、方法上的困难,确保他们在顺利完成目标的同时能获得最直接的指导、帮助和经验积累。最后在绩效评估时,沟通就显得更为重要和必要了,通过沟通,管理人员能告诉员工过去几个月来的成绩、失误、长处和不足,并指导员工朝正确的方向发展,并就上一个工作周期的工作结果达成一致的意见。

对管理人员来说,通过绩效沟通,有以下四方面的意义:一是可以帮助下属提升能力。二是能及时有效地掌握员工的工作情况和工作心态,发现问题解决问题,确保员工工作方向和工作结果的正确。三是能客观公正地评价员工的工作业绩。四是能提高员工的参与感、工作积极性和满意度。

对员工来说,通过绩效沟通,至少具有以下两方面作用:(1)通过有效的沟通发现自己的不足和短处,确立改进的重点和改进的方向。(2)有效沟通是双方进行情感和工作交流的契机,是员工表达自己工作感受的重要时机。

总的说来,绩效沟通的必要性和重要性主要体现在以下三个方面:

第一,作为绩效评估基础的目标责任书、工作计划表必须在有效沟通的基础上完成。在对部门工作目标和计划进行分解时,管理者只有与下属充分沟通、共同商定,并让下属相互之间清楚各自的目标,才能达成共识,才能发挥团队作用。同时,在出现计划有较大调整的情况下,只有进行了以沟通为先导的规范操作,才能使上级和下级在绩效评估时有一个双方认可的、合理的客观依据,减少上级与下级在评估结果上的分歧。

第二,正向激励作用的发挥需要通过有效的双向沟通来实现。评估是手段而不是目的,它创造了上级和下级定期沟通的良好机会。对于上级来说,沟通应该是他的一项职责,通过对下属工作的肯定,能够使员工产生认同感和成就感,提高其对工作的投入程度;通过指出下属的努力方向,能够激发他的进取心。对于下级来说,也可以就本职工作向上级充分阐述自己的想法和在工作中遇到的困难,以求得上级的支持和帮助。

第三,有效的绩效沟通是提升管理者素质的重要手段。"面对面"的沟通使管理者必须在工作中作出表率,提高自身的业务能力和水平,这样才能坦然而客观地指出下属工作中存在的问题和不足之处;为使沟通达到理想的效果,也对管理者的管理技巧和管理水平提出了更高的要求,促进科学化管理、人性化管理的实施。

三、绩效沟通在政府绩效管理中的地位

目前,我们的政府绩效管理中普遍存在着将绩效管理简单地等同于绩效评估而忽视绩效沟通的现状,这一现象在相当的程度上影响着政府绩效评估结果的应用和绩效状况的改进。绩效沟通在整个绩效管理的过程中,是关系到绩效管理能否达到预期目的的关键因素。

有学者认为,对于政府绩效沟通,应有狭义和广义之分。狭义的政府绩效沟通就是政府绩效评价的最终结果在政府绩效评价管理者、组织者、评价者和被评价对象之间的交流和传递,它属于政府绩效评价的反馈环节。广义的政府绩效沟通是指为了政府绩效的改善和提高所进行的所有的沟通活动。在互动过程中,使政府绩效计划得到更好地贯彻和执行,更好地提高政府的绩效,它贯穿于政府绩效评价的全过程,如图 11 - 2 所示①。

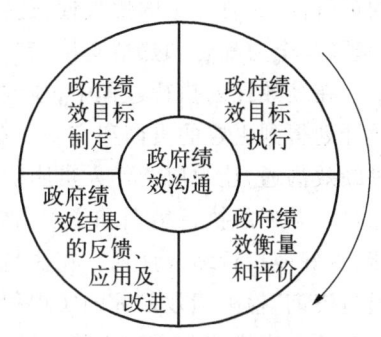

图 11 - 2　政府绩效沟通在政府绩效管理中的位置

心理学研究表明,非正式沟通的内容和形式往往是能够事先被人知道的。它具有以下几个特点:第一,消息越新鲜,人们谈论得就越多;第二,对人们工作有影响者,最容易招致人们谈论;第三,最为人们所熟悉者,最多为人们谈论;第四,在工作中有关系的人,往往容易被牵扯到同一传闻中去;第五,在工作上接触多的人,最可能被牵扯到同一传闻中去。对于非正式沟通的这些规律,管理者应该予以充分注意,以杜绝起消极作用的"小道消息",利用非正式沟通为组织目标服务。简单地说就是有关绩效信息的交流,确切地说,绩效沟通是指将某些相关的绩效信息传递给客体或对象(政府工作人员、公众、专家、中介结构和媒体等),以期得到客体相应的反映和评价,在双方的互动过程中,使其绩效计划得到更好的贯彻和执行,更好地提高政府的绩效。

在绩效计划制定阶段,绩效沟通能保持信息渠道的畅通,确保绩效计划制

---

① 包国宪、曹西安:"论政府绩效管理中的绩效沟通",《经济体制改革》,2007 年第 1 期,第 118 ~ 119 页。

定的科学性、客观性和主动性。绩效计划的制定过程实际上就是确定绩效目标并得到员工认可的过程。制定绩效计划的一般思路是：确定工作目标——选取样本——收集样本的相关资料（访问、调查问卷）——建立胜任特征的模型——验证和调整。绩效目标是进行绩效评估的依据和参考。在确定绩效目标的时候，首先应该考虑到与政府的工作人员即政策的"执行者"进行沟通。某政府绩效管理的调查结果显示：在绩效评估之前，46%的人对评估的计划、内容和程序并不了解；绩效评估之后，52%的工作人员不知道结果如何，这种盲人摸象似的评估，难免走进误区，所以"不会交流的人就不会协调，拒绝理解的人常常也被理解拒绝"。我们要了解行政工作人员的知识、能力、素质、技能，制定的工作计划要与个人的胜任特征相匹配，使绩效计划既有一定的可行性，又有一定的挑战性，这样沟通的结果使政府工作人员对绩效计划深刻理解、全力配合和热情支持，有利于绩效管理的贯彻和执行。

在绩效计划执行过程中，绩效沟通能够扫除各种主观方面的障碍，保证绩效计划得到更好的贯彻和实施。在绩效计划的执行阶段，从个人层面上讲，通过绩效沟通，让政府工作人员明确自己与一位真正的合格执行者之间的差距，通过一系列的执行培训和学习，改善自己的胜任特征，提高自己的知识和技能，更好地执行绩效计划。在执行的过程中，与政府工作人员进行绩效沟通，通过咨询，检测绩效目标的实现程度，明确执行中存在的问题，分析原因，提出相应的改进措施和方法步骤。行政管理者通过一定的信息交流和沟通，使政府工作人员对绩效的实施进行检查、总结，调整计划目标，改善工作方法，这也是帮助政府工作人员进行自我控制和自我管理的一个有效的手段。

从组织层面上考虑，这种信息的沟通，可以对整个组织的绩效计划的执行情况进行阶段性的检查和监督，进行相应的障碍分析，找到执行阶段上出现的问题与偏差，分析执行中产生误差的原因。同时，与政府人员进行绩效沟通，集思广益，找到解决问题的措施，以促进绩效计划在下一个工作阶段的顺利开展和执行。

在绩效评估中，绩效沟通能够保证评估指标的设计更科学、更完善、更具可行性，评估结果更公平和合理。绩效管理的核心是绩效评估，它要求上级管理者部门全面评价政府工作人员的工作即为组织所做的贡献，并把这个结果反馈给政府工作人员。绩效沟通有利于使被评估者了解自己的地位，了解上级对他们的工作情况和完成任务的看法，了解他们如何改进自己的工作绩效，了解他们的未来前途等。绩效管理的目标之一就是激励政府工作人员，改善政府工作人员的工作绩效。而传统的绩效评估割裂了评估者和被评估者的关系,没有真正地认识到绩效评估的主、客体之间的关系,两者之间是相互独立的,缺少相应的交流与沟通。然而,问题的关键则在于:绩效管理不仅是人事部门(人力资源部门)实施管理工作的重要内容,同时也是政府工作人员认识自身、提高自身、发展自身的重要手段。试想一下,要形成对自身的有效评价,如果不主动参与评价手段的制定,不定期地对自己的工作进行总结,又怎能取得理想的效果呢? 因此,在评估政府工作人员的工作绩效时,评估领导小组要与被评估的对象进行一系列的有效沟通,让政府工作人员认识到自身在执行过程中的优势与缺点,根据工作结果发现与他人的差距,从而改进自己的工作绩效。在这个过程中,绩效评估结果的反馈有着关键性的作用,可以这么说:"没有良好和有效的绩效沟通,绩效评估就没有什么存在的意义,只有实现了绩效的沟通,进行了信息的反馈,绩效评估才能体现其价值。"

在绩效评估结果的运用过程中,绩效沟通能营造一种良好的行政氛围,更好地激励政府工作人员积极推进下一个绩效计划的执行。绩效管理的最后一个环节就是政府工作人员行为的调整与改善、评估结果的运用和进一步推进下一个绩效计划的执行,这是一个总结和衔接过渡的环节。绩效管理的真正意义在于通过绩效评估的手段实现全面提升绩效水平的目的。通过绩效沟通,政府工作人员能全面了解上级管理者部门对自己工作的真实评价,发现工作中存在的差距和主要问题,共同分析其原因,并制订出改进措施,有利于有效调整被评估者的工作行为,提升其工作成效。同时,绩效沟通还将帮助政府管理者部门进行一系列的人事决策如:晋升、培训、调离等等,这个环节严重影响到政府工作人员的工作态度和积极性,影响到工作人员的思想情绪。在作出人事决策的过程中,要利用一切的信息沟通渠道,把每个政府工作人员的绩效情况都公开化、透明化,使得绩效评估结果的运用更加公平,有利于塑造政府的良好形象,增强政府的凝聚力和向心力。

第二节　政府绩效沟通的形式、偏差与障碍

要想让绩效沟通顺利进行,必须进行几方面的准备:首先通过培训、宣传,让评估主体和被评估者认识到绩效沟通的重要性和好处。同时,让人们了解绩效沟通的形式与特点,掌握绩效沟通的基本原则,学会绩效沟通的方法与技巧。

一、政府绩效沟通的形式

根据沟通的功能、方式、渠道和方向的不同,可以把绩效沟通分为不同的类型。从沟通的功能看,可以分为工具沟通和情感沟通;从沟通的方式上看,可以分为口头沟通和书面沟通;从沟通的渠道看,可以分为正式沟通和非正式沟通;从沟通的方向看,可以分为下行沟通、上行沟通和平行沟通;根据沟通是否存在着反馈,又可以把它分为单向沟通和双向沟通。不同类型的管理系统对沟通方式的要求是不同的,管理者应当根据自己所处系统的性质、规模和活动内容,采用经济高效的沟通方式。这里,我们仅讨论政府绩效沟通的正式沟通和非正式沟通两种形式。

(一) 正式沟通

正式沟通是指在组织系统内,依据一定的组织原则所进行的信息传递与交流。例如,书面报告、正式会议、电子邮件、电话、上下级之间的定期的情报交换等。另外,团体所组织的参观访问、技术交流、市场调查等也属于正式沟通。

1. 书面报告沟通。书面报告是正式沟通的重要形式。书面报告比较正式,但比较浪费时间,易形成无意义、形式性的纸面推论,且这种沟通是单向的,不涉及人与人之间的谈话,没有及时的反馈过程。对于这个问题可以通过进行面谈或电话商谈来解决。书面报告也有其优点:书面报告提供了记录,不需要增加额外的文字工作。书面报告要用得有效,对报告的内容、报告的形式要选择恰当。报告要以简要的形式记录工作的完成情况、困难和问题等;报告周期不能太长,内容不能太多。

2. 正式会议沟通。正式会议可以是管理者人员与员工一对一的面谈,也可以采用小组会议的形式。正式会议能形成双向的沟通,面对面的谈话还能制造一种亲近感,并产生较强的激励作用;正式会议能做到信息的共享,在信息量大时十分有用;每个员工都会因了解和掌握了其他人的工作信息而从中受益。但是,正式会议和书面报告一样存在不能将信息大范围共享的问题。因为在绩效评估时,会涉及个人绩效方面的问题。这些问题不适合在小组会议上讨论。要使会议沟通有效,就要达到一些基本的要求,比如会议之前应该有准备(不论是管理者还是员工),会议的目的和重点要明确,主持者应营造合适的气氛等。

3. 电子邮件沟通。电子邮件沟通是一种比较经济的沟通方式,沟通的时间一般不长,沟通成本也比较低。由于这种沟通方式一般不受场地的限制,因此被我们广泛采用。这种方式一般在解决较简单的问题或发布信息时采用。在计算机信息系统普及应用的今天,我们很少采用纸质的方式进行沟通,如下的几种情境宜采用 E-mail 的沟通方式进行:简单问题小范围沟通时;需要大家先思考、斟酌,短时间不需要或很难有结果时;传达非重要信息时;澄清一些谣传信息,而这些谣传信息可能会对团队带来影响时。

4. 电话沟通。电话沟通是一种比较经济的沟通方式。如下的几种情境宜采用电话沟通的方式进行:彼此之间的办公距离较远,但问题比较简单时;彼此之间的距离很远,很难或无法当面沟通时;彼此之间已经采用了电子邮件的沟通方式但问题尚未解决时。

正式沟通渠道主要有链式、轮式、圆式和全通道式四种模式(如图 11-3 所示)。

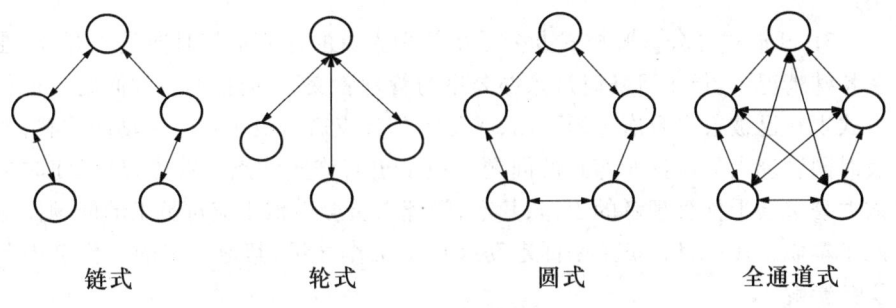

链式　　　　　　轮式　　　　　　圆式　　　　　全通道式

图 11-3　正式沟通的四种网络模式

正式沟通的优点是:沟通效果好,比较严肃,约束力强,易于保密,可以使信息沟通保持权威性。重要的信息和文件的传达、组织的决策等,一般都采取这种方式。其缺点是:由于依靠组织系统层层的传递,所以较刻板,沟通速度较慢。

(二) 非正式沟通

非正式沟通是正式沟通渠道以外的信息交流和传递,它不受组织监督,自由选择沟通渠道,没有列入管理范围,是不按照正规的组织程序、隶属关系、等级关系来进行的沟通。

非正式沟通的形式主要有面谈、走动式管理、开放式办公、工作间歇的沟通及非正式的会议,以及员工聚会等。

1. 面谈。面谈是进行绩效沟通的一种经常使用的重要手段。管理者和员工进行面谈有许多好处;因为没有他人的干扰,面谈使管理者同员工能够进行较深入的沟通；面谈的信息可以保持在两人的范围内，一些不宜公开的信息可以得到充分交流；由于是私下接触，员工会有一种受尊重的感觉，是一种有效的激励方式，同时这样有利于改善管理者和员工关系；管理者更充分地了解员工个人的个性和处境，可以有针对性地给予指导和帮助。但是，面谈也有不足，具体表现在两个方面：一方面是特别耗费管理人员时间和精力，会降低管理效率；另一方面，由于面谈更强调情感沟通，管理者需要具备一定的深入交流技巧，习惯于主持会议的管理者可能不太适应这种方式。

2. 走动式管理。走动式管理主要是指管理人员在工作期间要经常地到员工的工作地点附近走动，与员工进行交流并解释员工提出的问题，及时解决员工的工作困难和障碍，对员工及时地问候和关心，以减轻他们的压力。这种沟通方式可能产生的一个问题是，管理者如果掌握不好走动的频率及方式，会让员工感觉管理者监视其行为、对其过多干涉、不信任他们，因而产生反感情绪。

3. 开放式办公。开放式办公是指管理人员的办公室随时向员工开放，在非特殊情况下，员工可随时进入办公室与管理者交流，向他们咨询问题。这种方式现在已被很多政府组织采用，其最大的优点就是员工处于主动的位置，能及时同管理人员讨论所遇到的问题。但是也有许多缺点。首先，员工随时进入办公室会干扰管理者的工作；其次，管理人员会因忙于应付员工的问题而疏忽了本职工作；最后，员工来回走动破坏了工作气氛，其他员工的工作会因此受到影响。

4. 员工聚会。员工聚会指如员工欢乐夜、生日宴会、联欢会等活动。通过这些活动，管理者可以与员工在一种较为轻松的氛围中进行沟通，沟通效果会更好。同时，这种团队式的沟通有助于管理人员发现存在的问题并及时解决。在绩效评估和反馈阶段，开展一些庆祝活动，有利于将员工的不良绩效结果传达给本人。这是由于人们倾向于接受正面信息，对负面信息往往会采取敌视态度。在庆祝活动的宽松环境中，负面信息的刺激效果大大降低，从而变得易于接受。

非正式沟通是正式沟通的重要补充。在许多组织中，决策时利用的情报大部分是由非正式信息系统传递的。同正式沟通相比，非正式沟通的最大优点在于它的及时性，往往能更灵活迅速地适应事态的变化，省略许多繁琐的程序；没有固定的沟通模式，沟通方式更加灵活；常常能提供大量的通过正式沟通渠道难以获得的信息，真实地反映员工的思想、态度和动机，而这种动机往往能够对决策起重要作用。

非正式沟通渠道主要有单线式、闲聊式、随机式和组串式四种模式（如图 11-4 所示）。

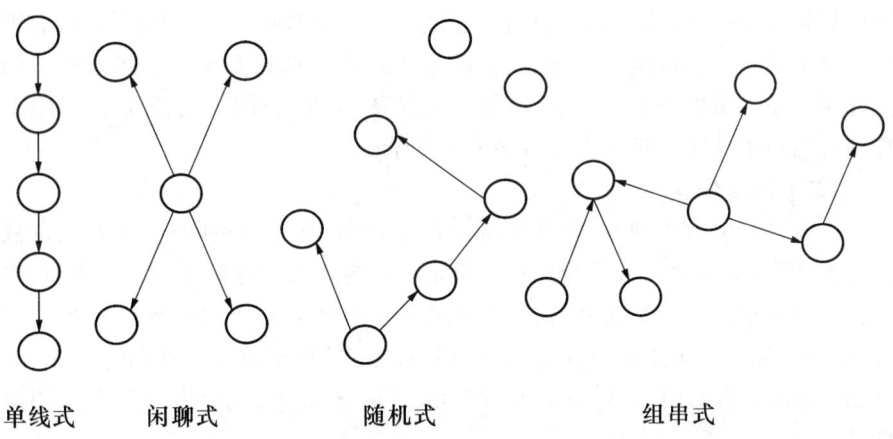

单线式　　　闲聊式　　　　　随机式　　　　　　组串式

图 11-4　非正式沟通的四种网络模式

非正式沟通的优点是：沟通形式不拘，直接明了，速度很快，容易及时了解到正式沟通难以提供的"内幕新闻"。非正式沟通能够发挥作用的基础是团体中良好的人际关系。其缺点表现为：非正式沟通难以控制，传递的信息不确切，易于失真、曲解，而且可能导致小集团、小圈子，影响人心稳定和团体的凝聚力。

为了达到沟通的最佳效果，根据不同的沟通时机、对象与内容，正式沟通模式与非正式沟通模式沟通会发挥自己各自不同的沟通作用。在政府绩效管理的实践中，既没有纯粹的正式绩效沟通，也没有纯粹的非正式绩效沟通，而是正式与非正式两种沟通相互配合，各自发挥独特的作用。

二、政府绩效沟通的偏差

绩效管理是管理者和被管理者一道提高绩效，获得绩效的互动过程。成功的绩效管理可取得如下效果：第一，确保组织绩效目标的达成；第二，随时改进管理方法及程序；第三，作为人才未来潜力发展的基础。然而，由于缺乏有效沟通，致使许多政府的绩效管理与其预期目标之间还存在着很多偏差。

（一）认识偏差

管理者对绩效管理的认识存在三方面的偏差。首先，对绩效管理的本质特点认识不全面。他们简单地将绩效管理等同于绩效评估,即对员工的工作成绩进行评定,事实上,绩效评估只是绩效管理的一个重要环节。其次,对绩效管理的角色认知偏差。管理者认为自己是绩效管理的核心,员工在这个过程中只是被评估者,将绩效管理当作管理层的一种单方面措施来推行,因而很少与员工进行互动和沟通。第三,对绩效管理的目标认知偏差。绩效管理的目标应该是双重的,既要实现政府绩效的提高,又要实现员工的发展。而很多管理者忽视了绩效管理的人力资源开发功能。

（二）态度偏差

政府进行绩效管理时,管理者行使评估权利,戴着有色眼镜,挑剔地审视着员工;而员工也大都认为绩效管理只是组织为了监管他们而采取的措施,感到自己处于不公平的被动地位,于是在管理者与被管理者之间存在着严重的对立情绪,导致员工不配合政府的绩效管理工作,甚至消极地抵制这一工作。比如:评估量表的回收率低;填表时敷衍了事、不负责任、提供浮夸虚假的信息等等。

（三）操作偏差

在绩效管理的操作过程中,存在着四个方面的偏差:（1）由管理层单方面制定的评估指标缺乏合理性和针对性;（2）绩效管理信息采集渠道长而不畅,致使信息不全面、不真实;（3）评估结果缺乏反馈,员工不知道自己业绩的好坏,也无法知道今后应如何着手改进工作,从而使绩效评估结果没有起到其应有的激励和改进作用;（4）缺乏对工作过程监督与指导的过程管理,造成员工对评估结果的认同度低,甚至将不满情绪带到工作中而制约政府目标的实现。

以上三个主要方面的偏差,往往导致政府绩效管理的效果与预期目标相去甚远,究其深层原因,关键在于缺少员工的参与,缺少评估双方的持续动态的沟通,政府没有形成一个全面、畅通的沟通网络,没有采取行之有效的沟通方法。

三、政府绩效沟通的障碍

在绩效沟通过程中,存在着许多阻碍有效沟通的因素,其中既有来自沟通双方主观的方面,也有来自客观方面的原因。由于这些因素相互交织,干扰和影响着有效沟通。

（一）绩效沟通的主观心理性障碍

人既是沟通的主体,又是沟通的客体。沟通双方的个性、知识、经验、能力、态度,以及相互之间的关系,是进行有效沟通的基础。其中任何一个因素都可能成为绩效沟通的障碍。

1. 主观心理因素造成的障碍。个体的性格、气质、态度、情绪、需要、品质的差别都会成为沟通的障碍。比如,性格开朗者,则容易接近和沟通。反之,性格内向者,则不易接近、不易沟通思想、不易交流情感。再如,一个具有民主作风的管理者,则乐于听取下属的意见和看法,容易实现上下级之间的沟通。反之,一个独裁专断、自以为是的管理者,则认为自己比下属强,不愿意听取不同的意见和看法,致使沟通不能达成。

2. 知识和经验不同造成的障碍。由于沟通双方在知识水平和经验上差距过大,也会产生沟通障碍。

3. 记忆能力欠佳所造成的障碍。在沟通信息传递过程中,如果个体有较好的记忆力,传递信息的准确程度就较高;反之,则会使信息受损或遗漏。有关研究表明,在口头沟通中,每传递一次信息大概都要损失所传信息的30%。

4. 需要和态度不同造成的障碍。这种情形也会对政府信息的沟通造成障碍,特别是由于个人的某些利益不同,会发生信息扭曲的现象。如在下级向上级汇报中,为了讨好上级,一味奉迎,报喜不报忧。争功诿过,隐瞒真相,而使上下级的沟通流于形式,达不到应有的效果。

5. 选择性接受造成的障碍。在沟通过程中,人们往往会根据自己的需要、动机、经验、背景及其他个人特点有选择地去接收信息,从而影响绩效沟通效果。

(二)绩效沟通的客观性障碍

在绩效沟通的过程中,除了大量的主观的、人为的障碍因素之外,也存在一些客观的障碍,主要有以下几项。

1. 空间距离引起的障碍。组织机构分散在各地区,地理上有相当的距离,不能进行面对面的直接交谈,畅快地交换意见,相互了解。

2. 组织机构引起的障碍。组织机构过于庞杂,管理层次过多,或组织机构设置不合理,或机构职责不清,缺乏有效的沟通的渠道。

3. 信息过量引起的障碍。过量的信息会使人们无法作出准的判断,导致工作繁杂,效率低下,也容易引起信息渠道堵塞。

4. 由信息传递媒介形式引起的障碍。这些障碍主要表现为:语言障碍、沟通方式不当引起的障碍等。

总之,影响政府绩效沟通的因素很多,作为管理者,其中一个重要的职责便是消除这些障碍因素,促使有效沟通的顺利进行。

第三节　政府绩效沟通的内容、过程与禁忌

绩效沟通是政府绩效管理的灵魂与核心,是绩效管理过程中耗时最长、最关键、最能促进工作开展和产生效果的环节。良好的绩效沟通能够及时排除障碍,最大限度地达到绩效评估与管理的目标。

一、政府绩效沟通的内容

政府绩效沟通的主要内容集中体现在四个方面:目标制定沟通、绩效实施沟通、绩效反馈沟通、绩效改进沟通。四个方面相互配合,层层递进,共同构成了政府的绩效沟通系统(如图 11－5 所示)。

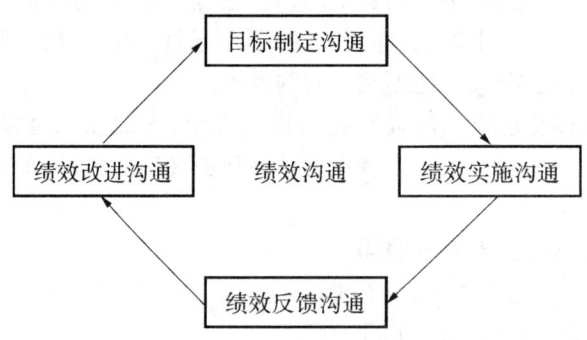

图 11－5　政府绩效沟通的主要内容

(一) 目标制定沟通

沟通时间:在员工的绩效目标制定时进行沟通。

沟通方式:主要采取双方面谈交流沟通的方式进行。

沟通内容:绩效目标本身、绩效实施措施、目标所需支持。

目标本身:在这个过程中,需要管理者向员工明确说明:政府的整体目标是什么? 为了达成这样的整体目标,部门的目标是什么? 为了达到这样的目标,对员工的期望是什么? 对员工的工作应当制定什么样的标准? 检查的方法和措施是什么? 达成目标后有什么奖惩措施? 等。这样员工对自身目标就有一个全面的了解,不会发生只埋头干活、不抬头看路的情况。

绩效实施措施:目标应该采取什么样的措施和手段完成,哪些是关键环节或过程,应该如何应对等,这是双方交流的重要内容。通过关于绩效实施措施的交流,可以有效地防止员工的短视甚至是有害的行为。

达成目标所需的支持条件:达成目标需要什么样的支持条件,需要什么样的资源,需要组织或者管理层提供什么样的帮助,这都需要在目标沟通中确定,这样管理者可以提早做好相应准备,调动相关资源,保证员工全力以赴地完成任务。

通过目标制定的沟通,防止了管理者硬派任务、员工被动接受的情况,员工对自己确定的目标的认可度就会大大提升。通过关于绩效实施措施的交流、沟通以及对完成目标所需各种资源的保证,让员工能够感受到管理者的全力支持,这样员工就会对达成目标充满信心、斗志昂扬地投入工作。

(二)绩效实施沟通

沟通时间:在目标执行、实施过程中进行例行和随机的沟通。

沟通方式:例会、正式交流、非正式交流、例行检查、文件汇报等。

沟通内容:员工关键节点沟通、员工问题沟通和目标实现手段沟通。

员工关键节点沟通:在关键环节,管理层需要适时地监督沟通,看看员工完成的结果怎样,进度怎样。在关键节点不进行沟通,如果员工隐瞒进度或问题,就有可能严重影响目标完成,到时管理层再急急火火补救,恐怕已是船到江心补漏迟。

员工问题沟通:当员工在目标完成过程中出现问题、困难,半路卡壳时,这时管理者该出手时就出手,帮助员工分析原因,解决困难和问题。让员工相信管理者是他的坚强后盾,这样员工就会心存感激,心里也会更踏实。

目标实现手段沟通:管理者要对员工实施目标的手段进行监督,防止员工为达目的不择手段,采取了短视、饮鸩止渴甚至是危害政府长远利益的行为。如果出现这种情况,管理者就需要及早制止。同时,对于员工好的方法措施也要及时表扬推广。

(三)绩效反馈沟通

沟通时间:在管理者对员工的绩效评估打分结束后进行。

沟通内容:本次评估结果说明、员工完成/未完成目标原因分析、下一阶段目标交流。

本次评估结果说明:管理者要把本次评估的结果向员工说明,把打分的结果、依据和相关证明资料向员工展示。同时,管理者要听取员工对本次目标自评的结果和相应的依据。这样双方对照,并根据实际情况对评估结果进行适当的修正。

员工完成/未完成目标原因分析：对于未完成目标，需要管理者和员工共同分析原因，看看是外因还是内因所致。如果是外因，是因为客观环境变化还是政府内部流程、制度有问题导致；如果是内因，要分析是员工的知识能力不足、经验不够还是态度欠缺。其中，如果是态度欠缺，还需要仔细分析，到底是什么原因导致，是政府激励措施不好、内部管理有问题，还是员工自身态度有问题。对这些问题，都需要穷根究底，找出背后真正的原因，并采取相应的解决措施。如果是员工知识能力不足，就需要安排相应的培训辅导；如果是经验不够，就需要多安排锻炼机会；如果是员工自身态度问题，就需要进行批评教育，必要时还得进行惩罚。

对于完成目标也要进行分析，分析员工是如何达成目标的，是个人努力所致还是外部环境有利？如果是外部环境有利，使员工不费吹灰之力就完成了目标，还要分析这种有利因素是暂时的还是长久的，政府是否需要修改应对措施等；如果是个人努力，也需要仔细交流，员工采取了什么样的方法措施，有没有经验可以吸收借鉴，可不可以推而广之等。

下一阶段目标交流：绩效面谈不仅仅是谈过去，更重要的是谈未来发展。绩效管理是一个往复循环的过程，一个评估周期的结束，往往是下一阶段的开始。因此，对未来目标的确定就成了本次沟通的重要组成部分。双方对下一阶段目标要达成一致，对实现目标所采取的措施和相应的支持条件也要形成共同意见。

沟通方式：为了让沟通顺利进行，采取合适的沟通方式是必要的。目前国际上主要采取"三明治"沟通法：对话的第一层先要充分肯定对方的成绩，第二层再说哪些地方还需要改进，第三层再鼓励对方继续努力，这样的沟通才能积极有效。

表 11－2　绩效反馈沟通的要点比较

沟通阶段	沟通要点	沟通形式
目标制定沟通	目标本身、绩效实施措施、目标所需支持	面谈交流
绩效实施沟通	关键节点沟通、员工问题沟通和目标实现手段沟通	多种沟通形式
绩效反馈沟通	本次评估结果说明、员工完成/未完成目标原因分析、下一阶段目标交流	三明治沟通法
绩效改进沟通	员工的绩效改进情况	多种沟通形式

（四）绩效改进沟通

沟通方式：例会、正式/非正式交流、例行检查、文件汇报等。

沟通时间：贯穿于目标达成的全过程。

沟通内容：侧重员工的绩效改进情况。

员工绩效改进沟通：对反馈面谈中员工自身欠缺的因素，或者是不适当的目标达成方式，在绩效改进过程中，管理者要进行跟进监督，看看情况是否得到了落实，是否采取措施予以纠正，并得到创造性的提高。在一定的时间节点上，对员工改进的情况进行评估，让员工看到自己还存在的差距和不足。

绩效改进沟通常常不会单独进行，它与绩效实施沟通相互穿插，并贯穿于目标达成的全过程。在绩效实施沟通中，既对本阶段目标执行情况进行沟通，又对上一阶段绩效改进情况进行沟通，这样员工绩效改进就更有利于目标的执行。

四个阶段的绩效沟通是循序渐进，缺一不可的。员工目标制定得好，执行得好，改进得好，完成绩效目标就是自然而然的事情，也会得到相应的绩效结果。因为在平时的沟通中，员工们已就自己的业绩情况和管理者达成共识，评估只是对平时沟通的复核和总结而已。通过动态、持续的沟通，管理者与员工的关系就会更加融洽，员工的绩效逐步提升，整个团队绩效也会水涨船高。绩效管理就真正成了政府绩效的促进器，推动着政府绩效的持续提高。

二、政府绩效沟通的过程

绩效沟通是一个持续的过程。不是单独的、偶尔的会谈或报告所能达到的效果。一个完备的绩效沟通过程主要包括以下三个阶段：沟通前的准备阶段、绩效沟通的实施阶段和沟通后的跟踪评价阶段，而且这三个阶段紧密相连，构成了一个具有较强逻辑性的循环圈。

表 11－3　成功绩效沟通的进程设计

	沟通对象的分类
	绩效沟通的总目标和分目标的定位
准 备 阶 段	全面解读绩效评估结果
	合适的场所和时间的选择
	制定沟通提纲

实　施　阶　段	站稳自己正确的立场	
	围绕已定目标展开沟通	
	灵活应对突发事件	
	重在探讨解决问题的对策	
跟踪评价阶段	各部门积极配合,及时了解沟通后员工的工作动态	

（一）政府绩效沟通前的准备阶段

取得理想效果的政府绩效沟通离不开沟通前的周密准备。可以说,离开了周密的准备,整个绩效沟通就失去了开展沟通的稳固基础。具体来讲,准备阶段的工作主要有如下几方面内容:

第一,沟通对象的分类。关于实施沟通的人员,第一步就是根据评估表和评估结果所反映出的信息将被评估者进行分类。将同一部门的评估表集中在一起,然后又从同一部门的评估表中依据评估结果分为好、中、差三类。这样从横向来看,绩效评估表就被归入了各部门,从纵向来看,则被分为好、中、差三类。将评估表分类的过程实际上也是对沟通对象快速解读的过程,这样既有利于从全局上了解和把握政府的整体绩效状况,也便于对员工进行有针对性的分门别类地沟通,从而提高沟通的效率。

第二,绩效沟通的总目标和分目标的定位。任何沟通都离不开目标的导向。若是缺失了沟通目标,那么整个沟通就有可能与沟通原定的功能和意义发生偏离。只有在正确的沟通目标的引导下,并围绕目标需求展开话题,获取支撑目标达成的信息,才能使沟通真正产生效果。就绩效沟通来讲,绩效沟通的总目标是通过与员工开展交流、沟通来提高员工的工作绩效,从而带动政府战略目标的达成。确定了绩效沟通的总目标后,当然也不能忽视支持总目标的分目标的确立。从本质上说,总目标实际上就是各个分目标的提炼和汇总。确立绩效管理的分目标实际上也就是针对每次具体沟通所拟定的一个沟通期望。如通过这次沟通要向员工传递什么信息,沟通之后要达成怎样的沟通效果等一些较为具体详细的目标。但要注意的是,分目标的确立一定要有针对性,要从评估表和工作分析表中提炼出依据信息。

第三,全面解读绩效评估结果。只有认真全面解读了绩效评估结果,真正获取结果所反映出的信息,才具有与沟通对象展开沟通的"共同语言"基础,否则,彼此之间沟通将会存在不同程度的隔膜。解读绩效评估结果应完成四个问题:第一,沟通对象应该做什么;第二,沟通对象已经做了什么;第三,沟通对象为什么会得到这样的评估结果;第四,沟通对象应该朝什么方向改进。通过对这四个问题的思考,实施沟通的人员就会对沟通对象有了一个初步的了解,沟通也就会有的放矢地进行,沟通的语言基础也就具备了。

第四,合适的场所和时间的选择。所谓合适的场所和时间,就是指进行绩效沟通时要注意时机和场所环境的选择,绝不能马虎了事。毕竟,在不同的时间和沟通场所所进行的沟通效果会产生很大的差异,恰当的时机和舒悦的沟通环境将有助于使沟通达到"事半功倍"的效果。那么何谓恰当的沟通时机呢?政府的绩效沟通最好安排在绩效评估结果公布的第一时刻进行。因为评估结果的差异性对每个评估对象的影响性不尽相同,同时也可能有些员工对绩效评估结果和评估机制本身存在异议,这些情况的存在也就使得绩效沟通应当快速展开。值得注意的细节是沟通不宜安排在临近下班时间,因为双方的注意力有可能由于下班这个干扰因素的存在而受到干扰。

舒悦的沟通环境应具备两个特征:第一,具有正规性和权威性。一般可以选择在会议室或专门的办公室进行,让沟通对象意识到政府对本次沟通的重视;第二,不具备干扰性因素的存在。舒悦的沟通环境应该使沟通能够不受干扰,如人员的进出、电话铃声等。这就需要工作人员妥善的准备和布置了。

第五,制定沟通提纲。如果将沟通目标当作指挥者,那沟通提纲就是向导。成功的绩效沟通是离不开沟通提纲的"向导作用"的。具体来讲,沟通提纲应分为两类,一类是沟通计划,其主要是对沟通全过程的一个事先安排,如什么时候开展沟通,在哪里进行沟通,沟通应由哪些人员参加等;另一类就是面谈提纲,其主要是细化到对一个具体沟通对象的沟通安排,如问什么样的问题,如何记录,首先问哪些问题等。制定沟通提纲要注意有针对性和有选择性,一方面要使绩效沟通达到好的效果,另一方面又要注意沟通的效率。

(二) 政府绩效沟通的实施阶段

有了周密的准备,整个绩效沟通就成功了一半。但绩效沟通的实施也不容忽视,否则可能会前功尽弃。在沟通过程中应注意以下四方面的问题:

1. 站稳自己正确的立场。站稳自己正确的立场实际上包含两方面的信息:第一,你要保证你的立场是正确的而非错误的。这就需要绩效管理人员从全局和整体方向上把握,冷静地分析评估表,理性地对待每一位参与沟通的员工,并从中提炼出一个公平公正的立场,避免由于主观思维扩大化导致立场出现偏差;第二,在保证自己立场正确的前提下就要稳固地坚持自身的立场。在绩效沟通中,有些员工可能对绩效结果的公正性、公平性持有怀疑的态度甚至对抗的态度,根本就不认同绩效管理人员的观点和立场。面对这种情况,作为组织的一方,一方面要认真倾听员工的言论并认真记录,使员工感觉到政府对其重视,另一方面要稳住自己正确的立场,毕竟员工所反映的信息的真实性是值得事后商榷的,切忌出现立场不坚定或混乱的现象,从而保证此次沟通的有序性。

稳住自己的立场要注意两方面的问题:(1)通过稳住自己的立场,将之传递给员工。(2)在面对员工反驳时,应充分给予员工机会,并认真做好记录。切忌粗暴地打断员工或与员工针锋相对地展开辩论。

2. 围绕已定目标展开沟通。在政府绩效沟通的准备阶段,绩效管理人员就已经为沟通制定了总目标和具体的分目标。在政府绩效沟通的执行阶段就是如何完成这些目标的问题。相对于总目标来讲,其关键之处就是要从总体和全局的观念上来把握,绝不能因为某个部分或局部出现了偏差而使总目标人为地发生偏差。绩效管理的总目标是通过沟通来带动政府绩效的改善,因此,在沟通中就要注意搜集和把握全局性和不同沟通对象反映的共性信息。具体的分目标实际上就是完成已定的工作任务。如通过这次沟通我要获取哪些信息?我要向沟通对象传达哪些信息?确定这些任务和目标之后,也自然需要围绕这些任务展开沟通。

3. 灵活应对突发事件。在任何活动进行过程中都有可能发生意料之外的突发事件。绩效沟通当然也不例外。如政府一方由于某种原因使沟通演变成了说教,员工完全成为一个"忠实"的听众。又如遇到内向型员工,整个沟通根本就不能进展下去等一系列的突发事件。面对这些突发事件时,作为代表政府一方的人员首先就是要摆正心态,快速冷静思考,找出应对之策。如若遇到沟通演变成说教的突发事件,政府一方在意识到这一点之后就应及时将自己转换为倾听者,并适当延长原定的沟通时间,以避免由此带来的负面效果;其次,沟通人员也可以主动地向员工"道歉",拉近彼此之间的距离,防止突发危机扩大化。

4. 重在探讨解决问题的应对之策。如果说改善员工及政府的绩效是沟通的出发点,那么探讨解决问题的对策则是沟通的落脚点。与员工展开绩效沟通,若是未能探讨出解决问题的对策,那么从根本上说绩效沟通是失败的或称之为"无意义"。因此,在进行绩效沟通时应重在探讨解决问题的对策。在开展绩效沟通时,探讨应对之策有两方面的意义:一是可以借助沟通人员的智慧帮助员工谋求应对之策;二是可以集合员工的智慧,使应对之策更具有可操作性和现实性的意义。

(三)政府绩效沟通后的跟踪阶段

一个完善的政府绩效沟通过程,当然也离不开沟通后的跟踪观察与沟通效果的评价。在完成了政府绩效沟通后,绩效管理人员应对沟通对象进行跟踪观察,及时了解沟通对象的工作动态,并从中提炼出沟通效果和沟通目标达成程度的信息,为调整和完善政府绩效沟通机制和绩效管理机制提供参考依据。

绩效沟通结束后,对沟通效果进行及时评价是十分必要的。通过绩效评价,总结此次沟通存在的问题和不足,旨在下次进行出色的沟通,以提高绩效沟通的水平和效率。沟通效果的评价重点,主要是对被评价对象在绩效周期内的工作绩效是否进行了合理、公正和全面的评价,并确定下一期的改进重点。具体来说,评价沟通效果应集中回答这样一些问题:此次沟通是否达到了预期的目的? 有哪些方面需要补充? 哪些地方占用时间过多,沟通效果不明显? 评价主体对自己此次沟通是否满意,并在哪些方面需要改进? 等。

政府绩效沟通在整个政府绩效管理活动中既是一项重要的活动,又是一项不易把握、较为复杂的活动。面对政府绩效沟通时,沟通人员务必要摆正心态,认真准备,灵活操控,妥善对待,切勿轻视了之。否则,极容易陷入绩效沟通的恶性循环的怪圈之中。

三、政府绩效沟通的禁忌

不懂沟通的管理者不可能拥有一个高绩效的团队,再完美的评估制度都无法弥补管理者和员工缺乏沟通带来的消极影响。良好的绩效沟通能够及时排除障碍,最大限度地提高绩效。因此,在进行政府绩效沟通时,沟通人员首先要注意培养自己的倾听技术,并力求避免以下十个方面的问题:

一忌面无表情。作为一个有效的倾听者,沟通人员应通过自己的身体语言表明对下属谈话内容的兴趣。肯定性点头、适宜的表情并辅之以恰当的目光接触,无疑显示:你正在用心倾听。

二忌不耐烦的动作。看手表、翻报纸、玩弄钢笔等动作则表明:你很厌倦,对交谈不感兴趣,不予关注。

三忌盛气凌人。可以通过面部表情和身体姿势表现出开放的交流姿态,不宜交叉胳膊和腿,必要时上身前倾,面对对方,去掉双方之间的阻隔物。

四忌随意打断下属。在下属尚未说完之前,尽量不要作出反应。在下属思考时,先不要臆测,仔细倾听,让下属说完,你再发言。绩效沟通的另一个重要内容是能通过绩效面谈,将员工的绩效表现回馈给员工,使员工了解其在过去一年中工作上的得与失,以作为来年做得更好或改进的依据。

五忌少问多讲。发号施令的管理者很难实现从上司到"帮助者"、"伙伴"的角色转换。我们建议管理者在与员工进行绩效沟通时遵循 80/20 法则:80% 的时间留给员工,20% 的时间留给自己,而自己在这 20% 的时间内,又有80% 的时间在发问,20% 的时间才用来"指导"、"建议"、"发号施令",因为员工往往比管理者更清楚本职工作中存在的问题。换言之,要多提好问题,引导员工自己思考和解决问题,自己评价工作进展,而不是发号施令,居高临下地告诉员工应该如何。

六忌用"你"沟通。在绩效沟通中,多使用"我们",少用"你";比如,"我们如何解决这个问题?""我们的这个任务进展到什么程度了?"或者说,"我如何才能帮助您?"

七忌笼统反馈。管理者应针对员工的具体行为或事实进行反馈,避免空泛陈述。如:"你的工作态度很不好"或是"你的出色工作给大家留下了深刻印象。"模棱两可的反馈不仅起不到激励或抑制的效果,反而易使员工产生不确定感。

八忌对人不对事。当员工作出某种错误或不恰当的事情时,应避免用评价性标签,如"没能力"、"失信"等,而应当客观陈述发生的事实及自己对该事实的感受。

九忌指手画脚地训导。当下属绩效不佳时,应避免说"你应该……,而不应该……",这样会让下属体验到某种不平等,可以换成:"我当时是这样做的……"

十忌"泼冷水"。当员工犯了错误后,最好等其冷静后再做反馈,避免"趁火打劫"或"泼冷水";如果员工做了一件好事则应及时表扬和激励。

第四节　政府绩效反馈

政府绩效反馈就是指将绩效评估的结果反馈给被评估对象,并对被评估对象的行为产生影响。绩效反馈为评估者与被评估者之间搭建了一个通畅的沟通渠道,是绩效沟通的一种特殊形式,是一种激励的重要手段,运用得好,可以调动被管理者的积极性;反之,则成为障碍。

一、政府绩效反馈的意义

绩效反馈是绩效管理过程中的一个重要环节。它主要通过评估者与被评估者之间的沟通,就被评估者在评估周期内的绩效情况进行面谈,在肯定成绩的同时,找出工作中的不足并加以改进。被评估者可以在绩效反馈过程中,对评估者的评估结果予以认同,有异议的向高一级政府提出申诉,最终使绩效评估结果得到认可。由于绩效反馈在绩效评估结束后实施,而且是评估者和被评估者之间的直接对话,因此,有效的绩效反馈对绩效管理起着至关重要的作用。

首先,在评估者和被评估者之间架起一座沟通的桥梁,使评估公开化,确保评估的公平和公正。由于绩效评估与被评估者的切身利益息息相关,评估结果的公正性就成为人们关心的焦点。而绩效评估过程从本质上说是一个信息加工过程,评估者不可避免地会掺杂自己的主观意识,导致这种公正性不能完全依靠制度的改善来实现。绩效反馈较好地解决了这个矛盾,它不仅让被评估者成为主动因素,更赋予了其一定权利,使被评估者拥有知情权和发言权;同时,通过程序化的绩效申诉,有效降低了评估过程中不公正因素所带来的负面效应,在被评估者与评估者之间找到了平衡点,对整个绩效管理体系的完善起到了积极作用。

其次,使被评估者了解到自己工作中的不足,有利于改善政府绩效。绩效评估结束后,被评估者接到评估结果通知单,但对评估结果的来由并不了解,这时就需要评估者就评估的全过程,特别是被评估者的绩效情况进行详细介绍,指出被评估者的优缺点,评估者还需要对被评估者的绩效提出改进建议。通过这个环节,被评估者可充分了解到自身存在的不足,以便在日后的工作中不断完善,最终达到提高绩效的目的。

最后,绩效反馈可以排除目标冲突,有利于增强组织的核心竞争力。任何一个团队都存在两个目标:团队目标和个体目标。个体目标与团队目标一致,能够促进团队的不断进步;反之,会产生负面影响。在这两者之间,团队目标占主导地位,它要求个体目标处于服从的地位。有效的绩效反馈,可以通过对绩效评估过程及结果的探讨,发现个体目标中的不和谐因素,借助团队中的激励手段,促使个体目标朝着团队目标方向发展,达成团队目标和个体目标的一致性。

二、绩效反馈研究的回顾

在组织行为学研究中,运用反馈来改善组织绩效可以追溯到 20 世纪 70 年代。此后,绩效反馈就一直被运用于组织管理实践中来改善绩效。反馈运用的成功性与普遍性是不容置疑的,但是关于反馈这个术语的含义、反馈产生效果的行为学原理一直没有定论。美国学者克鲁格(Kluge)和丹尼斯(Denisi)(1996)将绩效反馈定义为"一个外部行为者向个体提供任务绩效方面信息的过程"。绩效反馈是一个双向的动态过程,是一种特殊形式的沟通,它由三部分组成:反馈源、所传送的反馈信息、反馈接受者。其中反馈不同于一般沟通过程在于:它所传送的信息必须是包含有关反馈接受者的信息。在管理实践中,反馈是管理者普遍使用的一种管理手段。

20 世纪 70 年代以来,关于各种反馈特征所引起的结果及外在行为变化的研究并没有停止,因为研究者们发现,在管理实践中,反馈确实引起了人们行为的变化。但反馈是否对行为的变化总是有积极的影响还没有一致的结论,例如:克鲁格和丹尼斯对反馈与绩效关系的元分析发现,大部分反馈干预可以提高绩效,但是有多于三分之一的反馈干预不利于绩效的提高,反而有干扰作用。正是这种不确定性吸引了更多的研究者来研究反馈。国外有学者在 1989 年回顾了在 JOBM(*Journal of Organizational Behavior Management*)上 10 年内发表的文章,发现有 50% 的文章用到了各种形式的反馈。1999 年,诺兰(Nolan)等人发现这种趋势进一步增强,已经达到 71%。大部分研究得出结论:绩效反馈不但能够帮助个体调整自我知觉、自我评价和行为,还能提高自我管理,使员工保持朝向预定的个体和组织目标活动,最终有助于绩效改进,因此绩效反馈也是一种有价值的组织资源。

纵观绩效反馈的研究,我们可以把绩效反馈的研究划分为三个阶段:(1)将反馈看作个体的一种被动接受过程进行研究,其中以伊尔根(Ilgen,1979)等人提出的反馈影响个体行为的过程模型为代表。在这种过程模型中,反馈过程被分为四个阶段:反馈感知、反馈接受、对反馈反应的愿望和预期的反应。伊尔根等人认为,反馈接受者对反馈的感知和反应取决于反馈源的特征、反馈信息本身的特征以及反馈接受者的个人特征等。(2)从 1983 年开始,研究者以动态的观点看待反馈过程,将反馈作为个体主动的寻求过程进行研究。该阶段以阿什福德(Ashford)等和利维(Levy)等提出的个体寻求反馈过程的模型为代表。阿什福德等人认为,个体处在一种信息环境中,可以从环境中了解自己达到目标价值的程度以及自己的行为如何被他人感知和评价。个体会根据动机采取询问(in-quiring)和监控(monitoring)两种策略来寻求反馈,通过反馈寻求,个体能够获得信息来改进绩效,减少工作中的不确定性,而个体是否寻求反馈取决于个体对寻求反馈成本和价值的感知。利维等人认为,个体在寻求反馈过程中涉及三种动机:反馈愿望、保护自我的愿望或自尊以及印象管理的愿望,三个动机因素在反馈寻求的不同阶段起作用,同时,在寻求反馈行为过程中情景因素和个体差异特征起着十分重要的作用。(3)20世纪90年代以来,一种新的绩效评估方法:360度反馈(360 degree feedback)开始受到青睐,相关学术研究也成为人力资源管理和组织行为学的一大热点,研究者对绩效反馈的研究从个体层面提升到了组织层面。

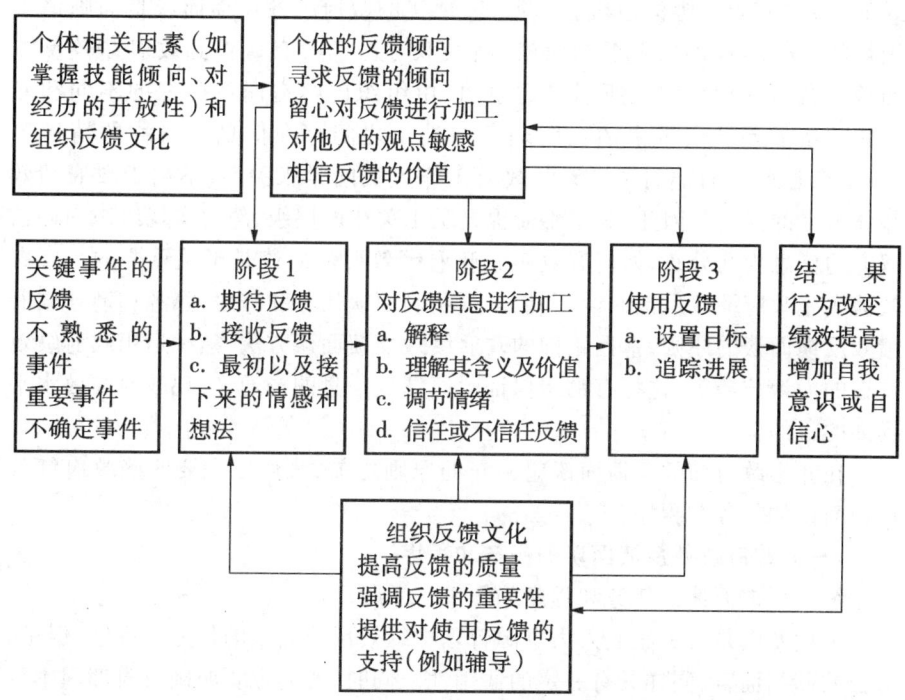

图 11-6　反馈倾向、反馈文化和关键事件在纵向绩效管理过程中的作用

根据对360度反馈体系的研究结果,反馈的目的、反馈是否匿名与被评价人的关系等因素都会影响人们在360度反馈中的参与程度。范德伯格

（Funderburg）和利维（1997）认为，个体差异和情景因素都会影响员工对360度反馈系统贯彻的认同，但是组织因素（比如管理风格、组织公民身份和反馈文化支持等）比个体因素（比如自尊、内部控制源等）对其的影响要大得多。伦顿（London）和史密斯（Smithe）（2002）则提出了个体的反馈倾向和组织的反馈支持文化对绩效管理过程的影响模型，如图11－6所示。该模型表现了反馈过程中人和环境之间的交互作用，个体和组织的特性将对反馈过程产生影响。

三、政府绩效反馈面谈应遵守的原则

政府绩效反馈的主要方式是绩效面谈。通过绩效面谈，将政府绩效评估结果反馈给被评估者，为政府部门领导和政府工作人员提供一个更为正式的、面对面的平等沟通机会。但是，现实的政府绩效反馈面谈是面临诸多困境的，比如：被评估者抵制面谈、面谈双方由于没有认识到政府绩效反馈面谈中各自的角色定位所引发的争执、由组织内存在岗位分工的不同和专业化程度的差异所带来的在管理者与员工之间存在信息不对称的情形等等，都会形成政府部门领导者和政府工作人员间紧张关系，不利于政府绩效整体水平的提高。因此，为了不断提升员工关注的层级，努力实现组织内评估双方的信息均衡分布，如何有效实施政府绩效反馈面谈是至关重要的。要有效地实施政府绩效反馈面谈，我们必须明确面谈任务和程序，熟悉和遵守政府绩效反馈面谈的原则，掌握正确的政府绩效反馈面谈方法，熟练运用政府绩效反馈的面谈技巧等，这将有助于保证政府绩效信息的畅通，实现政府绩效水平提高的目的。

在介绍政府绩效反馈面谈应遵守的原则之前，我们首先要明确政府绩效反馈面谈的任务和程序。

（一）政府绩效反馈面谈的任务和程序

绩效反馈面谈的任务和程序如图11－7所示[①]：

虽然此图是有关企业人力资源管理中绩效反馈面谈的任务和程序，但是，对公共部门而言，同样具有一定的适用性。同时，我们也要明确政府部门本身具有区别于私人部门的特殊性。

---

① 谢戈："试论绩效考核反馈——面谈"，《中国锰业》，2006年第11期。

图 11-7 主管面谈的任务和面谈的程序

（二）政府绩效反馈面谈应遵守的原则

在管理者与员工之间进行反馈沟通应该是经常的、及时的，并应该遵循这样一个重要的原则，即 SMART 原则。这些原则同样适用于政府绩效反馈。

S-specific。反馈绩效结果的沟通要直接而具体，不能作泛泛的、抽象的、一般性评价。对于管理者来说，无论是赞扬还是批评，都应有具体、客观的结果或事实来支持，使员工明白哪些地方做得好，差距与缺点在哪里。既要有说服力又要让员工明白管理者对自己的关注。如果员工对绩效评估有不满或质疑的地方，向管理者进行申辩或解释，也需要有具体客观的事实作基础。只有信息传递双方交流的是具体准确的事实，一方所作出的选择对另一方才算是公平的，评估与反馈才是有效的。

M-motivate。反馈绩效沟通是一种双向的沟通，为了获得对方的真实想法，管理者应当鼓励员工多说话，充分表达自己的观点。因为思维习惯的定向性，管理者似乎常常处于发话、下指令的角色，员工是在被动地接受；有时管理者得到的信息不一定就是真实情况，下属迫不及待地表达，管理者不应打断与压制；对员工好的建议应充分肯定，双方共同制定改进和发展的目标。

393

A-action。绩效反馈中涉及的是工作绩效,是工作的一些事实表现。员工是怎么做的,采取了哪些行动与措施,效果如何,而不应讨论员工个人的性格。员工的优点与不足都是在工作完成中体现出来的,而性格特点本身没有优劣好坏之分,不应作为评估绩效的依据;对于关键性的影响绩效的性格特征需要指出来,必须是出于真诚的关注员工与发展的考虑,且不应将它作为指责的焦点。

R-reason。反馈面谈需要指出员工不足之处,但不需要批评,而应立足于帮助员工改进这些不足,指出绩效未达成的原因。出于人的自卫心理,在反馈中面对批评,员工马上会作出抵抗反应,使得绩效沟通无法深入下去。但管理者如果从了解员工工作中的实际情形和困难入手,分析绩效未达成的种种原因,并试图给以辅助、建议,员工是能接受管理者的意见甚至批评的,反馈绩效的沟通也不会出现攻守相抗的困境。

T-trust。没有信任,就没有交流,缺乏信任的绩效沟通会使双方都会感到紧张、烦躁,不敢放开说话,充满冷漠、敌意。而反馈绩效沟通是管理者与员工双方的沟通过程,沟通要想顺利地进行,要想达到理解和达成共识,就必须有一种彼此互相信任的氛围。管理者应多倾听员工的想法与观点,尊重对方;向员工讲清楚原则和事实,多站在员工的角度,设身处地为员工着想;勇于当面向员工承认自己的错误与过失,努力赢得员工的理解与信任。

四、政府绩效反馈面谈的技巧

在现实当中,沟通障碍是普遍存在的。沟通的障碍会阻止信息的传递或歪曲信息,这些障碍可能来自信息发送者,也可能来自于信息接收者,或者来自于环境因素,但无论障碍来自何方,均会破坏整条信息沟通链的连续性和有效性。由丁沟通是人与人之间的沟通,所以沟通必然会受人的性格、气质、态度、情绪、见解、处世方式、思想观点、文化水平、工作经验、思维能力等各种主观因素的影响。组织结构造成的职位差别是沟通的客观障碍,特别是在等级森严的组织内,往往只能实现下行的单向沟通,而上行沟通就比较困难。沟通方式的障碍主要表现在沟通方式选择不当所造成的沟通低效和沟通无效。此外,沟通还会遇到语言、信息超载、环境"噪音"的干扰等障碍。

为了有效地消除沟通障碍,提高沟通效果,在绩效反馈过程中进行面谈应该掌握 LEFE 技巧(如图 11 - 8 所示),即积极倾听(listen)、有效表达(express)、及时反馈(feedback)、化解异议(eradicate)。

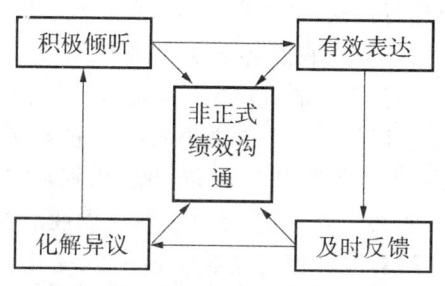

图 11 - 8 绩效沟通的 LEFE 技巧

第一,积极倾听。积极倾听是理解信息的关键一环。要明了对方的意思,需要倾听对方所传达的信息。积极倾听本身是一种鼓励形式,能提高对方的自信心和自尊心,加深彼此之间的感情;积极倾听的管理者能收集到更多的信息,从而作出更明智的决策。在倾听过程中,管理者需要避免先入为主的思想,认真地听取全部有效信息,并避免打断下属的讲话;为得到真实的信息,管理人员要努力创造一种宽松的谈话环境并形成一种相互信任的气氛。

第二,有效表达。有效表达的基本要点如下:尽量使用准确的词语,语义避免模棱两可,语气干脆利落,不拖泥带水,多提建议少提主张。人们倾向于接受意见而非命令,主张给人的感觉是命令式的,应尽量不要采用,可通过多提建议的方式让员工自己作出决策。同时,管理者和员工都要坦白地表达自己的真实看法。信任是交流的基础,管理者要相信员工,传递自己的真实建议和意见,这样才能让员工也表达自己的真实想法,从而获得所期望的反馈信息。

第三,及时反馈。信息反馈促使交流得以持续进行。没有反馈的沟通是不成功的;没有反馈,讲话者会认为自己表达得不好或没被对方重视、理解,会降低继续讲下去的信心。因此,反馈是必要的。反馈可分为正面反馈和负面反馈:正面反馈肯定表达者的想法和行为,如表扬对方。负面反馈否定员工的观点;负面反馈的一条最重要的原则是对事不对人,即仅针对事情本身发表意见,指出不足之处,而不将其归于当事人的个性缺陷,否则会伤害对方的自尊心,同时使得双方目光聚焦在员工身上而非问题本身,无助于问题的解决。有效反馈需要把握的是:首先要把握反馈的最佳时机,及时反馈并不意味着反映越快越好,要在倾听全部有效信息之后再给予适当的反馈,以防止片面认识的产生。其次注意反馈方式的选择。对员工值得肯定的地方要旗帜鲜明地表扬,态度愉悦。对其不当的地方要及时指出错误,语气严肃,以示重视。

第四,化解异议。化解异议是指管理者与员工就不同观点(这种观点没有现成的评价标准)进行讨论,最终达成共识的过程。首先,管理者要认识到异议的存在是客观的,不要全盘否定员工的观点,应允许有商讨的余地。其次,在讨论过程中,以一种平等的身份参与交流,用事实来取舍观点。最后,强调共识而非分歧。在共识的基础上来调整自我的立场,必要时作出适当的妥协。化解异议、达成共识可依照以下步骤实施:识别和控制异议,然后找出异议的原因并强调双方的共同点,接着提出一些建设性的意见,作出让步,使双方意见趋于一致。化解异议过程中很重要的一点,是站在对方的角度思考问题,这样双方就较易接受对方的意见,最终达到双赢的效果。

本章小结

本章主要介绍了政府绩效沟通与反馈的相关理论。

1. 绩效沟通与反馈是绩效管理系统的重要内容,也是促成绩效管理系统目标实现的有效途径。

2. 有效的绩效沟通与反馈是连接绩效计划和绩效评估的重要环节,是实现绩效改进和绩效目标的重要手段。

3. 沟通是为了一个设定的目标,把信息、思想和情感,在个人或群体间传递,并且达成共同协议的过程。

4. 绩效沟通,是指在绩效管理过程中管理者和被管理者之间就工作绩效相关问题进行持续沟通的过程。其必要性和重要性主要体现在:作为绩效评估基础的目标责任书、工作计划表必须在有效沟通的基础上完成,正向激励作用的发挥需要通过有效的双向沟通来实现,以及有效的绩效沟通是提升管理者素质的重要手段。

5. 根据沟通的功能、方式、渠道和方向的不同,可以把绩效沟通分为不同的类型。从沟通的功能看,可以分为工具沟通和情感沟通;从沟通的方式上看,可以分为口头沟通和书面沟通;从沟通的渠道看,可以分为正式沟通和非正式沟通;从沟通的方向看,可以分为下行沟通、上行沟通和平行沟通。此外,根据沟通是否存在着反馈,又可以把它分为单向沟通和双向沟通。

6. 正式沟通的优点是:沟通效果好,比较严肃,约束力强,易于保密,可以使信息沟通保持权威性。重要的信息和文件的传达、组织决策的贯彻、落实等,一般都采取这种方式。其缺点是:由于依靠组织系统层层的传递,所以较刻板,沟通速度较慢。正式沟通渠道主要有链式、轮式、圆式和全通道式四种模式。

7. 非正式沟通是正式沟通的重要补充,是指正式沟通渠道以外的信息交流和传递,不受组织监督,自由选择沟通渠道,没有列入管理范围,不按照正规的组织程序、隶属关系、等级关系来进行的沟通。非正式沟通的形式主要有:面谈、走动式管理、开放式办公、工作间歇的沟通及非正式的会议,以及员工聚会等。非正式沟通渠道主要有单线式、闲聊式、随机式和组串式四种模式。

8. 认识偏差、态度偏差和操作偏差这三个主要方面的偏差,往往导致政府绩效管理的效果与预期目标相去甚远。

9. 在绩效沟通过程中,存在着许多阻碍有效沟通的因素,其中既有来自沟通双方主观的方面,也有来自客观的原因。主观方面的原因主要有:主观心理因素造成的障碍、选择性接受造成的障碍、记忆能力欠佳所造成的障碍、需要和态度不同造成的障碍以及知识和经验不同造成的障碍;客观方面的原因包括:空间距离引起的障碍、组织机构引起的障碍、信息过量引起的障碍以及由信息传递媒介形式引起的障碍。

10. 政府绩效沟通的主要内容集中体现在四个方面:目标制定沟通、绩效实施沟通、绩效反馈沟通、绩效改进沟通。四个方面相互配合,层层递进,共同构成了政府的绩效沟通系统。四个阶段的绩效沟通是循序渐进,缺一不可的。

11. 一个完备的绩效沟通过程主要包括以下三个阶段:沟通前的准备阶段,绩效沟通的实施阶段和沟通后的跟踪评价阶段,三阶段紧密相连,共同构成了一个具有较强逻辑性的循环圈。其中,准备阶段的工作主要有:沟通对象的分类;绩效沟通的总目标和分目标的定位;全面解读绩效评估结果;合适的场所和时间的选择;制定沟通提纲。在沟通过程中应注意:站稳自己正确的立场、围绕已定目标展开沟通、灵活应对突发事件以及重在探讨解决问题的应对之策。

12. 在进行政府绩效沟通时,沟通人员首先要注意提高自己的倾听技术,并力求避免以下十个方面的问题:一忌面无表情;二忌不耐烦的动作;三忌盛气凌人;四忌随意打断下属;五忌少问多讲;六忌用"你"沟通;七忌笼统反馈;八忌对人不对事;九忌指手画脚地训导;十忌"泼冷水"。

13. 政府绩效反馈,就是将绩效评估的结果反馈给被评估对象,并对被评估对象的行为产生影响。有效的绩效反馈对绩效管理起着至关重要的作用:在评估者和被评估者之间架起一座沟通的桥梁,使评估公开化,确保评估的公平和公正;使被评估者了解自己工作中的不足,有利于改善政府绩效;制定绩效改进计划;可以排除目标冲突,有利于增强组织的核心竞争力。

14. 绩效反馈是一个双向的动态过程,是一种特殊形式的沟通,它由三部分组成:反馈源、所传送的反馈信息、反馈接受者;反馈不同于一般沟通过程,它所传送的信息必须包含有关反馈接受者的信息。

15. 在政府绩效反馈面谈中,应该遵循 SMART 原则,即 S-specific、M-motivate、A-action、R-reason、T-trust。

16. 绩效反馈过程中的面谈应该掌握 LEFE 技巧,即积极倾听(listen)、有效表达(express)、及时反馈(feedback)、化解异议(eradicate)。

本章基本术语

沟通　绩效沟通　政府绩效沟通　正式沟通　非正式沟通　绩效反馈
360 度绩效反馈　绩效面谈

复习思考题

1. 试根据你自己的理解,解析沟通、绩效沟通的内涵。
2. 如何理解绩效沟通在政府绩效管理中的作用?
3. 试比较正式沟通与非正式沟通的区别与联系。
4. 政府绩效沟通过程中会产生哪些偏差?
5. 政府绩效沟通过程中会存在哪些障碍?
6. 试述政府绩效沟通的主要内容。
7. 试说明政府绩效沟通的主要步骤。
8. 试阐释政府绩效反馈在政府绩效管理中的意义。
9. 试说明国内外有关政府绩效反馈研究的进展与动态。
10. 政府绩效反馈面谈应遵守哪些基本原则?
11. 在政府绩效反馈面谈中应掌握哪些技巧?

第十二章　政府绩效管理的法制化

随着世界各国政府改革运动不断向纵深化方向发展,绩效管理作为加强政府管理,改善政府服务质量和提高政府绩效的重要管理工具,其功能与作用凸现。绩效管理不仅成为公众检查、监督和了解政府工作计划的实施状况、工作成就和存在问题的重要手段,也成为政府了解公众需求,调整和完善工作计划,提高服务供给能力,更好地满足公众需要的一种重要形式。但政府绩效管理是一个十分复杂的系统工程,它涉及众多的参与环节,如果处理不当,就会影响评估结果的客观性和公正性,进而影响评估结果的运用,这不仅不利于改善和提高政府绩效,反而可能造成极大的负面影响。因此,如何加强政府绩效管理的法律制度建设,用法律手段来规范政府绩效管理参与者的行为,促进政府绩效管理活动的法制化和制度化,对于促进政府绩效管理活动的健康发展具有重要意义。

第一节　国外政府绩效管理的法制化

政府绩效管理法制化和制度化是国外政府绩效管理领域出现的重要趋势之一,美国、英国、澳大利亚和日本等国家都制定了相应的法律和法规,保障、规范和促进本国政府绩效管理活动的健康发展,并以此推动政府改革。

一、美国政府绩效管理的法制化

美国是一个法制较为健全的国家,政府活动、行为大多都有相应的法律、法规予以规范和指导。为有效地推行政府绩效管理活动,美国出台了许多相关的法律、法规。例如克林顿总统执政期间,共签署了 90 个相关法案和 50 个总统行政命令,国会通过了 85 项立法以保证国家绩效评估委员会所提出的主张得以实施。在众多的法案中,影响最广泛的是《政府绩效与结果法案》。

1993 年,美国率先制定了《政府绩效与结果法案》(GPRA),以立法的形式确立了对行政管理进行绩效管理的制度。这是 20 世纪 60 年代以来美国议会监督体系的第一次根本性转变,标志着议会对行政部门的监督开始转到"绩效"和"结果"上来。同时,该法案也标志着美国政府公共部门绩效评估高潮的到来。在 GPRA 的要求下,对政府行政管理及结果的评估从以往的投入-产出模式转换为目标-结果模式,即不再是简单地对政府管理资源的过程进行考察,而是根据各机构所设定的任务目标来衡量其结果。而且,与以往的改革举措相比,GPRA 的立法基础使之具有更大的权威性、持续性和强制作用。

根据 GPRA 的目标指向,可将其立法目的概括为三个主要方面:(1)目标指向公众:通过系统地说明联邦机构的工作业绩,提高美国公众对政府的信任度。(2)目标指向联邦行政管理机构:要求其从法定任务和工作预期的最终结果出发,设定明确的定量绩效目标,并对照预设目标来检查工作进展和成果,以改善联邦政府的内部管理。(3)目标指向国会。为了实现上述目标,GPRA 要求各联邦机构制定覆盖未来 5 年的战略规划(strategic plans)报告(且每 3 年修订一次)。同时,要求联邦机构每年提供将战略规划分解为定量化实施目标的年度绩效规划(annual performance plans)报告,并对照年度绩效规划中的定量目标检查其完成情况,形成年度绩效评估报告(performance reports)。GPRA 的作用不仅在于要求各联邦机构提供上述 3 份报告,更大的压力还在于,GPRA 要求国会、白宫的审计总署(GAO)和管理与预算办公室(OMB),把对这 3 份报告的审议与预算的批准过程结合起来。也就是说,每个政府机构每年所能得到的经费预算,将与其制定的战略规划、绩效规划和绩效评估结果直接相关。这就从制度上进一步保证 GPRA 得以贯彻实施,这也是 GPRA 为何会具有强制力的重要原因所在。

在美国,除了联邦政府和州政府以外,地方政府在过去 10 年中也逐步实行政府绩效评估制度。在地方政府中,绩效评估制度实行得比较好的典型是费尔法克斯县政府。1999 年费尔法克斯县政府在政府预算中首次使用《费尔法克斯政府评估手册》。政府各部门官员根据该手册来改进年度预算的目的、目标和绩效指标。费尔法克斯县的政府绩效评估实践表明,实行评估制度有助于增强责任制,有助于改进决策程序,有助于增强顾客服务,有助于政府有效配置资源,有助于加强战略规划和目标设定。该评估制度强调以成本为中心的目标概念。围绕成本确定五方面指标:投入、产出、效益、服务质量和结果。根据评估对象的不同,需要在这五方面分别制定具体的成本核算指标。收集与核算成本效益数据是进行评估的关键。费尔法克斯县政府还专门成立了绩效评估组。绩效评估组的成员来自政府各部门,其中有管理与预算部、信息技术部、税务行政部、车辆服务部、费尔法克斯公共图书馆、家庭服务部、消防急救部、人力资源部以及费尔法克斯公共学校。

二、英国政府绩效管理的法制化

由于各政府部门参加评审动机复杂以及在评审中具有防御性等因素,在雷纳评审初期,在评审对象选择、评审人员选择、评审程序以及评审结论的应用上,都充分体现自愿原则,通过发自内部自愿与外部协调、指导结合,才使雷纳评审得以顺利实施并取得相当的成就。随着绩效评估与管理的深入和绩效意识的树立,政府逐渐采用规范化的法律制度来要求政府及政府各部门必须加入绩效评估中来。1982 年 5 月,英国财政部颁布了"财务管理新方案"(Financial Management Initiative,EMI),它虽称为财务管理,但其内容并不仅限于公共部门的财务管理方面,而是涉及公共管理的诸多方面,在管理体制、机构设置、资源分配等方面提出了一些新原则、新观念、新措施,为 20 世纪 80 年代前期和中期英国政府绩效评估奠定了坚实的制度基础。

1982 年英国颁布的《地方政府法》明确规定,地方政府必须实行最佳绩效评估制度。1983 年英国制定了《国家审计法》,授权审计长检查任何部门使用资源的经济性、效率及效果。这两部法律为英国国家审计署、审计委员会和其他各专业机构开展政府绩效审计和评估提供了法律依据。80 年代中期,撒切尔要求中央各部门建立适当的绩效评估机制,由财政部负起督促和监督的责任,使英国的绩效评估进一步制度化。1989 年发布的《中央政府产出与绩效评估技术指南》使英国的政府绩效评估进一步规范化。从自发到制度化、规范化反映了英国政府绩效评估的不断完善和发展的进程。

进入 20 世纪 90 年代以后,英国地方政府又面临新的改革任务。1997 年,英国国家审计署首次发布了《绩效审计手册》,有力地促进英国政府绩效审计工作的发展。1999 年 7 月 27 日英国颁布了新的《地方政府法》。该法一方面加强了英格兰和威尔士的地方政府程序,另一方面创造了最佳评估制度,改革地方财政制度。1999 年地方政府法的最大特点之一是旨在逐步废除1988 年地方政府法所导入的 CCT 强制性竞争招标,引入最佳评估制度。1997 年 5 月工党政府掌权后,积极推行地方政府改革,倡导通过最佳评估体系来改革地方服务质量。英格兰于 1998 年 3 月 3 日发表了题为《地方政府现代化：以最佳评估增进地方服务》的绿皮书。威尔士于 1998 年 4 月也发表了题名相同的绿皮书。随后，同年 7 月英格兰和威尔士又分别发表了白皮书，进一步使地方政府绩效评估制度明确化。

根据 1999 年的《地方政府法》，地方政府必须实行最佳绩效评估制度。被列入实行最佳绩效评估系列的城市地方政府必须咨询纳税人代表的意见和有利害关系的行政相对人的意见。并按照国务大臣的指示确定咨询意见的方式、程序、内容和时限。在绩效评估中，要考虑是否有必要实行该项职能，该项职能的行使是否符合应有的方式和水准，其绩效是否符合绩效指标体系的要求，是否达到了目的等问题。在英国，城市政府要制作每一财政年度的最佳绩效规划，于每年度的 3 月 31 日以前公开发表。政府最佳绩效规划的内容包括：政府职能履行的目标；履行方式和水准的评估；绩效指标体系、标准、目标；前一财政年度的评估情况；取得进步的评估；在新财政年度将采取的行动计划；说明确定行动计划和绩效目标的前提条件等。

在地方政府绩效评估的监督方面，还实行审计制度。审计官必须对该地方政府的财政年度绩效规划进行审计。审计的任务主要是检查有无依法制定和公开发表年度绩效规划。审计官要对绩效规划发布审计报告。审计报告可以建议对绩效规划作修改。审计官必须将审计报告提交有关当局和审计委员会。根据 1998 年审计委员会法的规定，审计官还拥有获取有关信息和文件的权利。1999 年地方政府法还对绩效规划审计报告的提交期限和地方政府审计官的审计权限等作出规定。除了地方政府审计官的审计外，必要时还可以由中央审计委员会进行检查。审计委员会的检查权利和义务、检查程序和费用、检查报告等在 1999 年地方政府法中都有明确规定。

三、澳大利亚政府绩效管理的法制化

澳大利亚的政府绩效管理工作从 20 世纪 80 年代中期开始。澳大利亚于 1984 年制定了解"财务管理新方案"（Financial Management Improvement Program, FMIP）。FMIP 的设计仿效英国的"财务管理新方案"，旨在提高澳大利亚政府的管理效率与财务状况，其主要内容与美国的 GPRA 类似，都为应用策略规划（为期三年）的概念，要求行政机关以结果为导向，以建立更有效的预算与资源分配制度。FMIP 加强了澳大利亚政府部门的财务责任管理和预算项目的绩效评估，并成为以后实施绩效奖励制度的财政基础。同年，澳大利

亚通过了《功绩保护法》(*Merit Protection Act*),1985年成立了直属内阁的业绩保护和评估局,以进一步完善对政府部门及其公务员的绩效评估,并建立相应的奖励、惩罚机制。

根据1994年修订的《公共服务法》(*Public Service Bill*),澳大利亚政府将公共服务委员会和业绩保护与评估局合并为"公共服务和业绩保护委员会",并设立公共服务专员和业绩保护专员,以协调政府部门绩效与绩效评估结果的奖惩工作,加强绩效评估工作的统一管理。

根据1997年颁布的《审计长法》,澳大利亚成立了直属于国会的澳大利亚国家审计署,以负责联邦各部、局、实体和附属机构的政府绩效审计,并拥有五项主要职责和权利:财务报表审计、绩效审计、专项审计、依公司法要求成为联邦各类机构的审计师或担任其他角色、其他(包括提出建议、编制审计标准、向议会及政府部长提交报告和外包任务等)。《审计长法》还对绩效审计的审计对象、审计组织方式、审计报告征求意见、审计报告发送范围等进行了明确的规定。

1997年澳大利亚议会通过了新的《公共服务法案》和《财务管理与责任法案》等法律,进一步完善政府部门绩效的责任管理机制,使结果导向的政府部门绩效评估机制进一步规范化和制度化。同年,还发布了《联邦政府服务宪章》(*Commonwealth Government Service Charters*),根据公众的需要为联邦政府各部门制定"服务标准",作为绩效评估的重要依据。1999年,又对《公共服务法案》进行了全面的修订,根据该法案规定:联邦各部门均得设立秘书长办公室,由内阁总理直接任命各部门秘书长为各部的最高长官,即所谓的"常务首脑";部门秘书长有协助部长大臣为国会提供准确的绩效信息的责任。

四、新西兰政府绩效管理法制化概况

根据1912年《公共服务法案》(*The Public Service Act*)的精神,新西兰建立了直属于首相的国家服务委员会,代表皇家全权负责聘用、考核政府的全部公务员及各部委的首席执行官;统一负责有关政府部门的绩效评估事务。

1962年通过的《政府服务法案》(*The State Service Act*)的规定,责任大臣不得随意干预本部门的绩效评估工作,各个部门的工作绩效由国家公共服务委员会主导进行独立客观的评估,试图促进政府部门及其公务员将服务重心转向社会公众,切实改善政府部门的服务质量,提高服务效率。

1988年新西兰议会通过了《政府部门法案》(*The State Sector Act*),该法案规定政府各部门的首席执行官应打破职称终身制,而根据其工作绩效与政府就其任期、工资等签约,政府服务委员会及各部部长有权对首席执行官进行绩效评估。同时,首席执行官对本部门雇员的雇用、解雇、工资等也拥有更大的决定权。根据《政府部门法案》,新西兰设立了政府服务专员,专门负责政府部门的绩效评估工作。该法案更加注重政府部门的绩效,强化了绩效责任制管理。

1989 年的《公共财政法案》(*The Public Finance Act*)决定推行预算改革,从以投入为基础转变为以产出为基础的预算,把过去的现金会计转为权责会计(accrual accounting)。另外,1991 年的《雇用合同法》和 1994 年的《财政责任法》,进一步加强了中央政府部委、执行局的财政责任、考核关系及绩效评估。

五、日本政府政策评估法

长期以来,日本对政府绩效的考核侧重于事后评估,如采取行政监察、会计审计等事后监督措施。为了强化监督效果,减少损失,在借鉴国外立法经验的基础上,日本于 2002 年 4 月 1 日施行了《政府政策评估法》,强化了事先评估制度,具体做法是:事先确定一个目标,然后制定措施为实现此目标而努力,这一过程就是政策评估。根据政府政策评估法的相关规定,部门和公务员制定工作目标和措施应从必要性、效率性和有效性三个方面出发,有关研究开发、公共事业和政府援助的决策,必须进行事前评估。政策评估必须听取外部人员的意见,评估结果要公开,并要求反映到预算编制上。评估结果比较低的,要请专家评议,以便进一步明确政策。经济产业省大臣官房专门设置了政府政策评估宣传课,负责对各业务课申报的工作进行评估。

综上所述,法制化、制度化是开展政府绩效评估的前提和基础,也是当前各国政府绩效评估的重要趋势之一。尽管由于历史条件、政治体系和经济基础等方面的差异,各国政府绩效评估法制化的程度有所不同,但也显现出一些共同的特征。首先,要从立法上确立绩效评估的地位,保证绩效评估成为政府公共管理的基本环节,促使政府开展评估工作,以提高公共管理水平。其次,从法律上树立绩效评估的权威性,绩效评估机构在政府中应具有相应的地位,享有调查、评估有关政府活动的权利,不受任何行政、公共组织或个人的干扰;评估结论能够得到有效传递和反馈,切实用于改进政府公共管理;评估活动能引起公众的关注,有充分的可信度和透明度。再次,颁布绩效评估工作的制度和规范,对公共管理过程哪些项目应该进行评估、开展什么形式的评估、评估应注意的事项等问题,作出详细规定,使评估工作有法可依,有规可循,从而使政府绩效评估走上了法制化和制度化的轨道。

第二节 中国政府绩效管理的法制化

政府绩效管理对提高政府绩效的重要意义,已逐渐为中国学术界和政府认可和接受。但中国政府绩效管理无论在理论还是在实践上都还很不成熟,与美国和英国等发达国家存在着很大的距离。在"政府绩效评估及其系统分析"一文中,中国学者指出,中国政府绩效评估的主要问题是:一是评估主体多为上级行政机关,社会公众还没有真正成为评估的主体;二是从评估的内容看,没有建立全面科学的评估指标体系,片面地将经济业绩等同于政绩,将经济指标等同于政府绩效的评估指标,并且,由于政府绩效一般不进入市场交换领域,因此难以用市场价格来直接标示其必要成本;三是从评估的程序看,操作过程没有规范化和程序化,存在很大的随意性;四是从评估的方法看,多为定性方法,较少采取定量方法,多为"运动式"、"评比式"和"突击式"评估,而对政府绩效的持续性测定较少;五是从评估的过程看,具有封闭性、神秘性、缺乏透明度与公开性,缺乏媒体监督;六是从评估效应看,管理者把公共管理主要精力放在见效快、表面程度高的工作上,一些地方政府及其官员,不计成本,不考虑经济效益和社会效益,挥霍纳税人的钱财,刻意制造政绩工程。

政府绩效评估中存在的以上问题,影响了政府绩效评估的实际运用和推广,影响了政府绩效评估的健康发展。长此以往,可能会误导政府行为,导致政府职能的扭曲变形,政府行为无序失范,形成经济与社会发展的不平衡,影响科学发展观的落实和实施。当然,中国政府绩效评估在理论和实践上存在诸多问题,原因是多方面的,但其中重要原因之一是缺乏相关的法律制度。

中国目前在国家和地方层面上还没有政府绩效评估方面的专门立法,相关法律制度主要有《审计法》和教育、科技、国有资产评估等领域的一些部门立法。例如1990年《普通高等学校教育评估暂行规定》,2000年《科技评估管理暂行办法》,1999年财政部、经济贸易委员会、人事部联合颁布的《国有资本业绩评价规则》和《国有资本金效绩评价操作细则》,2002年财政部、经济贸易委员会、中央企业工委、劳动和社会保障部、国家计委联合颁布的《企业效益评价操作细则(修订)》等,这些都只是某一具体领域的绩效评估立法,《审计法》也只是国家专门审计机关针对政府机关和国有企事业单位的财务审计立法,政府绩效审计在中国还仅仅是开端。而中国目前颁布实施的《公务员法》,其立法宗旨在于加强公务员管理的法制建设,同时完善公务员考试录用制度,还不是从外部对政府机关和公务员的绩效评估。因此,要在中国构建一套稳定完善的政府绩效评估制度,进行政府绩效管理方面的专门立法是不可或缺的。中国可以借鉴美国和英国等国家的立法经验,通过相应的法律、法规使政府绩效管理活动法制化和制度化,形成相应的制度,做到绩效管理活动有法可依、有章可循、有法必依,这样才能使评估者和被评估者都引起高度的重视,才能以法律的权威来规范、保障和促进政府绩效管理活动的有序发展。

第一,从法律层面上解决政府绩效评估权问题。在"政府绩效评估法治化的比较研究"一文中,中国学者林鸿潮指出,政府绩效评估之所以需要法治,最为根本的原因是评估权的存在,以及评估权在整个绩效评估过程中所发挥的决定性作用。评估权背后的根基是监督权,对政府的监督权可能属于公民与立法机关,也可能存在于政府内部,评估权同样如此,评估权的来源是否合法、配置是否得当、行使是否规范、责任是否落实将决定绩效评估的成败。因此,评估权的行使既需要保护,也需要规范,政府绩效评估的法治化必然围绕政府绩效评估权而展开。它所要解决的问题应包括:通过立法解决评估权的来源,明确评估权的归属并予以合理配置,创立法律程序规范评估权的行使过程,将评估结果落实为法律责任。

第二,规范政府绩效管理活动参与者的行为。政府绩效管理法作为一种社会规范,对绩效管理活动参与者的行为具有规范作用。这种规范作用是法律本身所固有的一种功能。在任何历史条件下,法律都具有这些功能,它不会因时间、场合的不同而发生变化。这是法律所有具有的一种客观的社会价值。政府绩效管理法通过规定人们在法律上的权利和义务以及违反法律规定应承担的责任来规范和指引人们的行为。对照政府绩效管理法,绩效管理活动的参与者,可以知道什么是国家赞成的、可做的,什么是国家反对的、不该做的;可以知道政府绩效评估的发展目标、价值取向和政策导向。例如,根据美国《政府绩效评估与结果法案》的规定,年度绩效报告应包括以下几方面内容:(1)对实际取得的绩效成绩和年度绩效计划中的绩效指标进行比较。(2)如果没有达到绩效目标,要说明没有达到目标的原因,以及将来完成绩效目标的计划和时间表。如果某个绩效目标是不实际或不可行的,要说明改进或终止目标的计划。(3)对财政年度内已完成的项目评估进行概述。包括这三个方面内容的年度绩效报告是否合法,否则就得进行修改和完善。法律对政府绩效评估对象、评估主体和评估活动组织者等行为的规范和指引作用,对改善政府绩效评估的质量,提高绩效评估结果的客观性、公正性和有效性具有重要意义。

第三,维护政府绩效管理活动的正常秩序。这主要是通过法律的教育功能实现的,首先,政府绩效管理法通过把国家或社会对人们参与政府绩效评估行为的基本要求和规律凝结为固定的行为模式(规则、原则等)而向人们灌输占支配地位的法律意识和法律观念,使之渗透或内化在人们的心中,并转化为具体的实际行动进而提高政府绩效管理活动参与者的自觉性和自律水平。其次,通过实施政府绩效管理,将对人们今后的行为发生影响。法律通过对于那些实施了守法行为的承认,保护甚至奖励的肯定性法律后果,示范、引导和鼓励人们从事符合法律规定的行为活动;对于那些实施违法犯罪行为的不承认和制裁的否定性法律后果,作为典型,从而教育社会其他成员,威慑那些潜在的违法者,达到预防违法的作用。法律的教育功能对于提高政府绩效评估活动参与者的权利义务观念、责任感、遵纪守法的自觉性等发挥了潜移默化的作用,有效地维护了政府绩效管理活动的正常秩序,有力地推动了政府绩效管理制度的建立和完善。

第四,提高政府绩效管理活动的水平。政府绩效管理的法制化,是指把国家政府绩效管理中比较成熟、比较有效、比较稳定、带有规律性的政策原则、制度和办法,由国家以法律、法令、条例的形式固定下来,作为评估主体、评估对象和评估活动组织者等在政府绩效评估活动中的法律规范,并由国家强制力来保证实施。法制管理手段是经济手段和行政手段的准则和保证,与经济手段,行政手段相比,具有明显的稳定性、强制性、规范性、透明性和预见性,在政府绩效管理中具有其他手段无法替代的特殊作用。法制手段以它的强制性,规定国家控制与干预的限度与原则,保证国家从客观上把握了政府绩效评估活动的方向,同时强有力地保障了政府绩效评估主体、评估对象及其他参与者的合法地位与正当权益,避免行政领导人的武断和瞎指挥,减少了人为因素的干扰,促进了政府绩效管理活动的有序和健康发展。

第五,促进政府绩效评估活动的实际应用和推广。法律的强制作用是指,法律作为一种行为规范所具有的依靠国家强制力对违法、犯罪行为进行制裁和惩罚的作用。强制作用是行为规范本身所必须具备的一项功能,是规范的一种内在要求,否则,规范对人的行为就不能进行有效的约束。离开了强制作用,任何规范都会变得毫无意义。与其他的社会规范不同,法律的强制性是通过国家的专门机关,并以国家的暴力为后盾的,是一种国家的强制。所以,在一个社会中,法律的强制性具有最高的权威性,也最为严厉。根据美国《政府绩效评估与结果法案》第306款的规定,截至1997年9月30日为止,每个机构的主要领导人都要专门为项目活动向管理与预算办公室主任和国会提交战略规划。而且战略规划应该覆盖从它应该递交的那一财政年度算起不少于5年的整个时期,而且应该至少每3年更新或修改一次。如果某个政府机构没有按法律规定制定为期六年的战略规划,没有每隔三年对战略计划进行调整,没有按规定向管理与预算办公室主任和国会提交战略规划,其行为就属于违法行为,就应该受到法律相应的制裁和惩罚。根据英国1997年颁布的《地方政府法》规定,地方政府必须实行最佳绩效评估制度,各部门每年都要进行绩效评估工作,要有专门的机构和人员及固定的程序进行绩效评估。如果不这样做,也属于违法行为,同样要受到法律的制裁。法律的强制作用,对于促进政府绩效评估的运用和推广具有决定性的意义,有利于政府绩效管理活动持续地、经常地开展下去。

第三节　中国政府绩效管理的立法原则

在讨论政府绩效管理法制化的基本原则之前,有必要明确立法宗旨。在"政府绩效评估的法律制度构建"一文中,中国学者杨寅和黄萍认为,绩效评估是一种针对政府自身活动的管理方法和手段,其最终的目的是为了促进政府绩效的提高。通过评估可以使行政工作人员在计划开始前作好充分的准备,在计划的过程中掌握和判断计划的发展方向,在计划完成后明白计划成功或失败的原因,以使以后的工作计划更加有效和顺利地实行。各国的绩效评估制度基本都包括计划没有完成原因之分析及对将来计划的应对策略等步骤,旨在使政府成为一个不断学习和提高的系统。因此,提高政府绩效应该是政府绩效管理立法的宗旨。

在明确立法宗旨的基础上,确立贯穿政府绩效管理整个过程、彰显现代行政精神、指导立法实践的基本原则是政府绩效管理立法的前提和基础。北京大学周旺生认为,立法原则是立法主体据以进行立法活动的重要准绳,是立法的内在精神品格之所在。立法活动非常需要讲原则,因为立法活动作为国家政权活动中尤为重要的活动,不能没有准绳以为遵循,不能没有内在精神品格以为支撑。立法遵循一定的原则,便有助于立法者采取有效的方式把一定的意志升为国家政权意志,使所立的法有效地实现立法者的目的。立法遵循一定的原则,便有助于立法者站在一定的思想理论高度来认识和把握立法,使立法能在经过选择的思想理论指导下,沿着有利于执政者或立法者的方向发展。立法遵循一定的原则,便有助于立法者从大局上把握立法,集中地、突出地、强调地体现立法者的某些重要意志;有助于立法者协调立法活动自身的种种关系,统一立法的主旨和精神,使各种立法活动以及立法同它所调整的对象之间,有一种一以贯之的精神品格在发挥作用。

我们认为,中国政府绩效管理立法必须遵循的基本原则包括:政府责任原则、人民满意原则、民主原则、透明原则和科学原则。

一、政府责任原则

建立责任政府是政府管理体制改革与行政改革的根本目标之一。现代民主政府在本质上是责任政府。责任政府意味着政府能积极地对立法机关负责,对立法机关制定的法律负责,回应、满足和实现公民的正当要求,负责任地使用权力。在责任政府之下,政府行使的每一项权力背后都连带着一份责任。责任政府有两个层面:承担什么样的责任?对谁负责?具体地说,政府承担来自宪法和法律所规定的责任,并向所有公众及他们的代表机关负责。建设责任政府在客观上要求政府绩效评估立法遵循政府责任原则,因为遵循政府责任立法原则有助于推动或有助于实现建设责任政府的改革目标。

政府责任立法原则,即在中国的政府绩效管理立法中应从政府责任的角度去设计相关制度,要将政府绩效评估明确为各级政府及其部门应尽的职责和义务,以强化绩效评估的政府责任意识。如果从公民权利的角度规定政府绩效评估,则不易落实为政府的积极行为,成为某些政府逃避绩效评估责任的借口。在政府绩效评估立法中,要明确规定公民和政府在政府绩效评估时的权利和义务。例如,各级政府及其部门有义务在一定期限内进行绩效评估,并且对评估指标、评估方法、评估程序和评估结果有公开义务,公众对政府实施绩效评估有监督权、参与权和知情权等,都需要在政府绩效管理立法中予以明确规定。

二、人民满意原则

20 世纪 70 年代末,西方各国掀起的被誉为"新公共管理运动"的政府改革给公共部门管理带来了巨大的变化。"这不仅仅是一种形式上的变革或管理风格的细微变化,而是在政府的社会角色及政府与公民的关系方面所进行的改革"。在这场轰轰烈烈的政府改革运动中,服务型政府出现并成为新公共管理运动中的一种十分重要的实践模式。"服务型政府"的提出,主要是为了纠正新公共管理运动初期对效率价值的过分推崇,它在一定程度上是向社会民主价值和为公众服务理念的回归。服务型政府是以公众服务为导向的政府,它强调政府的服务者定位。政府不再是凌驾于社会之上的封闭官僚机构,而是以公众服务为导向,积极回应公众需求的开放式、互动式的政府。在管理活动中,政府不仅要循着命令链对上级负责,更要对公众负责。政府需要积极了解公众需求和测评公众满意度,以提供公众满意的公共物品。

党的十六届四中全会提出加强党的执政能力建设,要求我们党的全部执政实践要始终体现为民、爱民、富民的方针。为人民服务是我们党的根本宗旨和一切工作的出发点,让人民满意是检验我们工作成败得失的重要标准。在政府绩效管理立法的实践中,坚持让人民满意原则,有助于建立科学合理的政府绩效评估体系,有助于引导广大党员干部树立科学的发展观和正确的政绩观,切实增强群众观念,真正在思想上尊重群众,在感情上贴近群众,在行动上深入群众,在工作上依靠群众,真正把群众"拥护不拥护,答应不答应,赞成不赞成,高兴不高兴"作为我们想问题、办事情、作决策的出发点和落脚点,努力实践全心全意为人民服务的根本宗旨,在改进工作作风、服务基层、服务群众方面取得更大进步,真正把代表最广大人民的根本利益的要求落实到日常工作中去。

三、民主原则

在现代国家和现代社会,立法应当坚持民主原则,是各国立法的共同之处。《中华人民共和国立法法》第五条规定,立法应当体现人民的意志,发扬社会主义民主,保障人民通过多种途径参与立法活动。中国学者周旺生认为,从现代民主原则的普遍性和本国民主原则的特色相结合的角度看,中国立法所应遵循的民主原则,其含义和内容应当包括三个要素:其一,立法主体是广泛的,人民是立法的主人,立法权在根本上属于人民,由人民行使。立法主体是多元化的,中央与地方、权力机关与政府机关应当有合理的立法权限划分体制和监督体制。其二,立法内容具有人民性,以维护人民的利益为宗旨,注意确认和保障人民的权利,而不是以政府的意志或少数人的意志为依归。其三,立法活动过程和立法程序是民主的,在立法过程中注重贯彻群众路线,使人民能够通过必要的途径,有效地参与立法,有效地在立法过程中表达自己的意愿。

中国是人民主权国家,人民是国家的主人、民主的主体,国家活动的根本任务之一就是确认和保障人民的民主权利特别是当家作主管理国家的权利。《中华人民共和国宪法》第二条规定:人民依照法律规定,通过各种途径和形式,管理国家事务,管理经济和文化事业,管理社会事务。政府绩效评估立法民主原则体现了宪法的精神。在政府绩效管理立法中遵循民主原则,用立法的形式充分反映和保障人民的民主权利,用法律来明确赋予人民群众参与政府绩效评估的权利,赋予人民群众参与政府绩效评估体系构建、评估方法选择、评估主体确定、评估程序制定的权利,从而使人民群众成为政府绩效评估的真正主人。

四、透明原则

透明政府的建立已成为世界潮流,特别是自20世纪70年代以来,各个发达国家都纷纷通过制定一系列法律的形式来确保政府的公共信息免费公布于众,真正实现政府的透明与公开。在《中国入世议定书》中,世贸组织也对我们的政府透明度提出了要求,而且中国政府也作出了承诺。透明原则,又称公开原则,是现代政府的基本特征,行政过程的规范公开、决策公开、执行公开等透明要求是规范政府行政行为,提高政府工作绩效的有效途径,也是激励公众参政议政,防止暗箱操作,避免权力寻租的重要措施。

《中华人民共和国宪法》第四十一条规定:"中华人民共和国公民对于任何国家机关和国家机关工作人员,有提出批评和建议的权利;对于任何国家机关和国家机关工作人员的违法失职行为,有向有关国家机关提出申诉、控告或者检举的权利。"第二款规定:"对于公民的申诉、控告、检举,有关国家机关必须查清事实,负责处理。"中国宪法是一切立法的基础,既然宪法已经规定了广大人民的知情权,这就为我们制定相应的法律、法规奠定了立法的基础。政府绩效评估立法的透明原则,是实现宪法赋予人民知情权的有效方式。

根据政府绩效管理立法的透明原则,要求所有与政府绩效评估有关或者影响政府绩效评估的信息必须全面公开,让公众知晓。用法律来明确规定政府绩效的评估对象、评估目的、评估指标、评估主体、评估方法、评估结果和奖惩措施等必须通过电台、报纸、刊物、网站等媒体公开,未公开的不得执行。政府绩效评估信息的公开透明,是尊重人民群众知情权的重要表现,也有利于人民群众对政府工作行使评判权、监督权和参与权。公开、透明原则还意味着评估能公开让被评估者跟踪了解。如果绩效评估不透明的话,被评估者就无法了解、检查自我工作的实际情况与发展方向,从而很难朝着评估导向的目标改进工作,改善绩效。

五、科学原则

《中华人民共和国立法法》第六条规定,立法应当从实际出发,科学合理地规定公民、法人和其他组织的权利与义务、国家机关的权力与责任。坚持立法的科学原则问题,也就是实现立法的科学化、现代化问题。现代立法应当是科学活动。立法遵循科学原则,有助于提升立法质量和产生良法,有益于尊重立法规律、克服立法中的主观随意性和盲目性,也有利于在立法中避免或减少错误和失误,降低成本,提高立法效益。所以现代国家一般都重视遵循立法的科学原则。

坚持政府绩效管理立法的科学原则,要求政府绩效管理法律制度对评估主体、评估对象和评估组织机构等评估活动参与者的权利义务设置科学合理,要求对评估程序、评估信息采集、评估报告内容、评估信息披露和评估结果运用等法律规定科学合理;要求政府绩效评估法律制度尊重和反映绩效评估活动的客观规律。国外的实践表明,坚持政府绩效管理立法的科学原则,有利于提高政府绩效管理立法的质量,有利于推动政府绩效评估的实施和推广,有利于改善和提高政府绩效。

第四节　中国政府绩效管理法制化的内容

法律先行是美国、英国等发达国家实施和推广政府绩效评估的重要经验和普遍做法,所以要借鉴发达国家的有益经验,结合中国的实际情况,加快政府绩效管理的法制化。为了制定科学合理的政府绩效管理法律制度,必须依据政府责任原则、人民满意原则、民主原则、透明原则和科学原则等立法,确定科学合理的政府绩效管理法制化的内容。

借鉴美国、英国和澳大利亚等国家政府绩效管理法制化的经验,我们认为,中国政府绩效管理法制化主要包括以下几个方面的内容。

一、政府绩效评估主体

绩效评估主体指的是对评估主体作出评估的人,解决了"由谁评估"的问题。评估主体在政府绩效评估体系中占有非常重要的地位,到底谁有权评估政府? 这一直是绩效评估研究领域关注的焦点,也是中国政府绩效评估立法必须作出明确回答的问题。政府绩效评估必须由一定的主体来掌握和实施,评估主体的确定不仅需要考虑评估对象、评估目的和评估指标与标准等众多因素,还需要解决其权力来源的正当性问题。因此,评估主体的确定需要法律作出明确授权。

评估主体多元化,是当今国外政府绩效评估的重要趋势。为了克服单一的评估主体带来的诸多缺陷和评估误差,应当设立多元的评估主体。因为不同的评估主体会从各自不同的视角出发,对同一评估对象的各个方面进行全面评估,避免了因从单一视角出发而导致的评估结果的片面性。在美国、英国、澳大利亚和加拿大等发达国家,在政府绩效评估过程中有公民和服务对象的广泛参与,由单纯的政府机关内部的评估发展到由社会机构进行评估。美国民间机构锡拉丘兹大学坎贝尔研究所自 1998 年以来就与美国《政府管理》杂志合作,每年对各州或市的政府绩效进行评估,并发布评估报告,引起了政府和民众的广泛关注,一些州政府在对其部门年终业绩进行评估时,也往往请专门的社会评估机构参与。美国政府会计标准委员会(The Government Accounting Standards Board)是一个非政府机构,但却是美国注册会计师协会承认拥有制定州与地方政府的一般可接受会计准则权力的唯一实体。20 世纪 80 年代后期,该委员会开始发布针对州与地方政府绩效报告的分析结果。1994 年,该委员会还发布了由审计师与会计师共同撰写的关于政府"服务努力与完成"(Service Efforts and Accomplishment,即 SEA)情况的"概念陈述",这意味着会计师与审计师将对政府中提高有效性与效率措施进行评估、评级和报告。

评估主体来源多元化,评估方式多种多样,主要包括:上级评估、自我评估、同级评估、下级评估、公众评估和专家评估等(见图 12-1)。

中国绩效评估存在的重要缺陷是评估主体缺乏"多元化",实践中侧重于上级行政机关对下级的评估,缺乏政府内部的自身评估以及社会公众、中介组织和专业机构对政府的评估。虽然一些地方也大张旗鼓地开展万人评议政府机关的活动,但大都暴露出形式主义、虎头蛇尾的弊端,反而影响了人民群众参与政府绩效评估的热情及对政府承诺的信心。中国评估主体的单一性,导致了

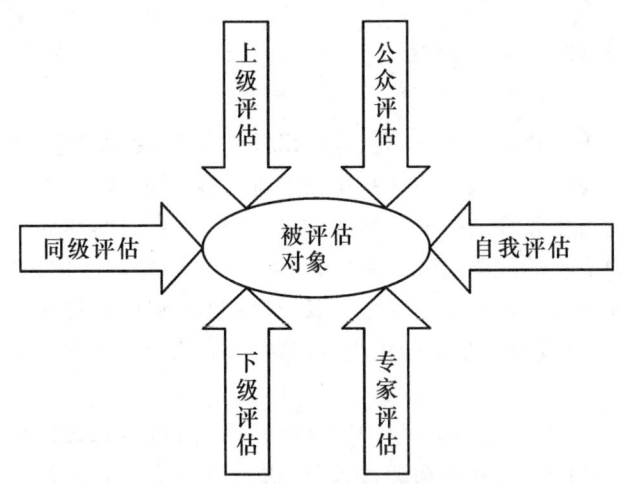

图 12－1　政府绩效评估主体多元化

"行政管理"主体与社会公众之间关系的不对等性,弱化了社会公众需求对政府行为的导向性作用以及社会公众对行政活动的参与、制约与监督,随之而来便是忽视了行政权的制约性、行政活动领域的有限性以及行政行为的依法性。

因此,只有评估主体多元化,评估的结果才更真实、公正、可靠,评估的结果才能更好地满足不同相关利益群体的需求,特别是弱势群体的需求。评估主体多元化,使得政府机关不仅对上级机关负责,更重要的是对人民负责,形成人民监督和上级监督相结合的绩效推动机制,建立让老百姓满意的服务型政府。

针对评估主体缺乏多元化的客观现实,通过政府绩效评估立法,鼓励和推动多元化政府绩效评估体系的构建,包括政府机关的自我评估、上级评估、党的组织和权力机关的评估、专家评估、中介机构评估和社会公众评估等,逐步实现官方评估与民间评估并重;规范和指导人民群众参与政府评估,培育民间独立的"第三方"进行评估,包括独立的民意调查机构、专业中介机构和媒体、由不同利益群体组成的独立评估委员会等。目前中国专业化政府绩效评估机构还没有,需要将专业化中介机构的培育作为政府绩效评估法制化的一项重要内容来抓。

二、政府绩效评估指标

评估指标是评估内容的载体,也是评估内容的外在表现。要正确评估政府绩效,建立一套科学合理的评估指标体系是首要前提。

GDP 是近年来被用来评估中国地方政府绩效和衡量地方党政一把手政绩的主要指标,在中国经济社会发展中起到了"指挥棒"的作用。长期以来,许多地方政府和领导干部都把追求经济增长(即 GDP 增长)作为最重要的工作目标。

GDP 是了解、掌握当地经济发展速度、经济运行情况直观的数字体现,是当地经济运行、经济发展的"晴雨表",是党和国家制定经济发展战略、中长期规划、年度计划和各种宏观经济政策的重要依据。但 GDP 还存在着以下明显弊端:(1) GDP 不能准确反映经济增长的质量和结构,而判断经济和社会发展,不仅要看经济总量的增长,还必须看经济结构的变化和协调;(2) 发展的目的,是为了走向富裕,奔向小康,提高真实的福利水平,而 GDP 却无法反映社会的福利增长;(3) GDP 只反映经济增长的结果,而不能反映因为经济增长对环境资源的负面影响;(4) 人均 GDP 不能准确地反映社会分配和社会公正,掩盖了贫富差距。

改革开放以来,中国各级政府确立了以经济建设为中心的战略方针。层层的经济目标责任制逐渐成为各级政府推动经济发展的主要手段。在地方利益和官员追求"政绩"的共同驱使下,GDP 及 GDP 增长率等经济指标实际上成为衡量地方政府绩效的主要甚至是唯一的刚性指标。实践表明,以 GDP 至上的政府绩效评估体系对地方政府行为的误导作用十分明显,其负面效应日趋凸现:一是助长了地方政府过多、过细地参与或干预微观经济活动,淡化了企业的市场竞争意识和市场竞争能力,延滞了现代企业制度和市场经济体制的建立;二是助长了一些地方政府官员"只对上负责、不对下负责和不对人民负责"的从政理念,忽视了政府的公共服务能力建设,降低了政府的服务意识和服务质量;三是助长了一些地方政府官员弄虚作假和浮夸风,滋生了很多"形象工程"和"政绩工程",损害了人民的根本利益和政府的威信;四是助长了地方政府官员不计代价追求短期利益、局部利益和个人利益,加快了自然资源的枯竭,加剧生态环境的破坏,影响了经济、社会与环境的可持续发展。

树立正确的政绩观,建立科学的政府绩效评估体系,对政府绩效进行科学的评估,依据评估的结果对地方政府及相关人员进行科学的奖惩,是世界上很多国家的普遍做法。这种做法不仅有利于发现和找出政府工作中的缺陷和不足,引导、制约和规范政府行为,促进政府职能的转变,提高政府的服务能力和服务质量,增强公民对政府的认同和信任;更重要的是它如同"指挥棒",决定着政府的工作方向,有利于地方政府树立科学的政绩观和发展观,促进经济社会的全面协调和可持续发展。

由于不同层级政府及同一层级政府不同部门(机构)的职能、目标和任务的不同,因而不可能通过立法建立一套完全统一的政府绩效评估指标。但根据党的十六大和党的十六届三中全会对中国地方政府的职能定位,在科学发展观的指导下,可以通过立法设立一套具有法律效力的政府绩效评估参照标准,这些标准包括经济标准、社会标准、市场标准和政治标准等,以促进中国政府绩效评估指标的科学化和规范化。

三、政府绩效评估程序

评估程序是评估主体误差的重要来源,是影响评估结果客观性和公正性的重要因素。评估程序不规范,就很难保证评估结果的客观性和公正性。因此,评估程序规范化和科学化,是政府绩效评估规范化和科学化的重要前提。

根据美国审计总署1994年修订的《美国政府审计准则》,美国的政府绩效审计是严格地按照制定计划、初步调查、管理控制、详细审查、编写报告和提交报告六个程序开展的。美国国家公共生产力中心发布的《地方政府绩效评估简要指南》,也明确规定了政府绩效评估的七个实施程序:鉴别要评估的项目、陈述目的并界定所期望的结果、选择衡量的标准或指标、设置业绩和结果(达成目标)的标准、监督结果、业绩报告和使用结果和业绩信息。美国警察局的业绩评估步骤主要有以下六个方面:(1)明确被评估者所进行的工作,即首先要搞清被评估者的工作应该是什么。显然,其工作成果要受到个人能力、工作环境、工作时间,以及偶然因素的干扰与影响;(2)评估者对被评估者的考察。考察者的职位、考察的次数、考察人的主观性和其持有的偏见,以及随机产生的判断错误都会影响其作出的结论;(3)考察者总结自己的观察内容,并记录在评定表上;(4)考察者将自己对被考察者观察的情况及得出的结论反馈给被考察者;(5)考察者的报告将提交给组织的决策机构并由其最终得出结论;(6)在最终定论的基础上对被考察者实施不同的管理政策。

英国在政府绩效评估工作中特别重视评估程序的规范化和科学化,它们不是简单地把程序视为绩效评估的先后顺序,而是作为绩效评估制度的一个重要组成部分,精心慎重地进行合理安排。著名的"雷纳评审"是遵循一定的评估程序而展开的,其主要实施程序包括:选择评估对象、对评估活动提出质疑、进行辩论、达成共识和改革措施的实施等。公务员绩效评估是按照一定程序有计划和按步骤逐渐向前推进的,基本程序包括:部门制定年度目标、个人制定年度目标、年中对照检查本人年度目标落实情况、自我写出评估材料、管理者写对被评估者的评估报告和被评估人向上级提请评估复议。英国国家审计署和审计委员会开展的政府绩效审计也必须遵循《绩效审计手册》规定的八个工作程序：确定绩效审计项目、制定绩效审计计划、开展绩效审计调查、绩效审计与评估、撰写绩效审计报告、向公共账目委员会报告、公示绩效审计结果和绩效审计后续评估。

我们认为，中国目前政府绩效评估的重要缺陷之一，是评估程序没有规范化，存在很大随意性。因此，需要通过政府绩效评估立法，解决评估程序非规范化问题。虽然针对不同评估对象、评估目的、评估指标，法律不可能规定十分详细的统一的评估程序，但完全可以通过立法设置政府绩效评估应该遵循的若干关键性的基本程序，包括：制定政府绩效评估计划、建立政府绩效评估组织、构建政府绩效评估指标、收集政府绩效评估信息、选择政府绩效评估的计量方法、撰写政府绩效评估报告和政府绩效评估结果的反馈和应用。

四、政府绩效评估报告的撰写

绩效评估报告是政府绩效评估结果的书面总结报告，是说明评估目的、评估指标、评估程序、评估方法和评估结论以及评估结果分析等基本情况的书面文件。绩效评估报告，既是政府或政府部门了解自身工作成绩和主要问题，改进自身工作的依据、政府官员奖惩升降的依据和鉴定政府合法性的依据，也是利益相关者及公众了解政府工作的重要途径。美国和英国等发达国家都十分重视绩效评估报告的撰写并明确规定了政府绩效评估的基本格式。美国《政府绩效评估与结果法案》规定，年度绩效报告应包括以下几个方面内容：（1）对实际取得的绩效成绩和年度绩效计划中的绩效指标进行比较；（2）如果没有达到绩效目标，要说明没有达到目标的原因，以及将来完成绩效目标的计划和时间表。如果某个绩效目标是不实际或不可行的，要说明改进或终止目标的计划；（3）对财政年度内已完成的项目评估进行概述。《英国国家审计法》要求绩效审计报告要全面反映审计工作目标、工作过程与方法以及工作的成果，主要内容包括：审计对象背景；被审计单位或项目的工作目标；被审计单位实现其目标的主要手段和措施；审计人员完成的与被审计单位就保证资金利用的经济性、效率性、效果性所采取措施的范围、种类和程度；绩效审计中得出的结论或问题；被审计单位最有价值绩效计划审计情况。加拿大相关法律明确规定了政府绩效审计报告的一些基本内容：审计目的、审计时间、审计范围;审计准则;审计项目的概况;审计标准;审计查出的主要问题;审计建议;被审计单位对审计报告的反馈意见;审计结论。中国科技部发布的《科技评估管理暂行办法》第二十七条规定,科技评估报告包括正文和附件两部分。正文部分应当包括:评估机构名称;委托方名称;评估目的、范围和简要说明;评估原则;评估报告的适用时间及适用范围;评估所依据的法律法规和政策性文件;评估方法的采用;评估说明;评估结论;重大事项声明;评估机构负责人、评估项目负责人签名并加盖评估机构公章。附件部分包括:评估机构资格证明文件的复印件;其他与评估有关的文件资料。

对于不同评估目的和评估对象,评估报告的具体内容会有所差异,不可能用法律很详细地规定评估报告的具体内容,但可以通过立法明确规定政府绩效评估报告的基本内容:(1)绩效评估的背景资料。介绍评估对象的基本情况和绩效评估实施的基本情况,说明进行绩效评估的目的、评估指标和评估标准等;(2)绩效评估的基本结论。评估主体以评估对象为单位,运用各种信息来获取相关绩效信息,经过加工整理后得出评估对象的评估指标的数值或定性描述,并与其预定的评估标准、目标、指标相比,通过差异分析得出绩效优劣的判断;(3)绩效评估的建议。由于绩效评估报告的目的在于传达各部门绩效的资讯,协助政府部门管理者深入了解组织各层面的工作效率、效果,并帮助改进和提高工作绩效。

五、政府绩效评估结果的公开和使用

无论是用于内部管理控制,还是用于外部监督,绩效评估的结果应该公开,并且能够使用,否则就失去了评估的意义。绩效评估的结果要向被评估的政府或政府部门和利益相关者(包括社会公众)公开,其目的在于公布、传达政府及其部门的工作绩效,协助被评估对象的管理者深入了解组织中各层面的工作效率、效果及存在的主要问题,使上级部门能够更好地针对下级部门的实际情况对其进行奖励和惩罚,加强社会公众对政府工作的有效监督。

美国《政府绩效与结果法案》规定每个机构在作出评估后都应作绩效报告,规定报告要提交上级部门及国会,并向利益相关者公开。国会将依据政府各部门的绩效表现决定对该部门的财政拨款,而政府的上级部门则根据绩效情况决定是否继续对该部门放松规制、下放权力等。为了保证政府首脑和立法机构及时、综合地了解审计工作情况,美国审计总署规定,审计综合报告要定期(月、季或半年)向政府和立法机构报送,任何单位或个人需要了解审计情况,都可以向审计部门索取。美国民间机构关于政府绩效评估的结果也大多是向社会及公众公布,让公众对公共部门的工作绩效有更清楚的了解。美国国家绩效评估委员会1997年2月颁布的《顾客需求战略规划最佳实践的基准比较研究报告》曾指出:与雇员、顾客和各利益相关者的有效的内外部交流是成功的绩效评估的关键;绩效评估结果(除须保密外)应公开,与雇员、顾客和利益相关者共享。

在中国,绩效评估结果在现实中还没有得到应有的重视和运用。决策者和管理者很少去关心评估的结果,致使评估结果得不到使用或使用不够。而且,中国政府绩效评估的结果通常也不对外公开,往往是当作内部材料向上级报送,甚至连本部门的一般成员都很难获知评估的结果,社会公众就更难知晓了。政府绩效评估结果的封闭性,一方面影响了绩效评估的客观性和真实性。因为利益相关者,尤其是政府服务的公众,应该是公共部门是否达成目标的最终评判者,如果他们无法了解评估过程和评估结果,将会影响评估主体的责任感,进而增加评估误差,影响评估结果的客观性和真实性。另一方面不利于政府绩效的提高。由于仅有少数人能够了解评估过程和评估结果,因此,政府的一般成员难以通过评估而真正发现工作中的差距和不足,也难以在实际工作过程中加以改进和提高;而公众和利益相关者由于对公共部门绩效评估的信息不甚清楚,而难以真正对政府起到监督的作用,也难以通过监督促使政府提高工作绩效。

因此,中国也应该切实重视绩效评估结果的公开和使用,在政府绩效评估立法中,规定绩效评估结果必须公开,并且充分使用评估的结果,使绩效评估结果真正起到推动政府提高工作效率、改善管理、提高公共物品质和量的供给的作用。

六、政府绩效评估的法律责任机制

法律责任是指法律所规定的、违法行为人因违法所应承担的制裁性法律后果。法律责任不同于政治责任、道义责任等其他社会责任。法律责任的大小、范围、期限和性质,都是由法律明确规定的;法律责任具有国家强制性,以国家暴力机器为后盾来保证其实现,其他社会责任则不存在国家强制性。政府绩效评估的法律责任主要有民事责任、行政责任和刑事责任三种。

政府绩效评估法律责任的三种具体形式在强制程度、责任性质等方面均不相同。行政责任和刑事责任的强制性较强,民事责任的强制性较弱;行政责任和刑事责任主要体现了"惩罚",民事责任主要体现了"补偿",只有明确区分具体承担哪种法律责任形式,才能有效地惩罚和威慑违法行为。中国目前与绩效评估法律责任相关的法律主要有《刑法》、《公司法》、《证券法》、《民法通则》和《民事诉讼法》等五种共十条。其中,《刑法》规定对故意提供虚假证明文件,索取他人财物或者非法收受他人财物以及严重不负责任,出具的证明文件有重大失实,后果严重的承担法律责任。同时,只规定了评估人员的刑事责任,而没有规定评估人员的行政责任和民事责任以及评估机构的法律责任。《公司法》规定对提供虚假证明文件以及因过失提供有重大遗漏报告的承担法律责任。同时,规定了评估人员的行政责任和评估机构的行政责任。《证券法》规定对应负责的弄虚作假以及违反本法第三十九条的规定买卖股票的承担法律责任。同时,规定了评估人员的行政责任和评估机构的行政责任。

现行法律对评估法律责任规定存在着不少缺陷:一是用语模糊。相关法律、法规中经常使用"其他利害关系人"和"情节严重的"等词语,用词相当模糊。"其他利害关系人"一词没有指明是直接的关系人还是间接的关系人,是确知的关系人还是不确知的关系人,是应当预见的或可以预见的第三人还是所有相关的"利害关系人";什么是"情节严重的",其判断的标准是什么? 是以金额的大小为标准还是以问题的性质为标准? 这些用语相当笼统、模糊,没有把握的尺度,不具有可操作性,在具体判断时,主观性太强。二是处罚标准的弹性大。相关法律、法规中规定的处罚金额多为"一到三倍"和"一到五倍"或"几千到几十万元";处罚的年限也为"几年到十余年"。这些条款规定的处罚标准弹性很大,虽然给执法带来了一定的灵活性,但一旦打上人为的烙印,法律、法规的公正性就会受到威胁。三是重行政或刑事处罚,轻民事调节。资产评估法律责任包括行政责任、刑事责任和民事责任三种,三者相互之间并行不悖,不能相互替代,不能因为承担了行政责任或刑事责任就不再承担民事责任了。相关法律都规定了行政责任或刑事责任,没有规定民事责任,只在《证券法》中提及了资产评估机构的民事责任,"造成损失的,承担连带赔偿责任";相关法规中详述了行政责任,仅泛泛指出了民事责任。四是欠缺法律责任条款的规定。相关法律、法规中很多条款都规定了评估机构或评估人员的义务,几乎没有规定其不履行义务而应该承担的法律责任,或只是略提一句"要承担责任"。

针对上述有关评估法律责任规定的种种缺陷,建议通过政府绩效评估立法,明确界定政府绩效评估主管单位、评估主体(评估机构和评估专家)、评估对象和评估结果使用者与其权力相对等的法律责任。

七、政府绩效评估中的申诉制度

申诉权作为公民的一项宪法权利,已为现代民主国家所普遍确立。中国现行《宪法》第四十一条规定:中华人民共和国公民"对于任何国家机关和国家工作人员的违法失职行为,有向有关国家机关提出申诉、控告或者检举的权利","对于公民的申诉、控告或者检举,有关国家机关必须查清事实,负责处理"。可见,申诉权是宪法赋予公民的一项基本权利,或者说是公民的一项宪法权利,即作为民主国家的公民对于任何国家机关和国家工作人员的违法失职行为,有向有关国家机关提出申诉、要求有关机关作出相应处理的权利。行政申诉权,是指作为当事人的公民或其利害关系人认为有关组织的职务行为侵犯其合法权益时,依法向法律规定的行政机关提出撤销或变更原处理决定、责令限期改正或重新处理、停止侵权、直至赔偿损失的请求的权利。申诉权具有以下几个特点:

第一,申诉主体是受到有关组织的职务行为侵权的当事人或其利害关系人。之所以纳入"利害关系人",是由于考虑到在作为当事人的公民死亡的非常情况下,为保护公民的近亲属的利益,应允许申诉人资格转移。

第二,申诉条件是有关组织的职务行为侵犯了申诉人的合法权益。这里的"有关组织"不限于行政机关,可以包括法律规定的其他组织(一般是指"授权性行政主体"或申诉人所属的具有准公权性质的组织),并且申诉人只需主观上"认为"就可以提出申诉,实际是否受到侵害则应由受理机关查明,受理机关负有查清和处理的义务。

第三,申诉程序由申诉人向特定行政机关提出正式申诉引起。如果收到申诉的机关为非法定受理机关,则无权处理申诉;如果向行政机关的个人(如该机关负责人)提出,则按一般群众来信来访处理。

第四,申诉目的是为了通过处理机关的监督,使受法律保护的申诉人利益得到救济。

第五,受理申诉的机关是得到法律、法规明确授权的行政机关,而非司法机关或其他组织。并且该机关需具有行政主体资格,能以自己的名义进行处理,并能独立承担由此而产生的法律责任。

绩效申诉,是指评估对象(或公民)对于评估主体的失当行为的救济权。政府绩效评估是一个双向互动的过程,绩效评估离不开绩效申诉。公民、法人及其他组织可以对政府绩效评估主管单位和评估主体在评估过程中出现的失当行为,提出申诉。绩效申诉制度,可以用来抵御评估主体对评估对象正当权益的侵犯,防止权力恣意与滥用,纠正绩效评估过程的错误,维护绩效评估的客观性和公正性。

中国政府绩效管理实践刚开始起步,在绩效评估过程中,由于评估组织单位和评估主体不合理和不规范的行政行为的存在,导致损害评估对象合法权益现象的发生,因此,要通过政府绩效管理立法,加强绩效评估申诉制度的建设,完善政府绩效评估的救济途径。

本章小结

本章主要介绍了西方发达国家政府绩效管理法制化的实践,并对在政府绩效管理法制化过程中所表现出的一些共同特征作了简要概括。同时,就中国政府绩效管理的意义、立法原则和内容进行了详细阐述。

1. 加强政府绩效管理的法律制度建设,用法律手段来规范政府绩效管理参与者的行为,促进政府绩效管理活动的法制化和制度化,对于促进政府绩效管理活动的健康发展具有重要意义。美国、英国、澳大利亚、新西兰、韩国和日本等国家都制定了相应的法律和法规,保障、规范和促进本国政府绩效管理活动的健康发展,并表现出一些共同特征,推动了行政改革。

2. 中国政府绩效管理法制化的意义在于:从法律层面上解决了政府绩效评估权问题,规范了政府绩效管理活动参与者的行为,维护了政府绩效管理活动的正常秩序,提高了政府绩效管理活动的水平,以及促进了政府绩效评估活动的实际应用和推广。

3. 提高政府绩效应该成为政府绩效管理的立法宗旨,而立法原则是政府绩效管理立法的前提和基础。中国政府绩效管理立法必须遵循的基本原则包括:政府责任原则、人民满意原则、民主原则、透明原则和科学原则。

4. 中国政府绩效管理法制化的内容主要包括:政府绩效评估主体,政府绩效评估指标,政府绩效评估程序,政府绩效评估报告的撰写,政府绩效评估结果的公开和使用,政府绩效评估的法律责任机制,以及政府绩效评估中的申诉制度。

本章基本术语

法制化　绩效评估主体　政府绩效评估指标　政府绩效评估程序　绩效评估报告　行政申诉权　绩效申诉

复习思考题

1. 为什么说法制化是国外政府绩效管理发展的一个重要趋势？
2. 简述美国政府绩效管理的立法特点及对中国的启示。
3. 试分析中国政府绩效管理立法的现实意义。
4. 根据你自己的理解，中国政府绩效管理立法应该坚持哪些基本原则？
5. 试讨论中国政府绩效管理立法的主要内容。

主要参考文献

1. 于军编译:《英国地方行政改革研究》,北京:国家行政学院出版社, 1999 年

2.〔美〕马克·G·波波维奇著:《创建高绩效政府组织》,北京:中国人民大学出版社,2001 年

3. 方振邦主编:《绩效管理》,北京:中国人民大学出版社,2003 年

4. 王重鸣主编:《心理学研究方法》,北京:人民教育出版社,2004 年

5.〔美〕尼古拉斯·亨利著:《公共行政与公共事务》,北京:中国人民大学出版社,2001 年

6.〔美〕艾伦·希克著:《当代公共支出管理方法》,北京:经济管理出版社,2001 年

7. 亚洲开发银行编:《政府支出管理》,北京:人民出版社,2001 年

8. 邢俊芳、陈华、邹传华编:《最新国外绩效审计》,北京:中国审计出版社,2001 年

9. 刘兴倍主编:《管理学原理》,北京:清华大学出版社,2004 年

10. 刘旭涛主编:《政府绩效管理制度、战略与方法》,北京:机械工业出版社,2003 年

11. 邢以群著:《管理学》,杭州:浙江大学出版社,2005 年

12. 宋世明主编:《美国行政改革研究》,北京:国家行政学院出版社, 1999 年

13. 张今声主编:《政府行为与效能》,北京:中国计划出版社,2001 年

14. 张敏强编著:《教育与心理统计学》,北京:人民教育出版社,2003 年

15. 财政部财政科学研究所《绩效预算》课题组编:《美国政府绩效评价体系》,北京:经济管理出版社,2004 年

16.〔美〕阿里·哈拉契米主编:《政府业绩与质量测评——问题与经验》,广州:中山大学出版社,2003 年

17. 陈振明著:《政府再造——西方"新公共管理运动"述评》,北京:中国人民大学出版社,2003 年

18. 〔美〕凯瑟琳·纽科默等主编:《迎接业绩导向型政府的挑战》,广州:中山大学出版社,2003 年

19. 卓越主编:《公共部门绩效评估》,北京:中国人民大学出版社,2004 年

20. 国家行政学院国际合作交流部编译:《西方国家行政改革述评》,北京:国家行政学院出版社,1998 年

21. 审计署外事司编:《国外效益审计简介》,北京:中国时代经济出版社,2003 年

22. 〔美〕帕特里夏·基利等著:《公共部门标杆管理》,北京:中国人民大学出版社,2002 年

23. 范柏乃著:《政府绩效评估理论与实务》,北京:人民出版社,2005 年

24. 洪维恩编著:《数学运算大师 Mathematica4》,北京:人民邮电出版社,2002 年

25. 胡宁生主编:《中国政府形象战略》,北京:中共中央党校出版社,1998 年

26. 赵丽芬主编:《管理理论与实务》,北京:清华大学出版社,2004 年

27. 盛昭瀚主编:《DEA 理论、方法与应用》,北京:科学出版社,1996 年

28. 〔美〕奥斯本·盖布勒等著:《改革政府——企业精神如何改革公营部门》,上海:上海译文出版社,1996 年

29. 瑞士洛桑国际管理发展学院编著:《IMD 世界竞争力年鉴 2002》,北京:中国财政经济出版社,2002 年

30. 戴海崎主编:《心理教育测量》,广州:暨南大学出版社,2002 年

31. 魏权龄编:《评价相对有效性 DEA 方法》,北京:中国人民大学出版社,1988 年

后　记

　　提高政府绩效,是公共管理始终追求的重要目标之一。伴随着全球化、信息化、市场化以及知识经济时代的来临,美国、英国等西方发达国家相继掀起以提高政府绩效为核心的政府改革浪潮,引发学界对"政府绩效管理"这一课题的探索和讨论。20世纪90年代以来,中国开始关注和跟踪西方政府绩效管理的理论研究和应用进展;伴随着社会主义民主化进程的加快,各级地方政府不断创新管理理念和管理机制,在政府绩效管理方面进行了有益的探索实践,走出了一条具有中国地方特色的政府绩效管理的道路。回顾政府绩效管理百年发展历程,梳理其中所体现出的内在逻辑关系,对于促进中国政府行政管理体系的完善,深化行政体制改革,提高中国地方政府的绩效水平等,具有重大的理论意义与实践价值。

　　我数年前撰写的《政府绩效评估与管理》一书自2007年由复旦大学出版社出版以来,受到了政府官员、专家学者和青年学生的普遍关注,得到了各方的肯定好评。近五年来,国内外学者在政府绩效管理研究方面又取得了一些新的研究成果,地方政府在绩效管理实践方面也积累了不少新的管理经验,作者在从事政府绩效管理的教学和研究过程中,也有很多新的心得感悟。为了及时吸收政府绩效管理方面新的研究成果、管理经验和心得感悟,我对原版书中不少章节的概念、内容、案例和数据作了较大幅度的调整、补充和更新,使本书内容更加丰富,更能贴切地反映政府绩效管理研究与实践的发展动态,并将新版的书名定为《政府绩效管理》。

　　在《政府绩效管理》一书的重新编写过程中,张电电、段忠贤、关爽、郑启军、张维维、邵青、张鸣等同学在资料采集、数据整理、统计分析、书稿校对等方面做了大量工作,复旦大学出版社邬红伟老师为本书的重新编写出版作了精心的准备,很多读者和同行对书稿的重新编写也提出了很多的宝贵建议,在此作者一并表示真诚谢意!

　　由于时间仓促,作者知识和能力所限,重新编写后的新书仍会存在许多不足,恳请广大读者和同行继续提出批评建议。

范柏乃
2012年3月于求是园

426

图书在版编目(CIP)数据

政府绩效管理/范柏乃著. —上海:复旦大学出版社,2012.4(2022.1 重印)
(复旦博学·MPA(公共管理硕士)系列)
ISBN 978-7-309-08762-8

Ⅰ.政… Ⅱ.范… Ⅲ.国家行政机关-行政管理-研究生-教材 Ⅳ.D035.1

中国版本图书馆 CIP 数据核字(2012)第 033929 号

政府绩效管理
范柏乃 著
责任编辑/邬红伟

复旦大学出版社有限公司出版发行
上海市国权路 579 号 邮编:200433
网址:fupnet@ fudanpress.com http://www.fudanpress.com
门市零售:86-21-65102580 团体订购:86-21-65104505
出版部电话:86-21-65642845
人丰巾科星印刷有限责任公司

开本 787×960 1/16 印张 27.25 字数 451 千
2022 年 1 月第 1 版第 4 次印刷

ISBN 978-7-309-08762-8/D·554
定价:55.00 元

复旦大学出版社出版

复旦博学·MPA 系列

1. 当代中国公共政策（第二版）　　　　　　刘伯龙、竺乾威主编

　　　　　　　　　　　　　　　　　　　　　定价：31.00 元

2. 公共行政学（第三版）　　　　　　　　　　　竺乾威主编

　　　　　　　　　　　　　　　　　　　　　定价：34.00 元

3. 公共行政学经典文选（英文版）　　　竺乾威、〔美〕马国泉编

　　　　　　　　　　　　　　　　　　　　　定价：48.00 元

4. 行政法学（第二版）　　　　　　　　　张世信、周帆主编

　　　　　　　　　　　　　　　　　　　　　定价：33.00 元

5. 公共经济学（第二版）　　　　　　　　樊勇明、杜莉编著

　　　　　　　　　　　　　　　　　　　　　定价：35.00 元

6. 领导学原理——科学与艺术（第三版）　　　刘建军编著

　　　　　　　　　　　　　　　　　　　　　定价：40.00 元

7. 政治学（第二版）　　　　　　　　　孙关宏、胡雨春主编

　　　　　　　　　　　　　　　　　　　　　定价：30.00 元

8. 组织行为学　　　　　　　　竺乾威、邱柏生、顾丽梅主编

　　　　　　　　　　　　　　　　　　　　　定价：33.00 元

9. 定量分析方法　　　　　　　　　　　张霭珠、陈力君编著

　　　　　　　　　　　　　　　　　　　　　定价：29.00 元

复旦博学·政治学系列

定价:32.00 元

5. 选举政治学　　　　　　　　　　　　　　　　　何俊志编著

定价:27.00 元

复旦博学·国际政治与国际关系系列

1. 当代西方国际关系理论　　　　　　　　　　　　倪世雄等著

定价:48.00 元

2. 近现代国际关系史　　　　　　　　　　　　　　唐贤兴主编

定价:40.00 元

3. 当代中国外交(第二版)　　　　　　　　　　　　颜声毅著

定价:38.00 元

4. 国际政治学新论　　　　　　　　　　　　　　　周敏凯著

定价:25.00 元

5. 全球化时代的国际关系(第二版)　　　　　　　　俞正樑著

定价:30.00 元

6. 中国国际关系理论研究　　　　　　　　　赵可金、倪世雄著

定价:39.00 元

7. 国际关系与全球政治——21 世纪国际关系学导论　　俞正樑著

定价:30.00 元

8. 中国先秦国家间政治思想选读　　　　　　　阎学通、徐进编

定价:30.00 元

9. 国际关系:理论、历史与现实　　　　　　　邢悦、詹奕嘉著

定价:47.00 元

其 他 教 材

1. 行政学原理   孙荣、徐红编著

                                                  定价：28.00 元

2. 政府经济学   孙荣、许洁编著

                                                  定价：20.00 元

3. 秘书写作   杨元化、孟金蓉等编著

                                                  定价：36.00 元

4. 社会心理学（第二版）   孙时进编著

                                                  定价：36.00 元

5. 现代办公室管理   孙荣等著

                                                  定价：40.00 元